财税法译丛　熊　伟　主编

税法的哲学基础

〔英〕Monica Bhandari
莫妮卡·班得瑞　主编

许多奇　程雪军　译

商务印书馆
The Commercial Press

Edited by Monica Bhandari
PHILOSOPHICAL FOUNDATIONS OF TAX LAW

Philosophical Foundations of Tax Law was originally published in English in 2017. This translation is published by arrangement with Oxford University Press. The Commercial Press is solely responsible for this translation from the original work and Oxford University Press shall have no liability for any errors, omissions or inaccuracies or ambiguities in such translation or for any losses caused by reliance thereon.

© The several contributors 2017

本书根据牛津大学出版社2017年版译出

主编简介

莫妮卡·班得瑞（Monica Bhandari），英国伦敦大学学院副教授、法学博士，曾任伦敦国王学院税法讲师，专注于税法领域的研究，特别是不当得利、欧洲法、信托以及增值税等在税法中的运用与探讨。

译者简介

许多奇，法学博士，复旦大学法学院教授、博士生导师，复旦大学数字经济法治研究中心主任，复旦大学智慧法治重点实验室负责人，研究方向为财税法、金融科技法、数据法，出版独著、合著和译著 8 本，在《中国社会科学》《中国法学》《法学研究》等期刊发表论文 100 余篇，被《新华文摘》《中国社会科学文摘》《人大复印报刊资料》等转载 20 余篇，主持国家社会科学基金、最高人民法院、上海市决策咨询、上海市曙光计划、纽约大学国际合作等研究课题 30 余项，曾获法学优秀成果奖、上海市哲学社会科学优秀成果奖、上海市法学优秀成果奖等荣誉。

程雪军，法学博士、经济学博士、高级经济师，同济大学法学院助理教授、硕士生导师，研究方向为经济法、金融法与数字法，出版《数字消费金融》等著作 4 本，在 *China Legal Science*、*China Economic Transition* 及《经济社会体制比较》《武汉大学学报》《经济学家》《国际贸易》《金融论坛》等期刊发表论文 80 余篇，其中多篇被《人大复印报刊资料》《高等学校文科文摘》全文转载，主持上海市哲社规划项目、中央高校基本科研业务费专项资金资助项目等。

总　序

译书是个苦差事，翻译法律书籍更是苦上加苦。不同国家有不同的法制传统，有的属于大陆法系，有的属于英美法系，同一个法系内部也是异彩纷呈。要想将不同背景的法学论著翻译成中文，使之准确对应中国法的名词术语，的确不是一件容易的事情，词不达意在所难免。因此，对于语言能力强的人来说，直接阅读论著原文，深入特定国度的具体场景，当然是最为理想的选择。

然而，对于中国财税法学来说，这个目标还显得比较遥远。目前学科还处在成长阶段，年龄较长的学者很少用外语，中青年学者出国交流学习的机会多，其中不乏外语能力很强的人，但大部分人还只是掌握英语，阅读一般的外文读物没有问题，能熟练查阅专业文献的并不多见。在财税实务部门中，这方面的人才更加欠缺。总体来说，我们对境外财税法的研究并不全面和深入。

另一方面，随着推进建立现代财政制度，近年来我国财税改革的实践如火如荼。不管是中央与地方的财政分权，还是预算管理制度的强化；不管是地方债的规制，还是政府与社会资本合作；不管是税收法定原则的落实，还是税收征收程序的完善，结合国情的制度创新都是核心内容，迫切需要财税法学界提供理论支持，包括有关外国学说和制度的借鉴。

尽管财税法发展离不开本土经验的总结,但这个领域总体来说是舶来品。基于市场经济的愿景,各国在观念、制度、规则和应用等方面有共通之处。外国学者的成果,不管是基础理论提炼方面的,还是历史梳理及制度比较的,抑或是规则阐释及应用方面的,只要考据翔实、言之成理,对提升我国立法、执法、司法以及研究的水平,应该都会有所裨益。

二十年来,我国财税法学经历了"摇旗呐喊""跑马圈地",现在需要进入"精耕细作"的阶段。译介外国的论文著作、法律文本,有的放矢地学习国外先进的治学方法和法治经验,方便财税法学者从事比较研究,方便政策制定者了解国际动态,这是学科精耕细作的必然要求,民法学、行政法学、宪法学、刑法学都经历了这个过程,新兴的财税法学也不可逾越。

鉴于此,笔者不揣冒昧,积极从各个方面争取资源,策划组织"财税法译丛",并得益于金莹莹编辑的帮助,在商务印书馆成功立项。作为总主编,我深知此事之艰难,除了需要不时亲自示范,直接参与翻译工作,更为重要的是,要认真筛选待译文献,物色合适的翻译人员,为译稿质量最终把关,为出版筹集足够经费,等等。但兹事体大,不敢犹豫,只有迎难而上。

这套丛书的顺利出版,要感谢商务印书馆的支持,感谢中国财税法学研究会会长、北京大学刘剑文教授的鼓励。约克大学奥斯古德霍尔(Osgoode Hall)法学院的李金艳教授、不列颠哥伦比亚大学法学院的崔威教授、悉尼大学商学院的Antony Ting教授、香港中文大学法学院的许炎教授、南开大学法学院杨广平教授积极推荐优秀著作，国内不少中青年学者和实务专家纷纷表示愿意加入翻译团队，这份热情让我感动，借此机会一并表示感谢。

译丛的选题覆盖财政法和税法，既可以是理论性的思想探索，也可以是制度方面的比较研究，还可以是行政或司法案例的分析整理，作者的国别不限，书稿的语言不限，只要是优秀的作品，版权方面不存在争议，都可以列入选题范围。恳请各位师友不吝荐稿，并帮助联系作者和出版社，也欢迎有志之士加入翻译团队。如有慷慨者愿意资助出版，更是功德无限。

随着"财税法译丛"项目的推进，一本又一本优质图书将被引入国内，与学术研究者、政策制定者、法律执行者见面，成为中外思想交流的又一平台，成为推动我国税法学进步的新动力。这一幕情景虽然需要付出非常努力，却无比令人向往，值得我和学界同仁一起去实现。笔者相信，所有投身于这项事业的人，其收获的快乐将远超预期。

此为序，与诸君共勉！

熊 伟

2017年9月8日

译者序

随着数字技术的快速发展，我们正处于转型和变革时代，各种思想观念和具体制度的变革、转型体现在经济、社会、法律、文化各个领域。正如本书编者所言："恒定不变的是税收制度中的流动和变化状态。随着这种变革的步伐，人们很容易专注于实践而遗忘制度的核心基石——推进制度朝着与其哲学正当性相适应的方向发展的基石。"质言之，唯一不变的就是变化本身。无论中外，凡税法学者，都有同样的苦恼，即几乎每年都有不能休息的假期和不断更新的教案，或多或少影射出税法更新的速度和频率。如果将不断更新的税收制度视为水流湍急的河水，那么推动税收制度不断演进和发展的税法哲学就是河道，后者显然具有相对的稳定性。国家之所以征税，无非是为了使国家得以具备提供"公共服务"（public services）或"公共需要"（public necessity）的能力，以满足税收创造者——人民对公共服务的需求；人民之所以同意纳税，正是因为国家承诺将其所征收的税收用于满足人民对公共服务的需要。

当前，税收制度的不断变革已经成为影响中国税法发展的一个非常重要的问题，从近期电商主播偷税漏税、房地产税试点、个人所得税专项附加扣除等问题的出现，便可以看出完善税法制度的追切性。在实践中，亦有讨论不尽的税法问题，如我们在微信群里抢到的红包是否应该纳税？一张国际机票中包含多少种税费？法院拍卖商用客机该如何征税……这些现实问题让我们思考税法的细节及其背后的法理。然而，我们除了必须厘清纷繁芜杂的税收种类和制度变迁的过程，更需要把握生生不息奔向远方的河流方向，才能以不变应万变，而不至于偏离轨道。

毋庸置疑，当今我国社会所存在的种种问题与困境，在发达国家的历史中都曾经以某种形式出现过。税法发展中的难题，各国学者与专家都从不同角度提出了洞见，现任英国伦敦大学学院副教授的莫妮卡·班得瑞（Monica Bhandari）采用论文集的方式，将全球具有代表性的税法专家的重磅学术论文汇集成册，从税收及其实施的正当性依据、税收制度的设计和机制（一般原则、财富和财产）等角度全面解析税法的哲学基础，并将理论和实践巧妙地结合在一起。这对正处于转型变革时期的中国学术界而言，具有重要的参考价值和借鉴意义。为此，我们开展了对《税法的哲学基础》一书的翻译工作，力求为税务监管部门、自律组织及其他管理部门提供决策时的底层逻辑，为各类企业、事业单位等提供理论借鉴，并为高等学校研究者与读者等提供颇有思想深度的文献资料，从而可以在一定程度上充实税法的哲学研究基础。

本书从内容到形式都具有明显的特色：一是本书各篇的作者均为英美法系资深教授或杰出青年教师，是美国、英国、加拿大、荷兰、澳大利亚和新西兰等发达国家税法强校的专家，他们具备较强的理论功底和丰富的实践经验,使得本书的权威性和专业性得以保证;另一方面,由于各国经济政治和历史背景不同,税法结构和税收制度存在较大差异,英美等国以直接税为主体税种的经验就不一定能够作为大陆法系以间接税为主体(或者间接税和直接税并重)的国家的参照系,但站在更高层面的哲学维度,却能提升税法共同体的凝聚力,使我们在面对税法难题时能够相互取长补短,博采众长。二是本书的创新之处在于,始终从财产权的角度入手,考察税收制度如何与公正理念相契合。正如英国哲学家弗朗西斯·培根(Francis Bacon)所说,货币是一个好的仆人,但却是一个坏的主人。可见,货币会创造财富,但不会分配财富,而分配财富的任务自然就交由税法来承担,尤其是引发纳税人"税痛感"最强的所得税和财产税,不仅其可税性、正当性、合法性必须加以论证,而且如果该等税收是正当的,我们又该如何有效地保障税款的征收,如何从一般反避税的角度考察偷逃税和避税等问题,这些都须由哲学家进行逻辑论证和法理证成。三是本书还从不同视角提出了有趣的税法哲学问题。如有关禀赋税与所得税的问题,是否就是一个机会平等和结果平等的实现手段问题呢?对于慈善部门的免税和税收优惠真的能实现分配正义的目标吗?对于资本和财富征税真的是缩小贫富差距所必要的吗?采取什么方法才能更有效率地实现平等再分配的初衷和目标呢?等等。我们相信,这些充满思辨色彩而又有意思的抽象问题,恰恰能够引发读者对现实税收制度和社会生活进行更为广泛而深入的思考。

译者序

　　一部专业性和哲理性兼备的税法著作，翻译难度和所耗工时是可想而知的。作为丛书主编的熊伟教授将本书翻译工作交给我的时候，我还完全没意识到这本看似并不厚实的基础税法专业书却蕴含着如此庞大的工作量。本书的主要翻译以及统稿工作由本人负责，具体的译稿由同济大学法学院程雪军老师校阅，他曾用不同颜色的笔标明疑惑之处，与我反复交流探讨和校对译文，共同为转译深刻的哲学思想和艰涩的专业术语绞尽脑汁和费尽心机。在本书的翻译过程中，有几位同学做了相关贡献，值得一一提及。其中，复旦大学高明豪同学对本书第五章与第六章的译稿进行了校正；复旦大学叶家雯同学对本书第七章与第八章的译稿进行了校正；复旦大学法学院博士生蔡奇翰同学对本书第九章至第十二章做了较多的翻译校对贡献；上海大学法学院硕士生王林琳同学对本书的文字进行了校对，蔡奇瀚同学在此基础上进行了二次通读，有几位同学甚至对本书中的重要术语提出过自己的见解，令人欣慰。对此，本书译者对他们表示特别感谢。总之，本书在翻译过程中得到了复旦大学、同济大学、上海大学等高校同仁们的鼓励和帮助，在出版的过程中得到了商务印书馆编辑老师的大力支持，我们在此表示衷心的感谢！

　　通过本书的出版，我们期望能够给税法的理论界和实务界带来一点启迪，希望大家能够透过具体税种和税法技术，审视到背后深层的立法基础和社会根源，并引发更为深刻的现实思考，非专业人士亦可运用本书的思维方式考察身边活生生的税法问题。由于中国税制

译者序

和英美税制在文化背景和历史形成方面存在明显的差异,更囿于我们学术水平有限,本书在翻译过程中难免存在纰漏之处,敬请大家批评指正。

许多奇

2023年3月1日

致　谢

　　此书大多数章节以论文的形式首次发表于2015年5月在伦敦大学学院（UCL）举行的边沁大厦研讨会（Bentham House Symposium）。这是一个令人兴奋而激动的会议，汇集了来自不同学科的学者和从业者，展开了具有挑战性和发人深思的讨论。这些论文从讨论中获益良多，我要感谢英国特许税务师公会（Chartered Institute of Taxation，CIOT）为会议提供的资助，伦敦大学学院法律系对主办会议的支持，以及通过边沁大厦会议（Bentham House Conference）提供的资助（特别是查尔斯·米切尔和詹姆斯·彭纳对本项目的支持，以及丽莎·彭福尔德的帮助使得本次研讨会顺利举行）。还要感谢我的研究助理詹姆斯·韦伯在会议和编辑本书时提供的帮助，以及麦克斯韦尔·迈尔斯在确保章节契合会议风格方面的协助。当然还要感谢各位投稿人对我们及我们所提各种要求的理解，以及对本论文集出版成册的耐心等待，最后也要感谢牛津大学出版社的帮助和支持，让这部论文集从理想变为现实。

目 录

作者名单 ··· 1
引言 ·· 莫妮卡·班得瑞 3

第一部分　税收及其实施的正当性

第一章　国家的支柱：税收和税法的历史
　　　　正当性 ·· 约翰·斯内普 13
　　第一节　引言 ·· 13
　　第二节　封建王国 ·· 15
　　第三节　专制主义国家 ·· 23
　　第四节　议会国家 ·· 34
　　第五节　行政国家 ·· 46
　　第六节　结论 ·· 53

第二章　我们必须支付大英博物馆费用吗？
　　　　税收和伤害原则 ············ 约翰·斯坦顿-伊夫 55
　　第一节　斯蒂芬的不相容论点成功了吗？ ···························· 59
　　第二节　拉兹谈至善主义和伤害原则 ································ 79
　　第三节　结论 ·· 87

第三章　作为犯罪的逃税行为 ············ 斯图尔特·P. 格林 89

第一节　界定关键概念 …………………………………… 92
第二节　逃税的道德内涵 …………………………………… 101
第三节　避税的道德内涵 …………………………………… 116

第四章　凯尔森、排除矛盾原则和税法中的
　　　　 一般反避税规则 ……………… 约翰·普莱布尔　122
第一节　一般反避税规则 …………………………………… 122
第二节　利用税收庇护的避税例证 ………………………… 124
第三节　GAARs 的基本问题 ……………………………… 127
第四节　亚里士多德 ………………………………………… 128
第五节　凯尔森 ……………………………………………… 131
第六节　GAARs 与排除矛盾原则 ………………………… 135
第七节　解决 GAARs 与其他税法规则之间的冲突 ……… 141
第八节　经济实质原则 ……………………………………… 144
第九节　道德原则 …………………………………………… 148
第十节　经济实质、道德与纯粹法理论 …………………… 149
第十一节　相互冲突规范的有效性 ………………………… 151
第十二节　结论 ……………………………………………… 153

第二部分　税收制度的设计和机制：一般原则

第五章　迈克尔·奥克肖特和税法中的
　　　　 保守主义倾向 ………………… 多米尼克·德·科根　157
第一节　引言 ………………………………………………… 157
第二节　法治 ………………………………………………… 164
第三节　保守主义与税法 …………………………………… 176
第四节　保守主义与改革 …………………………………… 187

第六章 税基正义和所得税案例
………………帕特里克·埃默顿 凯瑟琳·詹姆斯 194
- 第一节 基本论点…………………………………………196
- 第二节 私人权利、平等和正义……………………………211
- 第三节 税基的正义…………………………………………221
- 第四节 经济全球化中的税收………………………………239

第七章 税收政策和贤明君主
——德沃金的平等主义和再分配税
………………………………………………大卫·G. 达夫 257
- 第一节 引言…………………………………………………257
- 第二节 理论…………………………………………………260
- 第三节 实践…………………………………………………276
- 第四节 结论…………………………………………………292

第三部分 税收制度的设计和机制：财富和财产

第八章 财产和税收的强制劳动理论………西奥多·P. 濑户 297
- 第一节 引言…………………………………………………297
- 第二节 财产法理论…………………………………………304
- 第三节 财产与税收的道德性………………………………323
- 第四节 税收经济学：最优税收理论………………………329
- 第五节 结论…………………………………………………336

第九章 财富转移税的哲学基础………詹妮弗·伯德-波伦 337
- 第一节 引言…………………………………………………337
- 第二节 财富转移税的形式…………………………………340
- 第三节 政治哲学理论………………………………………344

目录

第四节　结论 357

第十章　天赋、类型和标签
——与禀赋税之争有何关联？ 亨克·沃丁　358

第一节　引言 358
第二节　关于"模范"禀赋税的错误观点 361
第三节　关于"人才奴役"反对的不对称性 366
第四节　根本问题：禀赋与选择 378
第五节　还剩下什么？禀赋税的挑战 386
第六节　结论 390

第十一章　歌剧院和施食处有何相似之处？
米兰达·佩里·弗莱舍　392

第一节　慈善税收补贴：现有的理论依据 394
第二节　分配正义与慈善税收补贴：一般性考量 399
第三节　功利主义：只是部分契合 400
第四节　大多数自由意志主义理论证明了一个更窄的结构是合理的 404
第五节　扩张性资源平等主义：一个更好的契合点 418
第六节　结论 429

第十二章　自治权作为所得税实现原则的道德基础
查尔斯·德尔莫特　431

第一节　托马斯·皮凯蒂和相对不平等的表现 432
第二节　资本税与所得税理论中的市值计价法模型 439
第三节　对实现原则的道义辩护 445
第四节　结论 464

索引 466

作者名单

莫妮卡·班得瑞（Monica Bhandari），英国伦敦大学学院税法高级讲师。

詹妮弗·伯德-波伦（Jennifer Bird-Pollan），美国肯塔基大学法学院詹姆斯和玛丽·拉西特法学副教授。

多米尼克·德·科根（Dominic de Cogan），英国剑桥大学讲师和基督学院研究员。

查尔斯·德尔莫特（Charles Delmotte），荷兰根特大学法律系博士生和助教，乔治梅森大学亚当·斯密研究员。

大卫·G. 达夫（David G. Duff），加拿大英属哥伦比亚大学法学教授兼副院长。

帕特里克·埃默顿（Patrick Emerton），澳大利亚莫纳什大学法学院副教授。

斯图尔特·P. 格林（Stuart P.Green），美国罗格斯大学法学院杰出法学教授和内森·L. 雅各布学者。

凯瑟琳·詹姆斯（Kathryn James），澳大利亚莫纳什大学法学院高级讲师。

米兰达·佩里·弗莱舍（Miranda Perry Fleischer），美国圣地亚哥大学法学教授。

约翰·普莱布尔（英国皇室法律顾问）（John Prebble QC），

新西兰惠灵顿维多利亚大学法学教授、奥地利维也纳经济大学奥地利和国际税法研究所客座教授、澳大利亚圣母大学悉尼法学院兼职教授。

西奥多·P.濑户（Theodore P.Seto），美国洛约拉大学法学院小弗雷德里克·J.洛讲席教授。

约翰·斯内普（John Snape），英国华威大学副教授。

约翰·斯坦顿－伊夫（John Stanton-Ife），英国伦敦国王学院迪克森·潘法学院高级讲师。

亨克·沃丁（Henk Vording），荷兰莱顿大学通用税法教授。

引　言

莫妮卡·班得瑞

编撰这部论文集的想法诞生于多年之前，当时约翰·斯坦顿-伊夫（第二章的撰稿人）和我在法学学士项目上讲授一门小型的选修课程，我们创造性地将此课命名为"税收与法理学"（Tax and Jurisprudence）。我们试图向学生展示核心主题的不同面向——在税收的研究中加入哲学维度有助于更好地理解税收；而与学生的看法相反，法理学在现实世界中具有重要的地位。正是这两个看似截然不同的领域结合在一起，使得本论文集的作者们意欲掘进探索。

税法以惊人的速度变化着——这一领域的大多数学者在一年里无数次改写讲义的过程中时常希望选择一门更为"稳定"的学科。不仅社会呼唤并推动税制变革，政治"气候"的变化和许多其他竞争压力也将迫使税制发生变革。在撰写本书引言之际，全球政治舞台正处于变幻莫测的形势之中，未来尚存极大不确定性。这相应地造成税收制度及其运行方向的变化和不确定性。待本书出版之时，这些问题将趋于解决，而一系列新问题又将浮出水面。因此，恒定不变的是税收制度中的流动和变化状态。随着这种变革的步伐，人们很容易专注于实践而遗忘制度的核心基石——推进制度朝着与其哲学正当性相适应的方向发展的基石。因此，暂时停下脚步，提醒自己这

引 言

些原则及其在现代税收制度中的运作机理,对于确保税收制度不会偏离其应该或可能的发展方向尤为重要。鉴于税收领域充满矛盾与争议,特别是在动荡的经济大环境之下,从哲学角度探讨税收问题恰逢其时。在思考税收制度的应然状态之前,我们必须对于围绕税收提出的看似基本的问题有着全面的理解。比如,什么是税收?我们为什么必须缴纳税款?我们应该缴纳多少税款而税负的承担者又该是谁呢?税收收入应该如何使用?如何将公平和正义的理念与税收制度挂钩?所有此类问题的考量,对于全面了解现在和未来的税收制度至关重要。

许多人学习税法的起点,就像多年前我们教本科生时一样,是墨菲和纳格尔的《所有权的神话》[1],该书开启了将税法及其哲学基础联系在一起的篇章。[2] 作者在财产权概念下考察了公正理念,以及税收如何与公正理念相契合。这对于任何探索该领域的人来说都是必不可少的,读者将会在本书中看到许多关于这部作品的参考文献。有些人还将其作为他们思想的"跳板"。税收制度中的公正理念、财产与财富的概念是《税法的哲学基础》这本书的关键所在,也是从哲学角度考虑税收问题的基石。本书的目标在于将法哲学家和税务律师汇聚一堂,从而提升税法共同体的凝聚力,使我们在面对税制难题时得以博采众长。

本书共分为三部分。第一部分重点论述税收及其实施的正当性,即此后内容的背景。通过理解我们为何应该构建税收制度、我们

---

[1] Liam Murphy and Thomas Nagel, *The Myth of Ownership* (Oxford: Oxford University Press, 2002).

[2] 这并非表明该领域不存在其他著述,本论文集的许多撰稿人和其他学者此前就已在税收哲学领域撰写过文章。

为何需要纳税以及为什么纳税人为税制做出贡献是正当的,我们才能开始思考该制度的运作机理。

本书的至关重要之处在于,它挑战了税法的哲学观点仅仅具有抽象和学术意义的观念。因此,我们将在剩余章节中讨论实践问题。第二、三部分考量了税收制度的设计和机制。第二部分偏重税收制度的设计和机制的一般原则,包括所得税的概念及其运作方式。所得税是任何税制的核心要素之一,也是通常获得最多收入的税制要素。第三部分着重于财富和财产的具体领域。财富和相关的财产概念是考量税法的哲学基础的基本概念——财产是墨菲和纳格尔的出发点,本部分许多章节的作者都希望挑战和发展他们的思想。

我们首先从约翰·斯内普的《国家的支柱:税收和税法的历史正当性》一章入手,探讨税收、伦理和道德的正当性。斯内普考虑了历史上的税收及其目的,因为公共目的是在现代税制中将某种费用定为税收的核心要素。在考虑目的时,他讨论了在不同社会和政治秩序背景下征税的目的,以论证税收的本质重要性和历史理念在形塑征税目的方面的重要性,并进一步指出必须考虑将费用归类为税收的政治正当性。因此,我们必须把税法理解为法律的基本组成部分,同时也是公法的一部分。

然后,我们将视线转移到约翰·斯坦顿-伊夫的章节《我们必须支付大英博物馆费用吗?税收和伤害原则》。斯坦顿-伊夫探索和挑战了詹姆斯·菲茨詹姆斯·斯蒂芬的论点,即以支持艺术、文化或高雅的目的而强制征税有悖于密尔的伤害原则。他认为,虽然伤害原则在历史上并没有被自由主义者在税法的语境中广泛探讨,但它在某些方面可以构成税法的哲学基础,并以范伯格的作品为出发点进行讨论。

在考量税收的正当性时，我们还必须考虑，如果征税是正当的，我们如何确保有效征税？因此，第一部分的最后两章通过考察逃税和避税的概念来探讨强制执行问题。

在《作为犯罪的逃税行为》一章中，斯图尔特·P.格林从刑法理论的角度对逃税犯罪展开了探讨。他区分了税收与其他经济惩罚之间的差异性，用以理解为什么逃税是不道德的，并探讨了在给其道德性质方面下定义过程中发挥作用的因素。格林的结论是，逃税是不道德的，主要原因是其构成了欺骗。他接着考察了同样的分析方式，是否可以将避税视为不道德的。

这就引出了约翰·普莱布尔关于反避税工具的章节。《凯尔森、排除矛盾原则和税法中的一般反避税规则》考察了目前许多税制中普遍存在的一般反避税规则（GAARs）。他运用凯尔森原理对其进行了分析，认为在同一法律体系中，两个相互矛盾的规范违背了体系中不存在矛盾的哲学原则，因而不能同时有效。普莱布尔认为，一般反避税规则可以被视为一种规范的矛盾，从而违反了体系中不存在矛盾的原则，但税法仍然将其正当化并需要一般反避税规则的存在。

本书第二部分为"税收制度的设计和机制"，它从多米尼克·德·科根的章节开始。本章基于税收制度整体架构的角度关注制度的设计和机制。在《迈克尔·奥克肖特和税法中的保守主义倾向》一章中，德·科根思考如何在税收制度中实施改革。他认为，这种税收制度既复杂又抵制法律变革，但通过探索奥克肖特的作品，很明显看出这种抵制存在合理性。他考量了抵制改革的理由，讨论了理性主义、传统主义和保守主义，并考察了推动税制变革的方法。

在谈及所得税的具体内容时，帕特里克·埃默顿和凯瑟琳·詹姆斯的章节考虑了税收制度中的公正理念及其对所得税的要求。在

《税基正义和所得税案例》中,埃默顿和詹姆斯认为选择税基是税收的根本和基础面。他们认为,在搭建税收结构之前,存在一些税收制度必须考量的原则,这意味着所得税享有最适宜的税基。他们还强调了在全球层面上存在对所得税的威胁,并认为从公正的角度,基于对所得税的需求,必须消除这些威胁。

大卫·G.达夫在《税收政策和贤明君主——德沃金的平等主义和再分配税》中,部分考察了应如何设计所得税。他表明公正的税收制度要求所得税具有累进性,还主张征收财富转移税。他运用德沃金的资源平等理论分析了再分配正义的各个侧面。此外,他认为,德沃金的方法支持福利基础理论、罗尔斯理论和古典自由主义的观点。他剖析了每一种方法的不足之处,并得出结论:"虽然不一定能全面采用德沃金的理论,但资源平等为我们提供了税收制度结构的最佳指导。"

本书最后一部分集中在作为税收基础的不同形式的财富和财产。毫无疑问的是,这一部分的章节最多,因为我们发现,此处有关税收基础和基本问题的争论最多。公民在一定程度上拥有税前财产,这是墨菲和纳格尔著作的基本组成部分。因此,正如我们在这一部分看到的,许多的争论来源于财产与财富这一概念。

本书最后部分的第一章,西奥多·P.濑户的《财产和税收的强制劳动理论》为我们提供了财产法与税法的历史视角。濑户试图挑战税收的两个对立观点:第一个是诺齐克的观点,正如后来的理论家推演的那样,税收等同于偷窃;第二个观点是如果没有税收,公民会选择工作和储蓄,而税收扭曲了这些选择。他认为财产法理论支持他的主张。财产法和税收是共同作用的,并共同构成文明社会的基础。

詹妮弗·伯德-波伦的《财富转移税的哲学基础》考察了对财

富转移征税的可取性。伯德-波伦认为这类税收没有得到充分利用，特别是与所得税相比，但财富税和财富转移税能够更有效地实现税收的再分配目标。虽然这种形式的税收可能并不受欢迎，却更符合哲学理念。

亨克·沃丁在《天赋、类型和标签——与禀赋税之争有何关联？》中，从禀赋税是否比所得税在道义上更可取的角度来考察财富。两个人的收入可能相同，但在考虑更广泛的因素时，他们的财务状况却迥然不同，所得税是否真的能实现一个公正的结果，还是我们应该把重点放在财富上呢？他反对罗尔斯和德沃金提出的"人才奴役"概念，而是更关注禀赋和个人选择之间的区别。

这将我们带到米兰达·佩里·弗莱舍的《歌剧院和施食处有何相似之处？》一章，从慈善领域的税收和免税的角度探讨相对财富。鉴于这些豁免的再分配结果，她运用分配正义的概念分析了该制度，重点关注这样一个事实：有大量慈善机构为不同的社会阶层——从富人到穷人——提供服务。通过为这些不同类型的慈善机构制定相同的规则，就可以实现分配正义的目标吗？佩里·弗莱舍认为，必须考虑到昂贵品味与普通品味之间的差异，并且通过这种方式，达到分配正义的目标是有可能的。

最后一章将重点放在对财富征税的机制方面。在《自治权作为所得税实现原则的道德基础》一文中，查尔斯·德尔莫特以托马斯·皮凯蒂的著作为出发点，探讨了资本和财富税对减少贫富差距的必要性。德尔莫特研究了我们该如何尝试寻找一种合适的技术来评估财富和资本。通过采用规范研究路径，他对按市值计价法和实现法进行了比较，并认为后者在效率和再分配的基础上更受欢迎。

本书的章节汇集了一些主要的主题，用以剖析税法的哲学基础，并解决了这一领域中的难题。它们对税法基础提供了连贯而详尽的分析,让我们思考在现代世界中,应如何在坚实的哲学基础上,推动税收制度向前发展,提供国家需要、公民享有并具备可操作性的税收制度。

第一部分　税收及其实施的正当性

第一章 国家的支柱：税收和税法的历史正当性

约翰·斯内普

第一节 引言

20世纪的法理学对税收概念的定义包含四个组成要素。除强制性外，征税必须涵盖其他要素：根据立法机关颁布的法律征收、由政府本身或由执行公共职能的机构征收，[1] 以及"为公共目的而征收"。[2]

本章集中讨论这四个要素的最后一个：税收的目的。本章就税收的目的和税法的性质提出了三个相互关联的论点。第一，有观点认为，历史上特定的理念在很大程度上影响了在不同社会和政治秩

---

[1] *Australian Tape v Commonwealth* (1993) 176 CLR 480.
[2] *Re Eurig* (1998) 165 DLR (4th) 1, 10; M. Barassi, 'The Notion of Tax and the Different Types of Taxes', in B. Peeters et al. (eds), *The Concept of Tax* (Amsterdam: IBFD, 2005), 59–73, 61; M. Bowler Smith and H. Ostik, 'Towards a Classification of the Central London Congestion Charge as a Tax', [2011] *British Tax Review* 487–508.

序下征收税款的目的。第二，有观点认为，可行目的之性质和范围是这些秩序所创造的社会和政治关系的功能。第三，无论是肯定还是否定征收款作为税收的地位或者税法作为公法的分类，都要看所选择的目的是否存在政治上的正当性。这三个论点都引起了人们对不同时期、不同历史社会和政治条件下的征税范围的关注。有名无实、古老的税收形象，或者更具体地说，税收作为"国家的支柱"[3]所增加的收入，强调了税收的构成重要性。因此，该名称明确将教会征费排除在本章范围之外，尽管承认其历史重要性。

为了说明每一个论点，本文提出了四种不同的社会秩序："封建王国""专制主义国家""议会国家"和"行政国家"。公共律师马丁·洛克林（Martin Loughlin）等人使用了后两种说法来阐明18世纪到20世纪国家性质的重大转变。[4]前两者被中世纪和早期现代学者广泛使用。它们在这里都被用作"理想型"。它们的功能都类似于约瑟夫·阿洛伊斯·熊彼特（Joseph Alois Schumpeter）的"税收国家"概念，[5]该概念涵盖了除封建王国以外的所有国家。这并不意味着四种社会秩序中的任何一种都有一个或多个独特的征税目的，也不代表历史划定了社会秩序间的明确界限或者揭示了社会秩序间有先后顺序关系。真正的论点是，在每个社会秩序中，某一个征税目的似乎占主导地位。除此之外的征税目的都被隐藏在其

---

[3] Marcus Tullius Cicero, quoted in S. Smith, *Taxation: A Very Short Introduction* (Oxford: Oxford University Press, 2015), 3.

[4] M. Loughlin, *Foundations of Public Law* (Oxford: Oxford University Press, 2010), 259, 435.

[5] J. A. Schumpeter, 'The Crisis of the Tax State', in R. Swedberg (ed.), *J. A. Schumpeter: The Economics and Sociology of Capitalism* (Princeton: Princeton University Press, [1918] 1991), 99–140.

他具有改变世界意义的社会秩序之中。在任何时候，先前的征税目的都会持续，或多或少被后来的征税目的所掩盖。英格兰历史上血腥的斗争，提供了每一个可能的例子，以及每一个可能令人不安的想法。

首先，我们将讨论转向封建王国，因为它唤醒了一种其他社会秩序往往忽视的意识。最重要的是，尽管各种征收构成封建秩序的一部分，但不应将其视为本文意义上的征税。认识到这一点是必要的，因为它阐明了后来所谓"税收"的正当理由。"征收"一词被中性地使用，以囊括不符合税收定义的征收和符合税收定义的征收。因此，这样做旨在避免不合时宜的分类阻碍本章哲学问题的探讨。在编写税收思想史时，这种快刀斩乱麻的做法并非总是必要的，但对于现在的目的而言却很重要。

作者在其他地方详细分析了税法具备公法特征的含义。本章将试图说明这种表征的目的和理由的历史和哲学意义。在此过程中，本章将展示税法如何成为一种特殊类型的公法。

第二节 封建王国

在封建王国内，征税的目的是遵守上帝的旨意，以及做出有利于个人救赎行为的需要。封建王国可以被理解为个人效忠之网，而非政治社会，其主要构成要素是前政治的法律和裁决，而不是政治。国家的思想涉及与封建相当不同的社会秩序类型，法律并不总是具有政治色彩。封建王国的征税正当性承认征收的自然法意义，但在这些前提下，不可能存在税收的公法。

第一部分 税收及其实施的正当性

一、封建思想和封建征收

封建社会的统治秩序是一种金字塔式的结构,即由小领主到作为最高领主国王的等级体系,[6]这意味着征税要么是占有封建土地的偶发事件,要么是普遍征收的既定类型。从11世纪的诺曼征服[7]到约翰(1199—1216)和他的儿子亨利三世(1216—1272)统治时期,英国一直存在着强大的封建制度。相比之下,在欧洲大陆和亚洲,俄罗斯的罗曼诺夫王朝和日本的德川幕府,[8]封建主义一直持续到19世纪下半叶。这种秩序赋予了领主对"贵族附庸"的管辖权和强制权,法律上可强制执行的权力"使他们能够收取租金、获得服务和其他费用"。[9]它依赖于"以土地(封地)换取军事和行政服务"。[10]封建主义税收围绕人展开,但人并非目的。它早于任何公私区别,其核心是互惠的权利和义务的观念,首先是领主与藩属之间的权利和义务,[11]其次是关于事物("所有权")的权利和义务。[12]封建

6　*Mabo v Queensland (No 2)* (1992) 175 CLR 1, 48 (Brennan J); K. Gray and S. F. Gray, *Elements of Land Law*, 5th edn (Oxford: Oxford University Press, 2009), 64.

7　Gray and Gray, n. 6, 8.

8　P. Gatrell, 'The Russian Fiscal State, 1600–1914', in B. Yun-Casalilla et al. (eds), *The Rise of Fiscal States: A Global History 1500–1914* (Cambridge, UK: Cambridge University Press, 2012), 191–212, 192, 206; M. Nakabayashi, 'The Rise of a Japanese Fiscal State', in Casalilla, n. 8, 378–409, 380–8.

9　C. Dyer, *Making a Living in the Middle Ages* (New Haven: Yale University Press, 2009), 71.

10　Ibid., 8; R. Allen Brown, *Origins of English Feudalism* (London: Allen & Unwin, 1973), 23. 感谢彼得·库克(Peter Cook)向我推荐了这部作品。

11　Schumpeter, n. 5, 103–4; R. Tombs, *The English and Their History* (London: Allen Lane, 2014), 49. 熊彼特当时在讨论欧洲大陆的封建主义,但这一点对英国有好处。

12　A. W. B. Simpson, *A History of the Land Law*, 2nd edn (Oxford: Clarendon, 1986), 36–7.

法与德国习惯法相结合，形成了英国人所称的"普通法"。[13]盎格鲁－诺曼封建主义除了具有很强的强制性外，还赋予普通法法官一种甚至高于贵族的权威。大约在12世纪90年代，理查德一世建立了财政法庭（法官被称为贵族），这一权力被扩展到税收收入管理。[14]

封建秩序产生了两类征收：附属于封地的费用和作为一般贡品征收的费用。封建税费构成了皇室"养老金"的大部分，从皇室保留的土地（皇室私有土地）和"骑士役"授予贵族的土地中收取。[15]这种税费总是以金钱（便士）而不是实物支付。[16]国王可以通过增加这些税费来单方面增加他的养老金。[17]1159年，为了反对图卢兹伯爵，亨利二世给每年二十英镑的骑士税增加了两马克，因为图卢兹伯爵没有陪伴国王去法国。[18]代替骑士役的现金被称为"兵役免除税"（scutage），其评定标准是直属封臣向国王提供骑士役的数量。[19]

一般贡品是众所周知的。[20]国王可以在自己的领地上征收"佃户税"（tallage）。[21]他还可以向他的直属封臣征收一般税，最好是接

---

13 Tombs, n. 11, 65–6; R. C. van Caenegem, *An Historical Introduction to Private Law* (Cambridge, UK: Cambridge University Press, 1992), 2–3.

14 J. H. Baker, *An Introduction to English Legal History*, 4th edn (London: Butterworths, 2002), 17–18, 47–8; Tombs, n. 11, 50. See, further, Baker, ch. 2, esp. 14–22.

15 Simpson, n. 12, 3–4.

16 Tombs, n. 11, 49.

17 S. A. Morgan, *The History of Parliamentary Taxation in England* (New York: Moffat Yard, 1911), 30.

18 Ibid., 32–3.

19 D. Carpenter (ed.), *Magna Carta* (London: Penguin, 2015), 126, 468.

20 R. Bonney, 'Revenues', in R. Bonney (ed.), *Economic Systems and State Finance* (Oxford: Clarendon, 1995), 423–505, 447.

21 G. L. Harriss, *King, Parliament, and Public Finance in Medieval England to 1369* (Oxford: Clarendon, 1975), 12.

17

受政务会（即元老院）贵族们的建议。²² 这些一般征税采取的形式是"犁头税"（carucages，对土地征收）²³ 和"十三分之一税"（thirteenths，对动产征收）。²⁴

二、封建关系

如果封建王国不被理解为一个政治社会——或"国家"——而是个人效忠的网络，其效果是具有启发性的。²⁵ 例如，一个封建国家甚至不需要地理边界。的确，盎格鲁-诺曼英格兰是与众不同的，因为它被映射到诺曼人征服的盎格鲁-撒克逊王国。然而，即使那个王国也不能被描述为这样一种实体，它除了要求臣民效忠外，还"垄断了在某一领土内合法使用武力的权力"，尤其是其领土的确切范围在很长一段时间内都不太清楚。²⁶

由于个人忠诚是封建秩序的核心，所以征收的佃户税和其他税费由法律而非政治来管理。直到13世纪40年代，贵族才开始控制国王的开支。²⁷ 此外，即使在1215年《大宪章》（*Magna Carta*）之后，社会秩序也不是一个有代表性的秩序。²⁸ 贵族们承诺向国王支付税

22　Morgan, n. 17, 41.

23　Harriss, n. 21, 9–10, 14–16.

24　Morgan, n. 17, 69 (35, 43–4).

25　M. Oakeshott, 'On the Character of a Modern European State', in *On Human Conduct* (Oxford: Clarendon, 1975), 185–326, 207.

26　M Weber, 'Politics as a Vocation', in H. H. Gerth and C. Wright Mills (eds), *From Max Weber* (London: Routledge and Kegan Paul, [1919] 1948), 77–128, 78, quoted in M. Loughlin, *The Idea of Public Law* (Oxford: Oxford University Press, 2003), 6. See also R. R. Davies, *The First English Empire: Power and Identities in the British Isles 1093–1343* (Oxford: Oxford University Press, 2000), ch. 3, esp. 67.

27　Morgan, n. 17, 89.

28　Ibid., 91–2.

款,承诺约束他们自己的封臣,以较小的专制者(despots)身份而非封臣的代表做出个人承诺。[29]

上帝的律法,在部分的司法判决中,规范了国王的行为。对不法行为的制裁真实可靠。虽然无法阐明,制裁是否会降临到这个世界上,或如何降临到这个世界上,但制裁肯定会接踵而至。布拉克顿(公元1268年)断言,封建王国依赖于国王和臣民彼此之间以及对上帝的责任。遵守法律是上帝和人类的共同义务。"虽然国王在他的王国里没有对手",布拉克顿说,但是他必须尊重法律,就像基督自身一样:

国王不应在人的统治之下,而应在上帝和法律之下,因为法律造就了国王,所以让他把法律赋予他的东西赐予法律,即统治和权力。因为没有哪一种国王(rex)的意志比法律(lex)更有统治力。[30]

因此,国王是基督在"地球上的代理执政者",他对法律的服从是世俗国王的榜样,因为他自己"使用的不是武力的力量,而是正义的理由"。[31]

如果国王受制于神圣的法律,而神性是通过自然法确定的,那么实在法主要是指个案的裁决。依此主张,传统上将《大宪章》第十二章描绘为英格兰税收公法的开端,这并不完全准确。其内容为:

29　Morgan, n. 17, 91.
30　S. E. Thorne (ed. and trans.), *Bracton on the Laws and Customs of England*, vol. 2 (Cambridge, MA: Belknap, 1968), 33.
31　Ibid.

除下列三项税金外,若无全国公意许可,将不征收任何役税及贡金。即赎回余等身体之赎金(指被俘时);册封余等之长子为武士时之费用;余等之长女出嫁时之费用——但以一次为限,且为此三项目的征收之贡金亦务求适当。[32]

贡金(aid)是指一种"领主(包括国王)通过骑士役要求佃户支付的税费"或者"一般税费",而王国的"全国公意"(common counsel)指的是国王的直属封臣(也即贵族)会议。[33]因此,这一措辞及其宽泛的排除条款,既未提到现代意义上的税收,也没有保护封臣不受特别征税之害。[34]谢泼德·摩根(Shepard Morgan)指出,《大宪章》第十二章没有具体提到"犁头税",也未提到"十三分之一税"。后来的《大宪章》版本甚至弱化了原来第十二章所提供的有限保障。

三、封建司法

封建征税的正当性并非基于公共目的,而是基于个人的权利和义务,这些权利和义务具有神学渊源,并在普通法中得以表达。

在这一秩序的繁荣时期,哲学家们一方面提到封建主义的特点,另一方面又怀念消逝的古国,以及在这些国家征税的可能性。索尔兹伯里的约翰(John of Salisbury, 1115—1180),一度担任沙特尔(Chartres)的主教,在他的"君主之镜"*作品《政治学》(*Policraticus*,

---

[32] Carpenter, n. 19, 43. 对于明显不同的评价,参见:J. Frecknall-Hughes, 'King John, Magna Carta and Taxation', in R. J. Holland (ed.), *Magna Carta: Muse & Mentor* (Thomson Reuters and Library of Congress, 2014), 191-225。

[33] Carpenter, n. 19, 170, 461.

[34] Morgan, n. 17, 30.

* 一种文学体裁,概述统治者行为以及世俗权力结构和目的的基本原则。——译者

1159）中将社会秩序想象成一个人的身体，"司库和记录保管员……（类似于）胃和肠子的形状"。[35]但是"令人惊讶的是，[在《政治学》中]很少有意识地依赖于封建社会组织，而在约翰写作的时候，封建社会组织实际上……占主导地位"。[36]尽管如此，约翰还是承认，征税不能只是为了满足国王贪婪的动机。[37]

一个世纪后，道明会修士托马斯·阿奎那（Thomas Aquinas，约1224—1274）谈到了征税的公正性抑或征收的其他问题，他认为统治者可以"无罪"地从一般公民那里筹集不过度的税款，因为"公民应该贡献促进共同利益所必需的东西"。[38]"各国的统治者（阿奎那写道）被发放了一笔养老金，应该足以满足他们的需要，并且消除了他们掠夺臣民的任何借口。"[39]只有在非常紧急的情况下，才有理由开征一般税费。[40]阿奎那假设了封建秩序的特征，同时试图从亚里士多德那里借用一种理念，即国家是完美共同体，本质上是独一无二的，它们创造的法律具有权威性，因为法律经过精心编纂并且包含生

35　C. J. Nederman (ed.), *John of Salisbury: Policraticus* (Cambridge, UK: Cambridge University Press, 1990), 67. "君主之镜"作品包含"关于如何正确治理之规则的说明"，参见：J. Fried, *The Middle Ages*, P. Lewis (trans.) (Cambridge, MA: Harvard University Press, 2015), 290。

36　G. H. Sabine, *A History of Political Theory*, 3rd edn (London: Harrap, 1963), 246. 值得注意的是，《政治学》的出现要早于穆尔贝克的威廉在1264年翻译的亚里士多德的《政治学》，参见：Fried, n. 35, 290。

37　Nederman (ed.), n. 35, 38.

38　Aquinas, 'On the Government of Jews', in AP d'Entrèves (ed.), *Aquinas: Selected Political Writings* (Oxford: Blackwell, 1959), 93. "共同善意"（common good）可能比"共同利益"（common interest）更贴切，参见：J. Snape, *The Political Economy of Corporation Tax: Theory, Values and Law Reform* (Oxford: Hart, 2011), 119-22。

39　AP d'Entrèves (ed.), n. 38, 85-95, 91.

40　Ibid., 93.

活所必需的一切。[41] 阿奎那的自然法体系依赖于这样一种观点,即"有一种永恒的法则,隐含在上帝根据理性可理解的原则和理性可认可的目的构建宇宙的事实之中"。[42]

《末日审判书》(Domesday Book,1086)的编撰在更早的时候就说明了一个事实,即增加税收是"逐渐的、经常被打断的皇室司法延伸"的全部内容。[43] 事实上,受国王必须"增加王室收入"这一事实的推动,[44] 增加税收成了"国王在'立法'方面首次冒险"的正当理由。[45] 丹麦税(Danegeld)在1194年理查一世统治(1189—1199)时期以犁头税的形式重新出现,即使认为它不具有正当性,也是具有动机性的。[46] 忏悔者爱德华(Edward the Confessor,1042—1066)于1051年废除了这一制度。当国王进入他的司库,看到"魔鬼坐在钱上"。[47] 约翰基于预期的一般紧急情况,在1207年征收了十三分之一税。[48] 在类似的基础上征收的1232年一般税,使亨利三世的财政部长彼得·德·里沃(Peter des Rivaux,1262)下台。国王和基督一

41　AP d'Entrèves (ed.), n. 38, xxv. 尽管《政治学》(n. 35)明确地将自己贴上"政治的"标签,但这种中世纪的意义,既不符合亚里士多德,也不符合马基雅维里[S. Elden, *The Birth of Territory* (Chicago: Chicago University Press, 2013), 158],因此并不断言一个国家。

42　A. Ryan, *On Politics* (London: Allen Lane, 2012), 240.

43　Oakeshott, n. 25, 208; M. Morris, *The Norman Conquest* (London: Windmill, 2013), 308ff.

44　Oakeshott, n. 25, 209.

45　Ibid.

46　Harriss, n. 21, 9–10.

47　H. T. Riley (trans.), *The Annals of Roger de Hoveden*, vol. 1 (London: Bohn, 1853), 132, recounted in Morgan, n. 17, 7; also B. A. Abraham, '"Danegeld"— From Danish Tribute to English Land Tax: The Evolution of Danegeld from 991 to 1086', in J Tiley (ed.), *Studies in the History of Tax Law*, vol. 6 (Oxford: Hart, 2013), 261–82, 272.

48　Harriss, n. 21, 3, 9, 18–20.

样，必须服从自然法和实在法。约翰在这方面的失败，是他被视为坏人的重要原因；这是贵族们试图在《大宪章》中恢复的恰当的封建秩序。实际上，布拉克顿似乎授权他们这样做："比国王更高的是上帝，和让他成为国王的法律，以及他的元老院（curia），也就是贵族，因为如果国王不受缰绳所限——也就是说如果法律缺失——他们应该给国王戴上缰绳。"[49] 封建秩序因此否认了政治理由的可能性，而使非政治理由更加突出。征服者威廉（William the Conqueror，1066—1087）是采用策略性行为的代表性人物，而13世纪的贵族们已经掌握了这一点，但策略性行为并非政治行为，因为没有国家，也没有可兹理解的政治概念。虽然有自然法以及神圣的法律，却没有税收作为公法的概念。

因此，我们的分析有两个重要的组成部分。虽然因为不是一个国家，封建王国没有税收公法，但它创造了土地财产的普通法。由于这是一种前政治秩序，无论是皇室授予的还是法律裁决的结果，它为财产权或所有权提供了前政治的正当理由。

第三节 专制主义国家

专制主义国家根据君主的裁决和服从的内在美德来确定征税的目的。在精确的地理边界内，专制主义减少了封建国家君臣之间效忠关系的网络。专制主义征收的特权性质意味着它们不是由法律构成的，它们不是税收，也不是税收公法的主题。专制主义下的征收和

---

49 Thorne (ed.), n. 30, 110.

税收的对比，在短暂的英格兰共和国（1649—1660）[50]和持久的荷兰共和国（1581—1795）中尤其明显。[51]

一、专制主义思想与专制主义征收

专制主义下的征收被一个准神学的公共目的正当化，国王和他的主要顾问[52]对此进行了审议，国王自己也作出了裁决。

在英国，有效的专制主义倾向与查理一世（1629—1640）的"个人统治"，以及他父亲詹姆斯一世（1603—1625）个人统治的某些元素相联系。查理的儿子查理二世（1660—1685）和詹姆斯二世（1685—1688）对这一点把握得有些乏力。[53]更早时候，爱德华一世（1272—1307）和都铎王朝的所有君主一样享有特权，尤其是亨利七世（1485—1509）、他的儿子亨利八世（1509—1547）和亨利八世的小女儿伊丽莎白一世（1558—1603）。在法国，专制主义的原型是路易十四（1643—1715）的长期统治。沙特阿拉伯、约旦和1979年以前的伊朗是专制主义君主制的最新代表。[54]

正如艾伦·瑞安（Alan Ryan）所阐释的，专制主义既有神学意义，也有政治意义。[55]在神学上，它意味着一种秩序，在这种秩序中，

50　T. C. Barnard, *The English Republic 1649–1660* (Harlow: Longman, 1982).

51　J. Israel, *The Dutch Republic* (Oxford: Clarendon, 1995), 285–91.

52　值得注意的是威廉·劳德（William Laud）和斯特拉福德伯爵（1593—1641），参见：J. P. Kenyon, *The Stuart Constitution, 1603–1688* (Cambridge, UK: Cambridge University Press, 1966)。

53　S. Pincus, *1688: The First Modern Revolution* (New Haven: Yale University Press, 2009), 256-7.

54　M. Herb, *All in the Family* (Albany: State University of New York Press, 1999), 168, 217–18 (264–6).

55　Ryan, n. 42, 303, 514.

一位神圣选定的王子为了促进公共利益而管理自愿的臣民,这一公共利益也是他的裁决所追求的目标。[56] 从法律上讲,专制主义者同意"国王在决定中止这些法律之前,必须受自己法律的约束;但他们坚持认为,国王有权中止这些法律,一旦他行使了这种权力,就不受约束"。[57] 如果说封建主义是关于人的,那么专制主义则是关于目的的,而其中最高的目的是人民的安全:人民的福祉即最高的法律 (*salus populi suprema lex esto*)。[58]

因此,封建主义和专制主义秩序之间的对比是巨大且全面的。关键是从基于地位等级和封建财产法的前政治秩序,转向仅以特权为基础的政治秩序。这种目的是专制主义国家征税的本质。这并不是把专制主义描述为一个单一的概念。即使在17世纪的欧洲,专制主义国家之间也存在很大的差异。[59] 但它仍然体现了一种有用的解释。

特权征税往往表现在关税方面,因为议会对它们的控制自古以来就是模棱两可的。正是这种模棱两可性,财政大臣们在1606年贝特案 (*Bate's Case*)[60] 中试图澄清。伦敦商人约翰·贝特拒绝以每英担五先令六便士的价格为进口醋栗缴纳关税 (一种"附加税"),因为税款的数额是根据特权单独评估和征收的。[61] 征收该关税的理由是,国王有权根据自己的意愿打开和关闭"国王的港口",港口就是"国

---

56 Ryan, n. 42, 302–3.

57 Ibid., 514–15.

58 M. Oakeshott, *The Politics of Faith and the Politics of Scepticism* (New Haven: Yale University Press, 1996), 39–42.

59 Pincus, n. 53, 480 (England), 360 (Denmark), 360–1 (France).

60 (1606) 2 St Tr col 371.

61 J. S. Hart, Jr., *The Rule of Law, 1603–1660* (Harlow: Pearson, 2003), 91–8.

王的大门"。[62]托马斯·弗莱明爵士（Sir Thomas Fleming CB）在确认关税义务的适当性时，对国王的"普通"特权和"绝对"特权[63]进行了著名的区分，[64]即征收关税的权力属于构成后一种类的行为。关于国王的普通特权，这是没有争议的，它是由他的法官在普通法（jus privatum，私法）的形成中行使的，普通法"没有议会就不能改变"。[65]然而，国王征收关税的专制特权是为了"人民的普遍利益"而由国王亲自行使的，并没有包含在立法中。[66]这种强征的权力是"国王的最大特权"之一，[67]克拉克（Clark B）说，征收所得构成王权，与国王本身不可分割。[68]1372年，当法令禁止爱德华三世（1327—1377）根据特权征收关税时，这项禁令仅约束爱德华本人，因为关税的权利"是英格兰王权的主要组成部分，国王不能削弱"。[69]也许具有讽刺意味的是，贝特的律师在法庭上力主布拉克顿的这段话，但没有成功。[70]不过，这一点都不重要；迈克尔·奥克肖特（Michael Oakeshott）提醒人们注意这样一个事实：在谈到"人民的普遍利益"

62　(1606) 2 St Tr col 371, cols 386, 389, see G. D. G. Hall, 'Impositions and the Courts 1554-1606', 69 *Law Quarterly Review* (1953), 200-18.

63　Hart, n. 61, 96; L. A. Knafla, *Law and Politics in Jacobean England* (Cambridge, UK: Cambridge University Press, 1977), 66.

64　(1606) 2 St Tr col 371, col 389.

65　Ibid.

66　Ibid.; T. Poole, 'Hobbes on Law and Prerogative', in D. Dyzenhaus and T. Poole (eds), *Hobbes and the Law* (Cambridge, UK: Cambridge University Press, 2012), 85.

67　(1606) 2 St Tr col 371, col 383.

68　Ibid.; also R. Barber, *Edward III and the Triumph of England* (London: Allen Lane, 2013), 129, 580.

69　(1606) 2 St Tr col 371, col 385; 45 Edw III (1370-1371) c 4 (customs) (see Morgan, n. 17, 242n).

70　Hart, n. 61, 96.

时，弗莱明巧妙地将人民生命安全（*salus populi*）的范围扩大到了"公共安全"之外。[71] 作为回应，詹姆斯一世将大印章盖上了他的关税特权书。[72] 詹姆斯写道：

> 君主们……可以根据不同的情况，主动通过适当且称职的手段，对运出或运进其领土的商品征收关税和附加税，……由于其智慧和看似可便利地行使自由裁量权。[73]

20年后，在造舰税案（R诉汉普登）[74]中使用了类似于贝特案中财政大臣的推理，以证明在非沿海地区的郡县提供皇家船只或其维修的强制征税义务是正当的。[75] 然而，后来的决定还有另外一面。贝特案的司法途径以法律为依据（关税属于哪一种特权？），而汉普登案的裁判思路则更开阔，甚至包括神学政治。与贝特案一样，汉普登案优先考虑了历史先例，而不是自然法的旧观念。在1634年发行最早的造舰税令状之前，曾有一种诉诸历史的做法，来证明令状在内地各郡的运行是合理的。摩根描述威廉诺亚爵士（Sir William Noy A-G）把自己锁在伦敦塔上"几天"，以便"他可以更好地咨询古代当局"。[76] 勿要在乎正义：因为对于查理来说，先例的权宜之计才是

---

71 Oakeshott, n. 58, 40.

72 Morgan, n. 17, 244–5; Poole, n. 66, 84.

73 G. W. Prothero (ed.), *Select Statutes and Other Constitutional Documents*, 4th edn (London: Oxford University Press, 1913), 354, quoted in Morgan, n. 17, 245.

74 *R v. Hampden*, (1637) 3 St Tr 825.

75 D. L. Keir, 'The Case of Ship-Money', 52 *Law Quarterly Review* (1936) 546–74; Hart, n. 61, 148–57; C. Cooper et al., 'The Stuarts, the Civil War and After', in J. Banbury et al. (eds) *Woodstock and the Royal Park* (Oxford: Andrews, 2010), 45–6.

76 Morgan, n. 17, 281.

关键。

二、专制主义关系

有效的专制主义在英格兰是极为短暂的,但正如最终的理论所言,它确实依赖于立基人类科学的自然法新概念。

国王和臣民之间专制主义关系的专有性质在路易十四的格言中得到了表达:"朕即国家。"[77] 1303年,爱德华一世以特权征收的"关税和手续费"明确承认了臣民和外国人[78]之间的区别以及英国的地理边界。专制主义的征税不是朝贡性质的,而是国王对资源的占有,在某种意义上,这些资源已经是国王的财产了。

在专制主义国家内部,虽然没有对不自由国民的国家解放,但封建关系已经逐渐瓦解。[79] 1660年的《保有废除法案》(The Tenures Abolition Act)[80]确认,王国不依赖国王和臣民的相互义务,也不依赖每个人对上帝的对等义务。该法案补偿了王室的税费损失,废除了骑士役,确立了所有非宗教性土地的永久使用权,但不包括已登记在册的不动产所有权和永久业权。1660年法案确认了1656年的联邦措施。从此时开始,永久业权者不再仅仅因为拥有土地的所有权而欠英国政府任何债务,而根据官册享有土地者向领主支付租金,所有臣民则向商品销售者支付间接税(如消费税)。尽管如此,国王仍然是上帝的代理人,与封建制度的重要区别在于,这种代理人仅以权宜

77　H. H. Rowen, '"L'État c'est à moi": Louis XIV and the State', 2 *French Historical Studies* (1961) 83–98; Schumpeter, n. 5, 108.

78　Morgan, n. 17, 158.

79　I. S. Leadam, 'The Last Days of Bondage in England', 9 *Law Quarterly Review* (1893) 348.

80　12 Charles II c 24 (1597–1672) 7 *Statutes at Large*, 472.

判断作为指导。[81]

正是托马斯·霍布斯（Thomas Hobbes，1588—1679）的著作，让人们重新思考了自然法在君主专制制度中的作用。霍布斯的理论是一种新的自然法则，被认为是"一门关于美德与恶行、善良与邪恶的科学"。[82]他是一个专制主义理论家，但其著作是模棱两可的，这可以从它在很久以后对行政国家的重要性中得到证明。霍布斯是德比郡一个贵族家庭的家庭教师，一位在广度和深度上无与伦比的法律和政治哲学家。霍布斯对两次内战的失败感到震惊，他认为查理一世的想法是正确的，但其方法过于软弱。[83]封建社会的关系需要被重新想象为一个单一的政治机构，一个比任何人或任何事物都强大的"会逝去的上帝"(mortal god)，所有人的意志都向它屈服，从而被赋予了拯救人民的最高目的：[84]

将团结在一个人身边的群体视之为"政治共同体"，拉丁语称为"城邦"（CIVITAS）。这就是……那个伟大的利维坦，或者更确切地说，更虔诚地说……会逝去的上帝，在那不死的上帝之下，我们得到了和平与庇佑。[85]

81　King James VI and I, 'The Trew Law of Free Monarchies', in J. P. Sommerville (ed.), *King James VI and I: Political Writings* (Cambridge, UK: Cambridge University Press, 1994), 62–84.

82　P. Zagorin, *Hobbes and the Law of Nature* (Princeton: Princeton University Press, 2009), 101, see M. Oakeshott (ed.), *Leviathan* (Oxford: Blackwell, 1955), 219.

83　F. Tönnies (ed.), *Behemoth or The Long Parliament: Thomas Hobbes* (Chicago: Chicago University Press, 1990), 116–17, as referenced in Poole, n. 66, 68–96, 71.

84　M. Oakeshott, n. 82, 112.

85　Ibid.

人民生命安全是"最终目标,为此……君主被授予主权"。[86]因此,所有的关系都必须在"权宜之计"和"自然法则"的基础上,从政治角度进行重新配置,而"自然法则"是根据"人类已知的自然倾向"加以理解的。[87]君主没有戴上元老院缰绳的余地。君主最终必须把人民的安全交给"上帝,自然法则的创造者,而不是其他人"。[88]正如胡果·格劳秀斯(Hugo Grotius)所提及的,促进人民的安全意味着重新审视阿奎那的税收思想。[89]"这里的安全[霍布斯说],并不意味着一种简单的保护,而是对于其他所有生活需求,每个人通过合法的努力,在没有危险或对联邦造成伤害的情况下,都将获得满足。"[90]因此,根据定义,这是必要的也是公正的,霍布斯所说的"税收"应该是"平等的",不是根据支付能力,而是根据所获得的利益:"对于平等的正义,也包括平等的征税;这种平等并不取决于财富的平等,而是依赖于每个人为保卫自己而欠联邦平等的债务。"[91]如果不遵循这一原则和其他原则,后果将是可逝去上帝的死亡。霍布斯让我们停下来思考,因为他在专制主义背景下撰写了"税收"。霍布斯对特权的态度是构建性的。除特殊情况外,君主应该"选择法律(而非特权)"。[92]

---

86 M. Oakeshott, n. 82, 219.

87 Ibid., 466 (quoted in Zagorin, n. 82, 103).

88 Ibid., 219.

89 R. Tuck and J. Barbeyrac (eds) and J Morrice (trans.), *Hugo Grotius: The Rights of War and Peace* (Indianapolis: Liberty Fund, 2005), 445 (II.2. XIV).

90 Oakeshott (ed.), n. 82, 219; T. Sorell, 'Hobbes, Public Safety and Political Economy', in R. Prokhovnik and G. Slomp (eds), *International Political Theory After Hobbes* (Basingstoke, UK: Palgrave Macmillan, 2011), 42–55.

91 Oakeshott (ed.), n. 82, 226.

92 Poole, n. 66, 96.

三、专制主义司法

专制主义的非个人化的效忠关系为一般征税留下了广阔的空间。专制主义的秩序要求政治上的正当理由。曾经有关于征税的政治惯例,甚至有自然法,但仍然没有作为公法的税法。

早期为专制主义政治秩序提供理论基础的思想家,以及为其提供支持的赋税,将封建秩序的特征与古典共和主义相结合。[93]尼科洛·马基雅维里(Niccolò Machiavelli, 1469—1527),来自佛罗伦萨——一个从意大利半岛封建效忠网络中分离出来的城邦——的失势公务员,不像阿奎那那样诉诸亚里士多德,而是求助于李维和古罗马史。[94]与阿奎那不同,马基雅维里并未把任何自然法作为伦理标准,而是更倾向于通过他们的成功和失败,以及在确保人民安全的过程中,权衡手段和目的的能力来衡量君主。[95]与该观点相一致,马基雅维里对税收的细节不感兴趣,[96]只对征税的技巧或不称职(ineptitude)感兴趣。在信奉天主教的法国,一种被升华的马基雅维里式冲动在各种专制主义理论流派著作中得到了体现,[97]其中最著名的是让·博丹(Jean Bodin, 1529—1596)的著作,他将税收描绘

---

93 Ryan, n. 42, 233, 301-11.

94 C. Vivanti, *Niccolò Machiavelli*, S. MacMichael (trans.) (Princeton: Princeton University Press, 2013), ch. 15.

95 L. Strauss, *Thoughts on Machiavelli* (Chicago: University of Chicago Press, 1958), 216; P. Bobbitt, *The Garments of Court and Palace* (London: Atlantic, 2013), ch. 3.

96 也不是在一般的"经济"问题上,参见:A. O. Hirschman, *The Passions and the Interests*, 2nd edn (Princeton: Princeton University Press, 1997), 41。

97 M. Koskenniemi, 'The Advantage of Treaties: International Law in the Enlightenment', 13(1) *Edinburgh Law Review* (2009) 27-67.

为"国家神经"。[98] 让-巴蒂斯特·科尔伯特（Jean-Baptiste Colbert，1619—1683）则有一句形象的格言，税收的艺术如同采集鹅毛，要拔最多的鹅毛，却听最少的鹅叫。[99]

可能是托马斯·克伦威尔（Thomas Cromwell，1485—1540），[100] 为英国政府采纳了马基雅维里的思想。[101] 亨利八世的首席秘书兼财政大臣克伦威尔的办公室，比自"竞争对手时代（des Rivaux's day）以来的任何大臣都更有效、更有创造性地管理着英国政府的机关"。[102] 很久以后，肯特郡的一位乡绅罗伯特·费尔玛爵士（Sir Robert Filmer，1588—1653）写下了《君权论》（Patriarcha），这是一部长期未出版[103]的神学政治著作，包含着绝对主义和君主将整片土地献予亚当——第一个国王——及其后代所有长子的神圣权利。[104] 关于征税，费尔玛观点的重要意义在于，它们否认了在任何资源上——土地或劳动力——存在私有财产的可能性，而在这些资源之外，臣民可以自由地授予国王征税权。[105] 贯穿所有思想的是"国家理性"，即"一种由确

98　C. Webber and A. Wildavsky, *A History of Taxation and Expenditure in the Western World* (New York: Simon and Schuster, 1986), 259.

99　Quoted, e.g., in K. Ussher and I. Walford, *National Treasure* (London: Demos, 2011), 43.

100　H. Leithead, 'Cromwell, Thomas, Earl of Essex', in *Oxford Dictionary of National Biography* (Oxford: Oxford University Press, 2004); online edn, May 2009, http:// 0-www.oxforddnb.com.pugwash.lib.warwick.ac.uk/ view/ article/ 6769 (accessed 17 March 2015).

101　J. P. Coby, *Thomas Cromwell* (Lanham: Lexington, 2009), 31.

102　H. Roseveare, *The Treasury* (London: Allen Lane, 1969), 37.

103　Ryan, n. 42, 457.

104　J. P. Sommerville (ed.), 'Patriarcha', in *Sir Robert Filmer: Patriarcha and Other Writings* (Cambridge, UK: Cambridge University Press, 1991), 1–68.

105　R. Filmer, 'The Free-Holders Grand Inquest', in Ibid., 69–130, 128–9; C. Cuttica, *Sir Robert Filmer (1588–1653) and the Patriotic Monarch* (Manchester, UK: Manchester University Press, 2012), 148, 156.

保国家生存和福祉的需要所驱动的政治理性"。[106]

专制君主倾向于通过以下三种方式之一征税。其一，是根据上述特权征收一般税。一个典型的令状证明了造舰税（ship-money）的必要性，理由在于需要"以我们所能进行的一切远征或速度，加强对海洋和陆地的防御"。[107]其二，如果做不到这一点，可以根据已经提到的缘由向议会寻求资金，即只在权宜之计的情况下遵守议会程序而行事。其三，国王可能会援引所谓的"财政封建主义"。换句话说，作为一个专制的君主，要依靠古代封建的收入来源。第三种可能性，"封建主义的存在只是为了给政府带来收入"也是一种权宜之计。[108]每个人都不可能总是同样谨慎。征税的首要可执行理由是绝对主义专制王权的本质，但它并不排除私人动机的存在。亨利八世绕过议会征收额外税的尝试失败，再加上查理一世的个人统治，表明英格兰的专制主义征税是一种反常现象。专制主义国家是奥克肖特所称的"法人团体"（universitas）的一个例子，"法人团体"是从"罗马私法"[109]中提取出来的一种理想型，国家是一个团体，[110]它存在的意义促进"一个共同的实质性目的"。[111]法人团体是国王神圣权利

106　Loughlin, *Idea*, n. 26, 150.

107　See S. R. Gardiner (ed.), *The Constitutional Documents of the Puritan Revolution, 1625–1660*, 3rd edn (Oxford: Clarendon, 1906), 105–8 (specimen writ), quoted in Morgan, n. 17, 282n.

108　J. Hurstfield, 'The Profits of Fiscal Feudalism, 1541–1602', 8(1) *Economic History Review* (New Series) (1955) 53–61, 53, quoted in M. J. Braddick, *The Nerves of State: Taxation and the Financing of the English State, 1558–1714* (Manchester and New York: Manchester University Press, 1996), 72; Ryan, n. 42, 514–15.

109　Oakeshott, n. 25, 199.

110　Ibid., 187.

111　Ibid., 205.

的寓意。[112] 然而，与封建"王国"不同的是，臣民所要求的忠诚是具有明确地域性的。整个国家由"英格兰的封地"组成：所有财产归国王所有。专制主义不过是权宜之计。然而，在这个过程中，征税的目的开始改变，因为人们越来越觉得征税是为了国家的目的（*salus populi*），而并非为了君主本人的目的。事实上，英国和荷兰共和国在绝对主义的表现上形成了鲜明的对比。1653年的英国政府文件[113]不仅要求征税需要得到普遍同意，而且还为古怪的詹姆斯·哈林顿（James Harrington，1611—1677）提供了创作《大洋国》（*Oceana*，1656）的灵感，大洋国是一个由自由人同意建立的理想共和国。[114]

因此，我们将分析第三和第四个关键组成部分。虽然专制主义国家没有税收公法，但它存在一种征税的政治实践。此外，作为政治秩序的一类，其征税试图推翻任何前政治的，即封建的财产权正当性。

第四节 议会国家

议会国家的税收目的是由财产权和一致同意形成的。专制主义所表达或暗示的君主与臣民的简化关系，转化为选民与代表的关系，其范围由国界所界定。征收作为一种税收的地位，加上对特权的严

---

112 Oakeshott, n. 25, 221.

113 Recital 6; Art 30.

114 J. G. A. Pocock (ed.), 'The Commonwealth of Oceana', in *James Harrington: The Commonwealth of Oceana and A System of Politics* (Cambridge, UK: Cambridge University Press, 1992), 1–266; Ryan, n. 42, 500–10.

格限制,意味着作为公法的税收是有限制的和不充分的。从1787年起,议会制国家的税收特征就体现在美利坚合众国的税收[115]以及在被英国殖民直至一战后的土地的税收中。

一、议会思想与议会征税

议会国家中的税款是由王室与议会为了公共目的所审议并谈判达成,这一公共目的使税收得以正当化。

在英国,议会国家主要与威廉三世和玛丽二世(1689—1702)的有限君主制、安妮女王(1702—1714)、随后的汉诺威国王[116]以及维多利亚女王的统治(1837—1901)联系在一起。然而,议会国家的形成要早得多,早在金雀花王朝、兰开斯特王朝和约克王朝的统治时期便已具雏形。因此,有必要认识到,在英国,议会国家与其说是18世纪的现象,不如将其视为中世纪晚期的影像。18世纪的大部分时间里,法国的亲英派哲学家,尤其是孟德斯鸠,向往地眺望着英吉利海峡对岸的法治社会。而今,随着20世纪的意识形态剧变,议会国家几乎没有类似的内容,尽管科威特、[117]某些公国和小型离岸金融中心可能存在类似之处。在瑞安(Ryan)看来,议会国家既有政治方面的因素,也有法律方面的因素。[118]在政治术语中,它特指君主为了促进公共利益而统治臣民的一种秩序,在该秩序中,他做出了与议会的其他阶层,即下议院和上议院最大程度一致的裁决。从法律

115　D. J. Boorstin, *The Americans* (London: Weidenfeld & Nicolson, 1966), 393-400.

116　P. Langford, *Public Life and the Propertied Englishman 1689-1798* (Oxford, Clarendon: 1991), 1-14, 35-51.

117　Herb, n. 54, 82.

118　Ryan, n. 42, 462-3.

上讲，一个有限的君主只能遵守法律。议会制国家主要关心人以及人的目的。属于这些人的最高价值表现为财产权利，包括人自身和人的财产权，这些价值受到如财政宪法所要求的、《国会法案》所规定的未经同意不得征税的权利的保护。[119]

因此，专制主义和议会秩序之间的关系代表了一种局部的转变。其所涉及的利害关系有两个方面：在公法框架内限制特权，或者也被称为"政治法"，是有关国家的理由；以及在个别案件中重新确认前政治——或封建——财产权。独立的皇家法官犹如封建法官的继承人，他们把财产和合同的普通法规则表述为私法。这种法律组合形成了议会国家税法的哲学本质。然而，议会国家并不像绝对主义国家那样是一个单一的概念。它从来就非完全固定的，它的知识局限性从来没有像专制主义倾向那样受到决定性的检验。[120]

与专制主义或英国共和国不同，议会国家没有保留征税的特权。这是因为纳税人的同意权优先于其对国家的义务。议会税收依次采取以下形式：补贴（至1640年）；十五分之一和十分之一税（同样至1640年）；关税（1340年以后，因为特权而有所中断）；[121] 消费

---

119 J. Jaconelli, 'The "Bowles Act"— Cornerstone of the Fiscal Constitution', 69(3) *Cambridge Law Journal* (2010) 582–608; J. Locke, 'Of Civil Government. Book II: Second Treatise', in I. Shapiro et al. (eds) *Two Treatises of Government and A Letter Concerning Toleration* (New Haven: Yale University Press, 2003), 161; A. J. Simmons, *On the Edge of Anarchy* (Princeton: Princeton University Press, 1993), 91, 96–8.

120 P. Langford, *A Polite and Commercial People* (Oxford: Clarendon, 1989), 529. 关于因国家原因而形成的公法，参见：Loughlin, n. 26, 163。类似的焦虑在当前美国的税收争议中也很明显，在这方面，前政治时代和洛克关于财产权的观点（当然，并非源自封建）在意识形态上仍然很重要。例如参见：R. A. Epstein, *Design for Liberty: Private Property, Public Administration, and the Rule of Law* (Cambridge, MA, and London: Harvard University Press, 2011)。

121　14 Edw III (1340) c 1 (customs); 14 Edw III (1340) c 2 (customs) (see Morgan, n. 17, 176–9).

税（1643年，1660年以后）；壁炉税或"烟囱税"（1662—1689年）；土地税（1689年及其后）；人头税（间歇性地，至少从1381—1699年）；[122]窗口税（1695—1851年）；[123]印花税（1694年以后）；以及最重要的是，相对温和的个人所得税（1799—1802年，1803—1816年，以及1842年以后）。[124]

二、议会关系

从13世纪末到19世纪晚期，在绝对主义的分裂下，议会政府是英国的常态。尽管皇室独立，但法官对议会关系的成功至关重要。

议会关系的层次性表现在"代表性原则"和"权力分配"上。[125]这些思想在约翰·洛克（1632—1704）和孟德斯鸠的著作中得到了各不相同的探讨。[126]在18世纪后期的两起案件中，法官们在君主和臣民之间取得了平衡：1765年的恩蒂克诉卡灵顿案（*Entick v.Carrington*）；[127]1783年格拉斯哥市诉默多克、沃伦公司案（*City of Glasgow v. Murdoch, Warren and Co*）。[128]议会制国家的征收不是朝贡，

122　M. J. Braddick, *Parliamentary Taxation in Seventeenth-Century England* (Woodbridge: Boydell, 1994).

123　C. Stebbings, 'Public Health Imperatives and Taxation Policy: the Window Tax as an Early Paradigm in English Law', in J. Tiley (ed.), *Studies in the History of Tax Law*, vol. 5 (Oxford: Hart, 2012), 43–71.

124　E. R. A. Seligman, *The Income Tax* (New York: Macmillan, 1911), 57–166.

125　关于这个表达，而不是"权力分立"，参见：C. Spector, *Montesquieu: Liberté, Droit, et Histoire* (Paris: Michalon, 2010), 178。

126　A. M. Cohler et al. (eds), *Montesquieu: The Spirit of the Laws* (Cambridge, UK: Cambridge University Press, 1989), 156–66 (XI:6); Shapiro et al. (eds), n. 119, 164–71.

127　(1765) 19 St Tr col 1029, CP.

128　(1782) 2 *Paton's Appeals* 615, http:// solo.bodleian.ox.ac.uk/ primo_ library/ libweb/ action/ dlDisplay.do?vid=OXVU1&docId=oxfaleph013034083 (accessed 1 October 2015).

也并非拨款。它们便是所谓的租税。

1689年的议会试图在《权利法案》中实现13世纪末或14世纪初的"权利与自由"的回归。

> 现在,这些精神上和世俗上的贵族和平民聚集在一起,成为这个国家完全自由的代表,他们首先要(就像他们的祖先通常所做的那样)维护他们古老的权利和自由,宣布……
> 4. 以特权为借口或以同样的方式,在没有议会批准的情况下,在较长的时间内为王室之用而征税是非法的。[129]

这一措辞发展了1628年《权利请愿书》第八条的部分实质内容,而该条又受到《大宪章》的启发。[130]《权利法案》明确表达了代表性原则。它建立在1660年《保有废除法案》的基础上,并至少在郡范围内依赖于一个每年至少有40先令收入的自由人选民。[131] 这样的自由人在1689年比1489年要多得多。[132] 1688—1689年的解决方案是对霍布斯思想的调整,使君主成为在议会中的王权。从此以后,就像过去四个世纪的大部分时间一样,富裕的英国自由人只有在他们选出代表同意的情况下,才能被迫放弃部分或全部财产。这样的自由人完全否定了君主只会被权宜判断所左右的观点。然而,被选定的国王的谨慎行事必须考虑到自由人对古代财产权的正当要求。

129　Bill of Rights 1689, 1 William & Mary (1688–1689) c 2, Art 4 . see also E. N. Williams, *The Eighteenth-Century Constitution 1688–1815* (Cambridge, UK: Cambridge University Press, 1970), 28.

130　Kenyon, n. 52, 84.

131　8 Hen VI (1429) c 7 (electors).

132　J. Leheny (ed.), *Joseph Addison: The Freeholder* (Oxford: Clarendon, 1979), 1.

孟德斯鸠在1729—1731年访问英国时发现，这种安排是对权力分立的补充。[133]

无论是恩蒂克诉卡灵顿案（财产和宪法案件，而非税务案件），还是格拉斯哥市诉默多克、沃伦公司案，都表明了洛克的思想在18世纪英国的普遍性，即由独立的司法机构调和的"法治"。在恩蒂克诉卡灵顿案中，强调"革命使该宪法恢复了其最初的原则……并且……既没有扩大也没有收缩基础，而是进行了修复，也许在结构上增加了一两个支撑物"，[134]卡姆登勋爵（Lord Camden）就走了一条洛克式道路以捍卫财产所有权不受私人住宅特权搜查令的侵害：

> 人类进入社会的最大目的，是确保他们的财产安全。只要没有因为全体的利益而被某些公法剥夺或削减，这项权利在任何情况下都是神圣和不可侵犯的。该种财产权被实在法否定的情况是多种多样的。扣押、执行、没收、税收等；在这些情况下，每个人为了正义和普遍利益，经一致同意放弃这项权利。[135]

当人类进入"社会"时，卡姆登勋爵显然想到了"政治社会"的一些基本特征。也许——这也是推测性的——在谈及步入社会的人时，他特指亨利三世统治时期，各郡选入议会的第一批骑士。他说1688—1689年的革命（"光荣革命"）是对古代宪法的修复和复兴。首席大法官承认，公共利益是通过税收剥夺财产权的部分原因。然

133　R. Shackleton, *Montesquieu* (Oxford: Oxford University Press, 1961), ch. 6.
134　(1765) 19 St Tr col 1029, col 1068.
135　Ibid., col 1066.

而,他暗示纳税人也同意从人类的冲动走向分配正义。[136]

20年后上议院对格拉斯哥市诉默多克、沃伦公司案的判决中,[137]曼斯菲尔德勋爵(Lord Mansfield)划定了在制定税收法规方面议会同意的界限。该法规要求啤酒的销售商或酿酒商"没有在……格拉斯哥市……生产或经营自己的啤酒厂"必须通知格拉斯哥的地方法官,并因此对该销售商或酿酒商进口到该市或在该市销售的每品脱啤酒支付两个苏格兰便士的关税。为了规避这一法规,默多克、沃伦公司(被告)签订合同,将先前在格拉斯哥销售的啤酒卖给一家蒙罗啤酒公司,蒙罗公司随后在被告位于格拉斯哥郊外安德斯顿的啤酒厂为客户提供啤酒。上议院法官认为,这种"手段"使被告得以逃避该义务。但是,下议院推翻了上议院的判决,[138]并指出:

> 被告通过将啤酒和麦芽酒出售给蒙罗公司,明确表示他在格拉斯哥市内出售全部啤酒和麦芽酒,并给予折扣和津贴,这显然是规避法案第28条第2款的行为。而且也应该视为被告自身在格拉斯哥市内销售。[139]

这两个案例阐明了被爱德华·帕尔默·汤普森(E. P. Thompson)称为"不言自明的善"的法治理念:"法律作为意识形态的作用,其法律效力的必要先决条件,……[是]它应表现出独立于总体操控,

---

136　S. Fleischacker, *A Short History of Distributive Justice* (Cambridge, MA: Harvard University Press, 2004), 23.

137　I. Ferrier, 'The Meaning of the Statute: Mansfield on Tax Avoidance', *British Tax Review* [1981] 303–8.

138　(1782) 2 *Paton's Appeals* 615, 617–18.

139　Ibid., 618: see comments by Ferrier, n. 137, 305–6.

而且看上去是公正的。"[140]

亚当·斯密（1723—1790），大学教授，独立学者，还曾当过海关官员，他的著作充分探讨了法律在议会国家中的商业作用。[141]斯密是一位难以捉摸的道德哲学家，他创造了一个不甚完整的法律和政府哲学体系。这种制度催生了人性的概念，[142]以及这种人性在商业关系中所产生的历史影响。[143]由于害怕现存政府和商业理论所带来的伤害，斯密得出结论，唯一的解决办法只能在"完全自由和正义的自然体系"中找到。[144]在采用霍布斯的凡人之神（mortal god）假设的同时，软化了霍布斯理论的一些元素，斯密借鉴了当代税收理论的某些方面（尤其来自孟德斯鸠的思想），用微小的细节来支持它们，并形成了适用于18世纪议会国家的税收原则。斯密的教诲浓缩在他对税收四项准则的总结中：

各国都已竭尽其力，尽其所能地使各国的税收平等；对纳税人来说，无论是在时间上还是在纳税方式上，都是确定且方便的，而且，按照他们给君主带来收入的比例，人民的负担是微不足道的。[145]

就像霍布斯的理论一样，这是一种实用主义的税收观。斯密甚

140　E. P. Thompson, *Whigs and Hunters* (London: Penguin, 1990), 263, 267.

141　S. Fleischacker, *On Adam Smith's 'Wealth of Nations'* (Princeton: Princeton University Press, 2004).

142　D. D. Raphael and A. L. Macfie (eds), *Adam Smith: The Theory of Moral Sentiments* (Indianapolis: Liberty Fund, 1982).

143　R. H. Campbell et al. (eds), *Adam Smith: An Inquiry into the Nature and Causes of the Wealth of Nations*, 2 vols (Indianapolis: Liberty Fund, 1981).

144　Ibid., II, 606 (IV. vii. c. 44).

145　Ibid., II, 827 (V. ii. b. 7).

至考虑到很小份额的再分配。[146]某种程度上,阿奎那的部分观点被保留在斯密的哲学中。如果不遵守这些公理,税收将是无效的。不过,关键的一点是,这样产生的税收是为了建立政府,而政府是为了保护财产权。[147]事实上,正是议会对国内制造商的保护,使得"贸易自由"的启动受到了阻碍。[148]

三、议会司法

议会制国家的哲学家强调亚里士多德主义的起源,与专制主义的马基雅维里主义保持距离。

为这种财产议会秩序提供哲学基础的作者们,通过将封建法律的特征与霍布斯和斯密所利用的自然法相关的、崭新的、更经验性的论述相结合来实现这一目的。[149]其中马基雅维里的作品被低估了,可能是因为他想超越封建主义,[150]可能他没有提到自然法,[151]可能在议会国家中,他的思想空间有限。相比之下,爱德华·科克爵士(Sir Edward Coke, 1552—1634)则提倡回归到中世纪的税收观念和更古老的古代宪法。[152]1625年,他告诉下议院,"国王应该独自承担普通的费用;但是共同危险之下,促使共同支持(*ubi commune*

146　Ibid., II, 842 (V. ii. e. 6).

147　Ibid., II, 715 (V. i. b. 12).

148　Ibid., I, 471-2 (IV. ii. 43-4).

149　Ryan, n. 42, ch. 13.

150　Bobbitt n. 95, 121.

151　I. Berlin, 'The Originality of Machiavelli', in H. Hardy (ed.), *Against the Current: Essays in the History of Ideas* (London: Hogarth, 1979), 25-79, 36.

152　J. G. A. Pocock, *The Ancient Constitution and the Feudal Law*, 2nd edn (Cambridge, UK: Cambridge University Press, 1987), 39-40; P. Raffield, *Images and Cultures of Law in Early Modern England: Justice and Political Power, 1558-1660* (Cambridge, UK: Cambridge University Press, 2004), 199-208.

periculum, commune auxilium）的费用除外"。[153] 科克最终成为了权利请愿书的缔造者之一。[154] 费尔玛（Filmer）对君权神授的论证成为洛克第一篇《政府论》(1690) 的反击目标，[155]《政府论》是议会国家的哲学基石之一。洛克拒绝将土地捐献给作为亚当第一个孩子的国王。[156] 取而代之的是，洛克在他的第二篇《政府论》（1690）[157] 中论证道，土地在创造时就被赋予了人类。今天，土地所有权人是那些在自然状态下通过将他们身体的劳动与土地结合而获得土地财产的人的后代。[158] 最关键的是，"每个人都有自己的财产：除了他自己，没有人对他的财产有任何权利。我们可以说，他身体的劳动和双手的工作所得，都完全属于他自己"。[159] 这种"自下而上的理论"阐明了财产权的概念在国家之前已经存在了。[160] 财产权持有者可以通过征税方式将部分权利献予国王，不过，要使这种权利有效，必须得到财产持有者选举代表的同意。洛克写道，考虑到政府的巨大开支，所有受益于政府保护的人都应该承担一部分费用。然而，这应该得到多数人的同意。否则就会"颠覆"政府成立的目的：保护财产。[161] 正

153　S. R. Gardiner (ed.), *Debates in the House of Commons in 1625* (London: Camden Society, 1873), 32, quoted in G. L. Harriss, 'Thomas Cromwell's "New Principle" of Taxation', 93 *English Historical Review* (1978) 721–38, 738.

154　Kenyon, n. 52, 82–5.

155　J. Locke, 'Of Government. Book I: First Treatise', in Shapiro et al. (eds), n. 119, 7–99.

156　Ibid., 14–18.

157　J. Locke, 'Of Civil Government. Book II: Second Treatise', n. 119, 100–209.

158　Ibid., 111–21. 货币的发明对洛克来说是至关重要的，参见：J. Dunn, *Locke* (Oxford: Oxford University Press, 1984), 39–40。

159　Ibid., 111.

160　Epstein, n. 120, 99.

161　Shapiro et al. (eds), *Second Treatise*, n. 119, 163.

是在这种财产和同意的概念下,洛克将阿奎那的税收理论应用到代议制政府的制度中。随之而来的,财产权所有人有一种阿奎那所说的伦理义务,即与缺乏生活手段的人分享资源。[162]

与专制主义相比,议会国家的共识性质为一般征税留下了更为广阔的空间。这是因为税收的设计和实施需要广泛协商一致。然而,议会将国防作为征税的唯一理由。如果国王无法筹集到款项,他就必须向议会要求资金。渐渐地,议会制国家取消了特权征税的可能性,尽管直到1689年才最终完成。例如,1484年废除了恩税,唯在1491年被特权重新引入。[163]这是霍布斯谴责的混合或有限的君主政体,[164]却对于财产权至关重要。税收既是公法,也有自然法的属性。

在议会国家,国王的私人动机很难凌驾于公共目的之上。亨利七世提供了其实际动机的一个范例。[165]即便是伊丽莎白一世,也不得不与议会协商资金问题。[166]但是,由于议会国家在奥克肖特看来是一个社会(*societas*),征税的范围必然受到限制。作为"公民团体"的国家,社会是奥克肖特提出的与上述法人团体(*universitas*)的对应理念。社会不是一个企业团体,而是一个重视忠诚、合法和法治的团体。[167]社会是忠诚的焦点,而不是一个总体项目的载

---

162 J. Waldron, *God, Locke, and Equality* (Cambridge, UK: Cambridge University Press, 2002), 177n, noting Aquinas's *Summa Theologica*, II. q. 66.

163 1 Rich III c 2, 2 *Statutes of the Realm* 478.

164 G. L. Harriss, 'Medieval Doctrines in the Debates on Supply, 1610–1629', in K. Sharpe (ed.), *Faction and Parliament* (Oxford: Clarendon, 1978), 73–103, 100.

165 T. Penn, *Winter King* (London: Penguin, 2012), 160–3.

166 Harriss, n. 153, 733–4.

167 Oakeshott, n. 25, 201.

体。¹⁶⁸ 用于国防目的的税收因此成为一个"财政-军事"国家的"权力之源"(the sinews of power)。¹⁶⁹ 在1689年至1815年间,海军的每年"净支出"很少低于100万英镑。¹⁷⁰ 杰拉尔德·哈里斯(Gerald Harriss)绘制了1300年至1625年的税收目的图。他发现,除了国防,几乎没有议会向国王提供资金的案例。¹⁷¹ 因此,在托马斯·克伦威尔(Thomas Cromwell)之后的几个世纪里,尽管有玛丽一世(Mary I)统治的短暂中断(1553—1558),保卫新教国家几乎是征税的唯一理由。在马基雅维里主义的世界里,一个阿奎那式的观点是,只有在国家处于紧急状态时才会提高议会税收,如拿破仑战争期间著名的所得税。

因此,让我们来分析第五和第六个组成部分。议会国家的征税不是朝贡性质的,也并非拨款性质。这就是所谓的税收。它们具有目前讨论的其他制度下的征收不具备的两种要素:立法的权威,即人民代表的权威,而非神权或王权;以及法律强制。税收是相对简单和低调的公法的主题,它与属于私法封建起源的财产权相辅相成。如同霍布斯暗示并由斯密展开的那样,税收立法的设计受到了一个自然法分支——日益被认为是政治经济学——的启发。¹⁷²

168　Oakeshott, n. 25, 187.

169　J. Brewer, *The Sinews of Power* (Cambridge, MA: Harvard University Press, 1990).

170　N. A. M. Rodger, *The Command of the Ocean* (London: Penguin, 2006), 642–6.

171　Harriss, nn 153, 164. 特别是在1694年英格兰银行成立之后,这一目的很可能通过使用土地税收收入来支付政府因资助战争而产生的债务利息来实现。参见:P. Ackroyd, *The History of England Volume IV: Revolution* (London: Macmillan, 2016), 53。

172　Koskenniemi, n. 97, 66–7.

第五节　行政国家

行政国家的税收目的是实例化和优先考虑相互竞争的、不一致的和最终无法解决的公平概念，并以此来纠正经济增长过程中的效率低下。虽然国防必然依旧是一个政策优先事项，但重点已从18世纪长期坚持的同意和财产的理念转移到了有效性上。作为议会制国家的特征，选民和代表的关系进一步为国家行政机构所调和，其自由裁量权恢复了专制主义的某种简化特征。不仅仅适用于国家机关征税，类似的观点也适用于地方征税，以及目前与苏格兰、北爱尔兰和欧盟（只要仍然相关）的权力下放安排中的税收。税费作为一种税收的地位，加上一个庞大的行政机构，创造了一个包罗万象的税收公法。被"掏空"的行政国家（又被称为"管制国"），已经成为如皮诺切特领导下智利的新自由主义政权的基础。[173]

一、行政思想与行政征税

议会国家富有想象力的拉锯战依然强大，但行政国家的税收已被奥克肖特"法人团体"所特有的"目的－手段"（ends-means）方法证明是合理的。

虽然人们怀念议会国家所赋予的自治权，而且尽管个人与封建的联系越来越少，但绝对主义理念所赋予的服从君主的美德仍然

---

[173] D. Harvey, *A Brief History of Neoliberalism* (Oxford: Oxford University Press, 2005), chs 4 and 5.

存在于行政国家中。绝对主义的君主和臣民的关系,在行政国家成为政府和往往跨越国界的被统治者的关系。议会国家中被授予公民权的自由人与议会中的王权之间的关系变得更加复杂,首先是在1928年宣布实行群众民主制,[174] 然后在20世纪最后25年将商业纳入政府。第一次世界大战后,一些国际和区域组织发展起来,其目的在于防止法律性双重征税,并促进司法辖区外税收债务的执行。

虽然议会税收对行政国家和议会国家同样重要,且征收特权仍不具有合理性,但有时在行政国家日常税收管理中涉及的自由裁量权相当大。[175] 虽然关于代表同意的宪法规范仍然没有实质性改变,但行政行为的范围却越来越大。行政国家税收的特点是其完全的多样性、[176] 范围性和可变性。[177] 它在不同时期的税收包括:对各种各样的商品征收关税和消费税(例如碳氢化合物油);或多或少的累进所得税(1910年开始征收);[178] 国民保险缴款(1911年起);资本利得税(1965年起);遗产税、资本转移税和继承税(分别从1894年、1974年和1986年开始征收);公司税(1965年起);增值税(1973年起);新印花税(从1986年及2003年开始征收)以及环境税(1995年以

174　Representation of the People (Equal Franchise) Act 1928.

175　National Audit Office and HM Revenue & Customs, *Settling Large Tax Disputes* (London: The Stationery Office, 2012–13), 188.

176　参见《税务契约》样本中"税收"的定义。T. Sanders and P. Ridgway (eds), *Tax Indemnities and Warranties*, 3rd edn (Bloomsbury Professional: Haywards Heath, UK: 2009), 366. 另参见: Loutzenhiser (ed.), *Tiley's Revenue Law*, 8th edn (Oxford and Portland: Hart, 2016), 3–7.

177　B. R. Cheffins and S. A. Bank, 'Corporate Ownership and Control in the UK: The Tax Dimension', 70(5) *Modern Law Review* (2007) 778.

178　Seligman, n. 124, 207.

后)。虽然行政国家没有保留税收特权,但在这个社会秩序中,纳税人的同意显然不如税收管理的有效性重要。

二、行政关系

行政国家改变了法律与特权的关系,凸显了公法与经济理论的不同逻辑。行政管理的特点是在加强行政管理中体现权力分配。

尽管与议会国家一样,行政国家通过政治目的使税收的存在正当化,但这一目的范围被极大扩张,议会的作用明显削弱,财产权也越来越受到立法的限制。行政国家与绝对主义国家的相似性延伸到作为行政法的税收层面,特别是在税收义务的执行方面。行政国家与绝对主义国家的重大区别,在于行政管理受公法规范的约束。在议会国家,税法作为公法对私有财产法起到了消极的强化作用;而在行政国家,随着其行政权的增强,私法在事实上被削弱了。税法的权宜性成为它的主要特征,在议会国家中由财产决定的正义理念变得越来越遥远。行政国家在法律形式上是绝对主义的,其实质体现了群众民主和国际商业时常不一致的价值观。

在行政国家中,议会国家在行政、司法和立法机构之间的权力分配,首先转变为官僚机构强化的行政权,然后转化为商业强化的监管国家。正如洛克林指出的那样,这一过程的含义早已被丹宁勋爵(Lord Denning)提出,[179]"适当行使的……行政权力会通向一个福利国家;但权力滥用会导致一个极权国家"。[180]

最近一个涉及税收纠纷的司法审查案件探讨了这种做法对于涉

---

179 Alfred Thompson Denning, *The Closing Chapter* (London: Butterworths, 1983), 117-19.

180 Quoted in Loughlin, n. 4, 444n.

税方面的影响。[181]对行政行为和立法的司法审查继续受到重视,而且仍然存在着争议。

政治法和自然法是不同的,后者的一个变化体现在经济理论中。换言之,经济学与自然法的方法并无不同。马丁·沃尔夫(Martin Wolf)在评论托马斯·皮凯蒂(Thomas Piketty)的《21世纪资本论》(2013)时,[182]恰如其分地得出了确定性的经济结论:"经济不存在更加平等的普遍趋势";"至少在正常时期,资本家会把相当大一部分的回报存起来,以确保他们的资本增长至少与经济增长一样快";而且"当经济增长相对缓慢时,资本增长快于经济增长的趋势也更有可能出现"。[183]所有这些都有违这样一种观点,即不论经济理由如何,税收政策都应以政治意愿为基础。与此同时,在损害私有财产法的情况下,税收公法的主导地位似乎使行政国家与绝对主义国家相一致。行政国家的特点如同议会国家的特点一样被输出到全球各国。至少在最初,这对"全球精英"是有利的,但越来越多的证据表明巨大的经济差异是不利的。

三、行政司法

虽然行政国家一定还有其他特点,但行政国家是一个马基雅维里式的国家,在精神上接近专制主义。例如,亚里士多德的分配正义不一定等同于我们的分配正义理念,而要达到"满足每个人需要的

181　*UK Uncut Legal Action Ltd v CRC* [2013] EWHC 1283 (Admin); (2013) 81 *Tax Cases* 890 (see de Cogan, *British Tax Review* [2013] 552–62).

182　T. Piketty, *Capital in the Twenty-First Century*, A. Goldhammer (trans.) (Cambridge, MA: Harvard University Press, [2013] 2014).

183　M. Wolf, 'Inequality Time', *Financial Times Life and Arts* (19–20 April 2014) 9.

资源分配",[184]它要求对目的和手段进行精巧的计算。

为行政国家提供知识基础的思想家,以及贬低行政国家的思想家,都将注意力集中在税收制度的再分配和监管能力上。理查德·亨利·托尼(1880—1962)注意到工业社会的巨大经济差异,并认识到税收再分配的重要性。在《平等》(1931)一书中,[185]托尼写道,减少不平等只能通过以下方式实现:

> 通过征税和利用由此获得的资金,使所有人,不论其收入、职业或社会地位,都能享有文明的条件,而在没有这些措施的情况下,只有富人才能享有这些条件。[186]

相反,经济学家和政治学家弗里德里希·冯·哈耶克(1899—1992)否认存在这种客观性的可能性。哈耶克在《通往奴役之路》(1944)[187]中宣称:"在价值问题上,计划者必须回答":

> 追求更大平等的方法实际上没有答案。它的内容几乎不比"公共利益"或"社会福利"这两个词更明确。它并没有免除我们在每一特定情况下对特定个人或团体的应得作出决定的必要性,也没有使我们在作出决定时得到任何帮助。它实际上告诉我们的是,尽可能多地从富人那里索取。但是,当涉及战利品的分配时,问题就如同从未构想过"更大的平等"的方案一样。[188]

184　Fleischacker, n. 136, 2.
185　R. H. Tawney, *Equality*, 5th edn (London: Allen & Unwin, [1931] 1964).
186　Ibid., 122.
187　F. A. Hayek, *The Road to Serfdom* (London: Routledge, [1944] 2001).
188　Ibid., 114.

剑桥经济学家阿瑟·塞西尔·庇古（1877—1959）虽然考虑了这些问题，但也支持监管的论点。通过关注税收将污染造成的负外部性内部化的可能性，[189]庇古为过去20年的环境税奠定了基础。最近，皮凯蒂（生于1971年）注意到各个国家缓解大规模财富不平等现象的能力正在下降。他表示，这一点可以通过税收收入未能跟上最富有人群的消费能力和不对资本征税得到证明。因此，他呼吁重新审视对高端人群征收高边际所得税的可能性，同时——更令人难以想象地——征收"全球资本税"。[190]批评集中在后者上，但关键是前者。皮凯蒂说对高端人群征收高边际所得税实际上对减少不平等起到了有效作用。[191]认为最高税率不会增加收入的观点，从某种意义上看，是犯了一个类别错误。它们的本质在于阻止企业经理就过高的薪酬方案进行谈判。实际上，它们是一种经济调控形式。

这些并不是仅仅在行政国家中拥有影响力的思想家。还有三人也很重要：斯密和马基雅维里不言而喻，但更重要的是霍布斯。原因在于，为了起到有效的作用，行政国家需要完全掌握税收制度和与税收相互作用的财产权。霍布斯的思想为国家在税收和财产问题上对个人的决定性支配地位提供了知识框架。[192]斯密的思想，虽然在道德伦理上很有影响力，但无法适应这种全面性的结构。更重要的是，霍布斯的自然法思想与经济理论的逻辑完全兼容，而马基雅维里尽管与霍布斯有着明显的相似之处，却无法直接解决这个问题。

189　A. C. Pigou, *The Economics of Welfare*, 4th edn (London: Macmillan, [1920] 1952), Part II, chs 2, 3.

190　Piketty, n. 182, chs 14, 15.

191　Ibid., 508-12.

192　D. Jackson, 'Thomas Hobbes' Theory of Taxation', 21(2) *Political Studies* (1973) 175-82.

2016年，在英国，税收的公共目的范围表明，意识形态与政治现实相互作用时，要审慎地优先考虑前者。作为政治法理学的霍布斯的"公民科学"（civil science）促成公法规定了这一优先顺序。[193] 在预扣所得税（PAYE）规定范围内的任何雇员都不能要求支付其工资总额。如果不征收气候变化税，就不能为较大的企业提供电力。土地转让后，未经登记所有权，国家不得完全承认土地上的财产。行政国家规定了广泛的税收政策目的。其中，到目前为止最大的是福利（仅占公共支出的25%），紧随其后的是健康（约占19%）。国防是议会国家的唯一优先事项，其行政支出约占公共支出的5%。[194] 这些必要事项是由公平和效率的经济学概念提出的，亦是霍布斯的自然法（或许还有斯密的自然法）的突出特征。

因此，可以说明分析的第七个和第八个要素。当然，行政国家税收是名副其实的税法。它们不仅受到法律强制力的支持，而且得到立法当局的支持。但是，立法机构的雄心远大于议会制国家，它提供了一项全面的公法。这种公法甚至有可能抹去私有财产法。尽管雄心勃勃，但这种公法是以与自然法密切相关的经济理论为基础的。

---

193 M. Loughlin, 'The Political Jurisprudence of Thomas Hobbes', in D. Dyzenhaus and T. Poole (eds), *Hobbes and the Law* (Cambridge, UK: Cambridge University Press, 2012), 5–21.

194 参见英国政府网站GOV.UK，最后更新于2015年12月1日，http://www.gov.uk/ annual- tax- summary（2015年4月16日访问）。为了详细剖析英国不断演变的行政国家的税收政治史，参见：Martin Daunton's incomparable *Trusting Leviathan: The Politics of Taxation in Britain, 1799–1914* (Cambridge, UK: Cambridge University Press, 2001) and *Just Taxes: The Politics of Taxation in Britain, 1914–1979* (Cambridge, UK: Cambridge University Press, 2002)。

第六节 结论

探讨税收的正当性,从而得出当代税法的公法性质的结论,有多种可能性。这里所采取的方法是聚焦征税背后的历史目的。

征税目的与不同社会秩序所促进的理念密切相关,可行目的的性质和范围是这些秩序的特殊性作用。税法作为公法的特征,既有法律的形式,又有独特的政治目的。因此,在议会国家,税收的公法性质必然被低估。这种政治社会的基本组成部分是前政治的——即封建制——私有的财产法,而税法既要巩固财产法,又要对其进行最小程度的修改。为议会国家辩护的人,虽然含蓄地承认税收立法的公法性质,但倾向于放弃它与作为私法的财产法的关系。相反,他们倾向于将税法视为民法,强调其政治-社会基础,与前政治社会中的财产法基础形成对比。税收的目的主要表现为维护国家安全以及公民或臣民的安全。与这种议会制思维方式形成对比的是其所依赖的封建思想。虽然封建王国不是政治社会,但它确实具有公认的财产普通法。封建征税象征着君主和藩属之间的私人关系,征收是否是一种公法是一个从未出现的问题。

如果议会思想和封建思想预示着人们对财产的潜力和税收的危险有着相似的态度,那么绝对主义和行政思想在某些方面也具有相似之处。在绝对主义国家征纳的税收与在行政国家征收的税一样,都是对财产权的剥夺,或对财产权的严重侵犯。财产权在行政国家中被重新定义,有几分像在绝对主义国家中被否定一样。绝对主义与行政主义的区别在于,后者将主权纳入人民的范围之内,其权力创造受到公法的监督。

本章的统一主题是,作为公法的税法现代概念在历史上是偶然的,在哲学上也是有争议的。[195] 几个世纪以来提出的征税理由生动地阐明了这个中心主题。

---

195 作者用爱把这一章献给安吉拉·克肖。他受益于与多米尼克·德·科根(剑桥大学)、米兰达·弗莱舍(圣地亚哥大学)、简·弗雷克纳尔·休斯(诺丁汉大学)、斯图亚特·P. 格林(罗格斯大学)、西奥多·P. 濑户(洛杉矶洛约拉大学)、尚塔尔·斯特宾斯(埃克塞特大学)和亨克·沃丁(莱顿大学)的谈话。作者感谢马克·菲尔普(华威大学),他对我的初稿进行了有价值的评论和讨论,帮助我澄清了某些想法。当然,本文的结论、错误和遗漏仍然是作者的责任。他还想感谢海伦·赖利(华威大学图书馆)和伊丽莎白·韦尔斯(牛津大学博德利图书馆),感谢他们追踪到佩顿上诉书的电子版。

第二章　我们必须支付大英博物馆费用吗？税收和伤害原则

约翰·斯坦顿-伊夫[*]

"强制一个不情愿的人为大英博物馆捐款,与宗教迫害一样,明显违反了密尔的原则。"[1] 1873年,詹姆斯·菲茨詹姆斯·斯蒂芬在他的《自由、平等与博爱》一书中这样写道。所讨论的"密尔"当然是约翰·斯图亚特·密尔,而"原则"——密尔的伤害原则——如他自己所称是"一个非常简单的原则"[2],尽管很少有触及其实质的读者会这么认为——或者认为,《论自由》整体上仅仅提出了一个单一的原则。密尔至少在斯蒂芬上述书出版前十四年的《论自由》一书中,简明扼要地阐述了这一原则的核心要义:"违背文明社会任何成员的意愿而对其正当行使权力的唯一目的是防止对他人的伤害。"[3] 那么,斯蒂芬说,"向人们征税来支持大英博物馆就不是国家权力的'正当'

---

[*] 感谢2015年伦敦大学学院研讨会的所有参与者,感谢格兰特·拉蒙德的有益评论,尤其要感谢莫妮卡·班得瑞和詹姆斯·韦伯。

[1] J. Fitzjames Stephen, *Liberty, Equality, and Fraternity* (Indianapolis: Liberty Fund, 1993), 12.

[2] J. S. Mill, *On Liberty and Other Essays*, J. Gray (ed.), World's Classics Edition (Oxford: Oxford University Press, 1991), I, 9.

[3] Ibid.

行使,至少与密尔的原则不一致。"斯蒂芬认为,强制征税违反了密尔的伤害原则,因为税收不能以防止对他人的伤害为目的。我将在下面反复提到"斯蒂芬对密尔的挑战"和"斯蒂芬的不相容论点",这两种说法都是指他在上文开篇首句中引用的论断,而不是斯蒂芬在1873年著作中针对密尔观点的众多论证。

斯蒂芬是正确的吗?为了支持艺术和其他昂贵活动而征税,违背了密尔的"伤害原则"吗?时至今日,大英博物馆的资金主要来自英国的纳税人,而其他许多国家的博物馆馆长也同样从公共财政中获得必要的资金。[4] 在此,恰如斯蒂芬特别提到大英博物馆的资金,部分是因为它是一个很好的例子,但更重要的是,出于任何艺术、文化或高雅教育目的,国家可以选择从纳税人那里获得资金用以提供财政支持。

36　表面上看,斯蒂芬的阐述似乎很有道理,但仔细想想,密尔原则中关于"伤害"或"强制"的关键概念,不太可能是直截了当的。那么,也许有某种引人注目的(即使不明显)方式表明斯蒂芬所讨论的这种税收符合密尔的伤害原则?或者,也许另一种版本的伤害原则——因为到目前为止显然不止一种——与这种税收相符,而且有充分的理由不采用密尔版本的伤害原则?也许伤害原则可以在斯蒂芬的攻击中幸存下来,仍然适用于这种税收。我们将在下面讨论这些问题。

如果斯蒂芬是对的,大英博物馆的税收和密尔的伤害原则是不相容的——在分析了一些可能的回答后,我将得出其观点是正确的

4　*British Museum*, Report and Accounts for the Year Ended 31 March 2015, https://www.britishmuseum.org/ pdf/ BM- report- and- accounts- 2014-2015.pdf (last accessed 17 May 2016).

结论——那么我们应该得出什么结论？至少有两个对立结论存在可能性，一个意味着有问题的税收必须被取消，另一个是应该废除伤害原则。换句话说，第一个人可能会说："斯蒂芬是对的，因此用税收支持大英博物馆和相关例子更糟糕。伤害原则在税法中是一个有效的原则，因此我们有充分的理由放弃违反该原则的税收。"因此，密尔的伤害原则可以用来支持那些反对这种文化税的人。[5] 或者有人可能会提出："斯蒂芬是对的，密尔（或者其他版本）的伤害原则更糟糕。伤害原则不是一个应该作为法律和政府合法使用强制的指导原则。"这就是斯蒂芬自己的辩论方向。虽然斯蒂芬是密尔功利主义哲学的支持者，但他在很大程度上追求自由、平等和博爱，以驳斥密尔的伤害原则。诸多自由主义思想家在最近的著作中也提及类似的假设，即所讨论的文化税必须是合法的，并一直在寻找方法，用以证明这一结论符合他们的自由主义原则。[6]

本章的目的是将伤害原则的某些方面作为税法的哲学基础。国家通过税收支持艺术——以及某些高雅、昂贵的科学、数学或其他学

---

5 例如：P. Booth, 'Should the State Support the Arts?', IEA [web blog], 13 February 2015, https://iea.org.uk/ blog/ should- the- state- support- the- arts. J. Meadowcroft, 'From Big Macs to Big Brother: the Market and Culture', IEA [web blog], 10 September 2012, http://www.iea.org.uk/ blog/ from- big- macsto- big- brother- the- market- and- culture。梅多克罗夫特认为，"仅仅因为一个伟大和善良的委员会认为它在文化上有价值，就强制人们为他们不想要的东西买单，在道德上肯定是错误的。"有人怀疑，哈里·布里格豪斯并非对此类税收不屑一顾，但他对这些论据进行评估的基调是，这些税收难以证明其正当性。参见：H. Brighouse, 'Neutrality, Publicity, and State Funding of the Arts', 24 *Philosophy and Public Affairs* (1995) 35。

6 R. Dworkin, 'Can a Liberal State Support Art?', in *A Matter of Principle* (Cambridge, MA: Harvard University Press, 1985); J. Feinberg, 'Not with My Tax Money: The Problem of Justifying Government Subsidies for the Arts', in *Problems at the Roots of Law: Essays in Legal and Political Theory* (Oxford: Oxford University Press, 2003).

术活动[7]——的问题,是我在本章的大部分内容中将会重点讨论的问题。我认为,在税法语境下审查伤害原则是一个很好的途径,在清晰地展现问题的同时,本身也很有趣且仍然存在争议。然而,更大的问题是,伤害原则作为一般税收的指导性和合法性原则应发挥什么作用(如果有的话)。伤害原则是自由主义思想史上最著名的思想之一。当然,这远非自由主义史上唯一能够衡量税收合法性和国家活动其他方面的提议。[8]"自由"不仅是我们用来描述许多现代民主国家政府形式的宽泛标签,它还描述了由许多思想和思想家组成的悠久的思想传统,并带有许多内部争议和分歧。例如,"诺齐克主义"或"自由意志主义"税收思想的含义,显然与"罗尔斯式"自由主义的含义大不相同。[9]在评估伤害原则对税收的重要性时,一个重要的问题是,该原则如何与刚才提到的其他自由主义流派相联系,这是我无法在此试图解决的一个大问题。在我看来,以"伤害原则"为名的自由主义思想特别引人注目的是,与其在刑法方面受到的关注相比,它在税法方面的探索是如此之少。伤害原则在犯罪合法化原则的研究中占据非常重要的地位。尤为值得关注的是,乔尔·范伯格(Joel Feinberg)撰写了四本论述严密的专著,讲述了适用于刑法的伤害原则,用他自己的话来说,就是受到约翰·斯图亚特·密尔精神的激励。[10]最近,安德鲁·西

7　Feinberg, n. 6, 103.

8　关于一个优秀的历史调查,参见:I. Carter, M. Kramer, and H. Steiner (eds), *Freedom: A Philosophical Anthology* (Malden: Blackwell, 2007)。该书包含密尔以及康德、洛克、伯林、罗尔斯、诺齐克、拉兹等思想的摘录。

9　Ibid., 79, 365, 407 (Rawls); 202, 261, 278 (Nozick). 另参见:T. Nagel and L. Murphy, *The Myth of Ownership: Taxes and Justice* (Oxford: Oxford University Press, 2002)。

10　J. Feinberg, *The Moral Limits of the Criminal Law*. 4 volumes: *Harm to Others*, 1984; *Offense to Others*, 1985; *Harm to Self*, 1986; *Harmless Wrongdoing*, 1988 (Oxford: Oxford University Press, 1984–1988). 文中的引用来自最后一卷,第x页。

米斯特（Andrew Simester）和安德烈亚斯·冯·赫希（Andreas von Hirsch）专门撰写了一本专著,捍卫适用于刑法的伤害原则。[11]为什么伤害原则在各种形式的税法合法性方面,受到的关注要少得多呢？[12]

然而,有趣的是,为了我们的目的,范伯格在他关于《刑法的道德界限》一书中提到了我们的问题,引用了斯蒂芬对密尔的挑战。接着,他又完全正确地指出,除了逃税罪的理由之外,他不需要再多表述什么,因为犯罪而非税收是其主题。尽管如此,他继续试图在伤害原则和国家支持艺术合法的这一观点之间达成调解。此后,显然出于对该问题的兴趣,他又撰写了一篇相关主题论文,摆脱了其刑法著作观点的束缚。下面我们将以范伯格的作品作为问题的出发点来解决这个问题。特别是,我们将根据斯蒂芬反对为了艺术和文化征税的论点,来研究他把伤害的概念作为利益阻碍的观点。

第一节 斯蒂芬的不相容论点成功了吗？

斯蒂芬的主张——强制一个不情愿的人为大英博物馆做出贡献是与密尔的伤害原则不相容的——他并未详细阐述。然而,他确实通过一系列观点来澄清这一主张。

---

11 A. P. Simester and A. von Hirsch, *Crimes, Harms and Wrongs: On the Principles of Criminalisation* (Oxford: Hart, 2011).

12 我的主张并不是说税法与伤害原则之间的关系问题被完全忽视,只是它受到的关注远不及犯罪与伤害原则的关系。例如利伯曼考虑了税收伤害原则的含义,参见：J. K. Lieberman, *Liberalism Undressed* (Oxford: Oxford University Press, 2012)。根据利伯曼的说法,"国家必然会要求公民为履行伤害原则规定的合理责任支付费用",第102页。

首先，他认为这一论点适用于"被征税方不同意的所有税收"，而不能以"防止对被强制者以外的人造成伤害"为理由来理解。[13] 这就引出了一个问题，即哪些是预防伤害的情况。他认为，"军事或……警察或……司法行政目的"可以被认为是出于防止对人们伤害的目的。[14] 这似乎已经表明，斯蒂芬认为密尔的伤害观念可能相当广泛，例如，比任何仅限于人的身体和财产利益的伤害观念更为广泛。密尔本人在《论自由》和其他著作中——超出了斯蒂芬所提到的范畴——接受以下事项的合法性：强制要求公平分担公共产品的成本；通过税收再分配财富，以确保体面的最低生活水平和平等机会；规制贸易；义务教育，以及各种社会福利立法，如提供和维护道路及卫生设施，提供某些公共教育，以及我们感兴趣的，国家支持艺术。[15] 我们不会停下来去考虑密尔是否能成功地调和这些资金投入与他所倡导的伤害原则。尽管密尔认可国家对艺术的支持，斯蒂芬则质疑资金投入与伤害原则是不可调和的。

其次，就支持大英博物馆的税收而言，斯蒂芬进一步将其视为"一个强制的案例，因为行使强制权力的人认为，此举是为了达致好的目标"[16]，他告诉我们，要解释为什么我们要为支持大英博物馆而

---

13 Stephen, n. 2, 12.

14 Ibid.

15 J. S. Mill, *Principles of Political Economy*, J. Riley (ed.), World's Classics Edition (Oxford: Oxford University Press, 2008), V.xi.15. 对这些案例的讨论以及对密尔著作的充分参考，参见：D. O. Brink, *Mill's Progressive Principles* (Oxford: Oxford University Press, 2013), 181。

16 Stephen, n. 2, 12. (emphasis added). 墨菲认为"社会可能支持艺术，甚至是很少有人真正喜欢的高等文化艺术，仅仅因为这样的艺术被（立法者）评价为好的——不一定对某人好（在家长主义意义上），而只是好。参见：J. G. Murphy, 'Freedom of Expression and the Arts', 29 *Arizona State Law Journal* (1997) 549, 564 (emphasis in the original)。

征税确实很简单：那些做出决定的官员认为这样做是件好事。这也许是应该的，但他强调，用密尔的原则来解释是不正确的。作为强制的基础，密尔的原则排除了该种可能性。在没有任何潜在伤害预防的情况下，以一个人的目标是好的为基础来强制人们，不足以成为强制的理由，无论它被视为家长式的、道德的、美学的抑或其他。

一些评论人士认为，密尔的伤害原则意味着或至少与中立的价值相一致，因而应当得到维护。[17] 中立性约束——由于它最直接地适用于当前情景——规定了立法、税收和其他法律干预的正当性原则必须是"在相互矛盾的良善的生活理念之间保持中立"。[18] 如果我们将密尔的伤害原则解读为以这种方式表示中立，它几乎肯定会谴责那种重视大英博物馆能提供良善生活的概念。关于良善生活的矛盾概念是什么呢？比如，花时间磨练电子游戏技术？毫无疑问，从原则上讲，我们有可能以和理解征税同样的方式容纳其他一些关于良善生活的概念，但肯定不是全部。即使密尔的原则并不意味着中立的约束——我怀疑它没有，但在这里不采取任何立场——斯蒂芬极力强调这一论点，即仅仅基于他们支持良善的东西而为文化税辩护，不足以避免密尔伤害原则的谴责。简而言之，斯蒂芬指出，像支持大英博物馆这样的文化税的真正基础是一个"至善主义"的基础，我将在此基础上重申这一点。

一、强制

强制是对斯蒂芬挑战的第一个回应。密尔的伤害原则只有在国

17　G. F. Gaus, 'State Neutrality and Controversial Values in On Liberty', in C. L. Ten (ed.), *Mill On Liberty* (Cambridge, UK: Cambridge University Press, 2008), 83.

18　Ibid.

家使用、计划或考虑使用强制时才会被触发。[19]如果为支持大英博物馆而征收的税收和类似的税收不是强制性的,或者相对来说不是强制性的,斯蒂芬的挑战可能不成立。密尔的伤害原则并不排除为了大英博物馆征税。它既不支持这样的税收,也不会像针对性地回应斯蒂芬那样反对这种税收。现在让我们考察一下这种回应。

人们可能会观察到,为支持这种回应,作家通常将某些强制行为与征税进行对比。例如,罗伯特·梅里休·亚当斯(Robert Merrihew Adams)认为对拥有和使用烟草进行严厉的刑事处罚是错误的,他的理由是此乃"强制和惩罚的罪恶"。[20]相反,他建议"政府采取其他行动,在不强制的情况下阻止(拥有和使用)烟草,或许通过提高烟草产品的税收,这是完全恰当的"。[21]和其他许多人一样,亚当斯认为税收是犯罪的一种非强制性替代选择。约瑟夫·拉兹(Joseph Raz)提出了自己的伤害原则版本,他指出,旨在促进人类福祉的各种国家活动形式不需要"强制推行一种生活方式"。[22]国家不是强制人们进入或放弃某种生活方式,而是鼓励或促进人们想要的行动,或阻止人们不期望的行为。拉兹举了一些例子,比如"授予有创造力的艺术家和表演艺术家荣誉,为开办社区中心的人提供资金或贷款",以及"对狩猎等休闲活动征收比其他活动更重的税"。他补充道,这与"监禁那些追随自己宗教信仰、在公共场合表达自己观

---

19 严格地说,密尔认为这一原则不仅与国家强制有关,而且与"公众舆论的道德强制"有关。Mill, n. 2, [I, 9].由于我们关注的是国家税收活动,这不是一个需要在这里处理的复杂问题。

20 R. M. Adams, *Finite and Infinite Goods* (Oxford: Oxford University Press, 1999), 327.

21 Ibid. Emphasis added.

22 J. Raz, *The Morality of Freedom* (Oxford: Oxford University Press, 1986), 161.

点、留长发或服用无害药物的人的威胁性形象"相去甚远。[23] 如果像亚当斯和拉兹这样的作家，不认为征税是强制性的，将税收与定性为刑事犯罪的行为对比，那么我们所关心的相对温和的文化税肯定也是如此，至少观点是这样的。

也许我们可以在这一思路上，想象如果强制公民参观大英博物馆或参加其他文化活动会是什么样。在一部经典的意大利喜剧中，[24] 有这样一个场景：英雄范托齐，一个普通的工人，不断遭受厄运，常年任由老板摆布，已经完成了一天的艰苦工作，他希望能安定下来在家里观看意大利和英格兰之间足球比赛的电视节目。然而，他和其他不满的员工被要求在晚上回到工作场所以提升文化素养。他的雇主坚持要求工人们观看一部上映于20世纪20年代的苏联无声电影《战舰波将金号》。不仅如此，他们还必须在放映后参加一个研讨会，对他们所看到的这部杰作发表深刻的洞见！他们不遵守规定可能会被解雇。进入工厂后，所有的工人都被搜身，以免有人试图偷偷带进便携式收音机来偷听足球（雇主的策略是明智的，许多收音机都被没收了！）。这当然是喜剧的素材；它并非现实的准确反映。强制成年人参加大英博物馆的文化提升活动，就像强制他们去欣赏无声的苏联电影一样荒谬。

然而，这只是清楚地表明，资助大英博物馆的税收，并不涉及任何类似于密尔伤害原则所涉及的强制性，例如，如果公民企图谋杀或

23　Ibid. See also A. P. Simester, J. R. Spencer, G. R. Sullivan, and G. J. Virgo (eds), *Simester and Sullivan's Criminal Law*, 5th edn (Oxford: Hart, 2013), 658–9. 他们将刑事定罪与包括税收在内的限制较少的法律监管形式进行了对比。

24　Luciano Salce, dir. *Il Secondo Tragico Fantozzi*. Italy, Rizzoli Films, 1976. [DVD, Medusa Video, 2003].

偷窃，则立法会向其传达监禁威慑。在这些典型的案例中，在伤害原则下对人民进行强制，在某种意义上可能是对一种生活方式的强制——一种没有谋杀或偷窃自由的生活——但这显然是一种正当的生活方式，而强制成年公民观看苏联无声电影或不信奉其宗教则是不正当的强制手段。但是，大英博物馆的资助完全不涉及强制推行一种生活方式——如果不愿意，任何人都不需要走进博物馆——被征税的人将至少不会因为文化税（如果按比例公平分配的话[25]）被阻止采用自己的生活方式。我们是否会得出这样的结论：斯蒂芬对密尔的攻击完全没有击中要害，因为我们缺乏那种伤害原则应该涉及的强制手段？此外，有人认为，密尔对强制的理解应该被解读为依赖于这里所隐含的区别。[26]

在我看来，虽然上面的论证确实指出了一个显著的区别，但这并非否认斯蒂芬挑战密尔的恰当方式。因为向大英博物馆和类似文化机构提供资金而对个人征收的税收仍然是强制性的，即使它不涉及强制任何人进入或放弃某种生活方式。毫无疑问，它不具备严格的强制性，但当然并不意味着非强制性。最终，对逃税者进行刑事处罚是理所当然的。[27] 在目前的安排下，大英博物馆的维护和发展以

---

[25] 当然，在现实中，在某一特定的司法辖区内，税负可能不公平、不成比例地分配。然而，补救办法必须使这种负担更公平和更相称，而不是与征税目的的性质有关。或者说在这里不考虑儿童的情况，也不考虑他们的教育中可能涉及的正当性问题。

[26] See G. F. Gaus, 'The Moral Foundations of Liberal Neutrality', in T. Christiano and J. Christman (eds), *Contemporary Debates in Political Philosophy* (Oxford: Blackwell, 2009), 81, 91 and references therein.

[27] Cf. Feinberg, *Criminal Law*, vol. 4, *Harmless Wrongdoing*, 313: "逃税罪是基于伤害原则而合法创造的，如果没有逃税罪，那么就没有有效的方法来提高公共支出的收入，其中至少某些方面是每个人都需要的（法院、警察、国防部队、某些社会保险计划）。"另参见本书第三章。

及免费向公众开放,在很大程度上是通过强制征税筹集的资金。"维护、发展和保持大英博物馆对公众开放"的行动,就目前的情况而言,是以"通过税收获得收入"为前提的。[28]正如杰拉尔德·高斯（Gerald Gaus）建议的那样,在考虑文化税的情况下,评估的对象应该是"复杂的行为（通过税收获得收入并把它们花在X上）"。当然,这是假设,就像许多这类税收一样,税收是强制征收的。相比之下,还有其他可能存在的模式,它们在我们刚才考虑的两种意义上都不是强制性的,诸如英国国家特许经营的彩票。正如其网站宣布的,国家彩票筹集到的大部分资金并没有留作奖金的发放,而是用于支持特定的生活形式:彩票的购买者帮助"建设当地社区、增强运动队的力量、拯救环境、释放创造性人才、增强老年人的能力和发掘年轻人的潜力。国家彩票每周支持400个新项目"。[29]当然,没有人需要买彩票;选择退出就像不买票一样简单。大英博物馆的税收和其他多种支持各类文化活动和生活形式的税收,却并非如此。

因此,我们应该拒绝上述对斯蒂芬向密尔挑战的第一个回应。为支持大英博物馆而征税具有足够的强制性,足以触发正确理解的密尔的伤害原则。然而,展望未来,显然需要注意所涉强制的种类和程度:正如我们所看到的,这与强制实行一种生活方式和强制提高税收以支持那些如果不愿意就不需要参与的生活方式明显不同。简言之,税收语境下的伤害原则,要求理解所涉及的是何种强制。可以肯定地说,伤害原则下需要正当理由的程度将根据所涉及的强制类型和程度而有所不同。我们不应该把强制仅仅视为"全有或全无的触

28　转引自:Gaus, n. 26, 91。

29　'About Us', *The National Lottery*, https://www.national-lottery.co.uk/about-us?icid=bsp:na:tx (last accesssed 22 May 2016).

发器",允许我们说"如果它(几乎不)存在,那么就需要一个伤害原则的正当理由,反之,就不需要这样的正当理由"。进言之,必要的正当性必然与所涉及的强制的程度和种类有关。

二、范伯格(Feinberg)有关"伤害是利益的阻碍"

如上所述,范伯格试图证明,支持艺术的税收是合法的,这与伤害原则是一致的。我将不会占用相当大的篇幅来详细阐述范伯格版本伤害原则的具体结构,而只是简单地阐述其公开宣称本着密尔精神写作的目标。我认为,范伯格至少赞成这样一种观点,即如果没有正当理由防止对他人造成伤害(或犯罪),国家强制是不合法的;特别是他希望排除家长式和道德上的理由。[30]

我们可以区分范伯格为了支持大英博物馆等机构征税而提出三个独立的论点。首先,与斯蒂芬相比,范伯格认为,有些人可能会因为没有支持大英博物馆而受到伤害。其次,作为一个"轮换正义"(rotational justice)的问题,对大英博物馆缺乏兴趣的纳税人很可能也有其他利益,特别是向不分享这些利益的人征税支持的利益。因此,我们应该全面看待税收,而并非将其视为一系列孤立的事例。再次,令人惊讶的是,他认为国家通过对艺术征税来支持艺术是合理的,因为它创造或保留了很高的内在价值。对此,我将首先简要介绍一下范伯格的第二个和第三个论点,而将更多的关注置于他的第一个

---

[30] 用这句话说,我试图采用对范伯格的尽可能广泛的解释。他对自己所支持的"自由主义"理论的官方声明声称,"伤害原则和犯罪原则,经过适当的澄清和限定,耗尽了与道德相关的禁止犯罪的理由"(Feinberg, *Harmless Wrongdoing*, n. 10, X.)。尽管这并非我在这里讨论的问题,但范伯格比密尔更重视犯罪预防,至少在后者的伤害原则的经典表述中是这样。

论点。正如所要解释的,他的第二个和第三个论点,以不同的方式,依赖或引用于第一个论点。对第一个论点的详细关注也将导向如何理解"伤害原则"中的"伤害"概念。

范伯格的第二个论点——来自"轮换正义"——假设至少有理由说明,伤害原则的条件得到了满足。强制征税是为了防止对他人造成某些伤害(我们暂时不对该伤害概念的内涵进行审查,直到详细考察以下范伯格的第一个论点)。然而,他随后关注的是公平问题。假设纳税人的钱都花在资助大英博物馆上,我们该对那些对大英博物馆不感兴趣或者根本无法从中受益的纳税人说些什么呢?范伯格的回答是,他们可能对其他文化、体育等活动有相关利益,这些活动也会得到国家从一般税收中的拨款——而这些活动可能对于那些珍视大英博物馆的人来说,毫无兴趣或没有任何益处。

毫无疑问,在许多情况下,确实如此。这一假设有多真实最终将是一个经验问题,尽管某些不利因素倾向于"聚集"在同一群人(其中一些人的收入可能超过了最低征税门槛)身上,这可能会给我们带来相当大的顾虑,对于所有纳税人而言,在悲观主义的衡量标准下,"赢得一些"和"失去一些"将会相当好地实现自我平衡。[31]

范伯格的第三个论点并不像其他两个论点那样,仅在其刑法方面的主要作品中委婉表达,而是在他随后撰写的另一篇文章中提出的论点。[32] 他辩称,创造、维护或保存具有高内在价值的事物可以作为支持政府从一般税收中支付补贴的合法基础。[33] 他在这篇文章中

31　J. Wolff and A. De-Shalit, *Disadvantage* (Oxford: Oxford University Press, 2007), 10.

32　Feinberg, n. 6.

33　Ibid., 122.

的主要工作是捍卫这种内在价值的观念,使其不至于简化为特定人的利益。我本人并不倾向于质疑这种内在价值的存在,我很高兴地承认,大英博物馆和世界上许多政府资助的许多其他文化一样包含了大量的内在价值。这一论点的惊人之处在于,它似乎公然违背了范伯格在其刑法著作中对伤害原则的论述。因为在这本著作中,他反对防止"无害的不法行为"或"自由浮动的罪恶"的可能性——本质上令人遗憾的是,这些罪恶出于某种原因而不是伤害或冒犯任何人[34]——成为犯罪的正当依据。相比之下,现在他显然是在支持"自由浮动的价值观"和"无利可图的好事"[35]的观点,这种观点可以成为国家强制征税的正当理由。他对此唯一的评论是非常粗暴的。他声称在这种不对称中看不到矛盾:"有时真理以令人不快的杂乱形式出现,无论如何,当我们比较像善和恶这样相对立的概念时,可能会看到一些明显的、不对称的对比。"[36]

毫无疑问,如果我们在规范理论中时不时地遇到不对称现象,不应感到惊讶。但是,如果伤害原则的基本思想是(至少)只要不存在预防伤害(或预防犯罪)的可能性,国家就不会进行强制,无论是刑事定罪还是税收,这似乎都排除了自由浮动的罪恶和价值作为强制的理由。有人可能会争辩,最好把范伯格的观点简单地理解为要求预防伤害或预防犯罪作为国家强制的必要条件。因此,这并不会排除其他理由(自由浮动的价值观等),前提是同时有一些伤害或犯罪预防措施。果真如此,这一论点的证成当然取决于大英博物馆持续的税收支持是否实际上隐含着某种预防伤害的因素(我

---

34 Feinberg, n. 6, 108.
35 Ibid.
36 Ibid.

将再次重申,把预防犯罪的考虑放在一边)。我们现在转向这个可能性。

1. 伤害

正如我们所看到的,斯蒂芬对"伤害"的观点,不管怎么理解,并未允许基于伤害的理由为了大英博物馆进行强制征税。在这种情况下,是否有一种合理的方式来理解伤害,从而支持这种基于伤害的理由?范伯格正是如此理解的。在本节中,我将评估范伯格关于该点的具体论证,并更广泛地审视范伯格的伤害概念,以期知晓它最终如何在税收而非犯罪的场景中运作的。

在伤害原则的基础上,支持大英博物馆征税的一个可能的方法是(范伯格所反对的),将"伤害"理解为包括"未能受益"的涵义。[37] 换句话说,很明显的是,停止对大英博物馆的资助,将无法让或者继续让许多人受益。然而,就目前而言,正如范伯格所看到的那样,不能受益不足以造成伤害。这就意味着,仅因为有可能让接受者受益,任何可能落在某人道路上、不应得的意外之财——不是自己应挣的钱或者不需要的钱——都是国家基于伤害原则的理由提供的。这样的结论是荒谬的。

相反,范伯格以他自己对"伤害"的著名解释为基础,把"伤害"视为"利益的阻碍"。[38] 与密尔相对忽视如何理解"伤害"形成对比的是,范伯格的观点一直富有影响力,尽管在目前的情况下,明确说明"利益的阻碍"的含义是必要的。在一篇直接提到斯蒂芬的不相容论点的文章中,范伯格写道:

---

37 Feinberg, *Harmless Wrongdoing*, n. 10, 312.
38 Feinberg, *Harm to Others*, n.10, ch. 1.

如果大英博物馆得不到支持，有些人的利益会受到伤害，不过，即使大英博物馆完全消失，那些被迫为大英博物馆纳税的人，大体上也不会受到伤害。但对于直接依赖博物馆资源的学者来说，撤回这些资源将是对他们一些最重要的个人利益的严重伤害。这一事实本身并不能自动证明对其他人征税是合理的，但它表明，支持大英博物馆的立法法案，可以被归类为对一些人征税以防止对其他人造成伤害，以及对一些人征税为其他人提供益处。[39]

因此，范伯格拒绝了斯蒂芬的主张，即停止国家对大英博物馆的支持不会造成任何伤害，不是因为这不会给任何人带来好处，而是因为这可能会对"不被广泛分享的脆弱的隐性利益"造成伤害。[40]

一个最初的担心是，在这里所支持的基于伤害原则的理由，似乎并不能说明有多少将来利益可能处于危险之中。如果只有一位学者像范伯格所说的那样依赖于大英博物馆，是否足以成为一种伤害？看起来如果一个人可能果真受到伤害，那就足以证明需要预防伤害。表面上看，不必有几十几百几千个学者如此认为。[41] 诚然，伤害原则可以被视为国家强制的必要条件，而非充分条件。因此，即使对一个人的伤害足以引发对正当性的需要，人们也仍然可以说，涉及的将来利益越少，从各方面考虑，能证明这种强制行为正当性的可能就越小。

尽管事实如此，我们主要关心的问题是，范伯格是否在本案中指出了一些真正的伤害来表明斯蒂芬的判断是错误的。范伯格的回答让我们回想起，早些时候在其四卷本著作中对"隐性利益"（ulterior

---

39　Feinberg, *Harmless Wrongdoing*, n. 10, 314. Emphases in the original.
40　Ibid., n. 10, 315.
41　Cf. J. Gray, *Mill on Liberty: A Defence*, 2nd edn (London: Routledge, 1996), 136–7.

interests）和"福利利益"（welfare interests）的区分，这两种利益构成了他的伤害概念的基础。[42] 后者——福利利益——可能更明显地与伤害联系在一起。按照范伯格的设想，它们是：

> 一个人一生中可预见的一段时间内的利益，自己身体健康和活力，身体的完整性和正常功能，没有遭受痛苦、折磨或丑陋的毁容，最小的智力敏锐度，情绪稳定，没有毫无根据的焦虑和怨恨，能够正常地进行社交活动，享受和维持友谊，至少具有最低限度的收入和经济保障，一个可以忍受的社会和物质环境，以及一定程度的不受干涉和强制的自由利益。[43]

这些是实现更多终极目标的必要手段，而且通常必须共同实现："一个地方的缺陷通常不会被另一个地方的优势所弥补"。[44]

正如我们在上面所看到的，范伯格并不想把利益仅仅停留在福利利益的问题上，因为仅仅停留在福利利益是有害的。他很清楚，他的另一个分类（"隐性利益"），可能会被阻碍，进而对享有该利益的人造成伤害。他举了一系列例子：

> 创作优秀的小说或艺术作品，解决重大的科学问题，取得较高的政治地位，成功地供养家庭，拥有闲暇进行手工或体育活动，建造梦想之屋，推进社会事业，减轻人类的痛苦，实现精神优雅。[45]

46

---

42 Feinberg, *Harm to Others*, n. 10, 37-8.
43 Ibid., 37.
44 Ibid.
45 Ibid.

在这一语境下，诚如我们已经注意到的，依赖大英博物馆资源的学者的例子将增加。虽然他承认，如果一个人没有获得重大的福利利益，他就会"迷失"，但福利利益本身"对良善生活来说是远远不够的"。[46] 如果对"隐性利益"的阻碍是一种正当的伤害，那么这看起来的确是斯蒂芬所忽略的一种伤害。

范伯格在其刑法著作中很早就指出了"隐性利益"的问题，之后他就不必过多地关注这个问题了。首先，他的"福利利益"范畴显然是刑法的主要关注点所在。此外，正如范伯格令人信服地加以证明的那样，刑法语境下的伤害原则必然受到不法性的限制。[47] 从本质上说，在没有不法行为的情况下，为了预防伤害而将行为定为犯罪可能是非法的。举个例子，一个人的企业迫使另一个人的企业破产，对后者造成毁灭性的影响。把某人赶出这个行业可能会给那些生计和希望依赖于这个行业的人造成极大的伤害，但这本身并不是使更成功经营的正当商业活动成为犯罪的依据。因为后者不像杀人犯、绑架者或欺诈者那样，他们没有做错事。

有关刑法的内容到此为止。在税收问题上，情况颇有差异，我们看到范伯格在大英博物馆案中诉诸他的"隐性利益"类别，因为福利利益不存在争议，也不能依靠任何不法性约束来缩小"隐性利益"的类别。[48] 我们不知道斯蒂芬究竟会如何看待范伯格的福利利益和

46　Feinberg, n. 10, 37.

47　Ibid., ch. 3.

48　正如我在文中所做的那样，我们不应首先假设税收背景下的伤害原则应受到不法性约束的限制，正如它在刑法背景下似乎是这样，我们也不应首先假设它应受到因果关系约束的限制。利伯曼（Lieberman）建议，"伤害"一词应在税收的伤害原则中加以限制使用，以便"只有相互伤害的人，而不是坏运气，才能得到补偿"（Lieberman, n. 12, 111）。他不遗余力地解释了为减轻自然灾害和灾难的（转下页）

隐性利益。然而，从他讨论的基调来看，人们怀疑他只是拒绝承认后者，即隐性利益的相关性。范伯格会让我们接受，如果不能继续支持大英博物馆，至少对某些（隐性利益）是有害的。据推测，根据同样的推理，未能支持其他隐性利益的例子，大概也会被认为是有害的。拿范伯格的另一个例子来说明这种隐性利益，让我们想象一下，保罗可以被帮助"建造他梦想中的房子"。倘若保罗得到他年薪一半的报酬，那么他就有足够的时间来实现他的抱负。如果钱不兑现，他会受到国家的伤害吗？为了简化问题，即使我们假设国家相信它可以在不影响其他义务的情况下向保罗支付这笔定期款项，但如果钱不到位，保罗就会受到伤害，这种说法肯定是不可信的。正如我们所看到的，范伯格似乎很有道理地拒绝了仅仅从没有受益的角度来解释伤害，因为这意味着没有给人带来纯粹的意外之财将会伤害他们。然而，人们不禁要问，他自己所谓的"隐性利益"是否也遇到了类似的困难。因为如果他认为为大英博物馆征税可以防止一些人的隐性利益受到伤害，那么，我们可以称之为"合格的意外之财"，就是只可用于支持隐性利益的意外收入，而不是浪费在并非构成接收人隐性利益的无关紧要的东西上。就拿范伯格的任何一个隐性利益为例——成功地供养了一个家庭，实现精神优雅等等——然后问任何一笔钱

（接上页）影响而征税的合法性（111-13），并指出，例如"人类活动，有时是有意的……总是导致周围的混乱，因此可能成为政府干预的对象"（111）。

虽然这个问题太大，不能在这里详细讨论，但在税收的背景下（在考虑了这些和其他案例之后），任何伤害原则分析最好首先不要被不法行为或因果约束所阻碍。此外，在刑法的背景下，我不认为伤害原则是最好的解读，只局限于"伤害他人造成他人伤害"，但此处不予以讨论。参见：R. A. Duff and S. E. Marshall, '"Remote Harms" and the Two Harm Principles', in A. P. Simester, A. Du Bois-Pedain, and U. Neumann (eds), *Liberal Criminal Theory: Essays for Andreas von Hirsch* (Oxford: Hart, 2014), 205。

是否能够真正和可靠地支持这种利益——让相关家庭的所有成员一起度假，在某人的私人花园中建造一座宗教纪念碑——我们是否能最终得出结论，倘若未能提供必要的资金，是否对某些人的隐性利益构成了伤害？这又是非常难以让人信服的。

在此，人们会用一种关于伤害的看法来回应，即它变得比以前更糟，而未能获得利益则更多地是指没有变得比以前更好。[49]大英博物馆已经得到了资助，因此取消资助会使相关人士的境况恶化，从而对他们造成伤害。另一方面，其他的例子都是目前没有资助的情况，因此不能提供资金不会使任何人比以前更糟。因此，回应的结论是，其他的例子不会伤害任何人，而范伯格对斯蒂芬的回应是成立的。虽然我们并不认为这个答案会对范伯格本人产生什么影响，但在任何情况下，这个答案都不是令人满意的。另一种理解认为，伤害不仅是指变得比过去更糟，而且是比"一个人有权以某种方式影响（他的）未来福祉"更糟。[50]当然，这样的理解依赖于一个尚未阐明的对权利的理论或解释。然而，这似乎是为避免严重的保守偏见而值得付出的代价，这种偏见似乎是建立在对伤害的理解上的，即伤害仅仅限于那些使人们变得比以前更糟的东西。

在这一背景下，一个非常深刻的问题是，正如范伯格所做的那样，从利益受到阻碍的角度考虑伤害。范伯格是言之有理的，我们有着隐性利益，这些利益对我们的福祉非常重要，尽管这一类别看起来似乎不可能包含在一个可行的伤害原则之内。尤其是，就国家支持而言，范伯格所谓的大英博物馆学者的潜在利益并没有比保罗的梦

49　H. Frankfurt, 'Necessity and Desire', in *The Importance of What We Care About* (Cambridge, UK: Cambridge University Press, 1988), 104, 109–10.

50　Raz, n. 22, 414.

想之家、家庭假日或宗教纪念碑（如我们所说的那样）更有说服力。如果这些和许多其他潜在的例子真的是按照我们所设想的方式来考虑的话，那么伤害的概念肯定会失去在一个可行的伤害原则中所需要的支点。

2. 伤害和需求（need）

或许解决办法是放弃隐性利益这一类别，而范伯格声称，如果国家停止对大英博物馆的支持，任何人都会受到伤害。如果是这样的话，这似乎也是范伯格为大英博物馆所获国家补贴进行的基于伤害的辩护的终结。人们可以尝试只考虑范伯格的福利利益，而不考虑隐性利益。在这里，人们很容易援引需求的概念，并考虑到最终的税收应用。事实上，有必要停下来研究一下需求与伤害之间的关系，因为这将有助于说明范伯格将伤害理解为"利益的阻碍"的严重困难。

人们可能会试图从需求的角度来解释范伯格的福利利益，以便与他的隐性利益区分开来，并主张需求具有特殊的规范性。要使这一解释产生任何潜在的帮助，就必须将"需求"理解为具有某些具体的实质性和分类性的内容。这就排除了许多关于需求的论述，这些论述认为，就其本质而言，需求总是为了一个目的，因此，没有提到相关目的的需求陈述往往是对提到相关目的的句子的简略表达。[51] 如果这是对需求的正确理解，那么任何对需求的要求都只会和它背后的目的一样好，在这种情况下，人们不妨忘记需求，直接对每一项需求背后的各种目的进行评估。然而，其他对需求的描述表

51　这样的论述（以及为什么应该被拒绝），参见：D. Wiggins, 'Claims of Need', in *Needs, Values, Truth*, 3rd edn (Oxford: Clarendon, 1998), 7。

明,并非所有的需求都是这样的。有趣的是,这样的叙述常常从伤害或避免伤害的角度来解释需求。事实上,范伯格本人在早期的研究中曾断言:"从一般意义上说,S需要X,就是简单地说,如果他没有X,他将受到伤害。"[52]

然而,一个迫在眉睫的问题是,如果我们试图阐明伤害的概念,然后提出一些伤害与需求有关,那么从伤害的角度来理解需求是毫无帮助的!亚里士多德对"必要性"(necessity)这一同源概念的解释是这样的:

> 我们认为有必要的是,作为一个共同的原因,没有它就不可能生存,例如,呼吸和营养对动物来说是必要的,因为没有它们就无法生存;没有这些东西,就不可能有好的东西存在或产生,也不可能有坏的东西被丢弃或抛弃,比如为了不生病而必须吃药,为了赚钱而必须航行到伊吉纳岛。[53]

我相信,在这一段话中似乎至少有四种必要性,或者至少可以毫不费劲地辨别出四种必要性:

(1)生与死的必要性:人(或其他动物)将在没有必要东西的情况下死去。

(2)繁荣的必要性:实现某种善的必要性。

---

[52] J. Feinberg, *Social Philosophy* (Englewood Cliffs: Prentice Hall, 1973), 111. 关于伤害需求的详细说明,参见:Wiggins, n. 51。

[53] Aristotle, *Metaphysics*, C. Kirwan (trans.) (Oxford: Clarendon, 1971), V 1015a20. Cf. Wiggins, n. 51, 25–6.

(3)防止或避免事态恶化的必要性。
(4)工具性必要性。

这一段阐述了需求和必要性的可能用途的范围,以及伴随不同用途的规范性力量的不同范围。正如我们已经知道的那样(4)——纯粹的工具性需求——如果需求的概念是为了一个可行的伤害原则而帮助阻止伤害感,那么它是没有帮助的。如果你想从雅典到达伊吉纳——至少在亚里士多德的时代——你需要航行。但人们去伊吉纳可能是出于好的、坏的或无关紧要的原因。亚里士多德想象航行到伊吉纳"赚钱";这可能涉及在市场上出售某物或收取债务,因为他有权这样做,或它可能企图勒索等等。显然,这种必要性的好坏,取决于它对什么是必要的。因此,在这个意义上的需求不能以一种权利的力量为根据。相比之下,(1)很明显地指出了一些至关重要的事情,足以证明通过征税来提供紧急服务等支出是合理的,这一点毋庸置疑。我们有理由相信,这种理解能够以一种权利的力量为基础。

然而,在我们的讨论中,(2)和(3)是特别有趣的。(3)似乎很自然地符合这样一个提议,即需要X就等同于由于没有X而造成的伤害。相比之下,(2)似乎与其他一些关于如何理解需求的提议相吻合,例如安斯科姆提议"[一个有机体]需求[一个特定的]环境,不是说你希望它有那样的环境,而是如果没有它就不会繁荣"。[54] 考虑到我们通常的需求意识,似乎没有必要放弃(2)或(3)中的任何一种。两者都解释了我们对需求特别是总体需求的理解的重要方面。换言之,希望通过明确需求的概念使"伤害"的概念更准确地用

54　G. E. M. Anscombe, 'Modern Moral Philosophy', 33(124) *Philosophy* (1958) 1, 7.

于伤害原则的目的，这个想法遇到了我之前提到的范伯格所遇到的同样困难，他声称停止通过税收资助大英博物馆会有伤害。如果这是需求，那就是安斯科姆的需求——为了繁荣；如果它是有害的，那是因为范伯格的隐性利益。然而，必须再次记住，伤害原则应该作为自由或自治的守护者。我一直在表明，讨论的概念知识——"我们每个人繁荣所必需的概念"和"我们所有的隐性利益"——过于庞大和无法控制，将无法作为伤害原则所要具有的某种力量和规范作用的规范基础。

范伯格自己也承认，福利利益的侵犯比隐性利益的侵犯"更为严重"。[55] 这表明阻止或损害前者会带来更严重的后果。就福利利益而言，他认为，"一个人的更终极的愿望也被挫败了。而向更高目标的挫折不会对他整个利益网络造成相同程度的伤害。"[56] 这就是说，范伯格清楚地认为，隐性利益是构成他对伤害原则的解释的一个重要工具。从他对大英博物馆案的讨论中可以清楚地看出这一点。我一直认为，这表明伤害即"利益受阻"这一概念本身具有严重问题。我不认为范伯格把研究对象定位在隐性利益上是错误的，这是合理的。然而，如果像范伯格所认为的那样，这些利益是伤害原则本身的重要组成部分，那么这些利益似乎太多了。

我的初步结论是，斯蒂芬的不相容论点基本上是正确的。为了资助大英博物馆而通过征税进行强制，违反了密尔的伤害原则。范伯格的回答，根据他自己对伤害是什么这一问题的解释——使一种利益受到阻碍，包括隐性利益——被证明是不能令人满意的，不是因

---

55 Feinberg, *Harm to Others*, n. 10, 38.
56 Ibid., 37.

为利益的解释不够充分,而是因为伤害是通过广义的人类利益来理解的。范伯格的另外两个支持文化补贴的论点——来自轮换正义和来自支持内在价值的论点——仍然是支持这种补贴(尤其是后者)的考虑因素,但它们本质上是独立于伤害原则的论点。现在我要考虑伤害原则的另一个版本,它包含在约瑟夫·拉兹所谓的"至善自由主义"理论中。[57] 补贴符合这个版本的伤害原则吗?还是同样会违反伤害原则?

第二节 拉兹谈至善主义和伤害原则

为了弄清楚拉兹的"至善自由主义"(perfectionist liberal)版本的伤害原则,需要分两个阶段进行考察。首先,必须理解他叙述的至善主义背景;其次,伤害原则乍一看似乎与至善主义相矛盾,但拉兹认为伤害原则是由至善主义衍生出来的。

从至善主义的背景开始,我们应该注意到"至善主义"这个标签本身就不太令人满意,即使是这个观点的支持者也不太喜欢它,尽管它已经根深蒂固。它似乎使人联想到一个国家通过强制实行统一的价值体系来寻求"至善"人的形象。这与那些至少与至善自由主义有关的人的观点相差甚远,比如拉兹本人、托马斯·赫卡(Thomas Hurka)、乔治·谢尔(George Sher)和其他人。[58] 最近关于至善主义

---

[57] Raz, n. 22.

[58] T. Hurka, *Perfectionism* (Oxford: Oxford University Press, 1996); G. Sher, *Beyond Neutrality: Perfectionism and Politics* (Cambridge, UK: Cambridge University Press, 1997).

的描述是："政府的一个适当的职能是鼓励那些最优秀、最出色、最好的活动；这一目标可能通过阻止那些不如最优秀、最出色和最好的活动而实现；人类追求卓越的目标使政府有理由通过限制个人自由来阻止这些活动。"[59]在我看来，拉兹的至善主义与这个定义是一致的，尽管阐释他所描述的局限性是怎样的以及在哪里是很重要的。特别是在这种情况下，自由可能受到限制的程度，是他相当重视的问题。

拉兹强调的是政府可以依赖的正当理由。他说，对出于任何正当道德理由行事的政府，没有根本的原则性限制。[60]因此，他直接反对许多自由主义者试图限制政府可以合法依赖的理由的范围，这些理由要么是"公开的"，要么是不违反"中立性"的。[61]他坚持认为，"说一种事态是好的毫无意义，但该事实并不是对此采取任何行动的理由"。[62]他大概也会对事态不好这一事实说同样的话：这同样不会提供一个采取行动的理由。因此，原则上普遍适用的理由是适用于各国政府的理由，原则上从一开始就不应排除任何理由。有理由做某件事当然不等于有一个决定性的或全方位的理由去做那件事，当我们审视拉兹叙述的第二部分时，我们会发现这个问题。因此，在他看来，政府的职能是提高那些生活和行动受到政府影响的人的生活

---

59 P. de Marneffe, 'The Possibility and Desirability of Neutrality', in R. Merrill and D. Weinstock (eds), *Political Neutrality: A Re-Evaluation* (New York: Palgrave Macmillan, 2014), 44, 55.

60 J. Raz, 'Facing Up: A Reply', 62 *Southern California Law Review* (1989) 1153, 1230.

61 关于"公共理性"和"中立性"解释的例子，分别参见：J. Rawls, *The Law of Peoples: With 'The Idea of Public Reason Revisited'*, Rev. edn (Cambridge, MA: Harvard University Press, 2001); and Gaus, n. 17 and n. 26。

62 Raz, n. 60, 1230.

质量,包括他们的道德生活质量。[63] 作为一个原则问题,各国政府不必在相互矛盾的良善生活概念之间保持中立;它们应该关心所有相关的理由。

如果政府原则上可以求助于基于许多公民可能不会分享良善生活的概念的理由,那么这难道不正意味着我上面暗示自由至善主义者所拒绝的东西:就是说,政府可以通过强加一种所谓正确的良善生活观来"完善"人?当我们考虑拉兹论述的第二阶段,即引入伤害原则时,这个问题的部分答案将在下面给出。他的至善主义也是一种强烈的价值多元主义,其主导思想是自治,这些概念排除了这种反乌托邦的可能性。他说:"有许多道德上有价值的生活形式彼此不相容。"[64] 这种多元性是政府(至少在现代条件下)必须尊重和培育的。至关重要的是,在现代社会条件下,各国政府应确保所有人都能在充分的有价值选择之间作出选择。[65] 简言之,如果要强加的道德是在价值多元化背景下,坚持让所有人在充分的有价值选择之间作出选择的道德,那么显然,对特定生活方式的强加是不可行的。为所有人提供充分的有价值选择的要求的中心性,也产生了基于自治的职责,即所有人都有义务以必要的手段支持所有其他人选择这样一种有价值的、自主的生活。

这里复杂的因素是强制。使用强制手段带来了伤害原则的考量,至少对于那些赞同这种对合法政府施加限制的作者来说是这样。

63　Raz, n. 22, 415.

64　Ibid., 161.

65　"政府有义务创造一个环境,为个人提供足够的选择范围和选择机会。" Raz, n. 22, 418. "自主原则是至善主义原则。只有在追求可接受的、有价值的项目和关系时,自主生活才是有价值的。" Ibid., 417.

如前所述，拉兹就是这样一位作家。尽管他声称，所有相关的理由，包括密尔和范伯格试图排除的伤害原则的道德和家长主义理由，原则上都是政府可以利用的，但他也提出了另一个版本的伤害原则。拉兹的观点不像密尔和范伯格的观点那样基于"伤害他人原则"；而是一个"伤害原则"，去掉了"对他人"的字眼。因此，他的版本不排除将家长主义理由作为一种原则。此外，他理解"伤害"是指对自治的阻碍。他完全避免了范伯格对伤害的更广泛理解，即"利益阻碍"。早些时候，我们有理由引用拉兹对伤害原则的理解，不仅是不让人们比现在更糟，而且不让他们比应有的更糟[66]："伤害原则不只承认政府有责任防止丧失自治。有时不能改善别人的处境会伤害到他。"[67]因此，伤害可能涉及一个人没有尽到对另一个人的责任，而且一个人不能通过（真正地）指出一个人没有让另一个人比以前更糟来避免被指控伤害了另一个人。

对伤害原则应该以一种特殊的方式予以解释——源自自治原则：

> 这一原则是由一种道德衍生而来的，这种道德认为个人自治是良善生活的一个基本组成要素，并认为自治原则是最重要的道德原则之一。[68]

如果"提高税收以提供足够的机会，并且以一种与损害原则相一致的方式被自治原则证明是正当的，那么使用强制性税收是合

---

66 Raz, n. 50.
67 Raz, n. 22, 415–16.
68 Ibid., 415.

理的";拉兹明确表示,必须这样做,才能"充分发挥基于自治的义务"。[69] 如果我不能履行我对他人基于自治的义务,我就会对他们造成伤害。在这个基础上,我可以合法地被征税,但附带条件是,法律对我征税"仅仅反映和具体化了"我和其他公民基于自治的义务。总而言之,"强制手段是用来确保遵守法律的。如果法律反映了基于自治的义务,那么不遵守就会伤害他人,并且伤害原则得到满足。"[70] 因此,这就是"论点":合理的征税并不违反伤害原则,伤害原则源于自治原则,这意味着除非是为了回应基于自治的义务,否则不得进行合理的征税。简而言之,如果其中没有关于基于自治的义务的内容,就不应该提高税收。

正如拉兹本人总结他的伤害原则的运作:

> 我[支持]的措施避免对至善主义事业的直接强制。在保护和促进个人自治的基础上,它们所涉及的强制是完全正当的。最简单的例子就是税收。税收是强制性的。我认为,只有在它有助于促进和保护所有人的自治时,它才是正当的。[71]

基于这一分析,政府似乎可以清楚地解释如下:"我们将因为大英博物馆所产生的有价值的选择支持它,这些选择和其他有价值的选择将给选择者的生命带来价值。"简言之,我们将通过支持这些选择(以及其他一些选择)来支持我们公民的自治生活。当然,这可能最好在没有政府干预的情况下实现,但如果政府最有能力支持这些

69　Raz, n. 22, 415.
70　Ibid.
71　Raz, n. 60, 1232.

选择，那么他们这样做就没有原则上的障碍。此外，如果是这样的话，它可以通过从一般税收中筹集资金的方式这样做，其基础是纳税人有基于自治的义务，用必要的手段支持其他人，以便在充分的有价值的选择中作出选择。

考虑到不可能促进所有潜在的有价值的选择，那么国家应该促进哪些有价值的选择显然是一个巨大的问题。拉兹本人对政府应该选择哪些进行补贴几乎只字未提。显然，人们需要确定的是，政府补贴的活动是有价值的，而且它可以让人们在有价值的选择中作出自主选择。想必这种对自治的解释不会支持在当前任何一个人都不可能有意选择的选项所需花费的公共支出，尽管这是一个有价值的选择（我们可以为论证而规定）。拉兹声称，政府可以补贴的方案一定很有价值，这让他的说法带有明显的客观主义色彩。这也给他带来了客观主义者普遍要面对的问题。正如本·布拉德利所说：

> 客观理论面临着一种异化的担忧：客观理论告诉我们，无论我们是否关心某些事物，某些事物对我们都是有益的。但如果我不在乎，怎么可能对我有好处呢？[72]

拉兹知道选择对他的论述很重要，因此他已经准备好了处理这种担忧的方法。从他的观点来看，这些选项确实是有价值的（独立于任何人对该选项是否有价值的评价），但是人们依然需要选择该选

---

[72] B. Bradley, 'Objective Theories of Well-being', in B. Eggleston and D. E. Miller (eds), *Cambridge Companion to Utilitarianism* (Cambridge, UK: Cambridge University Press, 2014), 220–1.

项而不是其他选项。当然，个人必须为自己选择，因此，可以以明显的方式消除这种忧虑。

前面提到的一点也可能值得重复。正如沃尔夫（Wolff）和德沙利特（De-Shalit）指出的那样，劣势可能有"集群"的倾向。一个人所遭受的一种形式的不利可能导致另一种形式的不利，进而导致更多的不利等等。对于任何要求所有充分的有价值选择的标准，这都是值得特别关注的。显然，应当特别优先重视那些缺乏充分的有价值的选择的人，而一种可能的补救办法是支持有价值的选择，使这些人有足够的可能性选择参与。目前还不清楚在这种情况下，大英博物馆会得到多少支持。如果一个有价值的选择显示出与过去相当大的连续性，并且放弃对它的支持就有可能永远失去这个选择，这无疑是政府在决定如何分配补贴以创造或促进有价值的选择时的一个高度相关的考虑因素。这样的事情当然要看实际情况而定。

其结果是，至少在原则上，从支持大英博物馆的一般税收中提取的补贴是合理的，这符合受伤害原则约束的拉兹式至善自由主义。这个问题最终取决于在复杂的实际数据背景下所讨论的标准的应用。然而，在结束时，重要的是要对源自至善主义背景的拉兹式的伤害原则提出保留意见。我们前面提到，拉兹所声称的伤害原则可以从自治原则中衍生出来。

拉兹从自治原则中衍生出伤害原则，是基于人们认为有必要限制在促进人民福祉方面可以合法采用的手段。[73]这让我们回到了强制。在强制和自治之间有一种特殊的紧张关系。拉兹说，强制首先

73　Raz, n. 22, 420.

"违反了独立的条件","表达了一种支配关系和对被强制的个人的不尊重态度"。其次,他认为"刑事处罚的强制性是对自主权的一种全球性的、不加区别的侵犯"。[74] 现在,拉兹将这些词具体应用于刑事处罚,但值得注意的是,我们正在考虑的税收语境有多大不同。为了大英博物馆等而征收的必要的税款,在那些支付和承担适当累进税制的人中是高度分散的,它不应使任何纳税人没有充足的有价值的选择(假设他们支付相应税款之前有足够多的资金)。因此,从自治原则衍生出伤害原则的这一理由似乎不适用于目前的情况。这种强制手段还远远没有达到"全球性和不加区别"的程度。

这就给我们留下了这样一个论点,即伤害原则是由自治原则衍生而来的,其基础是强制表现出对个人及其独立性的专横和不尊重的态度。然而,很难看出这种考虑如何能够产生平息一组与假设相关的原因的效果。问题是,是否要使用强制手段,如果要使用强制手段,必须提供什么样的正当理由。这似乎告诉我们,理由最好足够有力,但它并没有告诉我们,至善主义者最初判断相关理由的范围需要什么样的正当事由。例如,基于某个选项的厌恶等理由。简言之,很难理解拉兹如何能够从他的出发点——通过中立或公共理由以各种方式拒绝限制现有的政府理由——到他的伤害原则——通过伤害原则要求限制政府在使用强制时可以合法依赖的理由。

如果无法以此为依据推导伤害原则,那么我们就剩下没有伤害原则支持的至善主义者(支持自治)。这样的叙述如何运作又是一个有趣的问题。

74　Raz, n. 22, 418.

第三节 结论

正如范伯格所观察到的,"政府的职能之一是汲取,例如在税收方面;另一个职能是给予,例如在补贴方面。"他接着问道:"两者的最终正当化理论是一样的吗?"以及"如果没有相应的政治自由理论,政府补贴理论还能继续吗?"[75] 我已经考察了通过强制征税获取文化补贴的例子,并考察了围绕伤害原则的自由主义思想传统的各个方面,以考察范伯格正当化理由的优劣。我认为范伯格在刑法原则限制问题上所做的大量工作,无论是对赞同他的人还是对反对他的人来说,都对刑法的研究有很大的帮助。它在提出供辩论的问题和提出有趣的新可能性方面做了很多工作。人们不禁要问,范伯格关于税收原则限制的四卷本著作是什么样子。我毫不怀疑它们会像他的刑法工作那样对税收领域产生类似的影响。

我从斯蒂芬的主张开始,他说"强制一个不情愿的人为大英博物馆捐款"与密尔的伤害原则是不相容的。在详细研究了这个问题之后,我相信斯蒂芬是对的。我建议,应当比通常更多地注意伤害原则的触发条件,即使用强制。因为强制的性质和程度可以有很大的不同。我接着讲了范伯格自己对斯蒂芬的不相容论点的反应。我认为,他的回答——资助大英博物馆是为了防止(隐性)伤害——导致了对"伤害"的描述最终站不住脚,无法发挥伤害原则本应有的规范性作用。不过,范伯格确实留下了其他支持资助大英博物馆的论据,

---

75 Feinberg, n. 6, vii.

特别是他从内在价值出发的论据,但基本上没有任何基于伤害原则的论证。

我接着问,任何其他版本的伤害原则,如拉兹的自由至善主义版本,是否与大英博物馆的补贴同样不相容。这篇文章讲述了我所认为的一个比范伯格更可信的关于如何理解伤害的故事。我认为原则上,拉兹的伤害原则与补贴并非不相容。然而,拉兹的说法有助于确定问题的框架——这个问题需要关注经验性的问题——而不是明确地回答它。虽然提供或促进有价值的选择从而使人们有可能作出自主的选择,似乎有理由被认为是一种正当的政府职能,但这并没有告诉我们应该支持哪些选择。我考虑了一些可能需要考虑的问题,以便在这个问题上取得进展。我还指出,不清楚伤害原则是否已被证明是成功地从拉兹叙述的至善主义前提中衍生出来的。我认为,至善主义伤害原则的问题在于,它是否得到了自身理论的充分支持,而不是是否与所考虑的文化补贴不相容。

我只是试着研究税收中与伤害原则有关的一个理论问题。我不相信任何版本的伤害原则都能发展成在税收和其他方面对强制的一种有效制约。然而,我确实相信,自由主义知识传统与税收法律和政策的互动联系,可以为双方提供启发。

第三章 作为犯罪的逃税行为

斯图尔特·P.格林[*]

从刑法角度看,逃税罪是一种令人费解的反常犯罪。它背离了传统的犯罪范式,造成的伤害具有高度的分散性,只是在总体上具有显著性,而且难以准确识别。它也是极少数需要"故意"证据的犯罪行为之一(至少根据美国法律),"故意"证据被理解为"自愿、故意违反已知的法律义务"。[1]这种罪名在刑法中是相当罕见的,因为它允许以法律的错误或无知辩护。

逃税罪在发生率上也不同于其他犯罪,可能高于任何其他严重的白领犯罪。根据最近的一项研究,大约25%的美国纳税人承认故意逃税。[2]在美国以外的欧洲,特别是在发展中国家,不遵守的程度

---

[*] 本章的早期版本已提交给伦敦大学学院(2015年5月)的"税法的哲学基础"会议。感谢莫妮卡·班得瑞、詹妮弗、伯德-波伦、乔希·布兰克、辛西娅·布鲁姆、托尼·迪洛夫、安东尼·达夫、大卫·达夫、帕特里克·埃默顿、米兰达·弗莱舍、朱迪斯·弗里德曼、西奥多·濑户、法迪·沙欣、丹·沙维尔、约翰·斯内普和约翰·斯坦顿-伊夫。

[1] IRC §7201, interpreted in *United States v Pomponio*, 429 U. S. 10, 12 (1976);另参见: Mark C. Winings, 'Ignorance is Bliss, Especially for the Tax Evader', 84(3) *Journal of Criminal Law & Criminology* (1993) 575(讨论允许无知者为税收犯罪辩护的问题)。

[2] James A. Tackett et al., 'A Criminological Perspective of Tax Evasion', 110 *Tax Notes* (6 February 2006) 654, 654, available in *Tax Notes Today*, 2006 LEXIS TNT 25-73.

甚至更高。³ 不遵守规定的原因有很多，但有一点是肯定的，那就是相当一部分人认为，税收欺骗在道德上并没有错。⁴ 而且令人震惊的是，作为一种政治抗议形式，税收抵制有着悠久而相当可敬的传统，这在贿赂、作伪证或欺诈等犯罪案件中是难以想象的。⁵

有关逃税的法律也以非常不规范的方式执行（再次强调，尤其是针对美国的情况）。例如，2009年，美国政府授权起诉1210起刑事税务案件，仅占当年提交的1.794亿份个人纳税申报表的0.00086%。⁶ 而

3　See James Alm and Benno Torgler, 'Culture Differences and Tax Morale in the United States and Europe', 27(2) *Journal of Economic Psychology* (2006) 224; John Hasseldine and Zhuhong Li, 'More Tax Evasion Research in New Millennium', 31(2) *Crime, Law & Social Change* (1999) 91–104.

4　See generally Leandra Lederman, 'The Interplay Between Norms and Enforcement in Tax Compliance', 64(6) *Ohio State Law Journal* (2003) 1453. 最近由国税局监督委员会进行的纳税人态度调查表明，16%的纳税人不同意这样的说法：他们应该在税收上"根本不作弊"；8%的人表示"零散地作一点弊"是可以接受的；5%的人说人民可以尽可能多地作弊。参见：*IRS Oversight Board*, Taxpayer Attitude Survey 2007 (February 2008), http://www.treas.gov/ irsob/ reports/ 2008/ 2007_ Taxpayer- Attitude- Survey.pdf。关于逃税所依据复杂心理的更多信息，参见：Eric Kirchler, *The Economic Psychology of Tax Behaviour* (Cambridge, UK: Cambridge University Press, 2007)。

5　See generally David F. Burg, *A World History of Tax Rebellions* (New York: Routledge, 2004); Romain D. Huret, *American Tax Resisters* (Cambridge, MA: Harvard University Press, 2014).

6　Tax Division, US Department of Justice, FY 2011 Congressional Budget (2010), 25, http://www. justice. gov/ jmd/ 2011justification/ pdf/ fy11- tax- justification.pdf. See *Individual Complete Report* (Publication 1304), Table 1.6, SOI Tax Stats— Individual Statistical Tables by Size of Adjusted Gross Income, IRS, https://www.irs.gov/ uac/ soi- tax- stats- individual- statistical- tables- by- size- of- adjusted-gross- income. See also Joshua D. Blank, 'In Defense of Individual Tax Privacy', 61(2) *Emory Law Journal* (2011) 265; Bruce Hochman and Steven Toscher, 'More Than Bad Luck: Differences in Civil and Criminal Fraud Sanctions under the Internal Revenue Code,' *taxlitigator.com* (2007), http:// taxlitigator.com/ more- than- bad- luck- differences- in- civil- and- criminal- fraud- sanctions- under- the- internal-revenue- code/ .

且,在确实发生起诉的地方,起诉的方式往往是不均衡和高度选择性的。[7]

尽管如此,或者可能因为这种不正常现象,逃税是一种犯罪,往往介于规范分析的"缝隙"之间。刑法理论家在很大程度上完全回避了这个话题(也许是因为税法以技术含量高而闻名)。同时,税法理论家虽然没有回避逃税这个话题,但很少将刑法理论的基本工具应用于此。

作为一名刑法理论家,我在这里是个例外,因为我曾两次写过关于逃税的文章。一次是我从道德的角度初步思考了为什么逃税是不对的。[8] 另一次,我审视了逃税罪问题的所在:我思考为什么逃税率这么高,为什么人们对逃税的不法性有如此多明显的怀疑,为什么我们对逃税的执法如此不规范。[9]

在本章中,我打算进一步分析逃税问题。首先,我认为,理解税收与费用、罚款、罚金、没收以及其他类型的政府收费的区别,对于理解为什么逃税在道德上是错误的至关重要。其次,我将提供一个更全面的关于逃税的道德内容的解释,解释欺骗、不遵守法律的概念,及我称之为"欺骗性掩盖"在定义其道德内容方面的作用;以及

---

[7] 在地域和纳税人的类型、财富方面都存在明显的差异。See David Cay Johnston, 'Audits Spread Unevenly Across U. S. ', *New York Times* (12 April 1998), http://query.nytimes.com/ gst/fullpage.html?res=9E0CE4D7133DF931A25757C0A96E958260&sec=&spon=&pagewanted=print; see also *TRACIRS*, Transactional Records Access Clearinghouse, District Enforcement (2010), http:// trac.syr.edu/ tracirs/ findings/ 07/ index.html; Michael Levi, 'Serious Tax Fraud and Noncompliance: A Review of Evidence on the Differential Impact of Criminal and Noncriminal Proceedings', 9(3) *Criminology & Public Policy* (2010) 493.

[8] Stuart P. Green, *Lying, Cheating, and Stealing: A Moral Theory of White-Collar Crime* (Oxford: Oxford University Press, 2006), 243–8.

[9] Stuart P. Green, 'What is Wrong with Tax Evasion?', 9 *Houston Business and Tax Law Journal* (2009) 221–36.

为什么偷窃的概念在很大程度上是不恰当的。最后,我将考虑我对逃税的分析在多大程度上有助于评估避税行为的道德内容。

第一节　界定关键概念

在我们开始规范分析之前,对两个关键术语进行定义将会大有帮助:税和逃税。这个说明旨在反映广泛的用法(如果不是普遍使用),同时扩大定义分析的范围。

一、什么是税?

尽管"什么是税?"这个问题已经引发了大量的诉讼和法院判决,但似乎并没有引起理论家们多少关注。[10]在美国,这个问题主要出现在以下情况:

• 根据美国宪法,构成"税收"的措施必须来自众议院,必须在美国全国"统一"实施,只能用于"偿还债务和提供美国的国防和普遍福利",不得对出口产品征收,也不得作为投票权的条件。[11]其他

10　值得一提的是如下文章:Bruno Peeters et al. (eds), 'The Relevance of a Concept of Tax', in *The Concept of Tax in EU Member States* (European Association of Tax Law Professors Congress, 2005), http://www.eatlp.org/ uploads/ public/ part_ I_ concept_ of_ tax_ in_ eu_ member_ states_ 05_ 05_ 09.pdf。

11　See generally Steve R. Johnson, 'Obamacare and the "What is a Tax?" Question', 63(2) *State Tax Notes* (9 January 2012) 155; Robert G. Natelson, 'What the Constitution Means by "Duties, Imposts, and Excises" — and "Taxes" (Direct or Otherwise)', 66(2) *Case Western Reserve Law Review* (2016) 297.

类型的政府收费没有这种限制。同样，许多州的宪法规定，税收立法必须由比通常更多的立法多数通过，或者全民公决通过。因此，为了确定宪法规定是否得到遵守，联邦法院和州法院必须决定哪些税额应理解为税收，而哪些构成其他收费。[12]

- 联邦和州宪法还对其他类型（非税）政府收费提出了单独的程序要求。例如，如果某项政府收费被确定为"刑事罚款"（criminal fine），它必须符合被告的辩论权、一罪不二审、不得自证其罪的权利，并在排除合理怀疑的范围内确定其罪行。[13] 同样，如果政府收费被确定为"征收"（taking），则根据宪法征收条款将被禁止，除非政府向财产所有人提供公正的补偿。[14] 因此，法院必须根据实际情况区分真正属于税收的措施和实际上属于刑事罚款或征收的措施。

- "什么是税？"也出现在一系列法律语境中。例如，根据《国内税收法典》本身，纳税人根据来源于外国的收入向外国支付"税款"，并对同一收入缴纳美国税，通常有权获得这些税款的抵免或逐项扣除。[15] 同样，根据美国破产法，各州对债务人所欠消费税的要求具有

12　See e.g. *Sinclair Paint Co. v State Board of Equalization*, 15 Cal. 4th 866 (1997). 坚持作为一种"费用"，而不是一种税，加利福尼亚州的一项法律规定对销售含铅产品的人征收费用。

13　税收与刑事罚款的区别，参见：*Department of Revenue v Kurth Ranch*, 511 U. S. 767 (1994)（使蒙大拿州的所谓危险药品税无效，该税对"危险药品的持有和储存"收取费用，理由是这实际上是一种惩罚形式，因此需要各种程序保护）。

14　税收与征收的区别，参见：Johnson, n. 11, 157（指出如果政府必须因通过增税措施获得的资金对公民进行补偿，这种措施是自欺欺人的）。

15　See Treas. Reg. 26 CFR §1.901-2(a)(2)(i) (2008)（海外付款是一种"税收"，如果它构成"根据外国征税权的强制性付款"）; see also Internal Revenue Service, 'What Foreign Taxes Qualify for the Foreign Tax Credit?' (updated 13 December 2014), https:// www.irs.gov/ individuals/ international- taxpayers/ what- foreign- taxes- qualify- for- the- foreign- tax- credit.

优先权,且不可免除,但这种待遇不适用于被称为税收但实际上被确定为罚款的措施。[16]

不幸的是,这些案例对"什么是税?"的问题往往采取一种临时性的方式,没有提供明确、全面的定义或一整套标准来区分税收与向政府支付的其他类型的款项——无论是"使用费""刑事罚款""没收""征收""民事罚款"还是其他"监管措施"。因此,有必要对什么应该被看作一种税给出更一般的定义。

第一,我建议将税的概念定义为:(1)对金钱的索取;(2)由政府机关强行征收;(3)对个人或实体的强行征收;其中(4)此类付款是强制性的;(5)为非惩罚性目的施加的;(6)并非为获得政府提供的特定服务或特权而支付,而是作为更广泛地为政府运作提供资金的一种手段。[17]

让我们依次考虑每一个要素:首先,税收涉及金钱的支付。一般情况下,税收是按百分比计算的:在某些交易中所赚取或收到的金额(如所得税、赠与税和遗产税);所拥有财产的价值(如房地产税);花费的金额(如销售税、消费税和从价税)。有些税也按单位、人均或家庭单位(如人头税)征收。当纳税人纳税时,为了支付债务,他可以选择流动性现金或耗用资产的方式。[18]这与针对特定资产或资产组(如房子、汽车、股票和债券)的政府收缴和没收形成对比。其他类型的强制性、非惩罚性义务也应避免归类为税收。例如,征兵不会是一种税收,

---

16　See 11 USC §507(a)(8)E)(ii).

17　有关类似但稍简单的定义,参见:M. Barassi, 'The Notion of Tax and the Different Types of Taxes', in Peeters, n. 10, 33。

18　Johnson, n. 11, 158.

即使征召者在履行服役义务的同时会产生机会成本,包括收入的损失。

第二,付款要求必须由政府实体强制执行。因此,支付给私人组织的会费不属于税收。向政治候选人、政党或政府官员个人(无论是否合法)支付薪酬也不适用。评估税收的政府实体通常是立法机构,而征税通常是由行政机构执行的(尽管最后这一特征似乎是税收计划的一个偶然条件,而不是必要条件)。

第三,支付义务必须强加于一类个人或实体的成员。这意味着,一个政府实体向另一个政府实体(比如在一个联邦体系内)支付的"转移"或"免除"款项将不被视为税收。要求特定个人的付款(如没收的情况)也不是税收。

第四,付款必须是强制性的。为公众利益而自愿提供给政府的资金——例如,建造公园或翻新公共博物馆——不会构成税收。向美国财政部的公共债务局(Bureau of Public Debt)捐赠用以偿还债务(诚然,这种捐赠很少见,而且奇怪的是,它们是可以免税的)也不构成税收。[19] 购买美国国债或市政债券的资金也不符合征税条件,即使此类债券发行的收益用于资助公共服务。

第五,付款必须是非惩罚性的。因此,作为公民违法行为的罚款或处罚而向政府支付的款项或没收的财产,即使这些金钱或财产用于一般目的,也不符合税收的要件。这里的一个问题是,滞纳金应被视为一种税收还是应被视为一种惩罚。我想表达的是,用来惩罚和制止逾期付款的那部分款项应被正确地理解为一种惩罚或罚款,而不

---

19 2013年,美国财政部收到了约180万美元的礼物。Gregory Korte, 'As National Debt Soars, Gifts to Pay it off Decline', *USA Today* (20 December 2013), http://www.usato-day.com/ story/ news/ politics/ 2013/ 12/ 19/ gifts- to- reduce- the- public- debt- decline/ 4059787/.

是一种税。另一方面,如果这种惩罚包括利息支付,以补偿政府失去的税收收入的现值,则可以合理地将其描述为税收本身的一部分。[20]

第六,也是最复杂的一点,要成为一种税,支付款项必须用于一般目的,而非政府向个人或团体提供的特定商品或服务或其他经济利益的回报。因此,在公立大学上学的学费和使用公共桥梁或隧道时支付的通行费不应被视为税收。这两种支付都被视为费用,与税收不同,这些费用涉及特殊或不是自动给予公众的商品、服务。如果一个人选择不利用这些设施,就可以避免支付费用。[21] 然而,提及为某项服务支付费用,并不意味着税收收入必须总是进入一项总体基金。例如,对香烟征收销售税,其收入专门用于支持公立学校或医疗诊所。只要纳税义务不直接与纳税人接收到的服务挂钩,它就仍是一种税收。

当然,在实践中,税收和其他类型的政府征收之间的区别并不总是非常清晰。例如,根据《联邦保险缴款法》(FICA),美国工薪阶层必须支付用于支持联邦社会保障和医疗保险计划的款项。一个人在其整个工作生涯中所缴纳的FICA税的金额,虽然不是全部,但与他退休后有权领取的金额有部分关系。一个人付出的越多,应该得到的回报就越多。因此,FICA似乎只是部分符合税收属性,因为它也是一个由政府资助的年金计划。[22]

---

20 事实上,美国联邦税务系统特别区分了税务处罚和利息。例如,《美国法典》第26章第6601条对少付的款项征收利息,而其他章节对未申报(第6651条)和准确性问题(第6662条)等情况征收罚款(称为税收附加)。感谢米兰达·弗莱舍(Miranda Fleischer)提醒我注意这些条款。

21 See *Executive Aircraft Consulting, Inc. v City of Newton*, 252 Kan. 421, 427 (1993), quoted in Johnson, n. 11, 158.

22 比较:Kevin A. Hassett, 'Is the Payroll Tax a Tax?', *National Review Online* (29 March 2005), http://www.nationalreview.com/ article/ 214027/ payroll- tax- tax- kevin-hassett?target=author&tid=900912(认为减少社会保障福利相当于增加税收)。

同样地,"受益税"(例如汽车燃油税)与提供公共服务(例如公共道路)的成本有关。它们还体现了双重特征:一方面,人们使用公共道路越多,人们可能必须购买的燃料越多,所要缴纳的燃油税就越多。另一方面,这种关联是松散的:一个人可以使用街道和高速公路,而不必缴纳燃油税(比如,她骑自行车或开电动车);她可以购买燃料,而不必使用道路(比如,燃料是用在她私人农场的拖拉机上)。

考虑到界定"税收"概念的复杂性,人们可能会试图采取不同的方法。与其把"税收"看作是一个明确的范畴,某个特定的政府收费要么落在这个范畴里,要么不落在这个范畴里,不如看特定的收费是否具有一定程度税的特征。[23] 在这种方法下,与其说一种收费方式是一种税收,而另一种不是,我们毋宁表述为,给定的征收行为更多像或更多不像税收。例如,我们可能会说《联邦保险缴款法》相比所得税或销售税"不那么像税收",因为它比这类税收更直接地惠及纳税人。虽然我原则上不反对这种做法[事实上,在考虑自然犯(mala in se)与法定犯(mala prohibita)之间的区别时,我在本章稍后部分采用了类似的做法],但值得一提的是,在实践中,法院往往必须明确决定某一特定的收费是否属于税收。

还有一个定义上的问题需要解决。到目前为止,我们一直在谈论"税收",好像它总是涉及公民向政府纳税的义务。但正如许多税

---

23 参见:William Barker, 'The Relevance of a Concept of Tax', in Peeters, n. 10, 7(认为我们应该把税收视为一种"在私人利益和公共物品重要性之间成反比变化滑动的收费");Marc Bourgeois, 'Constitutional Framework of the Different Types of Income', in Peeters, n. 10, 100("存在一个从纳税人未获取任何回报的纯税收,到纳税人获得服务价值相当于政府之前投入的连续统一体")。

务学者所解释的那样,尽管税法的主要目标是增加财政收入,但税收也被用作经济和社会政策工具。税法的作用远远不止于确定什么是应纳税的"收入"。它还决定哪些扣减和豁免将被允许,从而鼓励所谓的有益于社会的行为,如慈善捐赠、房屋自有以及为退休储蓄。而且,这些学者认为,从经济角度来看,通过减税鼓励某些活动,与通过政府付款直接补贴这种活动之间没有真正的区别。从这个角度来看,正如丹·沙维尔(Dan Shaviro)所解释的,税收和支出之间的区别是一种"纯粹形式"。[24] 事实上,这是"税式支出"分析的基本观点。[25]

但是,税收减免和政府支出具有类似的经济效应,并不意味着"税收"的概念必须以某种方式包括所有政府支出。税式支出理论的观点不是要扩大税收的定义,而是要认识到"税法的某些规定并不是真正的税收规定,而是实际上用税收语言伪装的政府支出计划"。[26] 如

---

24 Daniel N. Shaviro, 'Rethinking Tax Expenditures and Fiscal Language', 57(2) *Tax Law Review* (2004) 187, 191. See also Miranda Perry Fleischer, 'Libertarianism and the Charitable Tax Subsidies', 56 *Boston College Law Review* (2015) 1345, 1349–51.

25 正如斯坦利·萨里和保罗·麦克丹尼尔在他们的文章中所论述的:

每当政府决定向一项活动或一个全体提供资金支持时,它可以从提供资金支持的广泛方法中选择。政府可以直接拨款或补贴;可以提供特别利率的政府贷款;私人贷款可以由政府担保;等等。相比之下,政府利用所得税体系并采用税收除外、抵扣之类的税收适用行为,则为某些活动或群体所青睐。例如,投资行为的税收优惠、特别抵免、特别折旧抵扣、特别消费形式抵扣、某些特定行为的低税率等等。这些减税措施实际上体现了政府的资金支持。

Stanley S. Surrey and Paul R. McDaniel, 'The Tax Expenditure Concept and the Budget Reform Act of 1974', 17(5) *Boston College Industrial and Commercial Law Review* (1976) 689.

26 Victor Thuronyi, 'Tax Expenditures: A Reassessment', *Duke Law Journal* (1988) 1155, 1155.

果有什么区别的话,税式支出理论的洞见应该导致"税收"定义的收缩,而不是扩张。

二、什么是逃税?

在考量了税收的含义之后,我们现在可以思考逃税的内涵了。这一概念在不同的刑法典中以不同的方式使用,不可能找到任何普遍适用的定义。然而,我将考察在许多司法辖区使用的逃税定义中出现的三个要素。

首先是不遵从的概念。逃税总是涉及未支付或少支付实际应付的税款,无论是通过少报收入、多报扣除额或免税额,还是仅仅未支付所欠的税款。诚然,正如我们将在下面看到的,一个公民未能缴纳他所欠的税款,就是逃税与单纯避税的区别。两者都可能出于类似的动机造成类似的损害,但只有前者违反了法律(假设纳税人对一般反避税规则的蔑视并未将避税转化为逃税)。[27]

其次是心理因素。如果某人不纳税是无心之失,就不存在逃税。在许多司法辖区,逃税不仅需要不纳税的意图,而且还需要对所负法律义务的实际了解。因此,逃税与大多数其他犯罪有所不同,前者遵循法定的不知者无罪规则。[28]

第三个要素出现在一些逃税法规中,尽管从概念的角度来看,这一要素并没有得到广泛的遵守,也没有那么重要。至少在一些国

---

[27] 在许多司法辖区,税务机关有权通过一般反避税条款,拒绝纳税人从禁止的活动中受益。如果纳税人采取这种禁止的行为,并坚持获取税收利益,则其行为会被认定为逃税。

[28] 'Ignorance of the law is no excuse.' See *Cheek v United States*, 498 U. S. 192 (1991).

家（包括美国、瑞士、菲律宾，也许还有尼日利亚），逃税罪（也就是众所周知的税收欺诈）不仅要求逃税者有目的地避免缴纳所欠税款，而且还要求他采取积极措施避免被发现——比如，保存第二套账簿或编造记录。[29] 至少在美国，这种区分——单纯地少缴税款和少缴税款加上掩盖行为——有助于界定不缴税款是一种轻罪或民事过错还是一种严重的犯罪。正如我们将在下文看到的，这最后一个因素，当它出现时，为逃税罪增加了一些重要的道德评判指标。

最后，如上所述，在税式支出方式下，有一种观点认为，广义的税收制度不仅应包括公民对政府缴纳税款，还应该包括政府对公民的财政支持。倘若这是正确的，便会产生一个问题：一个人是否可以逃税，不仅是通过不缴纳应纳税款，而且还可以通过非法要求超出应缴税款的政府福利，比如在劳动所得税抵免计划下。出于下面将论述的原因，我认为这是一个错误。仅仅因为两项交易在经济上等价，并不一定意味着它们在道德上或法律上是等价的。

---

29 根据美国法，故意不缴纳税款（包括未提交申报表）通常被视为IRC第7203条款规定中的轻罪。这种轻罪与第7201条中规定须判处5年监禁的逃税行为不同，后者不仅要求故意不纳税，还要对自己的活动进行某种程度的隐瞒。

在瑞士，不纳税并掩盖事实被称为"税务欺诈"，参见：Pietro Sansonetti, 'Tax Evasion: The Evolution of the Swiss Criminal Tax Law', *International Tax Review* (12 March 2013), http://www.internationaltaxreview.com/ Article/ 3167155/ Tax- evasion- The- evolution- of- the- Swiss-Criminal- Tax- Law.html。

在菲律宾，逃税可能涉及使用虚假的收据、保存阴阳账目、在账簿中虚构项目、以虚拟公司的名义进行虚假的交易，等等。参见：Rosario G. Manason, 'Tax Evasion in the Philippines', 15(2) *Journal of Philippine Development* (1988) 167, http:// dirp3.pids. gov.ph/ ris/ pjd/ pidsjpd88- 2tax.pdf。

关于尼日利亚逃税行为的讨论，参见：Teju Somorin, 'Tax Evasion in Africa: Kinds of Evasion, How to Control it— The Nigerian Experience', *African Training and Research Centre in Administration for Development* (2010), http:// unpan1.un.org/ intradoc/ groups/ public/ documents/ cafrad/ unpan043343.pdf。

第二节　逃税的道德内涵

根据我之前所支持并阐述过的混合惩罚理论,道德上的应受谴责性是行为受到刑事处罚的必要条件(虽然不是充分条件)。[30] 因此,如果我们想知道逃税是否以及为什么应该是一种犯罪,我们需要知道它在道德上应该受到谴责的各种方式。任何可谴责性分析的一个关键因素都是不法性。正如我在本文其他地方所解释的,"道德不法性"反映了犯罪行为涉及违反独立的道德规范、规则、权利或义务的程度。[31]（这与"伤害性"形成对比,后者反映了犯罪行为引起风险的程度,乔尔·范伯格称之为"对他人利益的重大阻碍"。[32]）在其他地方,我已经初步研究了逃税可能被理解为不法行为的各种方式。[33] 在这里,我想修改、扩展和纠正之前的一些分析。

传统上,有三种不同的范式将逃税的道德错误概念化:(1)作为"偷窃"的一种形式,(2)作为"欺骗"的一种形式,(3)作为对"守法的道德义务"的违反。在接下来的内容中,我将论证,虽然偷窃的概念经检验证明大多是不恰当的,但欺骗和违法,以及欺骗性的"掩盖",都是理解为什么逃税是不道德的关键。

30　Green, n. 8, 30–47.

31　Ibid.

32　Joel Feinberg, *Harm to Others* (New York: Oxford University Press, 1984).

33　Green, n. 8, 243–8.

第一部分 税收及其实施的正当性

一、逃税即偷窃

逃税常被视为一种"偷窃"。[34]这种观点是有问题的。在其他作品中,我描述了构成偷窃行为和偷窃罪的复杂的法律、道德、心理和文化意义。[35]偷窃在传统上指的是不付钱而剥夺他人某一特定商品或服务的行为。它不仅是对财产所有权人排除他人使用财产权利的暂时侵犯,而且还涉及更永久性地侵犯财产所有权人自己使用或占有该财产的权利。

偷窃,至关重要的是,涉及财产从受害者/所有者到窃贼的非自愿转移。这种转移可以用零和观念(如果不是严格的经济概念)来考虑:窃贼的收益必然是受害者的损失。[36]因此,偷窃是对所谓的"禀赋"的一种特别重大的攻击(正如行为经济学家所解释的,在其他条件都不变的情况下,人们把更多的价值归于他们拥有的东西,而不是别人拥有或占用的东西)。[37]

逃税,正如所正确理解的那样,不能满足偷窃的范式。理由可对比两个案例:第一个涉及偷窃,但不涉及税收;而第二个涉及税收,但不涉及偷窃。在第一个案例中,房主A需要为当地市政当局对他提供的城镇供水支付水费。A可以不使用城市的自来水,比如用瓶

---

[34] See e.g. Martin T. Crowe, *The Moral Obligation of Paying Just Taxes*, Studies in Sacred Theology 84 (Washington, DC: Catholic University of America Press, 1944), 42.

[35] Stuart P. Green, *Thirteen Ways to Steal a Bicycle: Theft Law in the Information Age* (Cambridge, MA: Harvard University Press, 2012), 91–114.

[36] Ibid., 210–11.

[37] 权威论著参见: Daniel Kahneman and Amos Tversky, 'Choices, Values, and Frames', 39(4) *American Psychologist* (1984) 341; see also Maynard Smith, *Evolution and the Theory of Games* (New York: Cambridge University Press, 1992).

装水代替,来合法避免缴纳水费。但是,如果A确实使用了这些水,而没有支付水费,他将剥夺市政当局的一种特殊商品(即水)而未支付费用。[38] 零和范式将得到满足,他就犯下了盗窃罪。[39] 然而,他不会犯逃税的罪,因为未缴水费并不能适当地理解为一种税款;相反,这是一种费用。此外,我们通常预计水资源收费的收益将专门用于系统维护,而非一般的政府用途,尽管资金的使用不是决定性因素。关键是,收取的费用与收到的货物直接相关。

A未能支付水费的情况可以与第二种情况进行对比,在第二种情况中,房主B需要支付当地市政当局根据其房屋价值征收的税款。在这里,B不会为任何特定的商品或服务付费。这项税收通常用于一般用途:支持公立学校、警察、卫生部门和其他公共工程。无论B是否实际使用了这些服务(例如,他可以选择将他的孩子送到私立学校,或者雇用私人保安或卫生服务),他都将拥有相同的付款义务。在这里,零和范式不会得到满足。这不是盗窃;相反,这将是逃税。

故意不缴纳销售税或增值税的人也会犯逃税罪。虽然这类税收

---

38 不幸的是,这不仅仅是法学教授的假设。由于加州最近的干旱,从市政当局偷水已经成为越来越严重的问题。See Kristin J. Bender, 'Water Thefts on Rise in Drought-Stricken California', *Salon* (23 February 2015), http://www.salon.com/ 2015/ 02/ 23/ water_ thefts_ on_ the_ rise_ in_ drought_ stricken_ california.

39 我故意使用了一个假设,包括对"有形物品"而不是对道路或桥梁等"公共物品"进行评估,因为公共物品使用的零和性比有形物品要复杂得多。问题是,公共服务在经济角度上,是可排除的,但没有竞争性。它们是可排除的,因为非付费消费者通常可以被排除在使用之外,但它们不一定是竞争的,因为至少只要没有过度拥挤,D使用桥梁或道路不排除其他人同时使用。我的观点很简单,虽然A在零和模式的情况下知道无偿用水构成了一个明显的盗窃范例,但他知道使用公共桥梁或道路是一个更复杂的问题。

确实与购买货物直接相关,但并不与纳税人从政府获得的任何特定利益挂钩。税收只与购买货物产生联系,作为确定所欠税款数额的一种手段,正如所得税是根据所得确定税基一样。在这些情况下,B都不会犯盗窃罪;相反,他可能没有缴纳相关税款,在此情况下,我们不应该说B是个窃贼,而应该说他是个拖欠债务的人。

考虑一下B没有偿还其欠C的债务的其他案例。例如,他可能违约,没有支付孩子抚养费,拖欠抵押贷款,或者没有支付对他不利的侵权判决。在这些情况下,我们通常不会说B盗窃了。[40]B不会剥夺他人的财产,零和范式也不会得到满足。这种情况与B未经C同意从其钱包或银行账户中取钱的情况存在差异。虽然对C的经济影响是相同的,但是从道德(和法律)的角度来看,这些案例是可以区分的。只有在后一情况下,我们才会说B偷了C的东西。

这并不是说,一个人永远不能从事与税收计划有关的偷窃行为。回顾之前关于税式支出理论的讨论。正如我们所看到的,人民向政府缴纳的税款是一个更大、更复杂体系的一部分,在这个体系中,政府既给予税收减免,又为促进各种社会目标而直接支出。例如,在劳动所得税抵免方案下,低收入的工人可以减少税收,在某些情况下,甚至可能收到比其他任何税收都要多的一笔款项——这意味着政府本质上支付了工资收入。[41]如果X向国税局(IRS)谎报了他

40　唯一的例外是,B在签订合同时错误地同意遵守合同条款,也就是说,他最初从未打算履行合同;在这种特殊情况下,我们可以说B犯下了虚假的借口或欺诈,这两者都被恰当地理解为偷窃的形式,以便进一步讨论盗窃、欺诈和违约之间的区别,参见:Green, n. 35, 87-90。

41　Jonathan Barry Forman, 'Earned Income Tax Credit', *Tax Policy Center*, http://www.urban.org/ sites/default/ files/ alfresco/ publication- pdfs/ 1000524- Earned-Income- Credit.PDF (accessed 20 October 2015).

的收入或营业费用,从而避免了应缴税费,那就是逃税。但是,如果 X 向美国国税局谎报了他的收入所得税情况,从而获得了超出其应纳税额的收入,在我看来,他就是在进行盗窃或虚假申报。[42] 即使上述情况下,对政府的经济影响都是相同的,这种区别也应该成立。

另一种与税收有关的盗窃行为是卖方在买方购买时向其代收销售税,而卖方没有按要求将销售税收入上缴国家。这些案件应该被理解为盗窃,而不是逃税。毕竟,买方而不是卖方承担纳税义务,这一义务也已经履行。卖方只是以一种"信托"的方式持有买方的税款,就像银行或信用卡公司可能以"信托"的方式为客户托管资金一样。没有交出销售税收入的卖方,实质上犯了挪用公款罪。[43]

然而,另一个难题是,A 没有缴纳销售税,因为他是通过偷窃而不是购买获得商品的。他会被指控逃避销售税吗?销售税通常适用于"有对价的所有权或占有、交换或易货……转让"。[44] 因为盗窃,顾名思义,不涉及对价,不存在销售,因此不应缴纳销售税,故而也不应被视为逃避销售税。一种更恰当的思考此类案件的方式是,将其视为一种所得税的逃避,而非销售税的逃避,类似于被告因逃避对销售毒品、贿赂或通过诈骗活动(试想下阿尔·卡彭)的所得纳税而被起诉的案件。在这些情况下,税法明确规定,无论是合法所得还是非

---

[42] 这一观点也得到了基本逃税条款的支持,该条款规定,如果一个人"故意以任何方式逃避或击败该项目或支付所征收的任何税",他就从事了逃税行为,参见: 26 USC §7201。

[43] 举一个这种推理的例子,参见: *State v Chapman Dodge Center, Inc.*, 428 So.2d 413 (La. 1983)。

[44] 例如: California Revenue and Taxation Code §6606(a) (emphasis added)。

法所得,包括通过盗窃所得,都必须缴纳所得税。[45]

有一个额外的理由反对逃税,该观点通常将其理解为一种盗窃形式。在我们的法律体系中,几乎所有的盗窃行为都被视为犯罪,甚至包括那些涉及盗窃低价值物品的行为。[46]相比之下,民事盗窃是一种相当奇特的行为。[47]在逃税案件中,这种模式是相反的;如上所述,在所有逃税案件中,只有很小一部分受到刑事起诉,其余的都是民事侵权行为。如果逃税真是一种盗窃行为,我们希望它被视为一种犯罪而得到更加一致的对待。[48]

二、逃税即欺骗

在此前的作品中,我认为,与其把逃税看作是一种"偷窃"行为,不如把它看作是一种"欺骗"行为,我更笼统地把它定义为:(1)违反(2)公平和(3)公平执行的规则(4)意图比一方获得利益优势(5)与违反规则者处于一种(6)合作的、受规则支配的关系中。[49]我认为,这种说法有几个优点:它与我们通常所称的逃税作为"在税收上作弊"相吻合。它反映了这样一个事实:逃税不仅对政府造成伤

---

[45] 26 USC §61 (Internal Revenue Code); IRS Publication 17, https://www.irs.gov/pub/ irs- pdf/ p17.pdf, 94, 96. "其他收入"包括通过盗窃、贿赂和贩卖毒品等非法活动取得的财产。

[46] See Green, n. 35, 161-5.

[47] Ibid., 137-8.

[48] 同样值得指出的是,仅仅因为逃税者欺骗了他的同胞,并不意味着他也偷了他们的东西。理论上,如果A没有缴纳他所欠的税,其他纳税人可能将不得不弥补差额,支付更多的税款(要么政府将不得不减少支出)。但是,虽然这种行为确实构成一种欺骗形式,但也不构成偷窃,因为偷窃要求剥夺财产权利,而没有迹象表明在不纳税时发生了这种情况。

[49] Green, n. 35, 247. 关于另一部强调欺骗重要性的作品,参见: Donald Morris, *Tax Cheating: Illegal–But is it Immoral?* (Albany: SUNY Press, 2012)。

害,而且对同胞也造成伤害,同胞因逃税者行为而被迫承担更重的负担。它指出了逃税的道德内涵与其他白领犯罪之间的相似之处,例如内幕交易、各种欺诈行为和各种监管犯罪。[50]

然而,应该清楚的是,并非所有违反规则的行为都需要欺骗。以一个司机凌晨3点在一条荒芜的乡村公路上闯红灯为例。这名司机违反了要求司机在红灯前停车的规定,但他极有可能没有取得超越任何人的不公平优势,因此他没有欺骗。(可能并非每一种交通违法行为都是如此:人们可以想象这样一个案例,即一个司机违反道路规则,比如说,在交通堵塞时,为了赶在其他司机前面而在软路肩上驾驶。在我的视域里,这就是一种欺骗行为。)

与"红灯案件"相反,逃税确实可能涉及欺骗:逃税者违反了要求公民缴纳特定税款的规定,而他这样做通常是为了获得相对于他人的利益优势。逃税者是一个搭便车的人:他在继续或潜在地获取作为一个公民所得利益的同时,却没有支付维持我们政府运转中其应支付的费用。

我想表达的要点是,欺骗对于我们理解逃税的重要性作用与赫伯特·莫里斯提出的观点有相似之处,后者认为:

> 它只是为了惩罚那些违反规则,造成利益和负担不公平分配的人。一个违反规则的人享有其他人所拥有的东西——制度的好处——但通过放弃他人所承担的、自我约束的负担,他获得了不公平的优势。在某种程度上消除这种优势之前,事情不会结束。另一种

---

[50] 卡隆·比顿-威尔斯还发现,欺骗的概念有助于理解犯罪行为的代价确定。参见:'Capturing the Criminality of Hard Core Cartels: The Australian Proposal', 31(3) *Melbourne University Law Review* (2007) 675。

说法是，他欠别人一些东西，因为他拥有一些不属于他的东西。正义——也就是惩罚这些人——通过从个人身上拿走他所欠的东西，即索取债务，来恢复利益和负担的平衡。[51]

虽然莫里斯没有使用术语，但他很好地从本质上解释了什么是欺骗的基本动态：通过违反他人所遵守的规则，从而违反了以约定的方式限制其自由的义务，欺骗者获得了不公平的优势。

然而，莫里斯理论的问题是，它对欺骗概念的重视程度超过了它所能支持的程度。莫里斯错误地认为欺骗是所有罪行的基础。正如让·汉普顿所解释的那样，莫里斯的方法"只有在我们相信约束自己不去强奸、谋杀或偷窃会让我们付出代价的情况下才有意义。然而，只有当（我们接受这种荒谬的观念，即）强奸、谋杀和偷窃被我们视为可取和有吸引力时，这种想法才有意义"。[52]

然而，尽管认为一个人的行为造成了"利益和负担的不公平分配"，这一观点也不足以解释强奸和谋杀等犯罪行为，但它可以在定义逃税等犯罪行为方面发挥重要作用，因为不纳税是许多人认为可取的和有吸引力的事情，而且它确实会造成利益和负担的不公平分配。

三、是否存在不构成欺骗的逃税行为？

在上述情况下，当且仅当（1）他违反的规则是公平的，且以公

51　Herbert Morris, 'Persons and Punishment', 502(4) *The Monist* (1968) 475. 这些观点和随后段落的论点借鉴自：Green, n. 35, 55-6。

52　Jean Hampton, 'Correcting Harms Versus Righting Wrongs: The Goal of Retribution', 39 *UCLA Law Review* (1992) 1659, 1660.

平方式执行,并且(2)他打算获得比他人不公平的优势时,A才应被恰当地理解为欺骗。这就意味着,那些没有缴纳不公平税收的公民,或者那些不打算比其他人获得优势的公民,并没有欺骗。

这两种可能性都需要考虑。再次审视美国法律,我们看到的是一种税收制度,它的税收累进性比大多数其他工业化国家低,甚至比20世纪大多数税收制度低。美国的最高边际税率现在只有39.6%,而"二战"期间为94%,整个1960年代和1970年代为70%,许多最富有的个人实际缴纳的税率实际上大大低于39.6%。[53] 此外,美国税法中有无数条款似乎是为了让特殊利益集团受益而制定的,而这些特殊利益集团通常会向政治候选人提供巨额捐款。[54] 该法典非常复杂,以至于只有富人才能负担得起税收咨询,以便充分利用它为合法

---

53 据经济学家约瑟夫·斯蒂格利茨说,美国最富有的400名纳税人的平均收入超过2亿美元,纳税税率不到20%——低于百万富翁,其税率为纳税收入的25%——与那些收入20万至50万美元的人差不多。2009年,收入最高的400个人中有116名,近三分之一缴纳的税款不到收入的15%。Joseph E. Stiglitz, 'A Tax System Stacked Against the 99 Percent', *New York Times* (14 April 2013), http:// opinionator. blogs.nytimes.com/ 2013/ 04/ 14/ a-tax-system-stacked-against-the-99-percent/ ?_ r=0; see also Kim Parker, 'Yes, the Rich Are Different', *Pew Research Center Social and Demographic Trends* (27 August 2012), http://www.pewsocialtrends.org/2012/ 08/ 27/ yes- the- rich- are- different/ .

54 这些措施可能包括对度假屋、赛马场、啤酒加工厂、炼油厂、对冲基金和电影工作室的所有者的税收减免,仅举几个不公平税法的可能受益者。总体参见:Stiglitz, n. 53; David Cay Johnston, 'Perfectly Legal: The Covert Campaign to Rig our Tax System to Benefit the Super Rich— and Cheat Everyone Else' (New York: Portfolio, 2003); Robert McIntyre, Citizens for Tax Justice, et al., 'The Sorry State of Corporate Taxes: What Fortune 500 Firms Pay (or Don't Pay) in the USA And What they Pay Abroad— 2008 to 2012' (Washington, DC: Citizens for Tax Justice and the Institute on Taxation and Economic Policy, February 2014), http://www.ctj.org/corporatetaxdodgers/ sorrystateofcorptaxes.pdf。

降低个人税负提供许多手段。[55]毫不奇怪,目前大多数美国人都认为所得税制度不公平。[56]

税法的实施方式也可以说是不公平的(再次强调美国的经验)。如上所述,2007年,美国国税局只审查了大约1.794亿份纳税申报单中的不到1%。[57]这些审计的彻底性也在下降。根据独立交易记录清算所(Independent Transactional Records Clearinghouse)的数据,近年来,审计师在大型企业审计上花费的时间减少了20%。[58]各地区之间也存在着很大的差异,例如,纽约大都会地区的居民受到的审计和起诉率相对较低,而加利福尼亚州的居民受到的审计和起诉率要高得多。[59]

当然,判断特定的税收制度是否真的如此不公平以至于那些逃避税收制度的人不应该被视为欺骗,这是一个非常困难的问题,既需要一个复杂的经济和政治正义理论,也需要深谙一部或多部税法、其

55　这些措施包括推迟补偿、改变资本收入的时间、将短期收益转换为长期收益,以及将普通损益转换为资本损益。参见: US Senate Committee on Finance, 'How Tax Pros Make the Code Less Fair and Efficient: Several New Strategies and Solutions', *Report of the Senate Finance Committee Democratic Staff* (3 March 2015), http://www.finance.senate.gov/ imo/ media/ doc/ 030215%20How%20Tax%20Pros%20Make%20the%20Code%20Less%20Fair%20and%20Efficient%20- %20Several%20New%20Strategies%20and%20Solutions_ FINAL%20cover.pdf。

56　Jeffrey M. Jones, 'Fewer Americans Now View Their Income Taxes as Fair', *Gallup.com* (15 April 2013), http://www.gallup.com/ poll/ 161780/ fewer- americans- view- income- taxes- fair.aspx.

57　美国最大公司的审计率跌至过去20年来的最低水平,约为26%,不到1988年的一半。'Audits of Largest Corporations Slide to All Time Low', *Transactional Records Access Clearinghouse/ IRS*, http:// trac. syr.edu/ tracirs/ new-findings/ v13/ .

58　Ibid.

59　*Transactional Records Access Clearinghouse*, District Enforcement, http:// trac.syr.edu/ tracirs/ find-ings/ 07/ index.html (last visited 7 March 2009).

立法历史及其实施情况。本卷中的其他文章也涉及这些问题。[60] 目前,我可以肯定地假设,一部税法必须达到相当高的不公平程度,才能证明逃税者没有欺骗行为。

如果一个逃税者并不希冀获得相对于他人的不公平优势,那又如何呢?在这里,我想到了税收抵制者(tax resisters)与税收抗议者(tax protesters)的问题。税收抵制者反对把税款用于他们所反对的政府活动,比如发动所谓的非正义战争活动。[61] 税收抗议者声称,他们认为税法本身是违宪的或是无效的。可以想象,这两者都可能辩称,他们不纳税的原因并不是希望搭乘同胞的便车,而是有更"原则性"的理由促使他们这样做。

这种论点将难以为继。事实是,不管税收抵制者还是税收抗议者——无论他们的动机是什么——都会搭乘同胞的便车。某些税收抵制者拒绝支付他们应付税款的全部或部分,并向慈善机构捐款。但事实上,这些钱是捐出去的而非保留下来的,这并不意味着税收抵制者缺乏获得对他人不公平优势的意图。几乎每个人都对税收的使用方式存在某种异议,他们宁愿把钱捐给一个精心挑选的慈善机构。税收抵制者既能从他人缴纳的税款中获益,又能从支持有价值的慈善活动中受益。这听起来便像是"欺骗"。

---

60 例如,参见詹妮弗·伯德-波伦、帕特里克·埃默顿和凯瑟琳·詹姆斯、米兰达·佩里·弗莱舍、西奥多·濑西,以及丹尼尔·沙维尔的文章。See also, e.g., Liam Murphy and Thomas Nagel, *The Myth of Ownership: Taxes and Justice* (Oxford: Oxford University Press, 2002); Steven M. Sheffrin, *Tax Fairness and Folk Justice* (Cambridge, UK: Cambridge University Press, 2013); Alan M. Maslove (ed.), *Fairness in Taxation* (Toronto: University of Toronto Press, 1993); Louis Kaplow, *The Theory of Taxation and Public Economics* (Princeton: Princeton University Press, 2010).

61 See, e.g., *Cheney v Conn* [1968] 1AER 779. 其中一方反对缴纳部分将用于采购核武器的税款。

反对税收抗议者的理由更加充分。与税收抵制者一样,税收抗议者也在继续享受公民身份带来的益处,却没有缴纳他们应缴的税款。然而,与税收抵制者不同,税收抗议者通常不会假装把钱捐给慈善机构。税收抗议者很可能相信税法是无效的,但他们可能会以不直接受益的方式挑战这些法律。

最后,如果一个人因为相信"其他所有人"或"大多数其他人"都在做同样的事情而没有缴纳他应付的税款,那还是欺骗吗?只要至少有一些人遵守规则,缴纳他们应付的所有税款,就有一种观点认为 X 是在欺骗,因为他仍然会比诚实的纳税人获得不公平的优势。另一方面,请记住,欺骗行为要求规则是公平的,而且要以公平的方式执行。在一个大多数人都在欺骗,且不受惩罚的社会里,税法似乎不太可能以公平的方式管理。在这种情况下,可以提出一种论点,认为 X 并不是在寻求不公平的"优势";相反,他只会寻求消除"不公平的劣势"。有趣的是,许多人确实把他们不纳税的原因归结为"其他人都在这样做"。[62] 在某种意义上,他们认为他们所做的并不是欺骗,因此也没有错。

四、逃税即违法行为

到目前为止,我已经考察了逃税行为是否以及在多大程度上与偷窃和欺骗的道德错误相联系。尚待考虑的是,逃税在多大程度上由另外两种可能的道德错误行为所定义——违反法律(在本节中考

---

[62] See generally Joel Slemrod, 'Cheating Ourselves: The Economics of Tax Evasion', 21(1) *Journal of Economic Perspectives* (2007) 25; Young-dahl Song and Tinsley E. Yarbrough, 'Tax Ethics and Taxpayer Attitudes: A Survey', 38(5) *Public Administration Review* (1978) 442.

虑）和欺骗性的掩盖（在下一节中讨论）。

天主教的教义长期以来一直把"服从权威"作为纳税义务的主要依据。[63] 倘若这是真的，那么由此可以得出，不服从的概念将是理解逃税错误论的关键。然而，这种方法有几个问题。其一，关于是否真正有遵守法律的道德义务存在现实争论。[64] 其二，任何违反公正法律的行为都涉及某种形式的不服从。因此，孤立地采取不服从的方法，无法解释逃税的道德内容与各种琐碎的监管违规行为（而且可能更严重）有何不同。其三，正如我们上面所看到的，所有的欺骗都涉及违反规则。既然在逃税问题上的规则是一项法律规则，那么对逃税即不服从的分析似乎可以纳入先前关于逃税即欺骗的分析之中。

尽管有这些反对意见，但我认为不服从的概念确实为分析逃税的道德内容增添了某些价值。与欺骗分析形成对比——它倾向于从横向上强调对纳税人同胞所犯的错误——不服从分析倾向于强调对政府所犯的错误（和伤害）的纵向性质，政府需要税收来发挥作用。

此外，将逃税视为一种不服从法律的形式，也突出了它的自然犯与法定犯的双重特征。传统上，如果无论该行为是否被规定为违法，该犯罪行为都是不正当的，那它被称为是自然犯（谋杀和强奸是

---

63 天主教会教义问答（*Catechism of the Catholic Church*）第2240条（梵蒂冈自由编辑，暂时草案，1992年）。这段借鉴了如下讨论：Green, n. 35, 247。还有经验证据表明，作为"规则追随者"的人更有可能遵守税法。参见：Kelvin Law and Lillian Mills, 'CEO Characteristics and Corporate Taxes', *SSRN*, http:// papers.ssrn.com/ sol3/ papers.cfm?abstract_id=2302329（研究发现，与其他经理人相比，具有军事经验的企业经理不太可能实施"激进"的税收筹划）。

64 See, e.g., M. B. E. Smith, 'Is There a Prima Facie Obligation to Obey the Law?', 82(5) *Yale Law Journal* (1973) 950.

很好的例子);如果犯罪涉及的行为仅仅是或主要是因为被规定为违法而不正当的(这里最好的例子是某些监管型犯罪,如无证捕鱼),便可认为是法定犯。然而,正如我在其他地方所主张的,不存在纯粹的自然犯与法定犯。[65]即使那些最有可能被视为自然犯的罪行,在某种程度上也是由法律界定的。相反,即使是最明显法定犯的行为也有一些非法律的道德内容。关键的是,自然犯与法定犯最好被认为是在某种程度上涵盖所有刑事犯罪的连续统一体上的对立性质,而不是具体犯罪所处的择一的精确类别。

逃税似乎落在自然犯与法定犯之间的中间地带。[66]一方面,公民欠政府的税款完全是在法律规定的框架内确定的。因此,逃税的错误不能被定义为"优先于法律并独立于法律",正如一位评论员所声称的,这是犯罪的特征。[67]从这个意义上看,逃税反映了强烈的法定犯特征。

另一方面,逃税也反映了自然犯的特征。没有发达的共同税负体系,现代社会就不可能运转。我们不需要知道特定税法的细节,就可以知道逃避这些义务从而可能搭便车,通常是错误的。从这个意义上说,逃税相比无处方买药或无证行医(称职地)等监管违法行为,似乎更表现为自然犯。

---

65 关于自然犯与法定犯的概念,参见: Stuart P. Green, 'Why It's a Crime to Tear the Tag Off a Mattress: Overcriminalization and the Moral Content of Regulatory Offenses', 46(4) *Emory Law Journal* (1997) 1533, 1570-80。关于自然犯与法定犯的区别,参见我的文章: Stuart P. Green, 'The Conceptual Utility of *Malum Prohibitum*', 55(1) *Dialogue: Canadian Philosophical Review* (2016) 33。

66 关于类似的论点,请参见: Zoë Prebble and John Prebble, 'The Morality of Tax Avoidance', 43(3) *Creighton Law Review* (2010) 693, 736-7。

67 Douglas Husak, *Overcriminalization: The Limits of the Criminal Law* (Oxford: Oxford University Press, 2008), 105.

五、逃税即欺骗性的掩盖

逃税的道德内容问题的最后一部分由欺骗性掩盖的概念提供。如前所述,在一些国家,逃税罪不仅要求逃税者有目的地逃避缴纳所欠税款,而且还要求逃税者隐瞒该活动——例如,隐瞒收入、保存第二套账簿或将个人费用作为营业费用报销。[68]这种区别——单纯地少支付以及少支付加上掩盖——标志着不缴税是轻罪或民事错误与重罪之间的界限。

我们是否有理由惩罚一个不仅逃税,而且还掩盖逃税行为的人?在其他地方,我已经讨论了掩盖在界定诸如伪证、虚假陈述、妨害司法、藐视法庭和重罪误判等独立罪行方面所起的作用。[69]每项罪行都允许起诉那些掩盖一项单独的基本罪行的罪犯。逃税明显的独特之处在于,其背后隐藏的错误和掩盖行为被合并为一项犯罪。因此,对试图掩盖自己不法行为的逃税者实施更严厉的惩罚,似乎有点像对企图逃避追捕的谋杀犯、企图抢走赃物的银行劫匪和试图掩盖自己行踪的内幕交易者实施更严厉的惩罚。

那么,在同一犯罪定义中,将不缴纳税款与掩盖相结合又有什么正当理由呢?我能给出的最佳答案是,A掩盖自己的逃税行为往往会提供强有力的证据,证明A确实理解法律的要求,并打算违反它。此外,当不缴纳税款被掩盖时,政府通常会付出更高的发现成本,从这个意义上,它比单纯的不缴纳税款伤害性更大。

---

68 参见注29的讨论。
69 See Green, n. 38, 133–47, 161–92.

第三节　避税的道德内涵

论述至此,我认为逃税是错误的,主要因为它涉及一种欺骗形式(不遵守法律和扮演配角的欺骗性掩盖行为)。但是避税——通过不违法的方式减税呢?这也不妥吗?假设是不正确的,它是由于同样的原因,还是不同的原因呢?严格地说,一个试图解释逃税道德内涵的作品不需要解决这些问题。但长期以来,这些问题一直困扰着许多评论家,值得一提的是,上述关于逃税的分析是否可能有助于评估避税的道德内涵。[70]

一、合理避税与不合理避税的区别

大多数公民,不管是否守法,都希望避免向政府支付税法可能要求的最高金额。逃税者违法地逃避了应纳税款。避税者试图通过法律的避税手段,如扣减、抵免和免税,减少应纳税额。这种试图通过合法手段减轻纳税义务的做法通常被称为"避税"。[71]

但在这个一般范畴内,出现了一个基本区别。考虑两种截然不同的情况:一种情况是,A把钱捐给一个公认的慈善机构,然后在他的纳税申报表上申请扣除,从而减少了他的应纳税所得额。在另一

---

[70] 为了广泛讨论法律上的回避问题,参见:Leo Katz, *Ill-Gotten Gains: Evasion, Blackmail, Fraud, and Kindred Puzzles of the Law* (Chicago: University of Chicago Press, 1996)。

[71] 有大量关于逃税和避税之间区别的文献。举例来说,参见:Valerie Braithwaite (ed.), *Taxing Democracy: Understanding Tax Avoidance and Tax Evasion* (Burlington: Ashgate, 2003)。

种情况下，B出售资产的唯一目的是从普通收入中抵消税收，然后在不久后回购。在第一种情况下，A的行为方式似乎符合鼓励纳税人作出慈善捐赠的立法目的。相比之下，在第二种情况下，B的行为方式似乎与允许纳税人在计算税基时用损失抵消收益条款的目的不一致。

许多税收制度都试图在一般的避税规则中区分这类案件。英国法律中有一个公式。根据所谓的"合理性测试"，如果"在考虑到所有情况后，订立或执行的安排不能被合理地视为与相关税收规定有关的合理行动方案"，则该税收安排被称为"滥用"。[72] 这些情况依次包括"(a)这些安排的实质性结果是否符合这些规定所依据的任何原则(无论是明示的还是暗示的)以及这些规定的政策目标，(b)实现这些结果的方法是否涉及一个或多个人为或异常的步骤，以及(c)这些安排是否意在利用上述条款的任何缺陷"。[73]

合理避税和不合理避税之间的区别似乎符合上述两种情况。第一笔交易符合有关规定，不是人为设计的，也并非有意利用规定中的任何缺陷。因此，它似乎满足合理性测试。相比之下，就有关税收规定而言，第二笔交易不能视为合理行动。[74] 所取得的实质性结果不符合适用条款的政策目标，涉及人为和异常的步骤，其目的就是利用这些条款的缺陷。

---

[72] Section 207(2) Finance Act 2013, http://www.legislation.gov.uk/ ukpga/ 2013/ 29/ section/ 207. 对经济实质测试的详细讨论，参见：Robert McMechan, *Economic Substance and Tax Avoidance: An International Perspective* (Toronto: Carswell, 2013)。

[73] Section 207(2) Finance Act 2013.

[74] Ibid.

二、为什么"不合理的"避税在道德上是错误的？

合理避税和不合理避税之间的区别作为一个描述性的问题似乎是有用的，但它不能解释为什么第一种应该被视为道德中立甚至可取的，而第二种则是不道德的。不幸的是，欺骗的概念——尽管是理解逃税错误的关键——在这里似乎没有什么直接的关联。根据定义，无论是否合理，避税都不涉及违反规则的行为。既然不违反规则就不可能有欺骗，那么避税似乎也就不属于欺骗行为。

然而，税法包含规则，而且规则有显著的规范性力量的观点，确实指向了正确的方向。人们常说，不合理避税违反了税法的"精神"。[75] 我认为这基本上是正确的。但更需要说明的是，为什么违反这些法律的精神应该被理解为道德上的错误。

让我们从两个案例开始阐明，它们分别为"网球"和"股票投资"。

1. 网球

假设 A 和 B 在星期天早上去俱乐部，参加 B 所认为的一场网球友谊赛。表面上看，他们玩这种游戏是出于正常的、社会可以接受的原因——为了获得健康的锻炼，享受比赛的乐趣，提高自身技能，享

---

75 See e.g. Judith Freedman, 'Is Tax Avoidance "Fair"?', in C. Wales (ed.), *Fair Tax: Towards a Modern Tax System* (London: Smith Institute, 2008); Hanna Filipczyk, 'Why is Tax Avoidance (Im)moral? Ethics, Metaethics, and Taxes', *SSRN* (27 October 2014), http:// papers.ssrn.com/ sol3/ papers.cfm?abstract_id=2515557. 不合理的避税涉及违反税法"精神"的观点与以下图书有关：John Braithwaite, *Markets in Vice, Markets in Virtue* (New York: Oxford University Press, 2005)。布雷斯韦特认为，我们可以避免困扰税收规则的滥用漏洞，通过补充这些规则更一般的税收原则，如一般反避税原则，税收计划是非法的，其主要目的是获取税收优势，即使作为规避详细的税收条款的计划也不行。Ibid., 149.

受阳光明媚的天气,甚至可能是娱乐旁观者。现在,想象一下,A无视B的期望和社会惯例,比B所预期的表现得更为激进:他在热身赛中尽可能用力击球;试图恐吓B使之失去冷静;挑战裁判的每一个判罚;当B要发球时发出响亮、分散注意力的声音;直接对准他的头部;故意拖延以减慢比赛速度等。A的行为在道德上是错误的吗?

因为A的任何行为(据我所知——我本人不是网球运动员)都没有违反比赛的正式规则,所以我们应该断定他没有作弊。[76]然而,他显然违反了规则的"精神"。这些规则在周日上午的网球休闲比赛中发挥了一定作用,在广义上定义了这项运动。当然,在这个框架内,胜利是有价值的,但只有当它与更大的实践目标相一致时才有价值。A的行为似乎与人们通常从事这种合作活动的原因——玩得开心,锻炼身体,提高技能——不一致。事实上,它往往会直接破坏这些目标的实现。

2.股票投资

人们常说,股市的基本目的是为期待扩大业务的公司提供流动资金。个人交易者希望通过"低买"和"高卖"在市场上赚钱。和网球一样,股票投资也是一场零和游戏:有些玩家必须输掉,其他人才能赢。当然,交易者必须遵守某些行为准则。最著名的是,他们必须避免利用内幕信息进行交易。但想象一个这样的案例:C,一个专业的股票交易员,虽然从来没有根据内幕信息进行过买卖,但却从事所谓的高频交易,即使用超级计算机和超高速光纤电缆下股票订单,使他能够从短期市场波动的微小差异中赚钱,如果他看不到收益就立

76　See *IFT.com*, International Tennis Federation (ITF) Rules of Tennis, http://www.itftennis.com/media/ 194067/ 194067.pdf.

即取消。[77] C是否有不当行为？

再一次，C似乎没有违反法律（至少目前是这样）；因此，说他作弊是不准确的。然而，就像网球案例一样，他的行为可以说确实违反了股票交易规则的"精神"。股票交易规则在一定程度上是为了"公平竞争"，向投资者保证没有人会获得不公平的信息优势。如果没有这样的规则，中小投资者可能就不会再愿意投资股市，而股市本身也会受到影响。那些采用C所从事的策略的公司无疑会破坏市场的基本目的。这种行为越普遍，合作的目的就越少，市场就越有可能被视为不公平，中小投资者就会停止投资。

那么，这一切与避税有什么关系呢？像网球比赛和股票交易一样，纳税既是竞争性的，也是合作性的。某种意义上，它是竞争性的，因为几乎每个人都想把自己的个人税务负担降到最低，这不可避免地要以牺牲其他纳税人的利益为代价。而某种意义上，它是合作性的，因为税法的目的是为国家增加收入，最终可以用来实现共同体目标。

而且，就像网球和股票交易一样，我们需要考虑我们的税收制度旨在达到的实质性目的。与扣除和免税规定的目的相一致的交易符合税法的目的，因此纳税人没有做错什么。事实上，他已经按照制度的要求行事了。他把钱捐给慈善机构，买了房子，或者存起来供退休之用，然后要求扣除。从道德的角度来看，他的行为类似于网球运动员努力发球，或者投资者在决定购买或出售股票之前花很长时间研究公司的基本面。这些行为在道德上都不是错误的。

相比之下，当纳税人根据与法律目的不一致的交易申请扣除

---

77 广受欢迎的论述，参见：Michael Lewis, *Flash Boys* (New York: Norton, 2014)。

时，他无视法律的基本原理、法律的实质目的以及法律所指向的伤害。[78] 作为一种规范性要求，需要理解它在相关实践中的作用，以及支撑它的原因。接受一条规则作为规范性指南，就必须接受它为这一目的服务，或发挥这种作用——接受它，并本着通过它的精神遵循它。这就是在一个相当公正的社会中，公民应该如何与法律联系起来：不是作为一套强加的规则来定义他们试图赢得的游戏——将税务当局或公民同胞视为对手方——而是一种构建共同公民生活和确保公平筹集所需资源的方式。因此，如果一个人接受这样一种观点，即在道德上有义务遵守以公正方式通过的税法条文，那么也就有道德义务遵守这些法律的精神。未能通过商业目的测试的避税行为违反了该义务。基于这个原因，它应该被视为不道德的，即使这并不违法。

---

78 感谢安东尼·达夫帮助阐明了这一段的论点。

第四章 凯尔森、排除矛盾原则和税法中的一般反避税规则

约翰·普莱布尔*

第一节 一般反避税规则

一般反避税规则在越来越多的税收法规中出现,它们通常被简称为GAARs。广义而言,GAARs对那些未违法避税纳税人的财务筹划提出了质疑。GAARs处理的是纳税人的交易和投资结构符合法律规定的情况,依据相关法律条款以优惠的方式和税率征收税款,而实际上结果就是避税的问题。在这种情况下,为了税收目的,GAARs规定必须将该类交易和结构定为无效。其结果是,税收并不适用于纳税人所进行的实际合法交易——也就是说,不适用于避税交易——而是适用于在法律形式上更接近纳税人行为之经济效果的名义交易。

---

* 作者非常感谢克莱门斯·贾布隆纳、汉内克·范·奥弗伦和扎伊纳布·拉迪的评论,他们阅读了本章的早期版本。倘若有错误,文责自负。

第四章 凯尔森、排除矛盾原则和税法中的一般反避税规则

我们通常使用"一般反避税规则"来指代立法规则,但某些司法辖区发展出具有类似效果的司法准则。一个显著的例子是美国的实质重于形式的规则,美国国会最终在2010年3月将其编纂为《美国国内税收法典》第7701条(o)款。在本章中,"GAAR"指的是立法和司法制定的一般反避税规则。

第一项法定GAAR出现于1879年《新西兰财产评估法》第29条,并延续到1891年颁行的《土地和收入评估法》第40条中。[1]

许多国家在20世纪制定了GAARs,但几个主要经济体只是在最近几年才这样做:中国于2007年制定GAARs;[2]如前所述,美国制定GAARs的时间是2010年;[3]英国于2013年制定GAARs;[4]印度于2013年制定GAARs并于2016年生效。[5]

在任何关于避税的讨论中,将所得税立法的实质性条款分为GAARs和其他所有条款两类都是有益的。在这种情况下,"其他所有条款"既包括征收条款(charging provisions),也包括许可或救济条款。大多数的税收立法也包括其他类型的法律,如解决纠纷的程序规则和管理规则,但这些规则与目前的讨论无关。征收条款的一个例子是对企业利润征税的条款。[6]

例如,减免条款(relieving provision)规定允许纳税人在计算企

---

[1] 自2007年以来,新西兰GAAR在2007年所得税法案的第BG 1节出现。
[2] 《中华人民共和国企业所得税法》第47条(《企业所得税法实施条例》第120条),发布令第63号,2007年3月16日。
[3] 2010年3月颁布的《美国国内税收法典》§7701(o)26。
[4] 《2013年金融法》第5部分,一般反滥用规则,第206-215条。
[5] 《1961年所得税法》第123、124、125、154、291条,由2012年《财政法》颁布。
[6] 例如,《2007年所得税法案》CB 1(1) (NZ) 中写道:"一个人从企业获得的收入就是他的收入。"

业利润时扣除允许企业使用的资本资产折旧的金额。[7]有些规定是混合型的,同时规定了征收条款和减免条款,例如,对资本利得征税,但税率低于所得税税率的规则。[8]为简明起见,本章使用了字面意义上的"征收条款",并将其作为一个通用术语,同样适用于所有三类规定:征收、减免和混合条款。本章通常会区分征收条款和GAARs。

第二节 利用税收庇护的避税例证

最引人注目的避税例子涉及被称为"税收庇护"(tax shelters)的结构。设计税收庇护的目的是减少纳税人其他收入的应纳税额。一般来说,它们包含外表类似商业计划,这些计划导致的损失可以从其他收入的利润中抵销,从而减少应纳税中的利润,达到减少税收本身的目的。通常,这些损失只是税务上的损失;使用税收庇护的纳税人不会遭受交易成本以外的经济成本或损失。[9]其他庇护方案的运作方式是使纳税人有权申请减税。澳大利亚高等法院在克里德兰诉联邦税务专员一案(1977年)[10]中的项目结构就是一个例子。

与许多避税计划一样,克里德兰的方案利用了一项旨在减轻税

---

7 例如,1986年12月22日意大利共和国总统法令第101条,第917号(《意大利税法》)。
8 例如,《国内税法》第1(h)条(美国)(26 USC §1(h));《所得税法》;《所得税法(EStG)》第32d条(资本资产收入单独税率)(德国)。
9 电影制作就是一个流行的例子。参见: *Ensign Tankers (Leasing) Ltd v Stokes (Inspector of Taxes)* [1992] 1 AC 655, 64 TC 617 (HL) and *Peterson v Commissioner of Inland Revenue* [2006] 3 NZLR 433; (2005) 22 NZTC 19,098 (PC).
10 *Cridland v Federal Commissioner of Taxation* (1977) 140 CLR 330 (HCA).

第四章　凯尔森、排除矛盾原则和税法中的一般反避税规则

收制度中特定不公平现象的条款。这种不公平性源于澳大利亚所得税超额累进性比例，许多澳大利亚农民的收入因为气候导致剧烈波动而所得税规模却持续增长。由于信托征税规则的结构，这种不公平可能对从农业中获得收入的信托受益人造成特别严重的影响。在好的年景里，农业收入按累进税率适用高税率，好年景之后可能是收入很少甚至没有收入的糟糕年景。但与大多数税收立法一样，《1936年澳大利亚所得税评估法》(Australian Income tax Assessment Act 1936) 没有规定将收入从好年景转到坏年景来，无论是向前还是向后移转。其结果是，获得农业收入的受益人很可能比年收入颇为平均的人，适用更高的税率缴税。

　　澳大利亚立法机关通过颁布《1936年所得税评估法》第157条解决了这一不公平问题，该法条允许信托受益人从初级生产中获得几年内平均数额收入，并按平均金额纳税。如果纳税人有资格享受这种待遇，则平均适用于其所有收入，而不只是通过信托获得的农业收入。

　　克里德兰的收入起伏不定，或者可能会上下波动，因为他是一名生活境遇一般的典型大学生，但他希望毕业后能找到一份高薪职位。为了使自己在毕业后有资格将自己的收入平均后纳税，克里德兰购买了一个养殖牛的单位信托基金（实际上是一股）。这个单位信托基金的成本非常低。信托基金的建立正是为了给学生提供这样的机会。它的目标是确保受益人从初级生产中获得一些收入，尽管数额少得可怜。

　　克里德兰现在是一名领薪工程师，他提交了纳税申报表，将他的工资分摊回那穷困潦倒的学生时代。税务专员拒绝接受克里德兰的计算结果，并根据计算时的年份对其工资征税。税务专员依据当

时的澳大利亚GAAR,即《1936年澳大利亚所得税评估法》第260条,内容如下:

> 凡在本法实施之前或之后以口头或书面订立或拟订立的任何合同、协议或安排,均应具有或声称具有以任何方式直接或间接达到的目的或效果——
> （a）改变任何所得税的发生率;
> （b）免除任何人缴纳任何所得税或返还的义务;
> （c）否决、逃避或规避本法强加于任何人的任何义务或责任;或
> （d）在任何方面阻止本法的实施,对于专员或根据本法进行的任何诉讼应当然无效,但不影响其在任何其他方面或任何其他目的可能具有的效力。

克里德兰表示抗议。这个案子被送到了澳大利亚高等法院,令人惊讶的是,作为一个非澳大利亚人的克里德兰胜诉了,因为他确实从初级生产中获得了收入。克里德兰的收入几乎没有一点来自农业,他声称自己是农民也没有任何实质性的根据,但这都无关紧要。人们可能会认为很清楚,根据第260条,克里德兰的计划对税务专员而言是无效的,特别（inter alia）是因为:

> 以任何方式直接或间接达到……目的或效果的安排
> （a）改变任何所得税的发生率;（或）
> （b）免除任何人缴纳任何所得税的义务……

在本文中,克里德兰案是一个令人震惊的避税案例,它几乎是

对避税的讽刺,尽管克里德兰事实上在法庭上胜诉。其结果是,联邦议会在1980年用一个更复杂的GAAR代替了第260条。[11]

第三节 GAARs 的基本问题

GAAR带来的主要困难在于:一方面,税法法典的规则允许纳税人做任何他/她试图做的事情,并享受该规定提供的财务利益(或总体结构提供的财务利益)。另一方面,GAAR实际上禁止纳税人依赖相关条款。即使(a)GAAR的禁令是一般性的,且(b)许可条款是具体的,这一立场仍然成立。例如,某条规定允许纳税人在计算可评估所得额时扣除某些费用;[12] 另一项规则可能允许纳税人依赖于一个确定的身份,即可以提供税收优惠的身份。[13] 但GAAR可能意味着否定这两项宽松的规则,至少在个案的情况下如此处理。更糟糕的是,如果GAAR确实推翻了一项许可规则,那么这项推翻似乎违反了"一般法不会克减特别法"(*generalia specialibus non derogant*)的规则。

本章第二节讨论的克里德兰案例说明了这个问题。根据《1936年澳大利亚所得税评估法》第157条,克里德兰有资格将他的收入分摊到前几年,因为他从农业中获得收入,尽管非常少。另一方面,本文作者显然认为,克里德兰的计划除了避税之外没有其他目的,因

---

11 《1936年所得税评估法》,第四部分。
12 例如:*Cecil Bros Pty Ltd v Federal Commissioner of Taxation* (1964) 111 CLR 430 (HCA, FC)。
13 例如:*Cridland v Federal Commissioner of Taxation* (1977) 140 CLR 330 (HCA, FC)。

此,对联邦税务专员来说,该计划应当是无效的。

本文作者曾在其他地方提出,尽管GAAR具有明显的矛盾性和缺陷,但它是税法的一个有价值的,甚至是必要的组成部分,至少在所得税法中是如此。[14]但这种必要性并不能使GAAR易于应用。一个基本的原因,很可能是根本的原因,即GAARs似乎违背了,甚至从本质上讲确实违背了排除矛盾原则背后的逻辑,也就是我们常说的"不相矛盾原则"。

第四节 亚里士多德

亚里士多德详细解释了不矛盾律,但就当前目的而言,戈特利布的简化摘要就足够了:[15]

---

14 For example John Prebble, Rebecca Prebble, and Catherine Vidler Smith, 'Retrospective Legislation: Reliance, the Public Interest, Principles of Interpretation and the Special Case of AntiAvoidanceLegislation', 22 *New Zealand Universities Law Review* (2006) 271–99; Zoë Prebble and John Prebble, 'The Morality of Tax Avoidance', 20 *Creighton Law Review* (Symposium Issue: Estate Planning, Moral, Religious, and Ethical Perspectives) (2010) 693–745; Rebecca Prebble and John Prebble, 'Does the Use of General Anti-Avoidance Rules to Combat Tax Avoidance Breach Principles of the Rule of Law? A Comparative Study', 55 *St Louis University Law Journal* (Symposium Issue: Sanford E. Sarasohn Memorial Conference on Critical Theory in Taxation) (2011) 21–45. Amplified version in Susy Frankel (ed.), *Learning from the Past, Adapting for the Future: Regulatory Reform in New Zealand* (Wellington, NZ: LexisNexis, 2011), all available on the author's SSRN pages, http://papers.ssrn.com/sol3/cf_dev/AbsByAuth.cfm?per_id=115459.

15 Paula Gottlieb, 'Aristotle on Non-Contradiction', in Edward N. Zalta (ed.), *The Stanford Encyclopedia of Philosophy* (Spring 2013), http://plato.stanford.edu/archives/spr2013/entries/aristotlenoncontradiction/.

第四章　凯尔森、排除矛盾原则和税法中的一般反避税规则

根据亚里士多德的观点，第一哲学或形而上学所研究的是本体论和第一原则，其中不矛盾律是最坚固的原则。亚里士多德说，没有不矛盾律，我们将不可能知道我们所知的任何事情。我们可能无法区分任何一门特殊科学的主题，例如生物学或数学，我们也无法区分某物是什么，如人类或兔子，以及它是什么样子，如苍白色或白色。亚里士多德认为自己对本质和偶然的区分是不可能的，而无法在总体上作出区分也就不可能进行理性的讨论。根据亚里士多德的观点，不矛盾律是我们离不开的科学探究、推理和交流的原则。

戈特利布提出了该原则的三个版本：[16]

1. 同一事物不可能在同一方面同时既属于同一事物而又不属于同一事物（具有适当的资格）（*Metaph* IV 3 1005b19-20）。

2. 坚持（假设）同一件事是存在的与不存在的是不可能的（*Metaph* IV 3 1005b24 cf.1005b29-30）。

3. 相反的断言不可能同时为真（*Metaph* IV 6 1011b13-20）。

我们可以针对这三个版本中的任何一个或全部测试GAAR的操作，但第三个版本似乎是最合适的。在所得税法的背景下，不矛盾律似乎告诉我们，我们不能断言某一特定交易不应根据法规的一般征收规定征税，但同时该交易应根据GAAR征税。然而，从表面上看，这种矛盾恰恰是应用GAAR的效果。

16　Paula Gottlieb, 'Aristotle on Non-Contradiction', in Edward N. Zalta (ed.), *The Stanford Encyclopedia of Philosophy* (Spring 2013), http://plato.stanford.edu/archives/spr2013/entries/aristotlenoncontradiction/.

我们直觉地感到，前一段的论点可能不是这个问题的最后结论。亚里士多德的不矛盾律在事实领域中是相当有说服力的。我们可以接受的是，至少不可能同时满足是兔子且不是兔子。如果我们用上面戈特利布的第三个版本来表达这种想法，可能不太愿意接受以下两种说法都是正确的："我手中的动物是兔子"和"我手中的动物不是兔子"。但是同样的推理一定适用于规范吗？在某种程度上，"你不应该杀人"和"你可以杀人"的规范似乎比"兔子"和"非兔子"的事实更有可能共存。

我们的直觉是正确的。对于一个非哲学家来说，以下两种规范似乎构成了一个逻辑上的矛盾："税收专员应该对他的收入征收X税"和"税收专员不应该对他的收入征收X税"。正如本章第五节所解释的，凯尔森告诉我们，严格地说，这种情况并不矛盾。其原因是在于相互矛盾的陈述是"应该"的陈述，而不是"是"的陈述。由于这两个陈述均未声称"是"，因此这些陈述不矛盾。[17]

虽然这可能是一个严格的哲学立场，但从财务角度来看，还有更多的话需要表达。再以第二节讨论的克里德兰案为例，从表面上看，这种说法似乎站不住脚。但如果一方面法律允许纳税人为了税收目的而分散收入，另一方面又剥夺了他的这一权利，那么纳税人至少存在一种不满。从哲学角度讲，这种矛盾可能不是真正的矛盾，但纳税人认为这是一种值得研究的矛盾，这是可以理解的。这类研究是本章以下各节的目的所在。

17　Hans Kelsen, *General Theory of Norms*, Michael Hartney (trans.) (New York: Oxford University Press, 1991), 163–4, 213–14, 219.

第五节　凯尔森

上述前一段结尾的问题是凯尔森在1967年英文版《纯粹法理论》[18]一书中提到的该问题的一个例子。《纯粹法理论》是对凯尔森1960年《纯粹法学》(*Reine Rechtslehre*)第二版的翻译,是1934年第一版的完全修订版。译者马克斯·奈特教授在他的译者序言中解释了凯尔森在纯粹法理论中的使命。他说,凯尔森:[19]

> 试图根据法学认知的方法论以纯粹原则来解决一般法律理论的基本问题,并在更大程度上确定法学在科学系统中的地位。

考虑到这些总体目标,在凯尔森看来,不矛盾律是否同样适用于规范和事实是一个值得思考的问题。此外,回答这个问题应该有助于把法律科学与处理事实的科学体系联系起来。凯尔森已经在《法与国家的一般理论》[20]中讨论了这个问题,他的结论是:

> "A应该是"和"A不应该是"的判断,例如"你应该说真话"和"你不应该说真话"就像"A是"和"A不是"一样彼此不相容。因为

18　Hans Kelsen, *Pure Theory of Law*, Max Knight (trans.) (Berkeley: University of California Press, 1967), 73–4.

19　Ibid., v.

20　Hans Kelsen, *General Theory of Law and State*, Anders Wedberg (trans.) (Cambridge, MA: Harvard University Press, 1945), 408.

矛盾原则对于规范有效性范围内的认识，与对于经验实在性范围内的认识一样有效。［凯尔森撰写了"矛盾原则"，但很明显，他用这个表达是指别人所说的"不矛盾律"。当他谈到纯粹的法律理论时，凯尔森使用了信息量更为丰富的标签，即"排除矛盾原则"。[21]］

到1960年，凯尔森似乎已经意识到这一段话过于简单化，逻辑上他无法辩称不矛盾律适用于规范方式与适用于事实方式相同。尽管凯尔森仍以纯粹法理论特有的权威口吻写作，但他对自己的结论进行了提炼和稀释。[22]

在《纯粹法理论》中，凯尔森从一个命题出发，即法律规范的规范形式是一种应然陈述："如果有人偷窃，他应该受到惩罚"。[23]凯尔森放弃了上述引自《法与国家的一般理论》的宽泛命题，[24]并承认：[25]

---

21 凯尔森在《法与国家的一般理论》中使用小写字母首字母表示"矛盾原则"，但在《纯粹法理论》中使用大写字母表示"排除矛盾原则"(text at n. 26)。看起来很可能是凯尔森的主意，让大写字母保持德语的风格。译者马克斯·奈特意识到，《纯粹法理论》的风格是有其渊源的。奈特写道，"这个翻译经过凯尔森的仔细审核，代表了一个注重内容的作者和一个注重形式的译者之间的妥协。"凯尔森的作品因"优雅"的翻译而被误解的丰富经历是决定性因素，在早期的翻译草稿中，那些看似重复的或听起来像德国语的段落，由于被认为过于逐字地反映了原文而被删除或修改，最终被恢复了。参见：'Translator's Preface', in Kelsen, n. 18, vi。

22 在讨论非矛盾原则时，凯尔森在《法与国家的一般理论》和《纯粹法理论》中都没有提到亚里士多德，尽管对前者的索引中有六次在其他语境中提到亚里士多德。毫无疑问，凯尔森认为他是为博学的读者而写，对他们来说，引用亚里士多德在西方哲学发展中的作用是多余的。

23 Kelsen, n. 18, 75.

24 虽然《纯粹法理论》在这里所讨论的语境中并没有提及《法与国家的一般理论》。

25 Kelsen, n. 18, 74, emphasis added.

第四章　凯尔森、排除矛盾原则和税法中的一般反避税规则

由于法律规范作为规定（即命令、权限、授权）不能是对的或错的，因此出现了这样的问题：如果按照传统观点，这些原则仅适用于可真可假的断言，那么逻辑原则，特别是排除矛盾原则[26]……如何适用于法律规范之间的关系呢？答案在于：逻辑原则间接地适用于法律规范，只要它们适用于描述法律规范的法律规则，并且这些法律规则可能是对的也可能是错的。如果描述两个法律规范的两个法律规则是相互矛盾的，那么两个法律规范就是矛盾的，不能同时有效。

这篇文章的含义有两条线索，一是"间接"，二是凯尔森对"法律规则"一词的阐释（以上强调部分）。在使用"间接"一词时，凯尔森承认，从逻辑上讲，他必须承认他不能将不矛盾律应用于法律规范。凯尔森赋予"法治"一词的意义，放大了相关理由。凯尔森解释说，所谓"法治"，他指的不是一种规范，比如立法者颁布的法律，而是一种"由法律科学形成的……描述规范的声明"，[27]比如学者可能记录对规范的描述。例如，一名立法者可能颁布一项规范，"规定对未履行婚姻承诺且未赔偿损害的人予以执行"，[28]然而，学者对这一规范的描述可能会说，"执行[即民事执行，如执达官扣押和出售被告的货物]应针对不履行婚姻承诺且不赔偿损害的人进行"。[29]

刚才的讨论出现在《纯粹法理论》的第73和74页。后来，凯尔森在同一本书中更有信心地回到了排除矛盾原则，并断言：[30]

26　在《纯粹法理论》中，凯尔森采用了这个更广泛的标签，在《法与国家的一般理论》中他称之为"矛盾原则"。见本章注21。
27　Kelsen, n. 18, 73.
28　Ibid.
29　Ibid.
30　Ibid., 206.

一般的逻辑原则,特别是排除矛盾原则,适用于描述法律规范的法律规则,因此也间接适用于法律规范。因而指出两种法律规范"互相矛盾"决不是荒谬的。因此,两者中只有一个可以被认为是客观有效的。说A应该做而同时又不应该做,就像说A应该是而同时又不应该是一样,是没有意义的。规范的冲突和逻辑的矛盾一样没有意义。

对于凯尔森而言,单一法律体系内的规范冲突是一个严重的问题。一个规范或者另一个,或者可能两个都是无效的。[31]因此,我们应该在尽可能的情况下解决这一冲突,无论是通过应用法律解释原则"新法优于旧法"(*lex posterior derogate priori*),[32]还是通过解释这两种明显冲突的规范,理解它们实际上是独立的,其中一种规范是另一种规范的例外。[33]然而:[34]

如果这两种解释都不可能,那么立法者就创造了某些毫无意义的东西;于是我们具备了毫无意义的创造规范的行为,因此根本没有任何行为(也就是说,没有任何可以被称为规范的行为)的主观意义可以被解释为其客观意义;则没有客观有效的法律规范。

这一结果在理论上可能令人不安,但在实践中是否值得重点关注?人们应该记住,凯尔森的论证是通过其自己的承认,仅仅是"间

---

31 本文作者从凯尔森文(n. 18, 206)中得到隐含的推论。
32 后来[不一致的]法律凌驾于先前的法律之上。
33 Kelsen, n. 18, 206-7.
34 Ibid., 207.

接地",而且几乎是通过重新定义他的术语——从"法律规范"到凯尔森似乎为当时的情况而重塑的"法律规则"的特殊含义,才得出这个结论的。此外,虽然他们在逻辑上是正确的,但凯尔森给出的例子并不特别现实——例如,一项法令规定"通奸是可惩罚的,而通奸是不可惩罚的"。[35] 人们怀疑,如果法律规范之间存在真正矛盾的例子,那么它们很可能是错误地出现的。毫不奇怪,在此后的生活中,凯尔森改变了他在《纯粹法理论》中所表达"如果法律规范相互矛盾,就违反了排除矛盾原则,从而导致有关规范无效"的想法。[36]

然而,在《纯粹法理论》中,对排除矛盾原则的讨论,比凯尔森最终的主张更具实用性。这一讨论可能对一般法律的理解有限,但对我们理解税收法规中的一般反避税规则有很大的帮助。

第六节 GAARs 与排除矛盾原则

世界上规定 GAARs 的国家越来越多,每一个都由其立法机关正式颁布,且都被对税务案件有管辖权的法院认可为法律。GAARs 很少受到违宪的攻击,而且这种攻击通常以失败告终。[37] 然而,不可否认的是,至少在某种程度上,GAARs 与所得税立法中关于征收或减免的规定相矛盾。这就是他们的目的。

35　Kelsen, n. 18, 206.

36　参见本章第十一节。

37　一个典型的例子是美国独立企业联合会诉西贝利厄斯案: 567 U. S. (2012), 132 S.Ct 2566, 183 L. Ed. 2d 450。就连这种攻击也不是正面出击,因为纳税人的主要论点是,与美国 GAAR 在同一法规中采用的奥巴马医疗改革方案,即《2010年病人保护和可负担医疗法案》违宪。

回到本章第二节讨论的例子：克里德兰诉联邦税务专员案。[38] 不可否认，纳税人克里德兰是一家信托公司的受益人，他通过这家信托公司从初级生产中获得了收入。根据《1936年澳大利亚所得税评估法》第157条的规定，克里德兰有权将他的收入从当年向前分摊到早些年，以利用那些年较低的税率，克里德兰当时还未用尽这些较低的税率，因为作为一名非工薪学生，他当时的收入较低。一方面，澳大利亚高等法院为克里德兰辩护，认为他有权从其减税计划中获益。

另一方面，本章第二节完整引用的同一法规第260条GAAR规定：

> 每一……安排……就其目的或效果而言……应以任何方式直接或间接地……
>
> （b）免除任何人缴纳任何所得税的义务……对专员而言，当然无效。

除了减轻克里德兰缴纳所得税的义务之外，很难想象这种安排还有什么其他目的。克里德兰在上述农业信托基金中只拥有一个单位的份额，因此，这种安排肯定不是他的商业或投资主张。根据本案的事实，这种安排没有其他可以想象的目的。

根据克里德兰案件的事实，《澳大利亚所得税评估法》第157条和第260条似乎有冲突，特别是如果我们从凯尔森对学者们所描述的法律规则的解释角度来界定冲突，这在本章前一节已经讨论过。从第157条衍生出的一项规则可知，在计算其所得税义务时，克里德

38　*Cridland*, n. 10.

第四章 凯尔森、排除矛盾原则和税法中的一般反避税规则

兰可申请获得初级生产者的地位，并基于这种地位获取相应减税。另一条规则源自第260条，规定克里德兰不应要求这种纳税人地位和减税。在1977年，澳大利亚高等法院解决了该冲突，其认为至少根据该案件的事实，第157条应当适用。

高等法院今天不太可能得出同样的结论，但克里德兰案所表明的情况比最高法院的实际结论更为普遍。首先，此案提醒我们，无论事实如何，法院必须对GAAR案件作出结论；法院有义务裁决GAAR案件，就像他们有义务裁决所有案件一样。在这种情况下，关于规范冲突的讨论在某种程度上没有抓住问题的关键。无论两种相关规范看起来多么矛盾，法院都必须解决冲突。但这个结论是正式的，甚至是肤浅的。GAAR的问题要深刻得多。

在讨论排除矛盾原则时，存在一个很突出的问题：一方面，税收法规中的征收和减免条款之间的关系是什么；另一方面，法规的GAAR与其他条款的关系是什么？正如麦卡锡（McCarthy P）所言，GAAR条款避免了那些旨在避税或只意在减轻纳税人税收的安排，"不能字面解释，因为那会……导致否认[GAAR]明显没有针对的交易"。[39] 例如，GAAR将否认以符合慈善扣除额为目的的慈善捐赠，而这可能并非GAAR的目的。威尔伯福斯勋爵（Lord Wilberforce）更详细地指出了这一点。在谈到当时新西兰GAAR时，他在1971年说：[40]

该条款未明确规定所得税法中可获得减免的条款与其他条款之间的关系。利用这些优势来避税或减税合法吗？如果只是为了利用

39　*Commisioner of Inland Revenue v Gerard* [1974] 2 NZLR 279, 280 (CA).

40　*Mangin v Commissioner of Inland Revenue* [1971] NZLR 591, 602 per Lord Wilberforce (dissenting) (PC).

它们呢？"适当"避税和"不当"避税有区别吗？从什么意义上可以察知这种区别？

在克里德兰案中，澳大利亚相关法律规范中第157条与第260条（GAAR）之间的冲突，对回答威尔伯福斯勋爵的问题很有启发意义。这些章节是规范性条款；因此，从逻辑上讲，它们不能构成事实矛盾。但是，正如所解释的那样，当我们重新描述第157条和第260条，并把它们的效果描述成法律规则时，它们似乎确实互相矛盾。从这个角度看，似乎存在一个真正的逻辑矛盾。正如凯尔森所指出的，法律制度中存在这种逻辑矛盾至少在理论上是可能的。但显然，由于找不到实际的例子，凯尔森只提出了假设的可能性，例如上面提到的例子，即惩罚通奸的规则和不惩罚通奸的规则。如前所述，如果发生这种矛盾，很可能导致错误的结果。

与此形成鲜明对比的是，在许多司法辖区，GAARs和税收减免条款之间的紧张关系是税务学者、纳税人、税务官员和税务法官每天都要面对的冲突。GAAR与税收减免条款之间的冲突绝不是错误的；立法机关特别制定了GAARs来否认那些本来是无懈可击的交易。

像大多数法律哲学家一样，凯尔森可能对税法知之甚少，也基本未提到税法。凯尔森不太可能想到，税法在性质上与其他大多数法律领域不一致，[41] 他也不太可能熟知GAAR，一种不同寻常的法律，其设计带有内在的矛盾性。这是我们的损失。法律科学肯定会从凯尔森的思想中受益。然而，尽管我们不能从凯尔森关于GAARs的思想中获益，但他关于矛盾规范和排除矛盾原则的一般性思想，即使多

---

41 参见注14和注69中引用的论文。

少带有假设性,却对这一复杂的法律领域带来了可喜的启示。总而言之,GAARs和税收减免条款是相互矛盾的。法院必须努力解决这一矛盾。首先,它至少帮助我们认识到问题的本质。

对这个问题错误描述的范例是新西兰最高法院的本·尼维斯森林风险投资有限公司诉税务局专员案(2009),[42]该案是一个有关避税计划的案例。新西兰最高法院于2004年成立,取代枢密院司法委员会,成为新西兰的最高上诉法院。本·尼维斯案是法院的第一个避税案件。在代表多数人发言时,麦格拉思法官(McGrath J)解释说,最好确定将用于解决下列问题的方法:[43]

关于一般反避税条款与具体[征税和减免]条款之间的相互关系仍存在不确定性。[他继续解释:[44]]

因此,法院的任务是运用一种有原则的方法,使表达不同立法政策的法律语言具有适当的全面效力。人们早就认识到,这些政策需要协调。[45]

麦格拉思法官的言论是一份公正的司法声明,明确承认了法律规范之间矛盾的一般类别,即通过相互矛盾的政策解释的法律矛盾(一

---

42 *Ben Nevis Forestry Ventures Ltd & Ors v Commissioner of Inland Revenue* [2008] NZSC 115; [2009] 2 NZLR 289 (SC).

43 Ibid., [100] per McGrath J.

44 Ibid., [102] per McGrath J.

45 *Commissioner of Inland Revenue v Gerard* [1974] 2 NZLR 279, 280 (CA), per McCarthy P and *Challenge Corporation Ltd v Commissioner of Inland Revenue* [1986] 2 NZLR 513, 549 (CA and PC), per Richardson J, also reported as *Commissioner of Inland Revenue v Challenge Corporation Ltd* [1987] AC 155 (PC). (Court's footnote amplified.)

方面是税收或税收减免,另一方面是打击避税)。但是我们能同意法官调和这种矛盾的意图吗?麦格拉思采用了双人自行车的比喻,说道:[46]

我们认为,议会的总体目标最好通过解释具体的税收规定和一般的反避税规定来实现,以便使每一项规定都得到适当的实施。它们注定要协同工作。每一个都有上下文来帮助确定其含义,特别是另一项规定的范围。两者都不应被视为压倒一切,而是协同工作。

一个被简化为"串联式自行车"的比喻,而没有设法阐明麦格拉思的意思。要解开双人自行车的比喻,假设前骑手代表一个征税或减免条款,或一个投资结构,依赖于一个税收最小化方案(使用"最小化"作为中性术语,可能需要/不需要避免作为GAAR的目标)。后骑手代表GAAR。进一步假设,在一个案例中,正确的结论是GAAR消除了以避税为目的的税收最小化计划。双人自行车怎么了?后骑手超越前骑手了吗?如果税收最小化计划是GAAR规定的避税的安排,那么GAAR和最小化税收计划所依据的条款"共同"发挥作用就有些言过其实了。相反,GAAR取消了税收筹划者所依赖的利益授予规则。

对本·尼维斯森林风险投资有限公司诉税务局专员案件的讨论表明,尽管GAARs不会导致违反逻辑学家所指出的排除矛盾原则,即排除事实矛盾,但GAARs产生的法律规则与税收减免或其他税法规则之间的紧张关系,给法院带来了与法律推理相关的矛盾(如同真正的逻辑矛盾)。正如凯尔森所描述的那样,这些矛盾在法律体系中颇

---

46 *Ben Nevis Forestry Ventures Ltd & Ors*, n. 42, [103] per McGrath J.

第四章 凯尔森、排除矛盾原则和税法中的一般反避税规则

为罕见，在某种程度上几乎是假设性的。但当我们考虑到GAARs的操作时，这种情况并不鲜见，GAARs的操作既实际又频繁。本·尼维斯案表明，解决GAARs的问题是一个值得凯尔森自身去解决的议题。

第七节 解决GAARs与其他税法规则之间的冲突

如本章前一节所述，GAARs与其他税法规则之间的矛盾问题，并不能准确地映射到修补违反排除矛盾原则的问题上。既然严格来说，该原则是指事实的矛盾，因而真正的矛盾只有在指明矛盾中的一个或两个因素不正确的情况下，才能得以破解。但法律上的矛盾必须解决。凯尔森除了建议努力解释规则以避免这些矛盾之外，并没有解释如何处理这些矛盾。[47] 读者推断，如果有一种违反行为不能通过诉诸法律解释的原则来解决，那么可能有必要诉诸法律外的补救措施。奇怪的是，同样的事情也发生在GAARs上。

终审法院可能会以一种几乎不能称为"法律"的回应来解决规范之间的矛盾问题。该决定将对各方具有约束力，但它可能无法解决规范之间的深层次冲突。这样的结果经常出现在GAARs案例中，这些案例是出了名的同案不同判。[48]

---

47 Kelsen, n. 18, 206.

48 例如，加拿大最高法院关于加拿大GAAR的案件无法以任何令人满意的方式进行调和。例如，将加拿大信托抵押公司诉加拿大最高法院54案（2005年）与马修诉加拿大最高法院55案（2005年）进行比较。提交人尊重地认为，加拿大最高法院对这两个案件的推理是不一致的。对这些案例进行的出色分析，尽管这种分析偏向于法院，参见：David G. Duff, 'The Supreme Court of Canada and the General Anti-Avoidance Rule', 60 *Bulletin of International Taxation* (February 2006) 54。

其原因在于税法的征收或减免规定与GAAR之间的冲突,在逻辑上无法通过严格的法律推理来解决;如果类似地位的法律有相互矛盾的规定,则只能通过参照相互矛盾的规定以外的标准来解决这种矛盾。根据定义,在本章考察的情况下,不存在高于有关规范等级的法律规定,可以将矛盾提交解决。(如果有优先适用的法律规范,我们不能将之称为法律矛盾。)最后,已经提到的标准——相互冲突规定之外的标准——并非法律的标准,而是经济实质的标准,有时是道德的标准,我们将对此作出解释。

所有这一切并非表明,法院试图不通过参照法律来解决征收条款和GAARs之间的冲突。事实上,GAARs的司法史很大程度上就是这一现象的历史。法院永远在思考解决这些冲突的规则。澳大利亚高等法院在基格里私人有限公司诉联邦税务专员一案中提出的"选择原则",便是一个很好的例子。[49]法官解释了这一原则:[50]

> 无论在解释第260条时有什么困难,[当时的澳大利亚GAAR]至少有一件事是明确的:该条只意图保护该法案的一般条款不会失灵,而不否认纳税人在该法案本身向其提供的替代方案间进行选择的权利。

从表面上看,这段话完全可信。但是,只要稍微思考就会发现,如果"选择原则"确实是一个法律规则,那么,至少在原则上,GAAR是没有效果的。原因在于,如果GAAR与交易相关,那么至

---

[49] *W. P. Keighery Pty Ltd v Federal Commissioner of Taxation* [1957] 100 CLR 66 (HCA, FC).
[50] Ibid., [20] 86, per Dixon CJ, Kitto and Fullagar JJ. McTiernan J agreed, 96.

少有两种方式可以安排交易的法律架构,其中一种架构的税收相对更少。

这种情况并非因果关系。GAAR的存在既非源于也非导致一笔交易采取不止一种可能的法律形式。相反,只有在允许两种或两种以上合法形式交易的情况下,法律部门才可能需要调用GAAR。例如,在本章第二节讨论的克里德兰案例中,[51]纳税人可以像其他挣工资的人一样,以雇员的身份获取工薪收入,或者他可以假装(实际上他是这样做的)成一个挣得农业收入的人。如果一项交易只有一种可能的法律形式,那么采用这种形式就不能视为避税。但在有两种可能形式的情况下,"选择原则"认为纳税人可以采取财务上成本更低的选择,而不会触发GAAR。

广义地说,如果(a)纳税人选择了财务上更便宜的选项,并且(b)该选择可能受到质疑从而触发GAAR条款——比如不合理的复杂性、人为估值等——那么GAAR可能得以适用。简而言之,当GAAR可以适用下,那么"选择原则"就有可能适用;也就是说,"选择原则"适用于GAAR所适用的情况。这两个规则有相同的前提条件。但是,如果前提条件适用,并且因此可能同时适用GAAR和"选择原则",那么GAAR就会被"选择原则"取代。根据假设,GAAR被相同的条件所取代,而这些条件是GAAR的必要条件。也许正因为如此,大约自1990年以来,很少有成熟GAAR规则国家的法院适用"选择原则"。这并不是说这一理论已经死亡:在看似可疑的机构捕获(agency capture)中,《欧洲共同体共同合并公司税基指令草案(2011年)》中的GAAR将选择原则作为中心要素:

---

51 *Cridland*, n. 10.

第八十条：一般反滥用规则

以避税为主要［唯一］目的而进行的人为交易，在计算税基时应予以忽略。

第一款不适用于真正的商业活动，即纳税人可以在两种或两种以上可能的交易中选择具有相同商业结果但产生不同应纳税额的交易。

似乎有人发现了这个问题，2012年丹麦主席团提议将第二段改为：

第一款不适用于因正当的商业理由而进行的真正商业活动。

第八节 经济实质原则

本章前面的论述考察了选择原则，并非因为它在GAARs的判例中地位显著（尽管在这种情况下很重要），而是为了举例说明，人们不能通过参考法律规范来调和GAAR和征收条款之间的规范冲突。

除了在执行所谓"公正"的GAAR时，法官很少明确阐明这一点，但是由于无法援引法律规则来解决避税和GAARs案件，法院转而采用经济实质原则。在本章中，"公正的"GAAR是指GAAR明确指示法院（有时也指示税务稽查员）参照经济实质来确定避税案件。"公正的"GAAR可以与标准的GAAR相比较，两者效果大致相同，但所采用的措辞如："就所得税而言，避税安排对税务专员而言是无效的。"[52]

52　Income Tax Act 2007, s BG 1 (New Zealand).

2014年颁布的《哈萨克斯坦税法》第556-1条就是最近出台的一项公正的GAAR。从西方的角度来看，第556-1条是针对税务机关的，而不是针对法院或纳税人，但这一不同寻常的草案似乎并没有导致任何实质性的效果差异。这个条款写道：[53]

进行税务稽查的税务机关，应当对纳税人或者纳税人群体在各类业务或其他交易中的作为或者不作为不予理会，如果此类作为或不作为：(a)缺乏经济实质和(b)导致纳税义务减少；税务机关在决定纳税人义务时，应当无视该作为或不作为。就本条款而言，"纳税人"包括"代扣代缴人"。

也许最著名的"公正"GAAR是《美国国内税收法典》第7701条(o)款，这是国会在2010年3月增补的。第7701条(o)款的核心规定是：

(o)经济实质原则的澄清
(1)学说的适用
在任何与经济实质学说有关的交易中，只有在下列情况下，该交易才应被视为具有经济实质——
(A)交易以有意义的方式(除了联邦所得税影响以外)改变纳

---

[53] 玛丽亚·詹巴耶娃(Мария Джаембаева)，阿拉木图(Almaty)翻译，作者编辑，为清晰起见，增加了"(a)"和"(b)"。原文是：

如果在税务监督过程中发现纳税人(税务代理人)或一组纳税人(税务人员)的行为(不行为)、交易或经济交易不具有经济意义，导致纳税义务减少的情况，税务机关应确定该纳税人(税务代理人)的纳税义务，而不考虑该行为、交易或经济交易。

税人的经济地位,以及

(B)纳税人有订立该等交易的实质目的(除了联邦所得税的影响外)……

(5)(A)"经济实质原则"一词是指普通法原则,根据该原则,如果交易不具有经济实质或缺乏商业目的,就不允许根据子项目 A 为交易提供税收优惠。

作者引用了哈萨克斯坦和美国的GAARs,在一定程度上是为了说明,当法官面临调和相互冲突的规范时——即征税规则和GAARs——他们别无选择,只能走到法律之外,根据经济和商业实质的原则来检验案件的事实。

在使用标准的GAARs案件中,判决就不那么明确了,但是,特别是在使用GAARs时间相对较长的司法辖区,人们经常会发现涉及经济实质的标准。例如,在联邦税务专员诉珀塞尔一案中,首席法官诺克斯(Knox CJ)表示,[54]当时的澳大利亚GAAR规定:[55]

本条例旨在并确实延伸至以下情况:如确认相关交易有效,会使纳税人得以避免就其真正及事实上的收入缴付所得税。

法官的意思是,所涉收入是纳税人的实质性、经济意义上的收入,尽管从法律上讲,纳税人本人并不获得或拥有这些收入。

---

54 *Federal Commissioner of Taxation v Purcell* (1921) 29 CLR 464, 466 (HCA, FC).

55 Commonwealth of Australia Income Tax and Social Services Contribution Assessment Act 1936–1951, s 260.

第四章 凯尔森、排除矛盾原则和税法中的一般反避税规则

有时,法院不合逻辑地抱着这样一种幻想,即根据法律规则来裁决GAAR案件,同时根据经济实质来裁决案件。例如,在本章第六节中讨论的新西兰本·尼维斯森林风险投资有限公司诉税务专员一案中,[56]最高法院采取了一种"原则性的做法",[57]但最终并没有确定任何相关的法律原则,只是对相关的法律语言给了予"适当的效力",[58]这是我们对法院的期待,也是理所当然的事情。最终,此案似乎转向了经济现实问题。法院应该:[59]

根据商业现实和使用的经济效果来考虑[有关征税规定的]使用。最终的问题是,从商业和经济现实的角度来看,受到质疑的安排是否以符合议会宗旨的方式利用了具体条款。如果是这样,则该安排不会因此而成为避税安排。如果具体条款的使用超出了议会的考虑,以这种方式使用该条款将导致该安排成为一项避税安排。

用凯尔森使用的更一般的术语来考虑这种论点是有启发性的。一个很好的例子是,他的子章节:"因果和规范社会科学"。[60]正如他在书中所解释的那样,如果没有法律科学家(或法官,例如刚刚引用的本·尼维斯案中的段落)的具体承认,本·尼维斯案中所述的论点就会从"应该"变成"是"。在解决冲突的规范等级中没有更高的规则;换句话说,积极的、人为规范的"应该"已经用尽。法院转而

---

56 *Ben Nevis Forestry Ventures Ltd & Ors*, n. 42.
57 Ibid., [13].
58 Ibid., [102].
59 Ibid., [109].
60 Hans Kelsen, 'Causative and Normative Social Science', in Max Knight (trans.), n. 18, 85 ff.

147

求助于经济学的"是",这门科学试图解释人类行为的因果关系,其运作方式与自然科学和其他社会科学相同。事实上,这种对"是"的引用,当然是对凯尔森纯粹法理论基本论点的否认。[61]

第九节　道德原则

正如所解释的那样,当解决征税规则和GAARs之间的冲突以及逻辑的任务,需要离开严格的法律规则,法院通常会转向经济现实,但偶尔也会诉诸道德规范。例如,在埃尔米格诉税务专员一案中,[62]伍德豪斯法官(Woodhouse J)采纳了美国最高法院希金斯诉史密斯一案中的以下段落:[63]

> 每一项税收都根据立法计划筹集资金进行政府治理。这样做的目的是对收入和利润征税,以减少费用和损失。如果任何计算中的一个或另一个因素是不真实的,它就会扭曲特定纳税人的义务,损害整个纳税群体的利益。

有时,法院会用道德和经济现实两方面的术语来解释GAAR的运作。因此,在格列高利诉荷尔弗林一案中,美国法官作出了关于

61　Kelsen, n. 18, 4–10, 193, and *passim*.
62　*Elmiger v Commissioner of Inland Revenue* [1966] 683, 687 (Woodhouse J), affd [1967] NZLR 161 (CA).
63　*Higgins v Smith*, 308 U. S. 473 (1940), 476–7.

GAAR的判决,最高法院认为:[64]

尽管整个过程是按照[美国税法的某一特定条款的]规定进行的,但实际上是一种伪装成公司重组的复杂而狡猾的转让形式,除此之外别无他物。将避税动机排除在考虑范围之外的规则与这种情况无关,因为表面上的交易超出了法规的明确意图。否则,这就等于将诡计凌驾于现实之上,使有关的法定条文失去了一切严肃的意义。[65]

从分析的角度看,从法律到道德的转变,是一种从法律到经济实质标准的另类转变。如前所述,后者涉及从法律到事实的转变。相比之下,从法律到道德,从一个规范体系(法律)到另一个规范体系(道德),是一段较短的旅程。然而,纯粹法理论反对这一旅程,就像反对从法律转向事实一样坚决。

第十节 经济实质、道德与纯粹法理论

适用本章前一节所描述的GAARs的推理模式,遵从经济实质或道德标准,与凯尔森的纯粹法理论完全不相容。[66] 然而,当涉及

---

64 *Gregory v Helvering*, 293 U. S. 465 (1935), 469–70.
65 尽管有这样的观察,普通法法院仍坚持认为,道德在判断是否发生了避税行为方面没有任何作用。例如,参见本·尼维斯森林风险投资有限公司诉税务局专员案(n.42, [15]):"[确定是否发生过避税的司法程序]必须能够通过适用法律解释程序对个别案件作出裁决,客观地侧重于所涉安排的特点,而不会被税务顾问们设定的道德标准的主观直觉所干扰。"
66 Kelsen, n. 18, 195–278 and *passim*.

GAARs时，法律已经达到了它的边界。为了解决GAAR与其他规范的冲突，法院必须放弃向基本规范（Grundnorm）[67]的逐级攀升，而在打破法律泡沫的同时，转向法律以外的规范。因此，实践不可避免地背离了凯尔森的理论，当通过经济实质对规范进行检验时，实践又背离了凯尔森的原则："规范有效性的原因总是另一个规范，而不是事实。"[68]

［与卢曼（Luhman）的自动生成理论有一个有趣的相似之处，后者假定法律是自我创造和自主的，不属于其他社会系统的一部分，几乎不受它们的影响。[69]与凯尔森的纯粹法理论一样，卢曼的自动生成理论在试图解释GAARs时，由于类似的原因也会失败。[70]］

这些结论引发了若干思考。第一，尽管凯尔森的纯粹法理论未能解释GAAR，但它仍然是一个强有力的解释工具，在很大程度上准确地描述了法律的本质。与此同时，纯粹法理论在GAAR问题上的失败也给我们一个教训：我们不能期望GAAR适用标准的法律推理，脱离经济实质甚至道德的考虑。反过来，这一教训表明，从凯尔森分析（更确切地说，凯尔森分析的镜像）的角度来看，基本理论并不支

---

[67] "Grundnorm"在《纯粹法理论》中被翻译为"基本规范"（basic norm），是《纯粹法理论》假定的作为法律体系规范最终权威的规范。Kelsen, n. 18, 4-10, 193, and *passim*.

[68] Hans Kelsen, *What is Justice?* (Berkeley: University of California Press, 1957), 219. See also M. P. Golding, 'Kelsen and the Concept of "Legal System"', in Robert S. Summers (ed.), *More Essays in Legal Philosophy* (Oxford: Basil Blackwell, 1971), 69, 77.

[69] See generally, Geraldine Hikaka and John Prebble, 'Autopoiesis and General Anti-Avoidance Rules', 21 *Critical Perspectives on Accounting* (Symposium Issue: Critical Perspectives on Taxation) (2010)545-59.

[70] Ibid.

持学者们观察到的[71]美国避税法学大约从2001年开始出现的向形式主义和文本主义的转变。用凯尔森的话说,这一转变似乎回应了纯粹法理论,但这样做是错误的。法院应该遵循早些年的经济实质方针。[72]这个错误在2010年表现得更为严重,当时国会将经济实质原则编纂入GAAR的法律之中。[73]

第二,纯粹法理论未能解释GAARs,这是否有助于了解凯尔森在其职业生涯后期应用于规范时,在不矛盾律上的思想转变?下一节将讨论这个问题。

第十一节 相互冲突规范的有效性

从20世纪60年代开始,凯尔森对规范冲突中不矛盾律的适用提出了不同的看法。他关于这个问题的最后论述体现在《规范的一般理论》之中,这是在他死后18年,即1991年出版的。凯尔森在书中写道:[74]

---

71 For example, Philip Postlewaite, 'United States: the Judicial Sham Doctrine', in Zoe Prebble and John Prebble (eds), 'Comparing the General Anti-Avoidance Rule of Income Tax Law with the Civil Law Doctrine of Abuse of Law', *Bulletin for International Taxation* [2008] 151, 165, §9.3 ff. A notable example is *Compaq Computer Corp v Commissioner*, 277 F.3d 778 (5th Cir. 2001).

72 Described in Postlewaite, above n. 71, 165.

73 参见本章第八节"经济实质原则"。

74 Hans Kelsen, *General Theory of Norms*, M. Hartney (trans.) (Oxford: Oxford University Press, 1991), 214, discussed in Neil Duxbury, 'The Basic Norm: An Unsolved Murder Mystery', LSE Law, Society and Economy Working Papers 17/ 2007, http:// eprints.lse.ac.uk/ 24614/, 2.

就一般规范之间的冲突而言，正如我在《纯粹法理论》中所主张的那样——不能由"新法优于旧法（lex posterior derogate legi priori）"原则解决的规范冲突是没有意义的，这两种规范都是无效的——但情况并非如此。这两种规范都有道理，并且都是有效的。

这种崭新的、相反的方法招致了批评。[75]支持凯尔森后来观点的人认为，广义上说，根据纯粹法理论，规范的有效性不取决于其内容，而取决于它是否得到一个在其所属等级中处于较高地位的规范的授权。[76]反对这种做法的观点：即使两个规范得到适当授权，如果它们相互矛盾，它们合在一起就毫无意义。

本章并非解决这一冲突之地。但是，我们可以说，GAAR和相互冲突的税收规定可能被视为两个存在冲突但都有效的规范的范例。也就是说，这些规范相互冲突，因为要解决冲突，我们必须超越法律，诉诸经济实质和可能的道德考虑，如本章第十节所解释的那样，凯尔森会从这个例子中得到快乐吗？这个很难说。正如本章脚注41所解释的那样，凯尔森对税法关注甚少，[77]他似乎从未考虑过，甚至从未听说过GAAR（一般反避税条款）。我们最多只能说，作为一个真正的学者，凯尔森会很高兴遇到一种他以前从未遇到过的法律规范。但是，如果他意识到，在GAARs与税法征税规定的冲突最终通过诉诸经济实质甚至法律外的道德原则而得到解决，他的快乐会

---

75 J. Raz, 'Critical Study: Kelsen's General Theory of Norms', 6 *Philosophia* (1976) 495.

76 Kelsen, n. 18, 193 ff.

77 关于凯尔森对税收的想法，有一个单独的例子，参见：H. L. A. Hart, 'Kelsen Visited', 10 *UCLA Law Review* (1963) 709, 717–22。

不会变得复杂？[78] 从这个角度来看，人们几乎为凯尔森松了一口气，因为他从未真正遇到GAAR，这种法律让纯粹法理论的两个基础受到质疑。

第十二节 结论

从表面上看，这些考察只不过出于学术上的兴趣。但事实上还有更多。这些考察对现代世界很重要。作者曾在其他地方争辩道，虽然GAARs作为一种法律形式是奇怪的，虽然GAARs似乎违反了我们通常坚持作为良法标准的一些要求，但它在最坏的情况下是一种必要之恶，是消除所得税法律固有缺陷的必要手段。现代国家在很大程度上依赖于所得税法，不能奢侈地允许纳税人利用所得税法固有的弱点来逃避纳税义务。[79]

---

78 参见本章第八节与第九节。
79 例如，参见上文注14中引用的论文，以及参见：John Prebble, 'Ectopia, Formalism, and Anti-Avoidance Rules in Income Tax Law', in W. Krawietz, N. MacCormick, and G. H. von Wright (eds), *Prescriptive Formality and Normative Rationality in Modern Legal Systems, Festschrift for Robert S. Summers* (Berlin: Duncker and Humblot, 1994), 367–83; John Prebble, 'Philosophical and Design Problems That Arise from the Ectopic Nature of Income Tax Law and Their Impact on the Taxation of International Trade and Investment', 13 *Chinese Yearbook of International Law and Affairs* (1995) 111–39, reprinted as John Prebble, 'Ectopia, Tax Law, and International Taxation', *British Tax Review* [1997] 383; John Prebble, 'Can Income Tax Law Be Simplified?', 2 *New Zealand Journal of Taxation Law and Policy* (1996) 187; John Prebble, 'Should Tax Legislation Be Written from a Principles and Purpose Point of View of a Precise and Detailed Point of View?', *British Tax Review* [1998] 112; John Prebble, 'Why Is Tax Law Incomprehensible?', *British Tax Review* [1994] 380–93。

第二部分　税收制度的设计和机制：一般原则

第五章　迈克尔·奥克肖特和税法中的保守主义倾向

多米尼克·德·科根*

第一节　引言

人们声称某种税收制度过于复杂和缺乏体系性颇为常见，但在英国，我们似乎比大多数人有更多理由作出如此评价。[1]英国税务简化办公室（OTS）在2010年至2013年期间开展的工作显示，英国有6102页的主体税收立法、1042项税收减免以及639项特别税收待遇

---

*　感谢格雷厄姆·吉把我介绍给奥克肖特；感谢利弗休姆信托基金和伯明翰大学法学院在本文早期创作阶段提供支持；感谢肖恩·科伊尔、大卫·费尔德曼、约翰·斯内普、卡罗琳·特恩布尔-霍尔和约翰·惠廷对本文初稿提出的宝贵意见；也感谢伦敦大学学院"税法的哲学基础"会议参与者们展开的精彩讨论。尽管如此，本章所述观点及存在的不准确之处都来源于作者。

1　P. Harris, 'A 200-page Income Tax Constitution for the UK?', Centre for Tax Law Conference, 'Celebrating the End of the Rewrite', London, October 2010, http://resources.law.cam.ac.uk/ ctl/ A%20200-page%20Income%20Tax%20Constitution%20for%20the%20UK.doc (accessed 29 June 2016).

的实施标准。² 这种巨细无遗的制度特征因更为细微的复杂说明而得以强化,例如税收立法逐渐普遍设立定义条款,³ 当然,这还未涉及这些立法的主体内容及其执行情况。

对此困境的明显回应是,主张"必须采取措施",尤其是对税法进行改革,使其更为简明、更有体系性。不幸的是,这种呼声已存在多年,⁴ 但仍有待实现。作为最雄心勃勃的税法审查,1936年的所得税法典委员会报告⁵和1978年的米德报告⁶所具有的巨大理论影响力并没有转化为推动法律改革实践的直接动力,而2010年和2011年的《莫里斯评估》(*Mirrlees Review*)似乎面临类似的命运。⁷ 与这些符合理性、内在统一但无法产生实际效用的提案相反,皇家委员会(Royal Commission)于1920年⁸和1953—

2　See generally Office of Tax Simplification, 'Tax Complexity', https://www.gov.uk/ government/ collections/ tax- complexity (accessed 18 June 2016).

3　Office of Tax Simplification, 'Review of Definitions in Tax Legislation', September 2013, https://www.gov.uk/ government/ publications/ definitions- in- tax-legislation- and- their- contribution- to- complexity (accessed 18 June 2016).

4　例如洛(Lowe)先生在报告草稿中的评论,参见:*Report from the Select Committee on Income and Property Tax*, 1861 (C 503), xxiv;关于此次发言的进一步讨论,参见:Edwin R. A. Seligman, *The Income Tax: A Study of the History, Theory and Practice of Income Taxation at Home and Abroad* (New York: Macmillan, 1911), 162。

5　See Income Tax Codification Committee, Report, Vol. I, 1935–6 (Cmd. 5131), discussed in John Pearce, 'The Income Tax Law Rewrite Projects: 1907–56', in John Tiley (ed.), *Studies in the History of Tax Law*, vol. 6 (Oxford: Hart, 2013).

6　J. E. Meade and Institute for Fiscal Studies, *The Structure and Reform of Direct Taxation* (London: Allen & Unwin, 1978).

7　James A. Mirrlees and IFS, *Dimensions of Tax Design: The Mirrlees Review* (Oxford: Oxford University Press, 2010); James A. Mirrlees and IFS, *Tax by Design: The Mirrlees Review* (Oxford: Oxford University Press, 2011).

8　*Report of the Royal Commission on the Income Tax*, 1920 (Cmd. 618). 报告第2页富有启发性地提到:"复杂性……必然存在于任何旨在有效处理个体纳税人拥有几乎无限多纳税能力的体制中,这种多样性在任何现代商业和工业社会中都必然存在。"

1955年[9]制定的大量各方面的审查报告,以及部门与特别委员会(Departmental and Select Committee)于1905年和1906年制定的少量但极度重要的审查报告[10]引发了更多税法领域的深刻实际变化。即便在这种情况下,改革方案的实施过程仍然不完整且耗时数年,并没有彻底实现税法合理化,反而是"新瓶装旧酒"。[11]值得注意的是,皇家委员会的改革建议得到了政府和税务部门的广泛支持。[12]总体而言,那些能够适应碎片化采纳并在特定的发布时间与地点予以实施的税法改革方案似乎在推动实际变革方面更为成功。

自1955年以来,皇家委员会的工作并没有专门涉及税收问题,[13]值得注意的是,近年来最重大的改革努力是税法修订项目(Tax Law Rewrite Project)。这一倡议的目标要平实得多,包括将现有的税收立法修改成更容易理解的语言,除了一些无关紧要的方面,对实体法的修改被排除在范围之外。2010年,税务简化办公室成立,作为英国财政部的独立办公室,[14]其职责是研究税法的特定领域,并向

9　*Royal Commission on the Taxation of Profits and Income, Final Report, 1955–6* (Cmd. 9474). 包括尼古拉斯·卡尔多和其他人的异议备忘录。

10　*Report of the Departmental Committee on Income Tax*, 1905 (Cd. 2575); *Report from the Select Committee on Income Tax*, 1906 (Cd. 365).

11　Élie Halévy, 'Before 1835', in Harold Laski, Ivor Jennings, and William Robson (eds), *A Century of Municipal Progress: 1835–1935* (London: Allen & Unwin, 1935), 35, cited in Martin Loughlin, *Legality and Locality* (Oxford: Clarendon, 1996), 36.

12　例如,在皇家委员会1920年报告中,所列举的贡献者不仅包括剑桥大学政治经济学教授亚瑟·塞西尔·庇古,还有英国国税局董事会助理秘书乔赛亚·斯坦普,他可能是英国历史上最著名的税务官员;进一步参见:John Harry Jones, *Josiah Stamp, Public Servant* (London: Isaac Pitman, 1964)。

13　当然,皇家委员会在主要处理其他问题的过程中也讨论过税收问题,例如参见:*Royal Commission on Local Government in England*, 1968–9 (Cmnd. 4040), 131。

14　*Office of Tax Simplification Framework Document*, July 2010, https://www.gov.uk/ government/ uploads/ system/ uploads/ attachment_ data/ file/ 193545/ ots_ framework_ document_ jul10.pdf (accessed 21 June 2016).请注意,该文件已被取代。

政府提出建议。这是向皇家委员会[15]的传统回归的试探性的一步，即将研究制度化，使之成为切实可行的税收改革；显然，OTS在人员、资金和范围方面的运作规模要小得多。

下一个问题是，为什么英国的税收体制会呈现如此复杂和缺乏体系性的状态，为什么从理论上来看，很有见地的改革提议对改变这一状况收效甚微。这是一个过于宽泛的问题，不能用一章来阐明，但"保守主义"（conservatism）一词抓住了许多传统解释的精髓。首先是一个简单的观点，即英国政治革命引发的变革经历比大多数其他法域更为遥远，这使得英国倾向于修改旧的体制形式，而非另起炉灶。这种观点的另一种表达方式是，英国所得税的基本结构是在19世纪初确定的，远远早于其他大多数法域。[16]与英国工业一样，[17]这导致了"先行者"劣势，因为某些结构特征变得僵化封闭，此后被证明缺乏灵活性。[18]第三种解释是，尽管历史上存在独立的地方政府以及与议会税收管辖权有关的争议，[19]如今的税收政策控制权已集

15　与彼得·哈里斯教授和亚历克西斯·布拉西博士的一次谈话，促使产生了皇家委员会重回这种传统的可能性。

16　尽管在早期有一些重要的发展，在1816年至1842年期间也有过中断，但是现代英国所得税通常被认为起源于1803年的《收入和财产税法案》。

17　例如参见：Donard de Cogan and Trevor Baldwin, 'Innovazione technologica e stagnazione finanziaria. Lo sviluppo della telegrafia internazionale tra il 1866 il 1900', *Memoria e Ricerca* 5 [2000] 25–43。

18　一个例子是资本利得的不征税和资本费用的不可扣除性，这必须以各种方式加以解决，参见：Dominic de Cogan, 'Purposive Interpretation in the Age of Horse Trams', *British Tax Review* [2015] 80–92。另一个例子是在现代公司法（1844年）之前出现的现代公司税（1803年），参见：John Avery Jones, 'Defining and Taxing Companies 1799 to 1965', in John Tiley (ed.), *Studies in the History of Tax Law*, vol. 5 (Oxford: Hart, 2012)。

19　参见：Chantal Stebbings, *The Victorian Taxpayer and the Law* (Cambridge, UK: Cambridge University Press, 2009)。甚至像税率这样的"地方性"税收要素也面临着类似压力，参见：Loughlin, n. 11, 94。

中于行政部门。[20]人们一直怀疑,中央政府倾向于扼杀创新,而不是将改革压力转化为现有体制内易于实施的形式。[21]在2004年奥唐奈审查(O'Donnell Review)[22]之后,将税收政策职能整合进英国财政部可能使政策制定过程更容易被政府以外的激进观点所渗透,该前景似乎已令人感到失望。[23]第四,在相对较小的税收政策制定者群体中,共同的背景[24]或至少共同的专业语言[25]可能会鼓励通过对现有概念的增量修改来追求理想的政策效果,而不是通过突然的结构性变化来实现。

无论我们如何解释,很明显,英国税收政策中存在一种强烈倾向,即所谓"保守主义"。本章旨在更全面地了解这种倾向及其持续

---

20 James Alt, Ian Preston, and Luke Sibieta, 'The Political Economy of Tax Policy', in IFS, n. 7, 1210.

21 参见:Richard Rose and Terence Karran, *Taxation by Political Inertia: Financing the Growth of Government in Britain* (London: Allen & Unwin, 1987)。

22 HM Treasury and Gus O'Donnell, *Financing Britain's Future: Review of the Revenue Departments*, March 2004, http:// webarchive.nationalarchives.gov.uk/ +/ http:/ www.hm- treasury.gov.uk/ media/ FBAA7/odonnell_ fore_ ch1_ 245.pdf. 从广义上讲,这导致了以前分别属于税务局和海关职权范围的直接税与间接税合并归为单一部门,也导致了税收政策制定权从税收部门转移到英国财政部。

23 参见:Christopher J. Wales, 'The Implications of the O'Donnell Review for the Making of Tax Policy in the UK', *British Tax Review* [2004] 543-65, 543; Christopher J. Wales, 'The Making of Tax Policy in the Post-O'Donnell World: Can the HMT-HMRC "Policy Partnership" Meet the Challenge?', *British Tax Review* [2009] 245-9。同样,人们普遍认为,协商安排的正规化改善了政策的具体实施,参见:HM Treasury and HM Revenue and Customs, *Tax Policy Making: A New Approach* (London: HM Treasury, 2010); Tony Prosser, *The Economic Constitution* (Oxford: Oxford University Press, 2014), 98。

24 最近一篇关于法律中的社会背景的评论,参见:Michael Blackwell, 'Old Boys' Networks, Family Connections and the English Legal Profession', *Public Law* 3 [2012] 426-44。

25 Dominic de Cogan, 'A Changing Role for the Administrative Law of Taxation', 24(2) *Social & Legal Studies* (2015) 251-70.

存在的理由,以及在税收法律体制中的地位,并开始讨论如何通过"与保守主义合作",而非希望它不存在来实现有意义的税收改革。解决这些问题的方法有很多;本章的方法是探讨英国著名的保守主义理论家迈克尔·奥克肖特的著作。奥克肖特作品的特别之处在于,他提出了一些看似简单的法律和政治问题,但随后他并没有诉诸简单的答案,而是揭露了其中隐含的矛盾冲突。这方面最著名的例子是他将民间社团与企业社团区分开来,[26]但本章也集中讨论了保守主义与达成一套符合法治的规则之间的类似但未得到充分探讨的紧张关系。[27]在目前的情况下,问题是保守主义如何影响我们改革税收规则的能力,从而使它们更充分地符合法治。

奥克肖特的作品可能有助于我们理解保守主义在税法中的作用,这一认识因他对法律的性质、保守主义、传统的重要性,以及税收在政治史中的作用等方面的大量且清晰的论述而得以强化。这就是说,他的法律观点并非毫不费力地就落实到位。[28]在他的一篇介绍《利维坦》的文章中,奥克肖特指出,对托马斯·霍布斯著作的"任何有价值的评论","都必须是一种解释",而"不是文本上的替换"。[29]奥克肖特自己的作品显然也是如此,尤其是他似乎成功地在写作中不仅探寻逻辑上的一致性,还追求所谓气质上的连续性。这

---

26 从广义上讲,这是个人主义和集体主义政治社会概念的区别,可见注48的进一步讨论。

27 这种紧张关系在下文中得到了讨论:Steven Gerencser, 'Oakeshott on Law', in Paul Franco and Leslie Marsh (eds), *A Companion to Michael Oakeshott* (University Park, PA: Pennsylvania State University Press, 2012), 313–14。

28 Gerencser, n. 27, 313.

29 Michael Oakeshott, 'Introduction to Leviathan', in *Rationalism in Politics* (Indianapolis: Liberty Fund, 1991), 248.

第五章　迈克尔·奥克肖特和税法中的保守主义倾向

种方法从奥克肖特经常提到的"性格倾向"中得到了支持,[30]它指的是一个人如何处理事情,而不是怎么考虑事情。这可能也与他倾向于对过去从实际问题中分离出来的想法表示具体偏好特别相关。

这一点突出了当前努力所面临的另一个挑战,即在理想情况下,保守主义的概念应该与英国保守党以及作者和读者的特定政治偏好相分离。这当然是本章的目标之一。然而,迈克尔·奥克肖特本人显然发现了这些界限很难维持,[31]这是一个具有启发性的警示,即保守主义的作用可能无法以在各方面都保持政治中立的方式进行讨论。[32]

本章的其余部分集中在一个已经陈述过的问题上,但它将集中讨论在引言中提出的问题。这个问题就是迈克尔·奥克肖特的法治理论,作为一个符合某些形式要求的连贯的规则体系,在认为保守的法律变革方法是不可避免的甚至是可取的背景下,可能会如何表现。奥克肖特相当隐晦地回答了这一问题;且他的回答也产生了很大的变化,从对杰里米·边沁激进式立法改革方案有限度的支

30　Michael Oakeshott, 'On Being Conservative', in n. 29, 407.

31　参见: Andrew Gamble, 'Oakeshott's Ideological Politics: Conservative or Liberal', in Efraim Podoksik (ed.), *The Cambridge Companion to Oakeshott* (Cambridge, UK: Cambridge University Press, 2012), 153–77; Jesse Norman, 'Michael Oakeshott, Conservative Thinker Who Went Beyond Politics', *New Statesman*, 17 April 2014, http://www.newstatesman.com/ politics/ 2014/ 04/ michael- oakeshott- conservative- thinker- who- went- beyond- politics。更为鲜明的观点,请参见: Perry Anderson, 'The Intransigent Right at the End of the Century', 14(18) *London Review of Books* (1992) 7–11, discussed in Duncan Kelly, 'Reconfiguring Reason of State in Response to Political Crisis', in David Dyzenhaus and Tom Poole (eds), *Law, Liberty and State: Oakeshott, Hayek and Schmitt on the Rule of Law* (Cambridge: Cambridge University Press, 2015), 188。

32　这是一个更普遍的问题;即使是细节问题也很难与政治意识形态完全分离,参见: John Snape, *The Political Economy of Corporation Tax* (Oxford: Hart, 2011)。

持,[33] 到对渐进主义的极端表达,[34] 再到把法治作为一种知识构想,而非对具体安排的直接评论。[35] 尽管如此,我们还是有可能梳理出这样的观点:法治对于改革实践确实是有价值的指引,但它无法以纯粹的形式得以实施。[36] 如果这种对奥克肖特思想的解释站得住脚,那么它就清楚地表明,与皇家委员会——以及在更小层面上的税务简化办公室——在实现税收制度具体改革方面的相对成功有相似之处。

下文论述将分为三个部分。首先,阐述了迈克尔·奥克肖特的法治概念,并在英国税制项下对其进行展望。其次,探讨了他关于传统和保守主义的思想,以及这些思想对实现与法治相适应的税收制度所提出的挑战。本章最后提出了一些构想,即税制改革的宏伟目标如何与更为具体的改革行动相协调。

第二节 法治

迈克尔·奥克肖特的法治概念可以用与朗·富勒(Lon Fuller)

---

33 Oakeshott, n. 29, 133, 141.

34 参见注154正文。

35 正如普尔所言,"一个纯粹法律的世界似乎更像是一种理论假设,仿若一种哲学玻璃珠游戏,而不是一个遥远但可行的宪法理念",参见: Tom Poole, 'The Mystery of Lawlessness: War, Law and the Modern State', in Dyzenhaus and Poole (eds), n. 31, 180。奥克肖特自己也承认,他对支持法治的政治联合模式(民间团体或社会团体)进行概念化的方式,是对政治历史的抽象而非简单描述,参见: Michael Oakeshott, *On Human Conduct* (Oxford: Clarendon, 1975), 200–1。

36 参见注82、注136正文。

的更为熟悉的描述、几乎无区别的术语来概括。[37]更重要的是，他形成这一理解的路径，特别是将法治置于其中的政治与法律理论之背景。在我们着手处理法治下的税收这一特定问题之前，有必要对他关于法律的渊源、法律的运用以及法律与他所称的"民间团体"（civil association）或"社会团体"（societas）等特定政治团体模式之间的关系作简短的解释。奥克肖特在这些问题上的观点是紧密联系的，因此，随着下文论述的展开，这些观点会变得更加清晰。

一、法律渊源

奥克肖特对法律渊源的论述与托马斯·霍布斯的论述虽然不尽相同，却大同小异。霍布斯认为主权是以被统治者的同意为前提的；对于奥克肖特来说，民间团体的权威取决于受其支配的人是否承认它是权威的。这继而可能更多地取决于历史偶然性，而不是任何有意的协议安排。[38]与霍布斯的观点一致，奥克肖特对法律渊源的解释是高度集中的。"法律的制定者和监督者"是一个"遵循公认程序的立法机关"。[39]这一点在基本立法方面最为明显，但也适用于其他类型的法律。因此，习惯法或普通法规则的效力"不能在于它的古老性……它在传统上被接受的地位或对其规定之可取性的承认；它的真实性来源于一种假定，即它不能抵制立法对其的侵占、否定或修正"。[40]

37　参见注60正文。

38　See Oakeshott, n. 35, 149–54; Nehal Bhuta, 'The Mystery of the State', in Dyzenhaus and Poole (eds), n. 31, 19–22.

39　Michael Oakeshott (ed.), 'The Rule of Law', in *On History and Other Essays* (Indianapolis: Liberty Fund, 1999), 150.

40　Ibid., 151.

法院的作用也相应地受到限制，法官的任务是"将附条件之义务的一般性陈述与某一事实联系起来"，而不是"认为自己是某一公共政策或利益的守护者……以解决法律义务上的争议"。[41] 这使得奥克肖特对通过普通法发展法律原则持冷淡态度：[42] "尽管考虑早先据称类似案件的判决可能属于……法院的程序，法院并不会认定这些案件是必须遵循的先例：法院将关注这些案件之间的差异所引发的类推效力。"[43]

到目前为止，一项规则的法律效力并不取决于任何对其质量的考虑，而仅仅取决于在表明它是一项法律规则的程序项下立法机构的制定权或监督权。[44] 如果没有更多的证据，我们可能会把奥克肖特的理论归为20世纪中期实证主义的一个相当普通的运用，尽管其侧重点与哈特的承认规则不同。[45] 不过，从英国税制的角度来看，我们可能已经发现了很多值得推崇的地方。征税必须取得下议院同意这一根深蒂固的传统，在奥克肖特的形式法源理论中找到了密切相似之处。诚然，奥克肖特几乎没有明确支持那种曾经一度在税收法

41　Oakeshott, n. 39, 158.

42　比较：Friedrich Hayek, *Law, Legislation and Liberty*, vol. 1 (London: Routledge, 1973), ch. 5; Edwin Simpson, 'The Ramsay Principle: A Curious Incident of Judicial Reticence?', *British Tax Review* [2004] 358-74; Prosser, n. 23, 103。

43　Oakeshott, n. 39, 159. 奥克肖特进一步指出，司法推理可能具有缩小或扩大"规则所能容忍的含义范围"的效果，并在此意义上影响随后的判决，参见：Oakeshott, n. 35, 136。

44　这一程序方面的理解有助于奥克肖特将民间团体中的法治与其他非工具性的"道德团体"区分开来，参见：Oakeshott, n. 35, 161, discussed in Paul Franco, *Michael Oakeshott: An Introduction* (New Haven: Yale University Press, 2004), 159。奥克肖特眼中的法律之自我强化特性在格伦瑟的文章（n. 27）中作了更详细的讨论。

45　对于奥克肖特来说，规则当然可以规定其他规则将被承认的条件。然而，最终的权威是民间团体本身，而不是"一个单一绝对的承认规则，一个所有其他规则都从其获得权威的无条件和毫无疑问的规范"。参见：Oakeshott, n. 35, 151。

规司法适用上占主导地位的解释性文字主义,[46]但与其他法律领域相比,他对普通法发展更接近于税收领域的主导地位而犹豫不决。[47]有关税法之所以有效是因为"立法机构"这么说的观点几乎没有争议,尽管我们可能会对该机构的组成和程序等其他问题吹毛求疵。

二、法律的运用;民间团体

正是当我们审视法律是如何被运用的时候,从民间团体角度的分析结果才变得更加清晰。对于霍布斯而言,法律规则不会因为适用于我们不赞成的目的而失去权威。然而,民间团体的含义远远超出了遵循规定的立法程序。相反,它是一种与其他人联系的方式,这种方式的特点在于那些程序以及没有任何共同的实质性目的。[48]更广泛地说,它反映了一种典型的保守思想,认为"存在受保护的领域,在这些领域中,一个人不受他人意志的约束"。[49]在《法治》(*The Rule of Law*)一书中,奥克肖特首先提到板球等游戏的规则。玩家当然希望获胜,但如果把规则理解为"有效使用权力的指南"或是给

---

46 这是因为司法的任务是将一般规则与具体事实联系起来,而不假定文字解释。关于英国税法中的传统立场,参见:*Partington v Attorney General* (1869–70) LR 4 HL 100;对此的批判性讨论,参见:Hubert Monroe, *Intolerable Inquisition? Reflections on the Law of Tax* (London: Stevens, 1981)。

47 在英国法官制定税法的两个最显著的例子中,对会计原则的承认,已被纳入各种立法条款,参见:*Odeon Associated Theatres v Jones* [1971] 2 All ER 407;而在拉姆齐诉IRC(*Ramsay v IRC*[1982]AC 300)及其后的案件中发展起来的反避税理论现在已经被重新定性为法定解释正统原则的适用。参见:*Barclays Mercantile v Mawson* [2004] UKHL 51; [2005] 1 AC 684。

48 这里提到的人际关系是有意为之的。奥克肖特认为,团体模式反映了其成员的气质,民间团体适合一种可以被粗略描述为"个人主义"的性格。参见:Oakeshott, n. 35, 236–7。

49 Sean Coyle, *Dimensions of Politics and English Jurisprudence* (Cambridge, UK: Cambridge University Press, 2013), 102.

予"竞争选手优势或劣势",那将是一种误解。[50] 相反,它们是所有参与者都必须遵守的条件,而不管结果如何:"遵守这些规则本身并不是一种可能的实质性行动;而是对附加于……行为的状语条件的遵守"。这些"非工具性"规则"存在并被示明于任何游戏场合之前,并独立于任何此类场合"。[51]

关于游戏的讨论传达了一个重要的理念,即有些活动是值得追求的,不管结果如何,尽管赢得游戏无疑也是一件愉快的事情。[52] 然而,这只是一个起点,民间团体的规则"并不是一个游戏的规则,其管辖权取决于一种约定(如板球比赛),而这种约定本身就构成一种关系"。[53] 它们当然试图影响我们如何做事情,但并不预设我们必须做任何具体的事情。更重要的是,它们不表达对共同目标的忠诚,如同人们可能在"军队、'乡村社区'、宗派、团体、政党、兄弟会、联谊会、学院或公会"中看到的那种。[54] 在这个列表中,奥克肖特添加了公司这一明显的例子,和"生产企业(巴松管工厂)"这一不那么明显的例子。这些"企业团体"的案例是"选择的"关系,"一个代理人可以通过自己的选择从这种关系中解脱出来",[55] 但当然,在类似基础上运作的国家会有更多的强制性影响。

50　Oakeshott, n. 39, 137.

51　Ibid.

52　"随机理性"(stochastic rationality)这一贯穿奥克肖特大部分著作的主题,被解释于下文中: Erika Kiss, 'The Rules of the Game', in Dyzenhaus and Poole (eds), n. 31, 214-33. 正如基斯(Kiss)所解释的(at 224-9),非工具性保证了游戏的成功,构成其本质,但也提供了一个在赢得游戏的意义上成功的机会,作为一个副产品。

53　Oakeshott, n. 35, 128.

54　Ibid., 114. 请注意,这给民间团体带来了一定的稳定性,因为人们可能不赞成其他人追求的目标,而不会质疑团体本身的权威。

55　Ibid.

第五章 迈克尔·奥克肖特和税法中的保守主义倾向

奥克肖特试图通过民间和企业团体概念的"理想特征"[56]来孤立和解释欧洲政治历史中某些相互矛盾的倾向,因此,我们不应该期望它们在现有的法域内以纯粹的形式出现。[57]然而,对团体的讨论肯定会影响我们对法律体系概念的理解,在某种程度上说,将奥克肖特的法治概念描述为通过民间团体之含义而运作,不会产生太大的误导。那么,相反于奥克肖特对民间团体理解而适用的规则,难道不是完全意义上的法律(或"法")吗?总的来说,奥克肖特避开了这个结论,[58]但有一个例外。如果一项规则不仅在内容上令人反对,而且甚至在逻辑上不能作为人类行为的状语条件来运作——例如,如果它是秘密的、可追溯的,或者预期是非法的——那么它就不能是在民间团体背景下所理解的"法"。[59]

考威尔(Covell)与朗·富勒对法治的描述很接近,尽管前者认为"奥克肖特并没有得出这样的结论:对司法审议逻辑的关注使法律、社会二元论受到质疑,而这一学说在法律实证主义者从霍布斯处继承的法律模式中被设为前提"。[60]奥克肖特所承认的是,他对法

56　Oakeshott, n. 35, 109.

57　这一点在《论人类行为》(*On Human Conduct*, n. 35)的第三篇文章中得到了加强。

58　然而,人们仍然感到,现代欧洲国家内并存的民间团体和企业团体可能迫使我们接受对奥克肖特法治概念(可能很重要)的限制。

59　Oakeshott, n. 39, 152–3; Oakeshott, n. 35, 153; see also Thomas Hobbes, *Leviathan*, C. B. Macpherson (ed.) (Harmondsworth: Penguin, 1968), 339 (Part 2, ch. 27, 'Of Crimes, Excuses, and Extenuations').

60　Charles Covell, *The Defence of Natural Law: A Study of the Ideas of Law and Justice in the Writings of Lon L. Fuller, Michael Oakeshott, F. A. Hayek, Ronald Dworkin, and John Finnis* (Basingstoke: Macmillan, 1992), 84–5. 这也许低估了奥克肖特认为法治依赖于政治团体,进而取决于该团体成员性格的程度。例如,他强调"现代欧洲的新兴国家……显然不是容易组成集合体(即企业团体)的成员",部分原因是它们的宗教多样性。参见:Oakeshott, n. 35, 234.

治的描述与对有效颁布的法律在正义和非正义方面的评价是一致的。这种审议不能阻止法律具有正式权威,也不能涵盖各种可能的批评,[61] 但它确实涉及"消极和有限的考虑,即法律的规定不应与普遍被接受的、能够区分以下情况的道德情感相冲突:'美德',……'善行'……以及那些应当由法律强制执行的行为('正义')"。[62]

这一点很重要,因为它让我们注意到一个尴尬的问题:民间团体(以及由此产生的法治)是否不仅仅是"对历史性现实的偶然性和模糊性"[63] 的一种彻底抽象,而且确实是一种我们在实际安排中应该追求的东西。一方面,奥克肖特本人不鼓励这种做法,[64] 有时措辞相当强硬。另一方面,奥克肖特因教育获得的道德感,显然对于利用法律强制个人达到国家认可的目的很敏锐,尤其是在《论历史》(On History)一书关于"法治"的文章之后,《巴别塔》(the Tower of Babel)这篇相当极端的文章中。[65] 鲍彻指出,尽管奥克肖特提出了反对意见,但他确实提供了解决方案,至少"他质疑的不是任何特定法律的可取性,而是所有工具性法律的可取性"。[66] 奥克肖特在《论人类行为》一书中的论述更有力地说明了这一点,即欧洲国家的历史揭示了与民间和企业团体相对应的"两种不可调和的安排之间尚

61　Oakeshott, n. 39, 153.

62　Ibid., 174. 这是一个著名的含糊其辞的表述,但似乎与奥克肖特表现出的对完美主义的不感兴趣相一致,参见注65。

63　Franco, n. 44, 181.

64　See Michael Oakeshott, 'Political Education', in n. 29, 65-6。

65　Michael Oakeshott, 'The Tower of Babel', in n. 39. 概括而言,一个虚构社区的全部资源都用于一座塔的建设项目。这激发了热情,但也增加了物质上的困难和个人的怨恨,最终导致了塔楼的倒塌和每一个居民的死亡。

66　David Boucher, 'Schmitt, Oakeshott and the Hobbesian Legacy in the Crisis of Our Times', in Dyzenhaus and Poole (eds), n. 31, 145-6.

未解决的紧张关系"。[67]这种或那种安排可能在特定国家的背景下得到优先考虑,奥克肖特对法治的评论暗示了他自己的偏好,即法治"仍然是有待设计的最文明、最不繁重的国家概念"。[68]

因此,考虑民间团体对税法的解释是否具有吸引力并非不合理。奥克肖特关于我们是否应该改革现有的安排以支持该解释的问题将在下文论述。

三、税法规则

那么,税法规则意味着什么样的安排呢? 第一个困难是,即使是一个守夜人国家也需要税收,然而那些有纳税义务的人往往认为税收不仅仅是对行为的约束,而且是将其财产实质性地转移给统治者。[69]正如奥克肖特所言:"这种信念……认为任何人都不应在未经其同意的情况下被剥夺属于自己的东西……使得税收很难从协议转化为法律义务。"[70]从这个角度看,1689年《权利法案》第4条坚持"未经议会授权,以特权为王室征税……是非法的",这可以被视为对宪法税收以及税收真正合法性的最终承认。[71]

假定通过立法机关的正式程序表示同意可以将税收视为法律,尽管提供资金是一个实质性的因素,否则就可以充分严格地适用民间团体的要求。税法规则在两个意义上被认为是非工具性的。首先,

---

67 Oakeshott, n. 35, 200-1. 奥克肖特的特点是大量增加术语,其中社会团体(*societas*)指民间团体,集合体(*universitas*)指企业团体。

68 Oakeshott, n. 39, 178. 普尔认为,没有企业团体特征的民间团体是不受欢迎的,但我们可能仍然珍惜前一趋势,而将后者视为必要之恶,参见:Poole, n. 35, 178-82。

69 Oakeshott, n. 35, 255, drawing on Bodin.

70 Ibid., 211.

71 请参阅斯内普(Snape)在本书中的文章。

它们将是"中立"的,既不鼓励也不阻止纳税人做出具体的实质性决定。正如经济学家所熟知的,这不仅可能涉及停止征收"罪恶税",还可能涉及取消有意和无意的税收激励。其次,收入将用于管理民间团体的非常有限的任务,而不是更多。特别是,它们不会被用来资助共同福利,[72] 尽管当然没有任何东西可以阻止公民向他们自己选择的企业投资。对税收制度的这种非常有限的理解将通过普遍适用的规则反映在法律中,如果发生争议,将一般规则适用于特定的实际情况的任务将由法院承担。这可能涉及困难的法律推理,但不要求法院审议法律的正义问题,本身也不会产生新的法律。[73]

这种说法的问题在于税收是现代政府最重要的工具之一;事实上,几个世纪以来高效征税技术的出现,使得对具有以前不可想象之目标和规模的"公共部门"活动的追求成为可能。[74]

奥克肖特指出,这一过程与"税收观念的修正"有关,[75] 根据这一理念,现代欧洲国家的产品被"确认为企业收入,而在成员之间分配的方式……被确认为与产品生产方式同样重要的企业问题"。[76] 顺便说一句,这一历史观点为墨菲和纳格尔[77](在本卷的其他部分有更深入的讨论[78])的论点带来了崭新的内容,即财产权的

---

[72] See Snape, n. 32, 41.
[73] 请参见注40—43正文。
[74] See Kelly, n. 31, 209.
[75] Oakeshott, n. 35, 277.
[76] Ibid., 293, 301. 特别注意第293页提到的分配正义。
[77] See Liam Murphy and Thomas Nagel, *The Myth of Ownership: Taxes and Justice* (Oxford: Oxford University Press, 2002).
[78] See J. Snape, 'The "Sinews of the State": Historical Justifications for Taxes and Tax Law'; and J. Stanton-Ife, 'Must We Pay for the British Museum? Taxation and the Harm Principle', in this volume.

第五章　迈克尔·奥克肖特和税法中的保守主义倾向

存在归功于政府，因而是在政府征税之后产生的。奥克肖特承认这一论点，[79]但他反过来说，只有在有效的治理手段，包括可预见的税收征管已经存在的情况下，这种包罗万象的政治团体概念才是可能的。

虽然一些评论员认为，民间团体可能至少与现代福利国家的一些标志相一致，[80]将"税收……转变为直接控制'国民收入'的一种手段，将其用于优惠项目或以'卡车'的形式分配"[81]绝对不是奥克肖特所说的法治。他在《论人类行为》[82]一书中明确承认，现代欧洲国家在很大程度上不同于民间团体的理想状态，这一观点无疑适用于税收领域。

这种与纯正的民间团体之间的差异，也延伸到英国税法的具体条款。在许多情况下，作为纳税人行为的状语框架，法律的作用明显不佳，要么是因为它在重要事项上提供的指导太少，[83]要么相反，因为有大量的规则没有任何明显的说明指南。后者的一个例子是，有关对雇员福利征税的成文法和普通法规则杂乱无章地拼凑在一起，

79　尽管须注意的是，墨菲和纳格尔有关该论点的著作几乎都发表于《论人类行为》(n.35)出版30年后。

80　See David Dyzenhaus, 'Dreaming the Rule of Law', in Dyzenhaus and Poole (eds), n.31, 258-9. 即使我们这些不被这种关于民间团体的解读所说服的人，也会注意到，奥克肖特似乎并不像其他某些保守派理论家那样对私有财产盲目崇拜。私有财产制度当然可以促进自由，但奥克肖特的重点不是保护财富本身，而是防止"政府、大企业和工业公司以及工会"的权力集中，参见：Michael Oakeshott, 'The Political Economy of Freedom', in n.29, 393-4; Gamble, n.31, 172。

81　Oakeshott, n.35, 301.

82　See Oakeshott, n.35, ch.3.

83　在2013年《金融法案》(Finance Act)规定法定居住地测试之前，与英国税务居住地相关的法律框架即使不是沉默的，也是相当的平静。

碰巧支持了一系列或多或少无关紧要的政策目标。[84]除此之外,政府还不断受到干预的诱惑,以确保"正确"的税收结果,而不是等待纠纷通过法院正式解决。[85]正如斯内普所说,这可能涉及广泛使用"详细的非法定技术资料",[86]更不用说似乎与民间团体理念非常不合的行政强制形式。[87]

抛开宏观政治问题不谈,比如福利国家的规定在原则上是否合理,在一个民间团体中实行税法规则,是否值得我们去追求?直觉上,有很多东西值得欢迎。我们可以用一个更简单和更一般的规则框架来代替目前大量的详细的法定规则和附属规则,以及在某些领域日益增多而常常不必要的共同追求和令人惊讶的指导不足。此外,这不需要被描述为"简单性"和"法律确定性"之间的权衡;对奥克肖特来说,不确定性是对特定事实适用一般规则的不可回避的特征。[88]试图通过增加规则的特殊性来规避这一问题,往好了说就是"试图在事件发生前表述那些无法阐明的内容,结果是徒劳的",往坏了说就是放弃一般规则,转而支持"持续的管理决策"。[89]后者不是法治的特点,而是在企业团体下管理性地追求一个目标的特点。

---

84 该法律领域的问题已被调查:*Office of Tax Simplification*, 'Review of Employee Benefits and Expenses: Final Report', July 2014, https://www.gov.uk/ government/ uploads/ system/ uploads/ attachment_ data/ file/ 339496/ OTS_ review_ of_ employee_ benefits_ and_ expenses_ final_ report.pdf (accessed 18 April 2015)。

85 考虑到法院的拖延和税务顾问的聪明才智,这可能是可以理解的。关键是,它不是奥克肖特所描述的民间团体的标志。

86 Snape, n. 32, 41.

87 最近一个臭名昭著的例子是"加速支付"制度,根据该制度,纳税人可能被要求先支付有争议的税款,然后再追讨还款,参见:Finance Act 2014, Part 4, ch. 3。

88 Oakeshott, n. 35, 135.

89 Ibid., 135.

第五章 迈克尔·奥克肖特和税法中的保守主义倾向

因此，税法规则可能与艾弗里·琼斯提出的制度类似，[90]至少在一定程度上是这样的：法律细节将被减少，法官将随后出台的一般规则应用于具体纠纷。然而，通过诉诸"与《欧洲共同体条约》中规定的原则相对应的抽象原则"，将不确定性降至最低的程度是有限的。[91]无论是否有这样的指导，法院都面临着将一般规则适用于具体情况的同样重要的挑战。

或许有人会反对，认为非工具性规则在提供一个框架（纳税人可以在这个框架内从事自己选择的活动）方面的作用，与奥克肖特认为这些规则具有普遍性的偏好不太一致。当然，为了帮助个人有预期地规划其税收事务，法律需要一定程度的明确性，但是奥克肖特的理论没有为如何划清界限提供指导。诚然，在奥克肖特生活和工作的时代，英国税收立法的数量远小于现在。因此，可以合理地认为，他会对现代税收法规的详细程度感到震惊。无论如何，"细节对纳税人必然有帮助"的想法本身也有问题。正如霍布斯所说："成文法，如果简短，很容易被一两个词的不同含义所误解；如果冗长，它们会被许多单词的不同含义所模糊。"[92]因此，奥克肖特没有具体说明我们应该在法律中寻求何种程度的普遍性，这一点很明显，但并不令人惊讶。

一个更根本的问题是，法律改革可能会对民间团体中受保护的自治类型造成破坏性影响。如果法律框架，包括税收领域或其他领域，没有很大程度的连续性，个人怎么能选择长期目标呢？换句话

90　John Avery Jones, 'Tax Law: Rules or Principles', *British Tax Review* [1996] 580–600.

91　Ibid., 593.

92　Hobbes, n. 59, 322 (Part 2, ch. 26, 'All Laws Need Interpretation').

175

说：如果我们要根据一系列的书籍和文章，甚至是奥克肖特本人的书籍和文章，来重新调整我们的税收法律安排，那么，我们难道不是在利用法律把自己的知识热情强加于他人的计划之中吗？我们现在讨论的正是这个问题。

第三节　保守主义与税法

奥克肖特思想中最著名和最独特的元素之一是他对将"理性主义者"的技术应用于政治的抨击。吉（Gee）和韦伯（Webber）清楚地总结了这个问题：

> 区分理性主义倾向是一种不可动摇的信念，相信理性的力量能够准确、完整、有序地解决现实世界中出现的实际问题。通过参考一组抽象的原则进行推理，理性主义者优先考虑合理的、有序的、即使是未经试验的解决方案，而不是经过尝试、测试但通常杂乱无章的做事方法。……理性主义者的错误不在于他承认理性的权威，而在于他除了承认理性的权威外，不承认任何其他的权威，即使这样……也只是把理性等同于一种特殊的技术。[93]

奥克肖特所反对的，不仅仅是将参考一种与自然科学最密切相

93　Graham Gee and Grégoire Webber, 'Rationalism in Public Law', 76(4) *Modern Law Review* (2013) 708–34, 713.

第五章 迈克尔·奥克肖特和税法中的保守主义倾向

关的推理方式而设计的智力方案强加于政治生活。[94]人们相信，抽象的理性可以提供一条捷径，以即使在自然科学中也无法想象的方式取得好的结果。事实上，奥克肖特认为"科学活动的连贯性"并不在于"科学家所要遵守的一系列原则或规则，即一种'科学方法'，尽管'这些原则和规则无疑是存在的'"，而是在于"科学家进行调查的方式，以及科学探究的传统"。[95]因此，在科学假设中可观察到的推理方式，以已经被灌输作为科学家的实践的人的存在为前提。

在"政治世界……这一如此深地与传统、环境和短暂性相关的领域"中，[96]尤其重要的是不要忘记理论是从政治行为者的实际行为中抽象出来的，并以此为前提。奥克肖特将前一种知识称为"技术"或"书本"知识，将后一种知识称为"实践"知识，并通过参照烹饪和美术强调了两者的区别。[97]一本烹饪书或许有用，但它不会取代对烹饪实践技能的需要，就像"高度的技术知识，即使它既微妙又现成"并且本身提供了"创造一件艺术品的能力"。[98]

值得注意的是，类似对待税法的态度可能会把重点放在官员、顾问和纳税者积累的经验上。它还可能阻碍人们寻求一种理性完善的税制改革方案，而这种方案的成功与否将取决于它对技术知识的

94　奥克肖特将理性主义特征的出现与弗朗西斯·培根的作品紧密联系在一起，参见：Michael Oakeshott, 'Rationalism in Politics', in n. 29, 19。有关科学推理适当范围的有趣见解，可参见：Isaiah Berlin, 'The Philosophical Ideas of Giambattista Vico', in *Three Critics of the Enlightenment: Vico, Hamann, Herder* (London: Pimlico, 2000)。

95　Michael Oakeshott, 'Rational Conduct', in n. 29, 123; see also Oakeshott, n. 94, 13; Oakeshott, n. 64, 56.

96　Oakeshott, n. 94, 7.

97　Ibid., 11-17.

98　Ibid., 13.

忠实执行。[99] 相反,我们可能会集中精力进行一个连贯的阐述,以说明我们税收体系的各种具体安排如何"作为一个整体,而不是作为一个逻辑体系相互联系"。[100] 鉴于这样的说明与更详细的细节是密不可分的,[101] 因此期望其所有要素必定指向同一方向,或甚至在某种整体的连续性之外保持稳定是不合理的。[102]

奥克肖特用"传统"的语言表达了一个连贯系统的概念,尽管这个概念并不是完全一致的,并不能代表一个完整的、深思熟虑的智慧方案。[103] 值得注意的是,政治传统意味着比约翰·梅杰(John Major)如画般的"蟋蟀和热啤酒"刻板印象更为广泛的活动,但也比现代人认为我们应该在个人生活中表现出适当程度的"英国气质"的观念少一些傲慢。[104] 我们在这里讨论的不是社会同质性,而是一个"法律组织的社会以及……其法律结构……改革的方式"。[105]

尽管政治传统是由各种复杂行为组成的,但它不是从课堂或书本中能够学到的东西:

---

99 尤其是,这将意味着"拒绝政治是经济学投下的阴影的观点"(Oakeshott, n. 30, 431),尽管不一定是更温和的观点,即经济学可以作为出发点,甚至可以作为复杂政治分析的一个组成部分,参见:Snape, n. 32, 116-17。

100 Stephen Smith, 'Practical Life and the Critique of Rationalism', in Podoksik (ed.), n. 31, 141. 请注意,这个过程在正常适用场景中仍然是非常"理性"的,尽管不是注93正文中讨论的特定意义上的"理性主义者"。

101 Oakeshott, n. 64, 55, 62.

102 Ibid., 62.

103 Franco, n. 44, 96-7.

104 佛朗哥(Franco)指出,奥克肖特在《论人类行为》中用"实践"代替"传统","避免了后者中误导性的实质和社群主义的内涵",并且"比之前更明确地提出了隐藏在政治理性主义传统概念背后的程序性和非工具性特征";参见:Paul Franco, *The Political Philosophy of Michael Oakeshott* (New Haven: Yale University Press, 1990), 8。另参见有关奥克肖特对社会团结态度的讨论:Bhuta, n. 38, 16-17。

105 Oakeshott, n. 64, 69.

第五章　迈克尔·奥克肖特和税法中的保守主义倾向

> 我们的政治教育……始于遵循传统,观察和模仿长辈的行为,在我们睁开眼睛所看到的世界上,几乎没有什么是对我们的政治教育毫无帮助的。[106]

一如既往,奥克肖特的论述引人入胜,思路清晰。然而,我们也许有理由怀疑,政治传统本身是否有价值,或者仅仅是我们应该意识到的某种东西,作为有益变革的潜在障碍。毕竟,考虑到民间团体与霍布斯主权之间的相似性,如果奥克肖特对理性主义的批评没有给法律改革留下任何空间,那将是极其令人惊讶的。他有点不情愿地承认"边沁作为法律改革者的重要性……是巨大的",[107]这也会对上述结论提出警告。然而,如果奥克肖特不赞成对传统进行不必要的干扰(这似乎很可能来自于颇有诗意的"政治教育"基调),这可能意味着对法律变革的观念比通常所提倡的要狭隘得多。事实上,税收政策专家普遍认为,改革应该比目前更有雄心、更深思熟虑。难道传统如此重要,以至于我们应该放弃任何这样的愿景吗?

一、保守主义的气质

解决该问题的一种方法是接受奥克肖特在漫长的职业生涯中提出的各种复杂论点,尽管他在整个创作过程中具有很强的连续性,但也不能指望他实现绝对的一致性。以下有关法国大革命意识形态的评论可能会支持这种观点:

106　Oakeshott, n. 64, 62.
107　Ibid., 150.

> 这里……被披露的、抽象的、删节的英国人的普通法权利,不是独立的预谋或神圣的慷慨馈赠,而是对一个历史社会安排的持续数百年的日常参与。[108]

我们可以由此得出结论,普通法的先例提供了一种良好的法律发展方式,同时又尊重了奥克肖特式的传统。法律不会仓促地改变,[109]而是通过追求现有安排来发展。[110]然而,这一建议很难与民间团体下的立法和司法机关的职能,[111]以及奥克肖特对法律先例的限制性态度相协调。

另一种选择是回顾奥克肖特在法律(lex)和正义(jus)之间所作的区分。[112]以不必要地破坏现有传统或惯例的方式实施新的法律可能是非正义的,但这本身并不会剥夺有关规则的法律效力。以英国税收为例,废除资本利得税中常见的退休减免政策,代之以粗略设计的、针对一系列共同社会目标的"缩减型"减免政策可能就是非正义的。[113]鉴于这一理性主义方案在十年后将被废止,取而代之的是原退休减免政策的近似变体,我们对其的评价可能更为尖锐。然而,这种对税收实践不必要的、破坏性的干扰,在任何意义上都无法阻止"缩减型"减免政策在正式运行期间成为法律。

---

108 Oakeshott, n. 64, 53.
109 See Oakeshott, n. 30, 411.
110 See Oakeshott, n. 64, 57.
111 See Gerencser, n. 27, 313.
112 参见注57—62正文。
113 See Natalie Lee and Rupert Seal, 'Capital Gains Tax Relief on the Disposal of Business Assets: A Clear Strategy for Encouraging Entrepreneurs?', *Journal of Business Law* [2013] 723-46.

第五章 迈克尔·奥克肖特和税法中的保守主义倾向

在奥克肖特对保守主义的论述中,可以找到对传统和法律变化之间关系的更敏锐的观察。[114] 从这个意义上讲,保守主义不能被理解为一套固定的信念,而应被理解为一种倾向。

保守……便是喜欢熟悉而非未知,喜欢尝试过的而非未试过的,喜欢事实而非神秘,喜欢实际而非可能,喜欢有限而非无限,喜欢毗邻而非遥远,喜欢充足而非过剩,喜欢方便而非完美,喜欢此刻笑声而非乌托邦式的幸福。喜欢熟悉的关系和忠诚而非更有利可图的依恋;获得和壮大没有保持、培养和享受重要;失去的悲痛将比新奇或承诺带来的兴奋更为强烈。[115]

保守主义的倾向暗示着一种对改变的矛盾心理,这种矛盾心理"只会受对什么都不尊重[和]对什么都不依恋的人的欢迎"。相比之下,"倾向于享受存在和可获得的事物是无知和冷漠的对立面,它会催生依恋和感情"。[116] 这是强有力的东西,但不能认为保守主义者将完全抵制变革[117](这是不可能的),而是会强调连续性,并可能以"创新会导致必然的损失和可能的收益"为由反对改革。[118]

这种对保守主义的理解,可能与"二战"后的集体主义一样,

---

114 佛朗哥认为这是"在奥克肖特的理性主义批判中,从认识论上的考虑转移到更容易被认识到的道德和政治上的考虑"的观点。Franco, n. 44, 102.

115 Oakeshott, n. 30, 409.

116 Ibid.

117 科伊尔注意到,奥克肖特的保守"思想态度并不体现为拒绝改变或拒绝服从改变,而是体现为一种适应变化的特殊方式"。Coyle, n. 49, 101.

118 Oakeshott, n. 30, 411. 这种推理可以被比作预防原则,参见:Gamble, n. 31, 163.

对"退回国家边界"[119]的企图具有潜在的敌意。反过来,这又使约翰·格雷主张,传统保守主义的文化基础恰恰被玛格丽特·撒切尔(Margaret Thatcher)和其他人所青睐的"新自由主义"政策所摧毁。[120]关于这一论点是否具有普遍效力的问题超出了本章的范围,但要注意的是,即使是高度技术性和最近发明的活动,也容易受到奥克肖特所描述的保守主义倾向的影响。计算机程序员的协议可能比每个星期日都参加英国国教教堂的老式但顽强的做法更为传统。

无论如何,奥克肖特认识到,保守主义的气质很难在现代社会中占主导地位,也不指望任何特定的人在生活的各个领域都能表现出这一特质。"一个服务员的工作没有得到应有的报酬,他要求加薪;一个对工作条件不满的人就会换工作。"[121]然而,在我们生活的某些方面,保守主义的态度是值得欢迎的。最明显的是友谊,但更接近传统的技术意义是我们可以称之为交易工具的东西:"当水管工去拿他的工具时,如果他的目的是发明新的或改进旧的,他就会比通常情况下离开的时间更长。"[122]一个更相关的例子是,律师"可以比其他任何人更容易地使用自己(注释过的)波洛克(Pollock)的《合伙法》(*Partnership*)或贾曼(Jarman)的《遗嘱法》(*Wills*)"。[123]

奥克肖特现在谈到了法律方面的问题。他重申了对法律的看法,认为它是"一般的行为规则",使"个人能够从事自己选择的活

119　See Gamble, n. 31, 167.
120　John Gray, 'The Undoing of Conservatism', in *Enlightenment's Wake* (Abingdon: Routledge, 1995). 奥克肖特的观点在第158—165页进行了讨论。
121　Oakeshott, n. 30, 416.
122　Ibid., 420.
123　Ibid., 419.

第五章　迈克尔·奥克肖特和税法中的保守主义倾向

动",但不强加"实质性的活动"。[124] 保守主义的倾向不仅符合这一法律概念,而且基于两个理由有力地支持这一概念。第一,在奥克肖特看来,法律不是一种由国家界定的实现共同目的的工具,而是一种由个人决定的目的,因此与交易工具类似。其次,对法律变革采取保守的态度,是对付"那些将精力和金钱花在安抚宠物脾气的服务上,并试图将其强加于所有人的人所带来的麻烦"[125] 的方法,从而有助于保护法律不被转用于为共同事业服务。同样,这也可能会抑制将一种在政治传统背景下成功运作的安排过于仓促地移植到另一种完全未经检验的政治传统上。[126]

如果奥克肖特的保守主义路径普遍适用于法律,那么它就必然适用于税法,更不用说在事实上几乎没有什么实质性的目的可以与之无涉。关键是,一个人虽然做一件极为平常的事情(如雇用一个育儿员或在海外工作几个月)都可能遇到非常复杂的税法规则,但仍可以利用官员、专家和其他纳税人在处理这些规则时的广泛实践经验。这样一来,起初阻碍她计划的事情很快就会变成日常惯例。改变这种惯例,即使仅是对"简化"或"中立"规则的偏好,也不可

124　Oakeshott, n. 30, 424.

125　Ibid., 428.

126　奥克肖特在《自由的政治经济》一文中提到"眼睛聚焦在遥远的地平线上,头脑中笼罩着外国的掌声陷阱"(n. 80, 397),这可能显得异常笨拙,但被对于英国政治传统成功输出的相应怀疑所抵消,参见:'Political Education', n. 64, 55。这也与域外律师和法律多元主义者提出的一些问题产生了明显的共鸣,例如参见: Gordon Woodman, 'The Development "Problem" of Legal Pluralism: An Analysis and Steps Towards Solutions', in Brian Tamanaha, Caroline Sage, and Michael Woolcock (eds), *Legal Pluralism and Development: Scholars and Practitioners in Dialogue* (Cambridge, UK: Cambridge University Press, 2012).

避免地具有实际和潜在的破坏性,[127]即为了假定的收益而承担一定的损失及遭受更大损失的风险。[128]

这一推论提出了某些有趣的可能性。也许,对于那些特别容易被描述为"交易工具"的日常程序规则和惯例来说,稳定性是最重要的。或许有人会说,对这些问题采取一种保守的做法,才能让该体系容忍对实质性税收规则的频繁而详细的修改,而如奥克肖特那样的学者会反对这种修改。例如,最近要求雇主向税务当局提供"实时信息"的规定[129],可能不是税法研究中最有意思的话题之一,但对企业日常业务的连续性却产生了影响,尤其对小型企业产生了显著影响。因此,这一变化在专业媒体上受到如此密切的关注是非常正常的,尽管它缺乏成为像在所得税上增加一分钱这样的头条的潜力。

或许更有争议的是,我们可能会质疑这样一种假设,即1997年至2010年的税法修订采取了保守主义做法,将重点放在税收立法的措辞上,而不是其内容上。毕竟,旧的措辞构成了税务专业人员的日常工作材料。许多年长的税务专家能够脱口而出1988年《所得税和公司税法》(Income and Corporation Taxes Act 1988)的章节号,这可能让我们当中的年轻人感到困惑,但它使得专业人士高效准确地适用法律,而有人怀疑这在立法修改的过程中被低估了。

---

127 比如2013年《金融法案》设立了以现金为基准的小企业贸易利润结算制度,使得一些纳税人需要额外制定一套关于结算基准的战略决定。

128 正如注130正文所进一步讨论的,全盘否定改变和将理性运用于法律问题是没有意义的。更可取的观点是,在随之而来的风险可以接受时,认真考虑并推行理性的改革。

129 *GOV.UK, HM Revenue & Customs*, 'Real Time Information: Improving the Operation of Pay As You Earn' (17 December 2014), https://www.gov.uk/ government/ publications/ real- time- information-improving- the- operation- of- pay- as- you- earn (accessed 17 September 2015).

二、保守主义的局限

虽然奥克肖特强调了保守主义者所追求的"享受当下",[130] 但他也承认,主张改变可能比不采取行动更重要。最贴切的例子是他指出"各种各样的发明和商业行为的巨大变化,似乎已经使得现行的著作权法不能满足实践需要"。[131] 在这种情况下,保守主义者不会拒绝改变,但会:

> 宁愿执行现行规则,而不是发明一个新的规则……推迟修改规则,直到它所反映的情况变化显然持续了一段时间……对超出形势要求的变革提议以及为作出重大改变而要求额外权力的规则持怀疑态度……赞同谨慎地考虑创新的时机。[132]

从税收法律的角度来看,这里有很多值得肯定的地方。事实上,几乎没有税务专家不希望政府减少立法、将权力限制在必要的范围内,并对这一较小的产出给予更大的考虑。尽管如此,可能有人认为,奥克肖特的保守主义只是对现有安排的缺陷过于宽容。而有些东西是无法修复的。

这种批评甚至可以通过重新探讨奥克肖特的民间团体概念来表达。就目前情况而言,税收制度与《法治》和《论人类行为》中所描述的状语规则框架相去甚远。税法不仅经常因为受不同程度专制影响而制定共同目标,还往往对如何追求这些目标缺乏明确规定,以至

---

[130] Oakeshott, n. 30, 415.
[131] Ibid., 430.
[132] Ibid., 431.

于纳税人即使在追求政府认为正当的目的时也可能被"绊倒"。这对于资源丰富的人来说是一回事,他们可以利用专家的建议和以前的经验来安全地甚至有利地驾驭规则,但是对于缺乏这些资源的人来说则完全是另一回事。

当纳税人试图操纵规则,以将其债务降低至与直觉相悖的低水平时,问题会进一步加剧。原则上,在民间团体中,这种活动应由关于一般规则之具体适用的司法裁判认定。如果法官认定某条规则要求某人缴税,那么就由她而非其他人缴税。然而,在实践中,税务案件的诉讼过程缓慢而又有选择性,这就提供了从"避税"中获利的不可抗拒的机会,不管这种获利是暂时性的还是绝对的。由于这可能极大地破坏作为奥克肖特式法律之特征的形式平等,[133]因此为确保立法框架不被颠覆,将依赖于反应更为敏捷的行政控制形式。[134]

讽刺的是,这种捍卫民间团体的方法为了达到"防止避税"之目的,将重点从一般的状语规则果决地转移到了使用频繁且详细的行政干预手段上。毋庸置疑,这种技术尤其是在诸如避税者正在将国家的企业收入据为己有的情况下,与奥克肖特有关企业团体的描述十分接近。[135]反过来,它又会把我们引向两个方向。第一,我们可能会得出这样的结论:从实践的角度来看,如果不进行与显得犹豫的撒切尔主义的改革相比更为激进的改革,实现民间团体和税法法治是不可能的。有关低税率和有限减免的"统一"税或比例税的提议

133　See Oakeshott, n. 39, 152–3.
134　See Adrian Vermeule, 'Local and Global Knowledge in the Administrative State', in Dyzenhaus and Poole (eds), n. 31, p. 312.
135　参见注54—55,注73—76正文。

第五章　迈克尔·奥克肖特和税法中的保守主义倾向

接近于这一立场，因为它们通常旨在消除许多为避税创造机会，因而需要行政管制的税收激励、税收抑制以及税收特别制度。第二，其路径是遵循《论人类行为》[136]第三章的主题，并接受我们的税收制度在可预见的未来很可能会包含相当不协调的民间及企业团体的要素。在此基础上，我们可能会鼓励前者，但不会试图以一种完全与奥克肖特有关保守主义的作品背道而驰的方式否定后者。[137]

第四节　保守主义与改革

这些方法中的第一种无疑具有吸引力，但也放弃了任何认真的、旨在调和奥克肖特关于民间团体的观点与他对保守主义的维护的尝试。第二个建议需要更多的思考。关键是，一旦我们放弃无论是民间还是企业团体都可以全面实施的观念——就目前而言，一项税收规则的成功可以通过考虑其最终实施成果或者严格否定特定社会目标来评估——有关税收改革目标可以实现的观念便开始失去力量。[138]相反，我们面临的是一项永远处于正在进行时的工作。这种困境甚至可能渗透到税收制度最基本的要素之中，可通过回顾奥

136　Oakeshott, n. 35.

137　有针对性地，通过坚持税务管理要遵守某些行政法原则而缓和向企业团体发展的趋势将是可能的。这种可能性在下文中得到深入讨论：de Cogan, n. 25, 251-70。

138　然而，乔治·奥斯本（George Osborne）的观点可能被解读为将英国税收制度转变得与民间团体相类似。下文具有一定启发性，尽管其作者并未明确谈到奥克肖特或民间团体：John Snape, 'Stability and its Significance in UK Tax Policy and Legislation', *British Tax Review* [2015] 561-79。

克肖特的评论看出,即纳税人往往对在未经其同意的情况下转移当属其自身的财产而感到反感。[139]尽管根据1689年《权利法案》第4条,[140]征税要取得同意早已制度化,但20世纪70年代对高边际所得税率的普遍抵制(这与其他因素一同促成了拉姆齐的法学体系[141])表明,将这种同意视为完全无限制的做法是错误的。[142]

如果税制改革不能一劳永逸地解决,即使在一些最基本的方面,也不意味着无法推进其未来的设想。当然,这不仅需要技术专长,还需要斯内普在《公司税的政治经济学》(*The Political Economy of Corporation Tax*)[143]中描述的政治技巧和判断力。换言之,改革者必须对法律及其概念基础(考虑到英国税法中存在大量细节性规定,这本身就不是一件小事)具有智识上的把握,但同时也必须具备敏锐的直觉,从政治和实践的角度来判断什么是可能的。反之,这也意味着一种通过与奥克肖特有关保守主义的著作相一致的方式运用专业经验和历史知识的能力。[144]

对于更高层次希望的退却,这似乎是一种理性的妥协,而对任何改善法律的认真尝试的逃避,也许来自于对财政收入波动的过度恐惧。[145]奥克肖特提醒我们不要过分夸大其词:

---

139 参见注70正文。
140 参见注71正文。
141 See *Ramsay v IRC* [1982] AC 300.
142 这一阶段在下文中得到了丰富描述: Nigel Tutt, *The Tax Raiders: The Rossminster Affair* (London: Financial Training, 1985)。
143 例如参见: Snape, n. 32, 218 ff(审慎的公司税改革的技巧)。
144 参见注114正文。
145 无论如何,谁能认真地说这是一个不值得关注的问题呢?

第五章　迈克尔·奥克肖特和税法中的保守主义倾向

  有些人……容易夸大当前的混乱局面；缺乏计划是如此明显，以至于那些小的调整，甚至可以减少混乱的更大的安排，在他们看来都是没有意义的。……他们认为应该做些什么来把这种所谓的混乱转变为秩序，因为这不是理性的人度过一生的方式。就像阿波罗（Apollo）看到达芙妮（Daphne）的头发粗心地挂在脖子上时一样，他叹了口气，对自己说："如果它被安放得当，该怎么办。"[146]

  这与试图将理性主义税收计划强加于西方民主国家的明显失败是一致的，[147]然而即使在奥克肖特的传统主义写作风格中，政治也被描绘成比"仅仅是把所做的事情'最后做一次'"更复杂的东西。[148]从本章引言所讨论的皇家委员会报告中可以明显看出，我们至少在一些税收改革的努力上获得了这一赞扬，但我们也可能注意到那些被考虑却未得到准确执行的模型的影响。例如，经济合作与发展组织和联合国税收协定范本（OECD and UN Model Tax Conventions）的法律效力有限，[149]但对许多税收体系的结构和内容产生了深远影响。按照类似的思路，或许有可能构建一个涵盖英国所得税法中的

146　Oakeshott, n. 30, 425–6.

147　除了本章引言中的例子，参见：*Report of the Royal Commission on Taxation* (Ottawa: Queen's Printer, 1966)，更广为人知的是卡特报告；关于近期努力的展望，例如米尔莱斯评论、澳大利亚改革项目进程，甚至欧盟的共同统一公司税基也显得摇摇欲坠，参见：Richard Vann, 'Corporate Tax Reform in Australia: Lucky Escape for Lucky Country?', *British Tax Review* [2013] 59。

148　Oakeshott, n. 80, 396, cited in Kevin Williams, 'Education as Conversation', in Podoksik (ed.), n. 31, 121.

149　然而，也有著作对税收协定范本及其所附注释进行了细致讨论，例如参见：Reuven Avi-Yonah, *International Tax as International Law* (Cambridge, UK: Cambridge University Press, 2007)。

国内与国际两方面的税收宪法范本,并将其作为真正税收改革的起点。[150] 还可能需要注意2010年公司税收路线图(Corporate Tax Roadmap),[151] 该路线图宣布了英国政府在许多相关议题上的中期意见。该报告广受欢迎,回顾起来,它对政府在2010年至2015年期间实际实施的改革提供了相当合理的总结。毫不奇怪,人们热情高涨,不仅对再次提出这一想法,而且还希望将其扩展到所有的营业税,甚至个人所得税上。[152]

相关的要点在于,在一定程度上,变化可以包含在现有的法律概念中。在一个不同的场景中,奥克肖特提出了引人注目的主张,即使诺曼征服和布尔什维克革命这样的危机,也是基于现有政治传统产生的而不是摧毁政治传统,至少在传统上,我们指的是"同情之流",而非"一种固定和僵化的做事方式"。[153] 这一描述对这些事而言是否适当超出了本章的范围,但它肯定符合英国税制的重要元素。例如,1965年对企业税的革命性征收不仅可以从1947年的利得税、1920年的企业利得税和1915年的超额利润税中,还可从征收企业所得税的悠久历史中得到预示。[154] 此外,还有一些证据表明,改革得益于这种历史延续性。例如,贷款关系制度消除了在界定范围内的资本和收入之间的区别,而年度投资津贴则允许每年100%扣除高达

150　这将是对下文中的提案的一种调整(也可以说是"缓和"): Harris, n. 1。

151　GOV. UK, HM Treasury and David Gauke MP, 'Corporate Tax Roadmap', 29 November 2010, https://www.gov.uk/ government/ publications/ the- corporation- tax- road- map (accessed 29 March 2015). See also Snape, n. 32, 40.

152　参考文献可能会激增,但一个典型的例子是: Paul Stainforth, 'Tax Journal Report: Views from Business: Tax Policies and Priorities for the Government', *Tax Journal*, 1267 (2015) 8。

153　Oakeshott, n. 64, 59.

154　Avery Jones, n. 18, 1.

第五章 迈克尔·奥克肖特和税法中的保守主义倾向

50万英镑的资本支出,这两者之间有着明显的相似之处。[155]后者虽于最近制定,却与至少可追溯至1944年4月25日的约翰·安德森爵士预算法案(Sir John Anderson's Budget)[156]等先前法律有很强的渊源关系,当然其仍然具有人为性表征。税收法律概念没有以僵硬的形式保存下来,且现有的分类很可能无法复原,然而,用已被广泛理解的术语来表述新规则或许是一种被低估的立法技术。

一、初步改革和税务简化办公室

另一种以牺牲理论追求为代价探求具体改革的方法是将改革的范围限制在特定的重要领域。税务改革家应对其可能对法律和实践中相关领域产生影响的工作有一个全面的认识,但不应试图一次性解决税制的结构性问题。当然,随着2010年税务简化办公室(OTS)的成立,这种改革方式已经制度化。OTS遭受到某些批评,但如果本章的观点得以采纳,这些批评似乎存在问题。例如,经常有人认为OTS的建议不够彻底,[157]但对此可作这样回应:变革的深度不如它是

---

155 Capital Allowances Act 2001, s. 51A(5). 该数据收集于本文写作时,现可能有所改变。

156 Dominic de Cogan, 'Law and Administration in Capital Allowances Doctrine: 1878–1950', in Tiley (ed.), n. 5, 193–5.

157 这些观点可见:Adrian Sawyer, 'Moving on from the Tax Legislation Rewrite Projects: A Comparison of the New Zealand Tax Working Group/ Generic Tax Policy Process and the United Kingdom Office of Tax Simplification', *British Tax Review* [2013] 321–44, 338; Judith Freedman, 'Editorial: Creating New UK Institutions for Tax Governance and Policy Making: Progress or Confusion?', *British Tax Review* [2013] 373–81, 375; Tracey Bowler, *The Office of Tax Simplification: Looking Back and Looking Forward*, Tax Law Review Committee Discussion Paper no. 11 (London: IFS, 2014), 1, http://www.ifs.org.uk/ uploads/ publications/ TLRC/ TLRC_ OTS_ DP_ 11.pdf (accessed 30 March 2015)。

否必要、是否利大于弊来得重要。由于税收不仅对维持公共收入至关重要，而且是个人目标选择框架中的一个突出部分，因此，在这一领域中，一种特别谨慎的法律改革方式更受青睐。

也可能有人反对并指出，OTS的活动并不能充分独立于中央政府。[158]OTS的官员与英国财政部（HMT）及英国税务海关总署（HMRC）在同一幢大楼里工作；[159]欢迎来自这些部门及私营机构的借调人员；[160]与部长们商定职权范围；[161]并从HMRC获得技术支持。[162]OTS根据详细证据提出建议，[163]由部长们最终决定是否推进这些举措。据说一个明显更为独立的机构可能会为彻底的改革提供更大的推动力，[164]但是OTS和那些所提建议不仅有趣而且有用的税务部门之间的工作关系肯定值得考虑。[165]若持相反观点，即立法机关应该选择为支持将理性造诣置于实用性或连续性之上的综合性计划而行使其权力，那么我们的讨论将直接回到奥克肖特对理性主义的描述上。

最具说服力的对OTS的批评是其缺乏必要的资源，无法以最令

---

158 OTS税务主管约翰·惠廷（John Whiting）在下文中预测到了这一点：'Analysis — Introducing the Office of Tax Simplification', *Tax Journal*, 1040 (2010) 7。

159 Freedman, n. 157, 375; Whiting, n. 158.

160 Bowler, n. 157, 4.

161 OTS Framework Document, n. 15.

162 Bowler, n. 157, 4.

163 Ibid., 15.

164 Freedman, n. 157, 375-6.

165 Refer to Bowler, n. 157, 23; Christopher J. Wales and Christopher P. Wales, *Structures, Processes and Governance in Tax Policy-Making: An Initial Report* (Oxford: Centre for Business Taxation, 2012), 64, http://www.sbs.ox.ac.uk/ sites/ default/ files/ Business_ Taxation/ Docs/ Publications/ Reports/ structures-and- processes- in- tax- policy- making.pdf.

人满意的方式运作。[166]这一点基本上没有争议,但涉及的是该机构活动的程度,而非其范围和方向。事实上,对于一个备受推崇的专家组来说,对重要问题进行有限的审查,借鉴既定的实践传统,提出一系列可行的建议,但将最终决定权交给政府,就如同税收改革项目接近我们奥克肖特的故事一样。事实上,目前很难想象法律委员会如何能更熟练地应对税务改革的陷阱,除非资源允许其进行更深入广泛的研究。

二、总结评论:显而易见的陈述?

本章介绍了迈克尔·奥克肖特使用的一系列概念,如民间与企业团体、理性主义、传统和保守主义。讨论的结果并不陌生。我们希望在明确的规则下实行低税率,这些规则对我们的生活干扰最小,却为许多有用的大众企业提供资金。我们很少注意我们的愿望中可能存在的不一致,也没有准备好去容忍尝试认真执行这些愿望所导致的混乱。对我们而言,这些矛盾可能是显而易见的,但奥克肖特清晰且可读的作品使我们更清楚地看到了这一点。最重要的是,他鼓励我们认真对待保守主义,不管它是否恰好迎合我们的感觉。这似乎是一个很好的建议——或许尤其是——在这个相当动荡的时代。

---

166 Refer to Committee of Public Accounts, *Tax Avoidance: The Role of Large Accountancy Firms: Forty-Fourth Report of Session 2012–13* (HC 870, 26 April 2013), referenced in note 4 of Freedman, n. 157, 374; Wales and Wales, n. 165, 64; Sawyer, n. 157, 333; Bowler, n. 157, 24.

第六章 税基正义和所得税案例

帕特里克·埃默顿 凯瑟琳·詹姆斯[*]

本章是对利亚姆·墨菲和汤姆·纳格尔的《所有权的神话》的回应。[1]这本书的出发点是"税基的选择对经济正义只有工具意义",[2]即只是实现福利结果的工具。[3]我们将对这一主张提出异议。

与税收制度设计有关的决策涉及数量有限的几个部分的选择：征什么的税（即税基）、向谁征税（即纳税人）和如何征税（即与税率、抵免和扣除以及免税等特殊规定有关的选择）。[4]税基的选择是其他组成部分的基础。我们很容易接受这样的观点：分配上的考量

---

[*] 作者要感谢大卫·达夫、斯图尔特·格林、马修·哈丁、米兰达·佩里·弗莱舍、玛丽莲·皮塔德、珍妮丝·理查森、伊恩·罗克森、克里斯汀·伦德尔和戴尔·史密斯，因为他们对本章中的一些观点和论点进行了有益的讨论。

[1] Liam Murphy and Tom Nagel, *The Myth of Ownership* (Oxford: Oxford University Press, 2002).

[2] Ibid., 98.

[3] 墨菲和纳格尔对经济正义的论述主要集中在公共物品的提供上——这一章没有讨论这个话题——以及通过财政转移或提供公共服务的方式实现最低程度的社会保障，参见：Murphy and Nagel, n. 1, 74, 94-5。虽然他们也提到机会平等（Ibid., 74, 95），正如下文更详细地讨论的，他们的机会平等概念是相当温和的，并且没有涉及税基的公正性，参见注8正文。

[4] Walter Hettich and Stanley L. Winer, *Democratic Choice and Taxation: A Theoretical and Empirical Analysis* (Cambridge, UK: Cambridge University Press, 1999), 42.

第六章 税基正义和所得税案例

对经济正义很重要,选择向谁和如何征税是重要的分配机制,因此,税基的选择必须对分配保持敏感。然而,我们认为,分配正义不仅仅取决于对个人福利结果的考量。因此,有理由选择一种税基而不是另一种税基,而这种选择独立于追求福利。

墨菲和纳格尔提出他们有关税基的选择对经济正义只有工具性意义的主张,是因为"他们坚信……在税收结构之前没有财产权。财产权是一系列法律和惯例的产物,而税收制度是其中的一部分"。[5] 我们接受这两句话中的第二句,但不完全接受第一句。我们并不认为正义要求在税收结构之前就有财产权(尽管在某些情况下,存在先于税收结构的财产权可能与正义相一致)。相反,我们的观点是,正义通常要求有先于税收结构的原则,这些原则涉及财产权和其他私法权利的问题,因而包括税基选择在内的税收制度必须对其保持敏感。我们进一步认为,这些原则有理由赞成对私人财富征税,即在实践中对收入征税。

我们对这个结论的观点大体上是罗尔斯式的。我们认为这与墨菲和纳格尔所采取的经济正义路径大体一致,但并不完全相同。正如我们将在下文第一节中更详细地解释的那样,我们的思路与墨菲和纳格尔的主要在两个方面有所不同。我们认为的第一个差异主要是技术细节上的差异。与墨菲和纳格尔不同,我们采用了罗尔斯的观点,即实现正义理想的政治原则是分阶段阐述和实施的:第一是抽象的政治哲学,然后制定一部符合哲学要求的宪法,再根据该宪法制定法律等。我们主张,有关制宪时产生的私法权利的原则可以限制(或应该限制)立法选择,因而可以限制税基选择。由于这个结论来

---

5 Murphy and Nagel, n. 1, 74; see also 8.

自于技术细节的差异，故而我们认为它可能与墨菲和纳格尔对税基和经济正义之间关系的理解思路大体一致，尽管我们会主张技术优势（如果只是一个技术优势）仍然是一个重要因素。

我们与墨菲和纳格尔不同的第二个方面是我们强调平等的重要性：政治自由的价值平等、机会平等，以及这些平等形式与社会财产分配之间的关系。尽管墨菲和纳格尔对财产持有和政治权力之间的联系很敏感，[6]但他们并没有将其直接与税收结构联系起来；相反，他们主张对金钱在政治中的作用进行改革，将其作为真正税制改革的一个可取的先决条件。[7]在机会平等方面，他们倾向于比罗尔斯的机会平等更弱的约束，认为"人们对自己的前景有足够的控制权"和"确保结果公平"就足够了。[8]我们更倾向于罗尔斯的方法，即政治自由的公平价值和机会的公平平等都被视为（通过程序正义）结果正义的重要组成部分。我们与墨菲和纳格尔在这一点上的分歧使得我们对税收与结果之间的关系得出了不同结论，进而使得我们拒绝接受有关经济正义与税基之间仅是纯粹的工具性联系的主张。

第一节　基本论点

正如博格在《实现罗尔斯》一书中所解释的那样，罗尔斯对正义的描述是半结果主义的：也就是说，它本质上是前瞻性的，通过参照一个社会制度安排（罗尔斯称之为基本结构）所产生的结果而认定

6　例如参见他们对金融改革运动的呼吁：Murphy and Nagel, n. 1, 187–8.

7　Ibid., 187.

8　Ibid., 158. See also 119, 157–8, 186–7.

其正义性,[9]特别是参照其对最底层社会群体产生的结果:相对于这一群体在其他可行安排中的地位,这个结果是最大化的。[10]

正如这句简短陈述所揭示的那样,罗尔斯对正义的解释需要做出两种截然不同的反事实(或至少是投射性)的判断。第一,有必要确定一个制度安排所带来(或将带来)的后果;第二,有必要确定其他可行方案将带来的后果。其中的第二点曾被批评,理由是其使得社会和政治批评在实践中非常困难。由于确定一个现有制度安排的正义性(依据罗尔斯观点)需要进行一项非常复杂的反事实调查,以便搞清楚在可行的替代性制度方案下,底层社会群体会有多好或多坏,所以这很难证明任何实际的既定制度安排是不正义的。与只需要将底层社会群体与现实世界中的其他社会群体进行实际比较的平等主义正义观相比,这种困难尤其明显。[11]

本章将不讨论这些反对意见,且不会明确分配正义的确切标准。然而,本文将遵循墨菲和纳格尔的观点,承认分配正义(1)主要是关于制度安排正义性的问题,以及(2)需要以前瞻性的方式加以确定。墨菲和纳格尔的这一立场特征在他们的以下陈述中得以明确:

> 所有关于什么税是正当的,什么税是不正当的规范性问题,都应该解释为制度应该如何界定那些通过各种交易产生的财产权——

---

9 Thomas Pogge, *Realizing Rawls* (Ithaca: Cornell University Press, 1989), 44–7. 罗尔斯的解释并不是完全的结果主义,因为它只关注由基本结构带来的利益和负担,而不是自然的好坏,参见第46页。

10 Ibid., 43–4 (§3.4), 66–70 (§§5.2–5.4).

11 Ted Honderich, *After the Terror* (Edinburgh: Edinburgh University Press, 2001), 50–1; Raymond Geuss, 'Liberalism and its Discontents' (2002) and 'Neither History nor Praxis' (2003) in *Outside Ethics* (Princeton: Princeton University Press, 2005), 22–3, 33.

就业、遗产、合同、投资、买卖——这些都需要纳税……

将考虑……对整个规则体系及其结果的评估。

正确的答案取决于什么样的制度能够通过合法的方式,在不增加不正当成本的情况下,最好地服务于社会的合法目标。[12]

任何前瞻性正义概念都需要上述第一类投射性判断,也就是说,决定一个社会实际制度安排将产生什么样的后果。

一、作为投射性正义判断对象的制度

罗尔斯对正义描述的显著特点是,它以一种特定的结构化方式将对这些投射性判断的需要和形成结合起来。罗尔斯的早期论文《两个规则概念》阐述了这一基本思想:罗尔斯区分了(1)实践(practice)的正当性——即它创造的角色和它允许的"行动"——和(2)根据该实践所进行的特定行为的正当性。[13]一种实践是正当的,只要它的存在和运作服务于(或将服务于)理想的社会目的;而对于根据某一实践行事的人而言,将通过她所担任的角色和管理该角色的规则来证明她的特定行为是正当的。我们正在考虑的那种投射性判断在证明实践之开始和维持的正当性方面起着至关重要的作用。

---

12 Murphy and Nagel, n. 1, 74–5 (emphasis added). 博格认为,作为正义概念是道义主义而非半(或完全)结果主义的必要前提,它将由一个制度安排所确立的结果——即制度规则和程序所明确要求的结果——作为相关的考虑,而不考虑仅仅由该制度所引发的结果;这与个人道德的道义主义概念类似,更关注的是代理人的行为意图是什么,而不是他们并非有意实现却只是预见到的效果: Pogge, n. 9, 38, 44–7. 从这个意义上看,墨菲和纳格尔的观点似乎并不是道义主义的,因为他们关注的并不是制度安排所确立的抽象的权利范畴,而是它的实际结果。

13 John Rawls, 'Two Concepts of Rules', in Samuel Freeman (ed.), *John Rawls: Collected Papers* (Cambridge, MA: Harvard University Press, [1955] 1999).

然而，它们通常不是实践本身的元素。[14]

虽然并非所有的实践都涉及、产生或出现在制度安排的背景下，[15]但制度及其产生的作用是一个重要的实践分类。因此，罗尔斯所作的区分适用于制度安排和在其内部发生的决策，例如对某一特定税基征税的决定。在一个正义的制度安排中，如果其中的制度角色之持有者遵守构成和管理这些角色运作的规则，那么就会产生正义的结果。在设计这样一个制度方案时，对这个特定社会采用这样或那样的方案可能产生的结果的投射性判断，当然是判断该方案是否正义的关键。但是，我们没有理由认为，该制度安排创建的角色通常会要求其占有者通过这种投射性判断来做出决策。例如，一个正义的制度方案必须明确规定税务局官员发出评估通知的权力；但规定这些官员权力和职责的规则，不太可能要求他们在决定是否发布评估通知时，考虑发布此类通知对经济正义的总体影响。当然，我们没有理由认为，通过要求这些官员做出这样的判断，一个税收制度会更好地促进经济正义，而且鉴于这种判断的复杂性，有充分的理由认为，将这种判断的需要纳入相关规则会更糟。[16]相反，我们期待一个

---

14 罗尔斯详细讨论了两种实践：刑罚和承诺。当投射性判断存在于一些刑事司法制度中，其成为了刑罚的一个要素，因为量刑取决于对罪犯改过自新的前景作出的判断；但这些不是关于刑罚制度对社会正义或福祉的贡献的投射性判断。投射性判断通常根本不是承诺的一个元素，除了它们可能在为违背承诺创造借口方面发挥的作用。

15 例子包括承诺、礼貌和礼仪的实践。

16 舍弗勒指出，实现正义所必需的判断之复杂性为授予机构而非个人实现正义的任务提供了理由，参见：Samuel Scheffler, 'Distributive Justice, the Basic Structure and the Place of Private Law', 35(2) *Oxford Journal of Legal Studies* (2015) 213, 220。该文中提出的要点是，同样的考虑可以使机构行为者在执行其职能时可能考虑的事项得到界定。

为发布评估通知制定更实际可行之规则,并包括设计良好的有关征税范围之规则的制度,将更好地促进经济正义的实现。

然而,在《两个规则概念》中存在着一种尚未解决的紧张关系,我们需要解释为什么在我们的阐释中不会出现同样的紧张关系。在这篇早期的论文中,罗尔斯假设了一个广义功利主义的社会福利观,正是这个假设引发了这种紧张关系。正如博格所指出的,当社会福利观采取功利主义路径的时候,关于投射性判断的分工是不稳定的,即利用这种判断来设计实践,但不一定要求实践中的参与者做出这样的判断。这是因为功利主义无法解释为什么一个人应该遵守她所扮演的角色的要求,即使违反这些要求将使效用最大化。[17]回到我们税务官员的例子:假设她知道,如果某个特定纳税人的纳税义务在评税通知中被少算了,该纳税人会把本来应该纳税的钱花在一些有价值的社会项目上,这些项目对整体福利的贡献将超过税收收入及公共支出;且假设功利主义是一个合理的正义理论。然后,税务官员就有理由违反其职责规定,出具一份少算纳税人纳税义务的评估报告。概括一下这个例子,我们可以看到,在功利主义正义观中,即使是以效用最大化为设计初衷的制度安排也是不稳定的,因为那些拥有它所创造角色的人有时会有正义的理由来打破定义他们角色的规则。然而,一旦正义采取上述半结果主义路径,这种不稳定性就不会出现:如果一个社会正是凭借其制度安排所产生的结果,那么一个在这个安排中占有一定角色的人就没有正当理由去违背这个角色的要

---

17 Pogge, n. 9, 40. 罗尔斯自己在《两个规则概念》中对这种紧张关系的处理似乎是通过如下假设绕过了这一问题:如果一种实践基于功利主义被证明是正当的,那么在该实践中担任某个角色的人不可能有任何基于功利主义考虑的理由在特定场合中违反该角色的要求,参见: Rawls, n. 13, 40, note 25。

求。个人的努力,包括打破其职责规则,可以改变一个制度安排的影响,但不能使制度本身更加或更不正义,因为制度的正义性取决于它本身所带来的结果。[18] 而且,事实上,如果制度安排真的是正义的,那么官员们越是理解这一安排的前瞻性理由,他们就越有理由遵守它所定义的角色要求。[19]

在理想的情况下,这是罗尔斯所说的完善的程序正义(perfect procedural justice)的一个例子:[20] 在制度安排实际上是正义的情况下,通过在其角色范围内行事,一个人就将有助于确保正义的结果,而不必考虑该正义结果(假设约束她的角色的规则并不要求她这样做)。然而,当涉及某些制度时,这种完美局面是不可能实现的:无论规则设计得多么好,无论其被遵守得多么忠实,都无法保证它们会产生正确的结果。罗尔斯将这种制度称为不完善的程序正义(imperfect procedural justice)的实例,并以刑事审判为例:"理想的结果是,当且仅当被告犯了被指控的罪行时,他才应该被宣判有

---

[18] 这是博格的分析,参见:Pogge, n. 9, 40-1。罗尔斯强调,这种以制度为导向的正义观是一种非个人的正义观;它不关心哪个特定的个人得到什么,而是制度安排所产生的结果模式,参见:John Rawls, *A Theory of Justice* (Cambridge, MA: Harvard University Press, 1971), 64。

[19] Pogge, n. 9, 40-2. 科恩认为,制度对个人行为的依赖,给这种说法施加了压力。他指出,个人行为本身往往会强化构成一个制度的角色与规则之特征,从而有助于制度安排产生的结果,参见:G. A. Cohen, *If You're an Egalitarian, How Come You're So Rich?* (Cambridge, MA: Harvard University Press, 2001), ch. 9。科恩在抨击罗尔斯将正义视为制度结构的理想而非个人的理想时提出了这一论点;但这一论点似乎也暗示着,某些特定角色的占有者可以有正义的理由,以一种倾向于改变这些角色和规则之特征的方式行事,从而使新的(和更好的)结果成为可能,否则就不会有这样的结果。这对罗尔斯的正义观是一个具有挑战性的异议,我们也无法在本章内完全解决它,尽管在第二节中我们也为将正义理论化时应关注制度而非个人行为作了一些说明。

[20] Rawls, n. 18, 85.

罪……但似乎不可能设计出总能带来正确结果的法律规则。"[21]

下一小节阐述了关于制度如何将程序正义具体化的想法。

二、制度建设的各个阶段

罗尔斯描述了思考社会制度安排正义性的四个阶段；前三个阶段与本章相关。如上文引言所述，**第一阶段**是确定正义的一般原则；这是一项哲学任务，正如我们已经指出的那样，本章并不试图详细说明这些原则。**第二阶段**是制定一部宪法，在特定的社会环境、历史、政治文化等条件下，[22]使正义原则在特定的社会中得以实施。罗尔斯特别关注宪法如何保护基本自由的问题，[23]但显而易见的是，一部正义的宪法也必须在可能的范围内确保根据其作出的决定将产生符合正义要求的结果，包括分配正义。[24]

我们认为罗尔斯的观点是正确的，一部宪法充其量只能是不完善的程序正义的一个例子：起草和实施宪法没有办法保证根据宪法作出的每一项政治决定都符合正义的要求。[25]正如我们现在将详细阐释的那样，任何可行的宪法的这一不可避免的特征在**第三阶段**，即根据宪法制定法律时，都具有重要意义。[26]

罗尔斯指出了宪法不能成为完善的程序正义工具的两个原因。

21　Rawls, n. 18, 85.
22　Ibid., 196-7, 200, 357.
23　Ibid., 199.
24　参见下文中的讨论：Pogge, n. 9, 153-60。
25　Rawls, n. 18, 197-8, 221, 353-60. See also John Rawls, *Political Liberalism*, rev. edn (New York: Columbia University Press, 1996), 336-7, 339.
26　第四阶段是裁决，即法官或行政管理人员将规则适用于特定案件，参见：Rawls, n. 18, 199。

第一，立法者的角色不能被界定为完全排除了对正义作出投射性判断的需要。正如他所说，"一部正义的宪法必须在一定程度上依赖于公民和立法者采取更广泛的立场（即比'狭隘的或团体利益性的立场'更广泛的立场），并在适用正义原则时运用良好的判断力。"[27] 这就产生了错误的可能性，即使意图是好的。第二，"立法是否正义的问题，特别是在经济和社会政策方面，通常存在合理的意见分歧。"[28] 其原因在于，这种判断"一般依赖于推测性的政治与经济学说以及社会理论"，而且"以精确的方式应用分配正义原则，通常需要比我们能够拥有的更多的信息"。[29] 此外，"这些原则本身的性质可能会提供一系列选择，而不是单独挑出任何特定的选择"。[30] 在讨论税收政策和更一般的经济政策时，这些观点都很常见。当反思一项制度安排的正义性时，我们很难充分理解什么才算是正确的结果，即使我们能够设计出一部始终能够实现这一目标的宪法（出于上文所述的第一个原因，我们无法做到这一点）。

这些原因使罗尔斯得出结论，即许多立法将是（他所称的）准纯粹程序正义（quasi-pure procedural justice）的实例。[31] 不幸的是，罗尔斯没有定义这个概念，也没有定义它与不完善程序正义概念之间的关系。然而，他确实定义了纯粹程序正义的概念。一个程序满足以下条件时能够确保纯粹的程序正义：（1）没有独立的标准来衡量程序结果是否正义，但（2）程序本身能够确保无论结果是什么，它

27　Rawls, n. 18, 360. See also 357.
28　Ibid., 198–9.
29　Ibid., 199. See also Rawls, n. 25, 229–30.
30　Rawls, n. 18, 362.
31　这个词出现在：Rawls, n. 18, 362。

都是正义的。[32] 一个简单的——也许过于简单化的——例子是双方之间一系列公平博弈的分配结果：没有独立的标准来判断这一结果的正义性，但不管是什么，如果博弈真的是正义的，那么结果就符合正义的要求。[33] 此外，正如博格所指出的，不完善的程序正义与纯粹的程序正义之间的区别只是一个程度问题，而不是一个根本性问题。第一，"随着可能结果的空间变得太大或太密集，任何结果都无法精确地与正义结果的……独立标准相关联"，不完善的程序正义"会变成纯粹的程序正义"。[34] 这就是说，当我们失去对结果细节的认知把握时，我们就失去了根据正义结果的独立标准来判断该结果的能力，而更加依赖即便不是完美地，也是可靠地产生这些结果的程序本身。第二，如果不完美的宪法要真正实现其为一个社会建立一个制度安排的功能，那么社会成员必须接受它的结果，即使它已经产生了不符合（独立可知的）正义要求的结果。换言之，一个不完善的程序，如果它要起作用的话，"总的来说，必须被认为是纯粹的"。[35] 如果程序是一个正义的制度安排的一部分，那么除了认为其是纯粹的外，另一个选择就是推翻这个制度安排；但就其所产生的社会结果而言，如果该制度安排确实是最好的，那么就没有正义的理由推翻它。

似乎正是这些立法过程的特点使得罗尔斯将其称为准纯粹程序正义。"对于这些情况而言"，罗尔斯说，如果制定的法律"是在那些试图认真遵循正义原则的理性立法者衷心支持的范围内，那么……这种情况就是准纯粹程序正义。我们必须根据立法阶段的实际讨

32　Rawls, n. 18, 85.
33　这个例子来自于：Rawls, n. 18, 86。
34　Pogge, n. 9, 152.
35　Ibid., 152 (emphasis in original).

论过程,在允许的范围内选择一项政策"。³⁶然而博格指出,这类情况不同于严格意义上的纯粹程序正义;因此,我们提出使用限定词"准"。虽然在许多情况下,从其适用对象的角度来看,立法可能是纯粹程序正义的实例,但这并不意味着立法者有权以这种方式对待立法。在(不合格的)纯粹程序正义的情况下,例如用掷骰子决定一个公平赌注的结果,执行该程序的人没有必须要注意的关于结果的独立原则。然而,立法者"必须本着诚信的原则并尽其所能",以取得符合正义要求的结果。³⁷

现在,我们将解释准纯粹程序正义的立法特性如何有助于理解宪法原则的效力,以及它们与正义要求之间的关系。

三、对投射性正义判断的宪法规制

基于对第二和第三阶段的上述理解,我们可以看到这两个不同的阶段需要不同的投射性判断。第一,在制定宪法时,必须做出一个判断,对于社会而言,这部宪法而不是那部宪法最有可能实现并确保正义的要求。该阶段唯一的限制因素是政治哲学所决定的正义的一般要求。

第二,在立法中,立法者必须做出判断,以这种形式而不是那种形式颁布的法律,凭借其所规定的义务、允许或禁止的交易等,最有可能实现并保障正义的要求。然而,还存在其他限制:特别是立法必须符合宪法的要求。³⁸这有两个原因。

36　Rawls, n. 18, 362.

37　Pogge, n. 9, 153. 博格在这里说的是审判者而不是立法者,但角色的不同不影响对角色所要求的理解。

38　Rawls, n. 18, 198; Rawls, n. 25, 340. 然而,罗尔斯并没有对上文所述原因进行详细阐述。相反,他强调下文所述原因,参见注39。

第一个原因是我们在前面讨论《两个规则概念》时提出的观点：立法者是在参与宪法所确立的制度实践。因此，立法者只能通过参照构成和约束这种实践的规则，包括宪法规则，来正当化其立法决定。(这些规则并没有穷尽行使立法权所应考虑的事项；正如我们所见的，立法者也必须做出投射性判断。)

如果上述有关功利主义正当化框架所引发的不稳定性可能在我们正考虑的立法背景中产生，那么这个理由就无法适用了。然而，第二个原因解决了这个问题。正如我们所看到的，立法往往是一个准纯粹程序正义的过程。但是，这一主张只有在受宪法约束的人有理由以这种方式对待它时才能得以成立，而事实上，只有宪法基于上述原则制定，成为最有可能保障特定社会正义要求的宪法时，这才能得以实现。因此，脱离宪法要求的立法者的决定，就无法成为准纯粹程序正义的结果，也就无法成为正义制度安排的结果。故而，如果宪法本身已经以正确的方式制定，那么立法者就不会有正当的理由违背宪法。[39]

宪法主要可以通过两种方式来约束立法者的决策。一是为有效立法制定法律上可执行的规则。这就是罗尔斯设想一部保护基本自由的宪法，[40] 以及博格设想将其扩展到保护分配正义某些方面

---

[39] 罗尔斯和博格都给出了第三个理由，但这取决于对正义要求以及宪法应如何实施这些要求的特别理解。在罗尔斯的理论中，主张和尊重基本自由（包括政治自由，如选举权和被选举权）比任何可能通过违宪立法获得的分配正义上的收益都具有"字面优先性"，参见：Rawls, n. 18, 302。因此，由于一部正义的宪法将规定并保障这些基本自由，在追求分配正义的过程中背离其要求，将在字面上违反在先的正义要求，故而不能通过主张正义要求使其正当化，参见：Ibid., 87, 199; Pogge, n. 9, 157-8。

[40] 例如参见有关立法自由的"宪法限制"的讨论，以及随之而来的有关言论自由司法审查的大量讨论：Rawls, n. 25, 337-9, 342-56, 359-63。

的方式。⁴¹ 二是通过塑造公共理性的范围。罗尔斯所称的公共理性（public reason），指的是发生在公共领域中的政治辩论，因此致力于呼吁（而且仅限于）该公共领域共享的原则和理念。⁴² 在《正义论》中，罗尔斯以否定的方式提出了公共理性的宪法角色，通过指出公共理性中某些资源的缺失，帮助解释立法如何成为一种准纯粹程序正义的实例："那些不同意（立法）决定的人，不能令人信服地在公众正义观念框架内确立自己的观点。"⁴³ 在《政治自由主义》中，公共理性也被视为宪法约束立法决策的一个积极来源："在每一个阶段，合理的框架比理性更重要",⁴⁴ 这就是说，立法者在追求他们所承诺的目标时，认识到在这样做时，他们必须提出公平的社会合作条件，正如一部本身基于它将最好地确保正义所需结果而制定的宪法所规定的那样。⁴⁵

41　他认为，公平的机会平等和体面的社会最低保障应该像基本自由一样受到宪法的保护，因此同样也应该通过立法来限定什么是被允许的，参见：Pogge, n. 9, 158-60。在后来的作品中，罗尔斯似乎接受了这个关于社会最低保障（但不是公平的机会平等）的观点，参见：Rawls, n. 25, 228-9。

42　因此，公共理性排除了对属于特定宗教或道德观的、无法得到社会全体（和各类）成员赞同的原则或理念的诉求，参见：Rawls, n. 25, 10。为了更全面地讨论公共理性概念，参见：John Rawls, 'The Idea of Public Reason Revisited', in *The Law of Peoples with 'The Idea of Public Reason Revisited'* (Cambridge, MA: Harvard University Press, 1999)。

43　Rawls, n. 18, 362. 在这部作品中，公共理性的概念并没有以其充分发展的形式出现，但正如引用的段落所指出的，它是以一种原型的方式出现的。

44　Rawls, n. 25, 349. 关于合理的与理性的对比，另参见第48—54页。

45　然而，罗尔斯并不总是明确宪法原则的这一作用。例如，他说，"有了这两项正义原则，我们可能有一个普通上诉法院来解决在当前和可预见的社会环境下产生的财产问题。"参见：Rawls, n. 25, 339。有关"普通上诉法院"的提法是对公共理性概念的一种暗示；但在将公共理性直接与抽象的政治哲学原则联系起来时，罗尔斯忽略了他在十页后所述的宪法原则之调和作用。

四、税基选择的宪法规制

我们现在可以看到,税基的选择对正义来说不仅仅是纯粹的工具性意义。在某些情况下,宪法可能包含有关税基的明确禁止或命令性规定,在这种情况下——在立法阶段制定税收政策的细节时——立法者将有来源于宪法的正义理由选择一种税基而不是另一种。[46] 在征税需要由宪法明确授权的情况下,[47] 也可能产生有趣的定性问题,[48] 特别是当存在与征税权并行的宪法规制,例如与强制取得财产有关的限制。[49]

然而,本章余下部分的重点是那些让宪法确立了影响特定社会公共理性内容的原则,从而型塑了支持或反对某种特定税基选择之理由的案例。

一个简单的例子可以说明这种可能性,那就是关于资源税的政治辩论,它发生在宪法中的国家财产条款(patrimony clause)规定国家的自然资源是国家(和/或其人民)财产的社会中。[50] 这种条款的

---

[46] 例如《意大利共和国宪法》第53条:"所有人均须根据其纳税能力负担公共开支。税收制度应遵循累进税率原则。"见 https://www.senato.it/documenti/repository/istituzione/costituzione_inglese.pdf。《西班牙宪法》第31条:"全体公民视经济能力并通过以平等和累进原则制定的公正的税收制度为维持公共支出做出贡献,这在任何情况下都不落入征收的范围。"见 https://www.constituteproject.org/constitution/Spain_2011.pdf。

[47] See e.g. *Australian Constitution*, s 51(ii); *US Constitution*, Art. I, Section 8, Clause 1.

[48] See e.g. *National Federation of Independent Business v Sebelius* 567 US—(2012), 132 S.Ct 2566.

[49] See e.g. *Australian Constitution*, s 51(xxxi); *United States Constitution*, Amendment V.

[50] 例如《菲律宾共和国宪法》(1987)第XII(2)条:"一切公有土地、水域、矿藏、煤、石油和其他矿物油,一切潜在的能源、渔场、森林或树林、野生物、动植物和其他自然资源都属于国家所有……对自然资源的勘探、开发和利用(转下页)

存在及其确立的原则将意味着,在该社会的公共理性中,关于资源税作为税基组成部分是否合适的一些观点具有更大的分量,为支持特定税基的选择提供了更有力的正义理由。

例如,可考虑澳大利亚未来税收制度报告(以其主要作者的名字命名,被称为"亨利评论")为支持资源租金税,而非基于产量的特许权使用费所提出的两个论点。[51] 第一个论点认为,基于产出的特许权使用费抑制了投资,因为它们不允许扣除生产成本。这一论点完全诉诸经济效率,将税收政策问题视为纯粹的工具问题。因此,它不会倾向于得到宪法原则的支持。第二个论点是,澳大利亚政府"作为代表社会的自然资源所有者……应该寻求从资源开发中获得适当的回报",[52] 而且以产出为基础的特许权使用费"在盈利能力较低或为负值时,从不可再生资源中收取更大的回报份额,而在盈利能力较高的情况下,则收取较小的回报份额",因此往往会体制性地压低澳大利亚不可再生资源的价格。[53] 在国家财产条款项下,这第二个支持特定税收工具的论点将从宪法上基于公共理性的考量获取效

(接上页)应置于国家的全面控制和监督之下。"见 http://www.gov.ph/constitutions/the-1987-constitution-of-the-republic-of-the-philippines/the-1987-constitution-of-the-republic-of-the-philippines-article-xii/。《印度尼西亚共和国宪法》(1945)第33(3)条:"土地、河流以及矿藏均为国家所有,并最大限度地用来为人民造福。"见 http://www.parliament.am/ library/sahmanadrutyunner/indonesia.pdf。《挪威王国宪法》(1814)第110b条:"每个人都有权生活在一个健康的、能维持生产和多样性生活的自然环境中。自然资源的利用要秉持长远可持续发展的理念,保障后代的资源利用权。为了保障上文所述的权利,居民有权从政府获得有关自然环境以及计划实施或已实施的破坏自然的行为的信息。"见 http://www.constitution.org/ cons/ norway/ dok- bn.html。

51 Commonwealth of Australia Treasury, Australia's Future Tax System Review Panel, *Australia's Future Tax System: Report to the Treasurer*, The Treasury (Canberra: Australia's Future Tax System Review Panel, 2009) (hereafter 'Henry Review'), Part 2, 222.

52 *Henry Review*, n. 51, Part 2, 219.

53 Ibid., 226.

力。(尽管澳大利亚宪法中没有这样的条款,但提到澳大利亚政府是"代表社会的自然资源所有者"显然是在诉诸此类原则。)

五、墨菲和纳格尔不同意这种分析吗?

上述论证和分析似乎与墨菲和纳格尔的主张一致,即税基的选择纯粹是工具性的:根据我们给出的理由,税基是在一种制度环境下选择的,而这种制度本身又是根据正义的考虑来决定的。我们所要指出的是,非工具性原则对税基选择的可能性有一定影响,是因为非工具性原则在社会公共理性中的地位,税基选择本身只能在这样的制度背景下产生。

虽然这是事实,但我们认为我们提出的观点是重要的。由于宪法不可能构建完善的程序正义体系,将正义的宪法视为实现纯粹程序正义机制的结果上的需要,宪法对公共理性内容的规制,以及它对公共理性内容的影响,都对立法正义性的论证具有重要的现实意义。毕竟,这些原则在宪法中的存在,以及由此形成的公共理性,是使宪法成为一部正义的宪法的一部分。从阿基米德(Archimedean)的角度来看,我们可以(原则上)观察到,这些原则除了对实现正义结果的贡献之外,没有任何独立的道德力量;但是在政治实践中,没有立法者能够或者称其能够使用阿基米德的这种观点。立法者必须通过诉诸宪法所塑造的正义考虑来证明自己的观点。就宪法原则对税基选择的影响而言,从立法者的角度来看,这些都是非纯粹工具性的对正义的考虑。在《两个规则概念》的模式中,立法者不能离开自己的角色,忽视构成该角色并赋予其内容的原则,而声称是出于正义的原因采取行动(考虑到正义需要通过制度安排的运作结果来理解,而立法者的角色是其中的一个要素)。

第六章　税基正义和所得税案例

第二节　私人权利、平等和正义

　　正如我们在引言中所指出的,我们与墨菲和纳格尔还有一点不同,那就是平等与正义的关系。在本章的剩余部分中,我们将解释这种差异,及其如何——根据上述分析——提供一个进一步的理由,认为税基的选择对正义而言不仅仅有工具性意义。我们重点关注的是墨菲和纳格尔有关在税收结构之前没有财产权的主张。在这一节中,我们首先考虑如何在罗尔斯的框架内理解私人权利,然后将论证有充分的理由认为,在正义的宪法中,至少私人权利的某些方面或要素将受制于宪法原则。在第三节中,我们将考虑这些原则对税基选择的影响。

一、私人法律权利在正义制度安排中的地位

　　罗尔斯明确把私人权利视为正义社会的一个重要因素。除了拥有被罗尔斯归为任何正义制度安排都必须尊重的基本自由的私人财产权(但不一定是经济上的生产性财产),[54] 罗尔斯将"充分利用自由竞争市场体系"视为满足正义要求的最佳途径。[55] 自由市场体系依赖于与所有权和资产交换有关的私人权利,以及反对各种形式的欺诈、胁迫等的权利。[56] 在前面的章节中,我们假定,一部基于正义制定的最好的宪法(尽管如此,不可避免地是不完美的)可能会确立

54　Rawls, n. 18, 61; Rawls, n. 25, 298.
55　Rawls, n. 25, 364; see also Rawls, n. 18, 87, 282.
56　对于后一类规则的讨论,参见:Rawls, n. 25, 268.

与私权有关的原则,例如有关强制取得财产的规定,或者将自然资源的所有权归属于国家或人民的国家财产条款。

目前尚不清楚的是,在广义上的罗尔斯正义观中,私权的基础是什么。罗尔斯写道,"除了受到各种宪法条款保护以外的……所有法律权利和自由……都将在立法阶段根据两项正义原则和其他相关原则加以具体规定。"[57] 这表明罗尔斯只是理所当然地认为,法律规定的权利和自由,大概就包括私人权利。(这也加强了我们的上述观点,即宪法原则对公共理性的内容有重要意义。)

这样看来,作为正义社会整体制度安排的组成部分,私人权利必须得到允许,并且只能以服务于正义目的的方式进行构造。[58] 在最近的一篇文章中,舍弗勒表示担忧,认为这意味着在这样一个框架内,私法的自治或准自治领域将缺乏基础:

> 如果合同法和私法的其他领域属于基本结构,而基本结构受……正义原则的规范,那么这些原则如果不要求这些法律领域以实现[分配正义]最大化的方式进行调整,它们如何指导或约束私法的设计呢?[59]

---

[57] Rawls, n. 25, 338.

[58] 'The Basic Structure as Subject', reprinted in n. 25, 268-9. 这篇文章中的一段话有时被解读为暗示罗尔斯持相反的观点,例如参见:Pogge, n. 9, 23; Liam Murphy, 'Institutions and the Demands of Justice', 27(4) *Philosophy & Public Affairs* (1999) 251, 258; Kevin A. Kordana and David H. Blankfein Tabachnick, 'The Rawlsian View of Private Ordering', 25 *Social Philosophy and Policy* (2008) 288, 295-8. 我们赞成这样一种观点,即对罗尔斯或至少他所运用的"基本结构"概念的最好解释是,它包括私法规则。我们与以下文章持相同的结论:Pogge, n. 9, 23-4; Murphy, n. 58, 261; Kordana and Tabachnick, n. 58, 297-8; Scheffler, n. 16, 218-20。

[59] Scheffler, n. 16, 225;另参见第227—229页、第232页的讨论。

第六章　税基正义和所得税案例

解决这一问题的一个可能的答案是确定其他非经济的正义原则，这些原则可能支持在一个正义的社会中存在一个私人权利的制度安排。罗尔斯认为，至少在某种程度上，自尊的重要性可能提供了这样一个基础。[60] 然而，在本章中，我们将不继续讨论这个建议。相反，我们希望考虑第二种方式来理解私法在广义上的罗尔斯式正义观中的地位。

这种替代方法再次从《两个规则概念》的基本思想开始。在一个正义的制度安排中，私法规则的框架将被证明是合理的，因为它们总体上有助于产生正义的结果。但这并不意味着私法规则本身就要求执行这些规则的人考虑它们所追求的结果的正义性。罗尔斯从法律规则的实用性角度提出了这一点：

> 背景正义的必要条件可能会被破坏，即使没有人采取不公平的

---

[60] Rawls, n. 25, 298 ("个人财产的持有和专用权……[以便] 为个人的独立和自尊提供充分的物质基础"), 318 ("自尊根植于我们作为一个充分合作的社会成员的自信，能够追求有价值的善的概念")。有点奇怪的是，罗尔斯在《万民法》中捍卫了作为国际正义主体的人民的基本地域特征，并将国家领土与财产相比较，并认定每个人都享有基于共同文化和历史意识的正当自尊感，但并不诉诸自尊的价值来占据这一领土。相反，罗尔斯说财产（个人层面）和领土（集体层面）都是合理的制度，因而需要确保某个特定代理人（个人或集体）有责任保证这些财产不变质。参见：Rawls, n. 42, 8, 29, 34–5, 38–9, 47–8, 61–2。关于某些财产要求可能是基于它们对集体自尊的贡献的意见，参见：Lael K. Weis, 'Resources and the Property Rights Curse', 28(1) *Canadian Journal of Law & Jurisprudence* (2015) 209, 233; Patrick Emerton, 'International Economic Justice: Is A Principle Liberalism Possible?', in Sarah Joseph, David Kiley, and Jeff Waincymer (eds), *The World Trade Organization and Human Rights: Interdisciplinary Perspectives* (Cheltenham: Edward Elgar, 2009), 160, note 129。关于（非罗尔斯式的）进行私人法律交易对个人自尊的重要性的讨论，参见：Patricia J. Williams, 'The Pain of Word Bondage (a tale with two stories)', in *The Alchemy of Race and Rights* (Cambridge, MA: Harvard University Press, 1991), 146, esp. 146–51。

行为，也没有人知道许多单独交易的总体结果如何影响其他人的机会。并没有可行规则可以实际要求经济代理人在日常交易中遵守以防止这些不良后果发生。[例如，]要求父母根据他们估计的实际遗产总数对下一代的影响调整遗产显然是不明智的，更不用说别的了。[61]

相反，应该是"在基本结构和直接适用于个人的规则之间存在着一种制度性的劳动分工……并在特定交易中得到遵循"。[62] 我们认为罗尔斯在这里提出的观点与我们上述关于税务局的观点非常相似：实现正义结果的最佳方法并非强制经济主体在作出决定时直接考虑经济正义的因素（除了其他因素之外，这难以被评估）。相反，应该设计一套能被经济主体有效遵守，且当全社会都遵守其时能产生正义结果的规则体系。[63] 这也是为何私法获得了相对不受直接正义考量影响的自主性。实际上，只有当颁布私法规则的大多数立法都是准纯粹程序正义的时，这种自治程度才会提高。

---

61 Rawls, n. 25, 266, 268.

62 Ibid., 268-9.

63 舍弗勒提出了很多相同的观点，但他注意到罗尔斯所主张的"劳动分工"与其在《两个规则概念》中提出的技术分析性区别并不相同，他并没有指出它依赖于那篇论文中提出的证明一种实践与证明根据实践采取的行动之间的区别，参见：Scheffler, n. 16, 220, note 10。克朗曼确实阐述了这一点，援引了《两个规则概念》，但特别提到了裁判者的作用：
> 没有理由认为法官或其他任何人能够正确地评估特定交易的分配结果……但是即使有人同意……在特定案件中，法官和其他负责监管私人交易的人应当适用既定的法律规则，而不论其分配结果如何，这并不意味着在交易规则体系的初始设计或新规则的选择阶段也应忽略分配效果……

Anthony T. Kronman, 'Contract Law and Distributive Justice', 89 *Yale Law Journal* (1980) 472, 501, note 64.

第六章 税基正义和所得税案例

利亚姆·墨菲批评了这种"劳动分工"的观点,即私法享有(相对的)不受正义考虑影响的自主性:"例如,有可能制定一项实证法,要求公民在日常生活中不断地追求正义。"[64]墨菲接着说,这样的法律"从实践和规范上来说,可能是一个完全没有吸引力的想法,但它是完全可能的"。[65]我们不认为这样的法律是完全可能的。毫无疑问,我们可以设想一个立法机构颁布一项法律文本宣布这种义务,[66]但这并不能确定这样一项法律在以工业经济、参与全球市场、大量和多样化的城市人口等为特征的任何当代社会中是真正可行的。这些类型的社会依赖于官僚性行政结构以及更普遍的角色和责任的划分,才能有效运行。[67]当我们聚焦于私有权利时,这点尤其明显:大多数资产由拟制实体(公司)拥有,这些实体不可能存在于制度规定的一系列角色、义务和权利之外,并且以各种无形资产的形式存在(合同权利、银行账户、股份和其他无形权利)。因此,在制度框架之外对这些事情追求正义的想法是很难理解的(例如,在选择从自己的银行账户中取出钱来为某项事业进行慈善捐赠时,一个人已经牵涉到

---

64 Murphy, n. 58, 262. 墨菲在此基础上同意科恩关于罗尔斯将正义视为制度结构的理想而非个人的理想的批评(注19),参见:264-5, 267, 285。

65 Murphy, n. 58, 262.

66 尽管将可设想性与真实可能性相区分存在争议,例如参见:Scott Soames, *Reference and Description: The Case against Two-Dimensionalism* (Princeton: Princeton University Press, 2005), ch. 9。

67 在这一章中,我们没有考虑这是好是坏(正如韦伯把现代经济秩序描述为"铁笼"一样),参见:Max Weber, *The Protestant Ethic and the Spirit of Capitalism*, Talcott Parsons (trans.) (London: Allen & Unwin, 1930), 181;有一种观点认为,作为秩序特征的制度性角色体系是不公正的系统性根源,参见:Scott Veitch, *Law and Irresponsibility: On the Legitimation of Human Suffering* (Milton Park: Routledge-Cavendish, 2007), esp. chs 2 and 3。与博格认为制度本身是"决定某些社会制度中普遍存在的条件的关键因素"(Pogge, n. 9, 33)不同,我们认为在我们所描述的各种社会中,作为正义考虑焦点的制度具有特别突出的地位。

一系列所有权和监管结构,这对正义有着非常重要的影响)。[68]

在这种情况下,立法者的职责是在他们的日常决策中顾及正义的要求。正如第一节所解释的,这是他们在正义宪法下的角色的一个显著特点。下一小节将讨论就私法而言,正义的立法应在多大程度上受到宪法原则的约束。

二、宪法原则与私法

正如罗尔斯指出的,私人财富的大量集中是对政治自由的威胁。特别是,这导致的权力和影响力的集中程度将威胁损害其他人的选举权、被选举权和参加政治辩论权的价值,往往使这些权利仅有纯粹形式上的意义。因此,必须采取系统性措施,防止这种财富集中,并在其确实出现时有效阻止。[69]公平的机会平等要求官职向所有人开放,而不论其社会出身如何,这也受到了私人财富大量集中的威胁。[70]

私人财富对平等的这一威胁表明,正义宪法的原则将以两种方式影响私法权利的细节。第一,我们可以期待一部包含明确原则的正义的宪法,涉及平等的各个方面,[71]从而在公共理性范围内为私

---

68 墨菲可能并不反对本文提出的观点:在提出"如果人们有义务促进公正的制度,为什么他们没有义务促进公正制度所要追求的事物"的问题之后,他回答说"一个错误的答案是,促进平等或幸福的最有效方式是促进公正的制度。这是错误的,因为如果它是正确的,任何人都应该给出这个答案",因此没有任何理由认为制度在实现正义方面有特殊地位,参见:Murphy, n. 58, 280, 271。一个更好的答案可能是,公正的制度是促进公正制度所追求事物的唯一或唯一实际的方式。
69 Rawls, n. 18, 224-6, 277-9; Rawls, n. 25, 326-8.
70 Rawls, n. 18, 73, 87, 278; Rawls, n. 25, 266.
71 当罗尔斯否认公平的机会平等是"宪法的基本要素"时(Rawls, n. 25, 228-30),他似乎想到的是上述第一类宪法功能(即建立确定立法有效性的规则),而不是第二类(即建立体现社会公共理性的原则)。

要素（财产、合同、拟制实体及其所涉法规）提供支持，防止或至少减少这类私人财富集中的出现。第二，如果政治制度被合理地视为准纯粹程序正义的一个实例，那么它就必须受到保护，免受寡头的俘获。因此，维护宪法本身正义的需要在公共理性的范围内为制定有助于建立和维护平等的私法提供了支持。

任何宪法原则的明确细节，以及在某一特定社会的公共理性中作为准纯粹程序正义的实例维持政治制度的要求，自然会因社会差异而有所不同，反映出其独特的历史和实践。我们也可以期待一部包含更多涉及私法事务原则的正义宪法，这些原则系统性地影响到大多数人的福利，而其在各个社会中的细节又会有所不同。没有理由期望这些原则的相关性和运作局限于税收政策和立法。例如，规制劳动合同的法律规则很可能是另一个经常出现的例子。因此，如果宪法表达或包含了一项关于工薪阶层有权获得体面工资或分享工业成果的原则，这将在该社会的公共理性范围内为规定最低工资的立法提供支持。[72] 同样或类似的原则也可能支持规制劳动合同其他方面的立法，例如规范不公平解雇的规则。[73]

三、税收对正义的贡献

我们之所以提到宪法原则可能影响私权的内容和限制的其他可

---

[72] 例如参见《挪威王国宪法》（1814）第110条："为每一个有劳动能力的人创造能够自食其力的条件是国家义不容辞的责任。"《澳大利亚联邦宪法》（1901）第51条涉及"防止劳资纠纷的调解和仲裁"，从而为制定最低公正工资制度奠定了宪法基础，这一制度从著名的"Harvester"判决（*Ex parte HV McKay* [1907] 2 CAR 1）开始运作，直到1996年，澳大利亚开始采用其他制定最低工资的机制。

[73] 有关这类例子和通过适用私法实现罗尔斯式正义的讨论，参见：Kronman, n. 63。

能方式,是为了强化我们的观点,即税基的选择对正义而言具有非工具性的重要意义。确保财政收入用于分配目的,从而确保正义的福利结果的工具性目的,至少可以部分地通过其他手段来实现。但正如第三节所指出的,税收——尤其是所得税——对于防止私人财富过度集中至关重要。

我们认为,墨菲和纳格尔未能探讨宪法原则与私权之间的这种相互作用,因而未能注意到倾向于一种或另一种税收设计方法的原则性理由,是由于他们分析中的两个弱点。

第一,他们针对私人财富过度集中造成的政治不平等问题,建议更好的解决办法是改革竞选资助制度,而不是税收。[74]然而,对竞选资助的监管可以采取两种形式。如果它是通过立法制定的,那么所宣称的正义性在一定程度上取决于其是否根据通过准纯粹程序正义制定的正义宪法而产生;而且,正如我们所称,这取决于限制私人财富的集中。税收是实现这一目标的一种途径。或者,如果竞选资助本身受到宪法规制,或至少受到宪法所规定的原则指导,那么,我们就有了依据宪法原则的私法制度实例(例如广告合同、赠予等)。至少可以想象,这些原则也可能涉及税收设计问题,例如作为社会公共理性的一部分,对向政治组织所作的某些捐赠征税或免税。

第二,他们倾向于将转移支付作为确保福利结果正义的手段。这种偏好表现在他们对转移支付的青睐胜过了社会公共服务[75]以及最低工资。[76]这种偏好使他们将税收的一个重要功能——获取财政收入——视为其唯一的功能,因而又将财政收入的可能功能——实

74　Murphy and Nagel, n. 1, 115.

75　Ibid., 90–2.

76　Ibid., 182–4. 罗尔斯表达了同样的偏好,参见:Rawls, n. 18, 277, 308–9。

现转移支付——视为其唯一的功能。

墨菲和纳格尔振振有词地指出,"改善中下阶层群体的状况最有效的方法是……大幅度增加他们的可支配收入"。[77]提高可支配收入的可行方法是规定最低工资,但墨菲和纳格尔引用了"(在美国)关于提高最低工资的长期争论",并得出结论说,"这似乎是一项只能使最不具有市场化技能的人的收入得到些许提高的措施,因为大幅增长该类收入对经济的破坏性太大"。[78]然而,他们在书中的其他地方指出,对税收和转移支付的经济影响的类似担忧"只能通过参考某种标准来证明税收正义,即一种结果比另一种结果更正义"。[79]我们认为,在拥护最低工资方面也可以作出同样的答复,特别是在注意到最低工资可能有宪法原则上的依据的情况下。墨菲和纳格尔似乎采用了与所得税批评者有相同缺陷的方法(即假设一个自然的前政府国家被政府干预所扭曲,这次以设定最低工资的形式干预)。无论如何,关于最低工资与经济增长的相互作用,目前还没有明确的共识。在经济合作与发展组织的30个成员国中有21个有法定最低工资。[80]在2013年,最低工资标准最高的经济合作与发展组织成员国包括:卢森堡、荷兰、比利时、澳大利亚、法国、爱尔兰、新西兰、英国、加拿大和美国。[81]研究表明,如果最低工资没有定得太高,就不一定

77　Murphy and Nagel, n. 1, 182.

78　Ibid. See also Murphy, n. 58, 260. 墨菲对如下主张表示怀疑,即通过规定哪些种类的合同是被允许的来追求正义将与税收和转移支付一样高效或不夸张。

79　Murphy and Nagel, n. 1, 92.

80　John Martin and Herwig Immervoll, 'The Minimum Wage: Making it Pay', 261 *OECD Observer* (May 2007), 11, 12.

81　OECD, 'StatExtracts — Real Minimum Wages' (26 March 2015), http:// stats.oecd.org/ Index.aspx? DataSetCode=RMW.

会阻碍经济增长和就业。[82]

将最低工资作为基于税收的转移支付的替代办法，也可能在这两种正义机制如何相互作用方面形成假象。例如，稳健的最低工资标准的存在，并不意味着仅仅因为福利正义问题已经以另一种方式得到解决而不再需要征税了。除了支持转移支付，税收可能还有其他重要职责。除了财富税对政治和公民平等的贡献外，税收还可以为社会公共服务提供资金保障。最近的研究表明，"市场前分配"（即教育和健康政策）甚至比增加可支配收入似乎更有利于促进经济增长和减少不平等，因为这样才能最大限度地发挥人口的人力资本潜力。[83]钦加诺认为：

> 政府转移支付在保证低收入家庭不会在收入分配中进一步倒退方面发挥重要作用。这不仅限于现金转移支付。这一支柱的其他重要内容是促进和增加获得公共服务的政策。这涉及诸如高质量教育或获得健康的服务。这些措施立即消除了由现金收入造成的不平等，但它们进一步构成了一种长期的社会投资，以促进向上流动性，并在长期内创造更充分的机会平等。[84]

82　Martin and Immervoll, n. 80, 12. 研究还表明，这不仅仅是一个设定最低工资率的问题，还要考虑税收和转移支付之间的相互作用。例如，通货膨胀和税收，再加上社会保障福利的取消，会抵消最低工资的许多收益。

83　Jonathan D. Ostry, Andrew Berg, and Charalambos G. Tsangarides, 'Redistribution Inequality and Growth', *IMF Staff Discussion Note* SDN 14/ 02 (April 2014), https://www.imf.org/ external/ pubs/ ft/ sdn/ 2014/ sdn1402.pdf, 5.

84　Frederico Cingano, 'Trends in Income Inequality and its Impact on Economic Growth', *OECD Social, Employment and Migration Working Papers* 163 (OECD Publishing, December 2014), http:// dx.doi.org/ 10.1787/ 5jxrjncwxv6j-en, 29.

钦加诺的结论是,"有助于限制……或者——理想情况下——扭转在长期加剧不平等的政策,不仅会使社会更公平,而且会使社会更富裕。"[85]

第三节　税基的正义

几个世纪以来,人们对税基的选择相对稳定,主要的竞争项是财富与资源、消费和收入。不同制度和社会的税收重点随着时间的推移不断改变,从早期制度倾向于对资源和财富(主要是以土地的形式)征税,到主要针对交易(消费)征税,再到20世纪许多发达经济体主要对收入征税。大多数现代税收制度都包含上述三种税基的组合,正如下文的讨论所揭示的,每种税基之间都有一定程度的重叠。

我们同意墨菲和纳格尔的观点,即最终证明税收合理的是它对正义结果的贡献,无论是再分配意义上还是更广泛意义上。但是,正如我们所提及的,对正义的考虑,特别是对由宪法原则及其在社会公共理性中的作用反映出来的正义的考虑,意味着税基的选择不是纯粹工具性的。在前面的章节中,我们指出,正义宪法中可能存在政治平等和公平的机会平等之原则,以及维护宪法正义性(从而维护立法的准纯粹程序正义)的要求,都支持将财富作为征税对象的观点。利用大量税收提供的财政收入来提供社会服务,是回应不平等对正

---

[85] Cingano, n. 84, 28. 奥斯特里等人把这些政策称为"双赢"政策,既有利于经济增长又有利于平等的政策,而不是两者之间的取舍,参见:Ostry, Berg, and Tsangarides, n. 83, 5。

义造成的威胁的另一个重要机制。因此,有原则性理由支持同样向财富征税,以提供财政收入。正如我们现在将要讨论的,实际上这意味着对所得征税。

对于发达经济体来说,一个多世纪以来,在获得财政收入方面,没有哪一税种能超过所得税。本节其余部分以关于所得的海格-西蒙斯(Haig-Simons)定义作为分析的切入点,说明与其他税基相比,所得税在增加财政收入和对财富征税方面具有优势。第四节将探讨所得税在全球化经济中因受纳税人试图通过避税和逃税、税基侵蚀和利润转移等活动来尽量减少或避免其所得税义务的影响而面临的前景。

一、通过对所得征税来向财富征税

经典的海格-西蒙斯定义指出,所得(income)等于在一段时间内的消费(consumption)加上储蓄(savings)(即净财富的增加)。[86] 简单地说,如果我们假设投入必须等于产出,那么所有的财富或所得要么花掉,要么储蓄起来。[87] 人们从这个公式中可以立即看出,所得包含了财富和消费的其他主要基础。

如果我们转换这个等式,即消费等于收入减去储蓄(在一段时

86　Robert Murray Haig, 'The Concept of Income— Economic and Legal Aspects', in Robert Murray Haig (ed.), *The Federal Income Tax* (New York: Columbia University Press, 1921); Henry Simons, *Personal Income Taxation: The Definition of Income as a Problem of Fiscal Policy* (Chicago: University of Chicago Press, 1938), 49.

87　Edward J. McCaffery, 'Three Views of Tax', 18(1) *Canadian Journal of Law & Jurisprudence* (2005) 153, 155. 正如我们在本节后面阐述的那样,被储蓄而不是被花费的财富包括可以以各种方式使用、拥有超过其所代表的潜在市场消费价值的资产。还应注意的是,从正义的角度来看,"消费"财富的一个重要方式就是通过赠与或继承将其传承下去。

间内）。[88]这揭示了所得税和消费税之间的关键差异，这一差异引发了两种税基各自支持者与反对者之间的对立：消费税如果不能对财富征税，显然对控制和获取经济资源的人有利。然而，可能有人认为，作为两种不同税基的收入与消费之间的差异被夸大了，而且主要是时间问题。[89]消费税将对促进消费的财富征税。如果以一生的时间衡量税收，那么对于那些一辈子消费等于所得的人来说，以消费为税基，还是以所得为税基，原则上效果是相同的。[90]然而，与财政政策中的大多数事情一样，这种声称所得税基与消费税基"终生相等"的说法是有争议的。

我们假定读者熟悉这样一个众所周知的问题，即所得税根据消费时间将对这些理论上相同的税基不平均地征收：因为它对储蓄征税两次——一次是在挣来的时候，另一次是储蓄因投资而增值的时候——它偏向于当前消费而不是未来消费，并且由于这种"非中立性"，扭曲了与生产、工作、储蓄和消费有关的决策。另一方面，消费税只会扭曲与工作相关的选择（因为通过增加商品成本，这会抑制消费从而抑制工作），但对于与储蓄和生产相关的选择，消费税却是

---

[88] John R. King, 'The Concept of Income', in Parthasarathi Shome (ed.), *Tax Policy Handbook* (Washington, DC: IMF, 1995), 117. 消费的这一定义可能存在争议，有人认为消费是指从"社会池"中提取一项资产，而不是通过放弃经济权力而产生的效用，参见：Harry Grubert and Richard Krever, 'VAT and Financial Services: Competing Perspectives on What Should be Taxed', 65(2) *Tax Law Review* (2012) 199, 199–204。

[89] 正如海格-西蒙斯定义所揭示的，时间对收入的计算至关重要。"收入的计量意味着将消费和积累分配到特定时期"，参见：Philip Burgess Simons, Graeme S Cooper, Richard J Vann, Miranda Stewart, and Richard E Krever, *Cooper, Krever & Vann's Income Taxation: Commentary and Materials*, 7th edn (Pyrmont, NSW: Thomson Reuters, 2012), 7。

[90] 国际货币基金组织认为"对消费征税等同于对积累的资产和劳动收入征税"，参见：IMF, *Fiscal Exit: From Strategy to Implementation, Fiscal Monitor November 2010* (Washington, DC: IMF, 2010), 80。

中立的（因为它忽略了所有的收入，直到支出/消费）。事实上，所谓的消费税在消费选择时间上的中立性，是支持消费税的关键特征之一，因为个人选择以后消费（通过现在储蓄）不会像在所得税下那样受到惩罚。[91] 对储蓄的双重征税被广泛认为是良好税收设计所憎恶的，不仅低效（因为它会导致扭曲），而且不公平（因为它只根据消费决策的时机，在终生所得方面惩罚处于相同地位的纳税人）。然而，我们不接受这一共识。

1. 所得税所谓的不公平

认为所得税不公平因而反对它的理由，在于其宣称的终生所得衡量方法的优越性和永久所得假设。《亨利评论》提供了一个例子：[92]

> 更青睐于终生长期储蓄的根本原因是所得税对储蓄的偏见，特

---

[91] 关于所得税和消费税划分的经典总结，例如参见：William Andrews, 'A Consumption-Type or Cash Flow Personal Income Tax', 87(6) *Harvard Law Review* (1974) 1113; Alvin Warren, 'Would a Consumption Tax be Fairer Than an Income Tax?', 89(6) *Yale Law Journal* (1980) 1081。布朗金等人指出"所得税可以被视为预付的消费税，而消费税、增值税与零售税一样可以被视为事后支付的消费税"，并拒绝对储蓄征收所得税，理由是它"扭曲了纳税人的跨时期消费分配"；他们接着在实证基础上对收入税和增值税之间的等价性提出异议，参见：Tomer Blumkin, Bradley J Ruffle, and Yosef Ganun, 'Are Income and Consumption Taxes Ever Really Equivalent? Evidence from a Real-Effort Experiment with Real Goods', 56(6) *European Economic Review* (2012) 1200, 1201。还有一个众所周知的争论，即收入或消费是否是衡量福利的一个或多或少可靠的指标，我们将不在这里讨论：Alvin Warren, 'Would a Consumption Tax Be Fairer Than an Income Tax?', 89(6) *Yale Law Journal* (1980) 1095–7。

[92] *Henry Review*, n. 51, Part 1, 32 (emphasis added). 关于通货膨胀收益的征税，公共财政文献普遍认为，理论上所得税和消费税都不对通货膨胀性收益征税，参见：Daniel N. Shaviro, 'Replacing the Income Tax with a Progressive Consumption Tax', 103, *Tax Notes* (5 April 2004) 91, 101。所得税下的通货膨胀收益税只发生在澳大利亚所得税税率没有指数化的情况下，这主要是由于行政或政治上的权宜之计，使财政收入是基于名义收入增长而不是实际收入增长。

别是长期储蓄。对储蓄收入征税,包括对通胀收益征税,可能会对选择推迟消费和储蓄的纳税人造成歧视。一个人储蓄和再投资的时间越长,对未来消费的隐性税收就越大……

与所得相近但储蓄较少的人相比,这些人一生要缴纳更多的税款。 146

支持这一反对理由的是米尔顿·弗里德曼的永久所得假设（permanent income hypothesis）,该假设认为,人们当前的消费选择是基于他们预期的终生所得,而不是他们在某一特定时期的所得,因此储蓄仅仅是一种实现个人终生消费平滑化的手段;例如,通过在中年储蓄来维持退休后的消费。[93]

沙维尔解释了从最优商品税（optimal commodity taxation）文献中所获启发如何加强了终生衡量/永久所得假设。最优商品税认为,征收统一的商品税（对所有市场商品以相同的税率征税）比根据不同商品的价格弹性征收不同的商品税更有效。[94]如果我们假设现在和未来的消费只是两种不同的商品,而且"储蓄决策仅仅反映了由

---

[93] Daniel Shaviro, 'Beyond the Pro-Consumption Tax Consensus', 60(3) *Stanford Law Review* (2007) 745, 750, 763–6; Milton Friedman, *A Theory of the Consumption Function* (Princeton: Princeton University Press, 1957), 20–37; Franco Modigliani and Richard Brumberg, 'Utility Analysis and the Consumption Function: An Interpretation of Cross-Section Data', in Kenneth K. Kurihara (ed.), *Post Keynesian Economics* (New Brunswick: Rutgers University Press, 1954), 338.

[94] 价格弹性指的是一种商品的供求对价格变化的反应程度,因此也即对纳入价格的税收的反应程度。拉姆齐认为,根据商品的相关价格弹性（例如,对如面包等需求弹性小的商品以高税率征税,对棉花糖等需求弹性高的商品以低税率征税）以不同的税率征收商品税是最有效的,参见: F. P. Ramsey, 'A Contribution to the Theory of Taxation', 37(145) *Economic Journal* (1927) 47。阿特金森和斯蒂格利茨指出,事实并非如此,在合理的假设下,对商品平等征税更好,参见: A. B. Atkinson and J. E. Stiglitz, 'The Design of Tax Structure: Direct Versus Indirect Taxation', 6 *Journal of Public Economics* (1976) 55, 56–9, 73–4; Shaviro, n. 93, 760。

终生收入决定的预算内的商品选择",那么与同时区分不同类型的商品相比,区分未来消费和当前消费是没有意义的。[95]

如果一项所得税仅仅根据消费选择的时机（因为一个人决定在高收入时期储蓄更多,以便以后花更多的钱,而另一个人决定把所有的钱都花掉）来惩罚那些终生收入能力相等的个人,由此延伸可以看出,横向平等对消费税来说势在必行。事实上,沙维尔进一步借鉴了最优税收和福利经济学分析,以表明:[96]

> 收入平均和消费税的情况密切相关……两者都遵循将终生预算视为区分总效用和边际效用的关键属性,这一立场依赖于永久所得假设,以确定所有等效的终生预算实际上都是相同的。

然而,它们很容易受到同样的反对,这里将探讨其中三个方面。[97]第一,这种方法排除了（或至少难以包含）不确定性和风险。一个人在开始工作时并不知道自己的总体收入是多少,一个预测错误的人不能跨越时空分界线,溯及地改变消费行为,以匹配后来的收入。[98]第二,即使人们能够准确预测未来,为了使模型在实践中得以维持,人们需要完整的资本市场,使人们能够跨时间借贷,以便

---

[95] Shaviro, n. 93, 781, 783. 这没有包括可以替代休闲的商品——例如高尔夫俱乐部——对于这些商品,可能仍然存在提高税率的效率论据,参见:Ibid., 759–60, notes 51, 53; W. J. Corlett and D. C. Hague, 'Complementarity and the Excess Burden of Taxation', 21(1) *Review of Economic Studies* (1953) 21。

[96] Shaviro, n. 93, 780–1. See also Daniel Shaviro, 'The Economics of Tax Law', *Public Law & Legal Theory Research Paper Series Working Paper* No. 14-04, *Law & Economics Research Paper Series Working Paper* No. 14-06 (2014), 20–1.

[97] 全面的评论参见:Shaviro, n. 93, 762–6, 770–7, 781。

[98] Ibid., 772.

（1）将当前收益投资于未来消费，（2）将未来收益用于当前消费，以及（3）根据当前收益的变化，无论可否预期得到，充分且及时地进行调整。只有第一点是完全可能的。[99] 第三，个人无法理性地行为，尤其是在时间评估方面。例如，个人可能目光短浅，采用更高的贴现率以有利于现在而非未来。因此，对当前幸福最重要的不一定是一生的所得，而是当前可用的资源。[100] 正如美国财政部简明扼要地说：

正是本年的所得在很大程度上决定了当前的生活水平和大部分税收的总和。此外，本年的所得通常被认为是比较……不同收入水平的税收负担的最有效基础。[101]

与墨菲和纳格尔税收负担分析的观点类似，反对意见也指出终生衡量模型忽略了税收和财产权在更大制度体系中的地位。终生衡量模型认为一整套制度安排都是理所当然的，比如进行培训以提升收入潜力（因此会暂时减少收入），以及退休，[102] 这些本身就是税收制度所属的经济和社会体系的重要组成部分。[103] 因此，将这些问题视为可以用来对税收安排施加公平约束的非制度性考虑是缺乏逻辑性的。

99　Shaviro, n. 93, 749, 770–7.

100　Ibid., 775.

101　US Department of the Treasury, *Tax Reform for Fairness, Simplicity, and Economic Growth*, vol. 3 (Washington, DC: Office of the Secretary, Department of the Treasury, 1984), ch. 8, 90.

102　在提出终生衡量征税方法时，沙维尔认为人们退休（因此失去了他们的劳动收入）是理所当然的，同时也考虑了人们借钱资助他们的教育的情况。参见：Shaviro, n. 93, 766, 770。另参见：Edward J. McCaffery, 'A New Understanding of Tax', 103(5) *Michigan Law Review* (2005) 807, 815。

103　例如，采猎者不接受他们必须通过借贷而资助的正规教育。他们也不会退休，而只会变老。

还有更多理由并不认为对储蓄的双重征税是反对所得税的理由。如果一个人承认财富及其收益不仅仅代表着为未来消费提供资金的能力，那么就可以在这个基础上支持征收所得税。[104]此外，还有财富的代际转移提醒我们，并非所有的财富都是在一辈子里花掉或消耗掉的。我们和墨菲和纳格尔都认为，这些未花出去的财富不会被征收消费税。[105]

沙维尔认为，即使是永久性递延的消费税（因为财富/收入从未被花费/消费），也会给政府带来价值（可以借用当前负债来为政府服务提供资金），而给储蓄者带来相应的负担（因为未来消费的现值会因现在的，虽还不能支付的纳税义务而降低）。[106]我们因两个原因反对该观点。首先，如果不存在征税或仅有很小征税的可能性，那么将很难观察或量化推迟税收负担的实际价值。目前已执行并已支付纳税义务的价值可能远高于将来无法执行或不以相同税率执行的潜在纳税义务。其次，该观点部分取决于如下断言，即未花费的财富，除了促进未来的市场消费之外，没有任何益处：

> 储蓄和财富……是消费的附属品，因为它们的价值完全来自于这种潜在的用途，而不管实现用途的时间早晚。毕竟，能买到东西就是真钱，这和玩大富翁和生活等棋盘游戏具有本质区别。[107]

---

104 例如，麦卡弗里指出，正是对储蓄的双重征税为美国引入所得税提供了最初的支持，参见：McCaffery, n. 102, 809–10; Edward J. McCaffery and James R. Hines, Jr, 'The Last Best Hope for Progressivity in Tax', *University of Southern California Law School Law and Economics Working Paper Series* No. 92 (2009), 82。

105　Murphy and Nagel, n. 1, 115.

106　Shaviro, n. 92, 103–5.

107　Ibid., 106.

与沙维尔相反,我们认为财富相比消费能力会产生更多的收益。[108]我们对其产生政治权力的能力特别感兴趣。正如罗尔斯所指出的,这种更大的政治影响力本身不仅是对正义的威胁(因为它违背了政治平等),而且使富裕的人能够操纵未来的规则,以隐瞒未来的消费或降低有效税率,从而巩固和加剧这种不正义。[109]更普遍地说,政治权力不仅仅来自消费能力。它在很大程度上取决于投资,从而控制社会生产性资产之使用的能力。[110]

2. 所得税所谓的低效率

如上所述,对储蓄双重征税的批评是针对所谓的效率后果和不公平而言的。为所得税的效率批判提供依据的前提是,当市场在没有政府干预的情况下运行时,经济增长(以及整体福利)才能最好地

---

108 格罗奈维根还认为,留存的财富即使不被消费也能产生效用,因此应按照与消费相同的标准征税:

毕竟,财富所有权提供的不仅仅是收入。它的回报通常更具持久性,因而提供了更多安全感,并且不用牺牲大量休闲时间即可获得,而财富所有权也赋予了社会地位,以及或许更重要的,以更好的条件获得信贷。从一个稍微不同的角度来看……许多重要的个人财富项目可以说是产生了一种经常性的、不像被征收所得税的收入一样容易评估的精神性收入……不论收益如何,对财富所有权征收定期税都能对从住房、汽车、游艇、家具、服装、珠宝等资产以及艺术品、古董、书籍等收藏品中获得的精神性收入征税。

Peter Groenewegen, 'Options for the Taxation of Wealth', 2 *Australian Tax Forum* (1985) 305, 306-7. 同样的观点也出现在下文中:Murphy and Nagel, n. 1, 114-16, 149-50。关于对其财富分析的批评,参见:Kevin A. Kordana and David H. Tabachnick, 'Tax and the Philosopher's Stone', 89(3) *Virginia Law Review* (2003) 647, 673-6。

109 Rawls, n. 18, 86-7, 224-6, 277-8.

110 资产只不过是一种消费权力的来源,这一观点似乎符合某些税收政策理论分析中的一种普遍趋势,即将所有资产视为纯粹的金融资产,而非实物资产。奇怪的是,在讨论财富的好处时,班克曼和魏斯巴赫认为,行使权力除了有助于掌权者的福利之外,不会产生任何重大影响,参见:Joseph Bankman and David A. Weisbach, 'The Superiority of an Ideal Consumption Tax Over an Ideal Income Tax', 58(5) *Stanford Law Review* (2006) 1413, 1449, 1450。

得以实现,因此,税收政策应尽可能对市场运作保持中立。当然,这一点一直存在争议,但至少从20世纪70年代以来,它一直是公共财政领域的主导观点。[111]然而,最近的实证研究已经开始挑战这一共识。这项研究表明,不平等事实上可能阻碍经济增长,特别是当低收入家庭与其他人口之间存在巨大差距时。[112]此外,研究还表明,不仅可支配收入的不平等不利于经济增长,而且再分配(以税收和转移支付的形式)在最坏的情况下对增长也是中性的。[113]

最近的文章也强调了对已实现收益征税(因为高储蓄会抑制工作积极性)、[114]按累进税率对收入征税,[115]甚至对资本收入征税的效

---

[111] See, e.g., Institute for Fiscal Studies, *The Structure and Reform of Direct Taxation* (*Report of a Committee chaired by Professor J. E. Meade*) (London: Allen & Unwin, 1978); Jonathon Gruber, *Public Finance and Public Policy*, 3rd edn (New York: Worth, 2011), 754–6; *Consumption Tax Trends 2012: VAT/ GST and Excise Rates, Trends and Administration Issues* (Paris: OECD, 2012), 11–13.

[112] Cingano, n. 84, 20–2.

[113] Ibid., 19; Ostry, Berg, and Tsangarides, n. 83, 4. 皮凯蒂指出,从1980年到现在,最高边际所得税率的下降,与同一时期最富裕阶层的收入在国民收入中所占份额的增长密切相关,但与一直保持不变的生产增长率没有关系。基于此,他认为降低最高边际税率只是激励了高管们争取更高的工资,而没有相应提高生产率。参见:Thomas Piketty, *Capital in the Twenty First Century* (Cambridge, MA: Harvard University Press, 2014), 509–10。

[114] Shaviro, n. 93, 778, 785. 关于动态公共财政理论的著作,参见:Narayana R. Kocherlakota, *The New Dynamic Public Finance* (Princeton: Princeton University Press, 2010)。另参见:Piketty, n. 113, 527。皮凯蒂提出了一个相关的论点,即对资本征税将激励资本持有人从股本中获得更高的回报(从而支付税款)。那些没有这样做的人不得不将资产变现以纳税,而这些资产将交给那些会将其用于更具生产性用途的人。然而,这一论点不应被夸大,因为(根据皮凯蒂的说法),资本回报在许多方面都是基于市场周期的运气的产物,而不仅仅是基于资本家的才能。

[115] Peter Diamond and Emmanuel Saez, 'The Case for a Progressive Tax: From Basic Research to Policy Recommendations', 25(4) *Journal of Economic Perspectives* (2011) 165, 167–83.

第六章 税基正义和所得税案例

率效益。[116]从本质上讲,这项新的研究表明,对已实现收益征税在经济上是有效的,因为它们是衡量福利/支付能力的更可靠的指标。正如沙维尔总结的那样,所得税比消费税使用更多的信息(因为它使净终生纳税义务取决于储蓄决策,因而取决于相对于收入的消费时间),这是肯定所得税效率的一个原因。[117]

即使在有关扭曲的反对意见保留任何合理性的程度上,我们也同意墨菲和纳格尔的观点,即私人权利"是一套法律和惯例的产物,税收制度是其中的一部分",因此不能以一种与正义税收制度结果相对立的方式建立。[118]如果"扭曲"的反对意见针对的是所得税对经济增长和总体福利的影响,那么我们强调正义优先于总体福利。因此,正如我们所说,所得税不仅仅是为了增加财政收入,而且是为了推进一个正义社会之建立,那么问题就是:尽管与无税世界相比,所得税存在扭曲效果,但它是否符合正义原则,包括支持正义宪法或由其规定的原则?我们认为是这样的。[119]墨菲和纳格尔也肯定了正义优先于边际福利增长,尽管他们仅仅从财政收入可用于再分配的角度阐述了正义的要求,而不是我们所强调的平等问题。[120]

---

116 Diamond and Saez, n. 115, 167–83; Mikhail Golosiv, Narayana Kocherlakota, and Aleh Tsyvinski, 'Optimal Indirect and Capital Taxation', 70 *Review of Economic Studies* (2003) 569, 580.

117 Shaviro, n. 93, 785–6. 沙维尔进一步指出,这使人们对尝试将最佳商品税的结论从同时提供商品的情况延伸到简单地将当前和未来消费时期视为两种不同商品的做法产生了怀疑。

118 Murphy and Nagel, n. 1, 74. 这并不是要否认,正如我们在上文所说的那样,对于与私权有关的正义的考量本身可能在形成公正的税收制度方面发挥作用。

119 甚至布朗金等人在论证消费税比所得税更有优势时,也承认了"分配目标可能会证明所得税的扭曲效应是合理的",参见:T. Blumkin, B. Ruffle, and Y. Ganun, n. 91, 1201。

120 Murphy and Nagel, n. 1, 140–1.

3.对投资收益征税

有人认为,所得税不能有效地对大部分投资收益征税,因为这些收益产生于风险而非无风险收益率,而老练的投资者总是可以调整他们的投资组合来加大其风险以及基于风险的收益,通过对损失的税收减免来抵消新增收益所带来的更高损失风险。[121] 因此,有人声称,与消费税不同,所得税的触发场景仅限于预期无风险收益征税上,而普遍的共识为,这只是储蓄收益的一个非常小的组成部分。[122](尽管沙维尔指出,当涉及超级富豪——长期持有巨额财富——可能会基于财政收入和平等对预期收益征税。[123])

我们无法在本章中充分讨论这些观点,但请注意,它们建立在现实世界中可能并不成立的假设上:(1)所有投资损失可完全扣除;[124]

---

121 Joseph Bankman and Thomas Griffith, 'Is the Debate Between an Income Tax and a Consumption Tax a Debate About Risk? Does it Matter?', 47 *Tax Law Review* (1992) 377; Noel B. Cunningham, 'The Taxation of Capital and the Choice of Tax Base', 52 *Tax Law Review* (1996) 17; Joseph Bankman and Barbara H. Fried, 'Winners and Losers in the Shift to a Consumption Tax', 86 *Georgetown Law Journal* (1998) 539; and see also Murphy and Nagel, n. 1, 117-18; Shaviro, n. 96, 18; Shaviro, n. 92, 100-3. 沙维尔指出,如果这些论点是正确的,那么所得税对储蓄的双重征税所带来的扭曲效应,完全可以归因于它对预期收益的态度,而这种收益不会被消费税征税,参见:Shaviro, n. 96, 18。

122 班克曼和格里菲斯在1992年撰文指出,"在过去的60年里,实际无风险收益率接近于零",而沙维尔在2004年撰文指出,"历史上,实际无风险收益率……每年低于1%",参见:Bankman and Griffith, n. 121, 377; Shaviro, n. 92, 101。班克曼和格里菲斯指出,"在1926—1989年,平均无风险实际收益率只有0.5%",而坎宁安表示,从1926年至1996年,预期实际无风险收益率平均为0.6%,1990年至1996年为1.74%,参见:Bankman and Griffith, n. 121, 387; Cunningham, n. 121, 21。1998年,班克曼和弗里德写道:"多年来,年无风险收益率约为5%",参见:Bankman and Fried, n. 121, 542, note 10。不过,这一数字并未因通胀而调整。

123 Daniel N. Shaviro, n. 92, 103.

124 Bankman and Griffith, n. 121, 398-400; Bankman and Fried, n. 121, 543.

(2)投资者能够以很低或零成本的方式调整他们的投资组合;[125] 以及(3)投资者能够以与不缴纳所得税时相同的价格,在一定风险水平上购买额外的投资产品。[126]

这些观点的一个显著特征似乎与假设(3)直接相关,即在由说明提供的有效实例中,"无税"世界的总预期收益率低于有税世界。[127] 额外的钱从哪里来?它产生于这样一种假设,即对于可供利用的生产性风险资产,纳税人(鉴于其风险承受状况)不会加以利用,除非政府(实际上)作为担保人与其共同投资,以防范某些潜在损失(通过对这些损失的税收抵扣)。[128] 我们可能会怀疑,在现实世界中,

---

125 Bankman and Griffith, n. 121, 397; Bankman and Fried, n. 121, 543-4.

126 Bankman and Griffith, n. 121, 397-8; Bankman and Fried, n. 121, 543. 坎宁安并没有明确指出这一点,但确实假设投资者可以增加某一特定风险投资,而不影响该投资的收益率,参见:Cunningham, n. 121, 30-1, note 54。

127 因此,在班克曼和格里菲斯的例子中(n. 121, 393-5),在没有税收的世界里,将100美元一半用于无风险、无收益投资,一半用于具有相同概率实现100%回报或50%损失的投资,预期结果为150美元或75美元(机会均等),因此预期收益为12.50美元。在一个征收30%所得税的世界上,同样的100美元在无风险投资和风险投资中分别投入28.57美元和71.43美元,同样产生150美元或75美元的预期结果(机会均等),因此预期收益也为12.50美元;但纳税义务也会产生和履行,要么是21.43美元的负债,要么是10.71½美元的应享扣除(机会均等),即政府的预期收入为5.35¼美元。类似地,在坎宁安的例子中(n. 121, 32-4),在无税的世界里,1000美元一半用于无风险投资,收益率为0.6%,另一半用于具有相同概率实现30%收益率或6%亏损率的投资,预期结果为1153美元或973美元(机会均等),因此预期收益为63美元。在一个征收33⅓%所得税的世界上,同样的1000美元在无风险投资和风险投资中分别投入250美元和750美元,预期结果是1151美元或971美元(机会均等),因此预期收益为61美元(预期收益减少2美元相当于对0.6%无风险收益率征收33⅓%的税);但纳税义务也会产生和履行,要么是75.50美元的债务,要么是14.50美元的应享扣除(机会均等),即政府的预期收入为30.50美元。

128 班克曼和格里菲斯用政府成为纳税人投资"合伙人"这一比喻来描述这一点,参见:Bankman and Griffith, n. 121, 394。正是对风险机会的额外投资产生了作为政府税收收入的额外收益,在两个例子中这一点都很容易看出,以下两个(转下页)

这些额外的生产性投资,以及由此产生的额外收益,是否真的存在。[129]

如果所有的投资都是可替代的,比如金融资产,那么假设(2)可能成立,但如果投资是可替代性较差的有形资产,则假设(2)就不能成立。虽然在现代经济中,前者替代后者的能力有所增加(对冲等机制允许将实物资产转换为金融资产,因此更容易改变投资组合),但全球金融危机等事件表明,将所有实物资产转化为金融资产的能力可能不是无限的。

二、财富税的作用

对财富征税不能仅仅通过征收所得税来解决。财富税原则上应该能够发挥重要作用。[130] 问题在于,在实践中,财富税的有效实施和管理被证明是难以实现的。

理论上,对财富征税有很多选择。在实践中,大多数选择都是对财富转移征税,这一税收要求从捐赠者到受赠者的某种特定转移。其中包括针对死者遗产征收的遗产税,或者针对继承人继承的财产

(接上页)比率是相等的:在所得税领域,政府的预期收入(通过税收)与纳税人的预期收益之比;以及投资于风险投资(所得税领域)的额外资金与原始投资(在无税世界)的比率。坎宁安的例子中有一个例外,那就是通过基于无风险收益率的所得税而产生的2美元。

129 坎宁安在讨论一些类似的有关理想化现金流量税(cash-flow tax)的财产时,谈到了这一经济假设,即投资在给定的风险和收益水平下的实际无限性。可能与正确理解投资收益是否被征税有关,他对比了投资者在给定收益率下投资机会受到限制和不受限制的不同情况,参见: Cunningham, n. 121, 26–9。他将这一问题定性为"主要是语义上的"(27),并指出"受到限制的投资情况可能是一个重要的问题",但他表示倾向于这样一种观点,即投资者的机会不受限制,理由是"这既容易理解,又易于应用"(28)。我们认为,在理解所得税对财富征税的范围时,解决班克曼和格里菲斯(n. 121, 397-8)以及班克曼和弗里德(n. 121, 543-4)提出的经验问题必须优先于简化假设。

130 例如,《亨利评论》指出,一项设计良好的遗产税将有助于在社区内更平均地分配机会,从而改善公平,参见: *Henry Review*, n. 51, Part 2, 141。

第六章 税基正义和所得税案例

征收的继承税。这类税收一般要求征收补充性赠与税,以避免生前转让影响税收的运作。[131] 另一种选择是征收附加税,它对个人在其一生中接受的赠与或遗产实行累加征税。[132] 更小众的替代方案包括试图征收年度净财富税。这一提议最新和最引人注目的例子来自托马斯·皮凯蒂提出的对全球资本征收新型税种的提议,该税每年按市场汇率对所有类别的资产征收,并适用累进税率。虽然这种想法在理论上可能有价值,但在实践中,个别国家实施有效的年度财富税一直都很艰难,更不用说征收一种需要全球或至少一定程度区域协调的税种(例如,自动共享银行信息以识别资产及其持有者)。[133] 米德委员会(Meade Committee)提议征收综合的累进年度财富与财产增益税。其目的是在转让时,对通过赠与或继承进行的财富转让的额外收益征税,不仅在当时征税,而且在受赠人有生之年征税(这种税收试图通过用资产现值乘以反映受赠人预期寿命的年份乘数,再加上折扣率,以评估赠与给受赠人的资产的终生价值)。[134]

131　*Henry Review*, n. 51, Part 2, 141, 144.

132　爱尔兰具有此项税收,参见:Ibid., Part 2, 144。

133　Piketty, n. 113, 516–18. 根据皮凯蒂的说法,法国有一项年度财富税,这项税有很多豁免,而且是基于自我申报所持资产这种有缺陷的方法。德国在1997年暂停了类似的税收,瑞典在2005年放弃了类似的税收,参见:Ibid., 645, note 37。

134　赞同的观点参见:Groenewegen, n. 108, 319–21, 323–4;批评的观点参见:Murphy and Nagel, n. 1, 156–7。他们对"累进年度财富与财产增益税"的主要批评是,它不平等地对待一生中被消费的财富和被赠与的财富(在累进年度财富与财产增益税下,只有后者才能获得退税)。然而,如果累进年度财富与财产增益税的主要功能是确保公平的机会平等——正如他们所接受的那样(155)——那么这种差别对待似乎是合理的,因为消费提供了赠与(通常)提供不了的机会。[墨菲和纳格尔似乎只是反对累进年度财富与财产增益税对消费选择的差别对待,但在他们讨论财富税的另一点上,他们拒绝接受"不合理的想法,即税收应该在消费选择中保持中立",认为在受赠人被征税、捐赠人无权扣除且对受赠人所付税款进行补偿作为赠与一部分的情况下,对赠品进行"双重征税"的可能性是无可非议的(154)。]

153　　　所有这些税收都受困于估值和管理困难。[135]此外,许多财富转移税并不能有效地打破财富的集中持有。[136]在一定程度上,这是此类税收在实践中设计和实施的产物。这些税收在政治上不受欢迎,表现在其设计不周,免除了大量资产的税收。这也反映在财富转移税产生的财政收入相对较低:约占经济合作与发展组织成员国税收总额的0.41%。[137]有人认为,这可能是财富税在降低财富集中度方面取得成功的一个标志,如果这是拆分资产以便低于征税门槛的结果。[138]然而,尽管贫富悬殊依然存在,但分割大量财富以及创收来提供社会服务的必要性也仍然存在。鉴于财富税的实践经验和成果,我们建议选择所得作为主要税基。[139]

　　这并不能否认,削弱财富税作为打破财富集中有效手段能力的因素同样也会影响所得税。皮凯蒂展示了有多少现代税收制度已经

135　例如参见下文中的讨论:Groenewegen, n. 108, 311–13, 320。皮凯蒂拒绝一次性征收转让税,因为资本收益的波动使赠品在转让时对于赠予者的价值难以衡量,参见:Piketty, n. 113, 527。

136　Groenewegen, n. 108, 313–14; Willard H. Pedrick, 'Oh to Die Down Under! Abolition of Death and Gift Duties in Australia', 14(4) *University of Western Australia Law Review* (1982) 438, 453. 佩德里克认为,遗产税的象征性存在仍然很重要,参见第454页。澳大利亚在1910年通过了一项累进土地税,以促进大型土地所有权的分割,但这项政策在1952年被废除,"理由是土地所有权发生了重大的再分配",参见:Pedrick, n. 136, 460–1。

137　*Henry Review*, n. 51, Part 2, 143. 格罗奈维根指出,在20世纪60年代,澳大利亚通过遗产税获得的收入高于经济合作与发展组织成员国的平均财政收入,参见:Groenewegen, n. 108, 308。佩德里克在20世纪80年代初撰文指出,遗产税可以从政府收入的1%提高到3%,参见:Pedrick, n. 136, 454。

138　See, e.g. David Duff, 'Taxing Inherited Wealth: A Philosophical Argument', 6(1) *Canadian Journal of Law & Jurisprudence* (1993) 3, 8.

139　罗尔斯主张征收消费税作为增加再分配收入的手段,并指出累进税和财富税的作用不是为了增加财政收入,而是基于平等的理由确保财产的广泛分配而不是集中,参见:Rawls, n. 18, 277–9。财富税的政治和行政挑战使我们转而青睐所得税。

或将要变得对位于收入水平顶端的群体毫无影响。[140]富裕群体能够进行合法的节税（和非法的逃税），以支付远远低于其经济收入1%的有效税率。[141]如果按照应计资源总额的百分比（既来自劳动收入，也包括资本化的遗产）对个人进行分类，税收对富人缺乏效果的结果将会更加明显。[142]然而，我们主张所得税是打破集中财富的首选工具，原因如下。首先，正如皮凯蒂本人所观察到的那样，所得税在过去已经证明了其能够打破财富集中的局面：[143]

证据表明，对非常高的收入和非常大的不动产征收累进税，部分解释了为什么在1914—1945年冲击之后，财富的集中再也没有恢复到"美好时代"的水平。

其次，人们不能高估税收制度化的重要性。所得税已在现代民主国家实施并保持了一个多世纪，这表明了它的持久性。此外，该税种包含了解决这个问题的办法（正如目前的执行包含了毁灭它的种子一样）；正如皮凯蒂本人所言，恢复累进税的一个解决办法是"对一个人的所有收入征税，包括在信托、控股公司和合伙企业中积累起来的收入"。[144]皮凯蒂认为引入未经尝试的税收更简单，但我们不同意。20世纪的征税历史表明，在现有制度（无论有多大缺陷）的基础上发展要比大规模地尝试一项新的提议容易得多。

140　Piketty, n. 113, 496–7.
141　Ibid., 525.
142　Ibid., 497.
143　Ibid., 495.
144　Ibid., 526.

最终，它不必是一个非此即彼的选择。皮凯蒂对全球资本征收的协调税是作为累进所得税和遗产税的补充而提出的，"资本税的主要目的不是为社会国家融资，而是规制资本主义"。[145]虽然采用这三种方法可能会引发双重或三重征税的指控，但每一种都可能以其不完美的方式找到对极为富有者的资源实际征税的方法。皮凯蒂本人强调了累进税对于正义的重要性：[146]

因此，如果现代社会国家要继续存在，基本的税收制度必须保持最低限度的累进税，或者无论如何，它不应变得对高收入阶层过度缺乏效果。

墨菲和纳格尔尽管在描述所得税或消费税与财产税之间的选择时认为这是"纯粹的实用主义"，[147]他们也支持所得税，理由是：

钱就在这里。财富的增长……是经济分配中上层收入的一个非常重要的部分，在政治上对其征税的最可行手段似乎是所得税，而不是财富税或财产增益税。[148]

145　Piketty, n. 113, 518. 皮凯蒂的研究显示了税收作为数据收集工具的价值：目前，我们对超级富豪的真实财富知之甚少，更不用说如何监管他们了，因为我们根本就没有现成的信息。他提议的资本税将是试图识别和分类相关资产的一种方式。

146　Ibid., 497. 皮凯蒂认为累进税有两个作用：首先，通过对极高收入（占收入分配顶端的0.5%至1%）征收80%至90%的没收税，打破不体面和无用的补偿；其次，通过对占收入分配前5%至10%的收入以高税率（50%至60%）征税，为社会国家提供资金（即提供卫生、教育和社会保障）。他声称，这不会对发达经济的增长率产生负面影响，参见：Ibid., 513, 640, note 51。

147　Murphy and Nagel, n. 1, 116–17, and see also 112, 186.

148　Ibid., 186.

因此，他们倾向于所得税而非消费税和财产税的理由与我们的相同：可行性。但他们坚持征收财产税的理由与我们不同。正如引文所示，对他们来说，财富"就是钱的所在"：是产生用于再分配的收入的一部分。这表明，如果可以在不对财富征税的情况下就能产生足够的财政收入（例如，通过增值税的"货币机器"[149]），那么将消费作为主要税基是可以接受的。我们认为，平等作为正义的一个要素的重要性，以及财富税在帮助减少不平等方面的作用提供了支持所得税的原则性理由。

第四节 经济全球化中的税收

本章的最后一节讨论了当前所得税税基面临的挑战。所得税面临的威胁越来越多地出现在全球层面。

在国内层面，某些常见的避税和逃税问题困扰着任何国家的税收，包括专门针对所得税的安排。在纯粹海格-西蒙斯定义的所得税项下，在给定时期内的任何（净）收益都将被征税，无论其是否实现。然而，在实践中没有与此相符的制度，因为"管理上的困难不允许充分执行这项原则"；[150] 例如，纳税人需要流动资金来

---

149 The President's Advisory Panel on Federal Tax Reform, *Simple, Fair, and Pro-Growth: Proposals to Fix America's Tax System* (Washington, DC: US Government, 2005), 192; Michael Keen and Ben Lockwood, 'Is the VAT a Money Machine?', 59(4) *National Tax Journal* (2006) 905, 905; Michael Keen and Ben Lockwood, 'The Value Added Tax: Its Causes and Consequences', 92(4) *Journal of Development Economics* (2010) 138, 139.

150 Richard Musgrave, 'In Defence of an Income Concept', 81(1) *Harvard Law Review* (1967) 44, 59.

支付当前的税负。因此，在实践中，所得税受到实现要求的约束。这导致了许多问题和众多税收筹划机会，即通过推迟收益的实现和/或夸大或提前当前可扣减的亏损来隐瞒收入。这种背离海格-西蒙斯理念的做法导致一些人完全拒绝征收所得税。[151]虽然我们承认这些都是严重的问题，法律的不完善也进一步加重了这些问题，但我们认为这些问题并不是无法克服的。此外，如第四节第二小节所示，消费税自身也面临着合规、行政管理和执行上的挑战。[152]

在全球范围内，资本市场日益全球化进一步助长了长期存在的恶性税收竞争，即各国纷纷降低企业所得税税率和/或企业税税基，以吸引流动资本。除了以避税天堂和/或金融保密法而闻名的法域（如开曼群岛、巴巴多斯、百慕大、英属维尔京群岛、卢森堡和瑞士[153]）之外，可能会看到在制定企业所得税税率上恶性税收竞争的显著实例。经济合作与发展组织成员国的企业税税率从1981年的非加权平均值47.5%降至2013年的25.5%。[154]尽管随之而来的扩大税基（如澳大利亚等国引入资本利得税）意味着税率下调并未导致企业

---

151 参见下文对该问题的详细阐述：Shaviro, n. 93, 787；进一步参见：Andrews, n. 91, 1113。

152 Shaviro, n. 96, 21. 有关增值税的问题，参见：Kathryn James, *The Rise of the Value Added Tax* (New York: Cambridge University Press, 2015), chs 3, 6。

153 Tax Justice Network-Australia, *Who Pays for Our Common Wealth: Tax Practices of the ASX 200* (Tax Justice Network-Australia and United Voice, 2014), 40–1, http://www.unitedvoice.org.au/ news/ who-pays-our-common-wealth.

154 OECD, 'Corporate and Capital Income Taxes', *OECD Tax Database* (2015), Table 11.1, Historic Table 11.1, http://www.oecd.org/ tax/ tax- policy/ tax- database. htm#C_ CorporateCaptial.

税占国内生产总值的比率大幅下降,[155]但是有证据表明,由于经济合作与发展组织成员国的有效边际税率和平均企业税率都有所下降,税基扩大并没有完全补偿税率降低所带来的影响。[156]

无论如何,这个问题比简单强调税率要严重得多,因为如果所有公司实际上都要缴纳25%的所得税,那么也许许多国家就不会陷入财政危机。正如德弗罗和维拉所言,国际税收体系实际上容易引发各国政府之间的竞争,"已经导致税率不断降低,同时也逐渐导致税基的不断减少"。[157]正如下一小节所示,并不仅仅是"被孤立的"税收国助长了这种有害税收实践,使许多跨国企业能够在任何法域缴纳最低税款甚至不纳税。[158]

一、有害的税收实践

近年来,跨国公司的有害税收实践受到越来越多的关注,如税基侵蚀和利润转移(BEPS)行动计划等。从本质上说,跨国公司作如此安排是为了组合利用不同法域的不同税收规则及其基础理念。[159]

---

155 Alan J. Auerbach, Michael P. Devereux, and Helen Simpson, 'Taxing Corporate Income', in James Mirrlees, Stuart Adam, Timothy Besley et al. (eds), *Dimensions of Tax Design: The Mirrlees Review* (Oxford: Oxford University Press, 2010), 846–50; *Henry Review*, n. 51, Part 2, 161. 经济合作与发展组织的公司税与国内生产总值(GDP)的比率在1981年为2.3%,在2012年为2.9%。参见: Revenue Statistics— Comparative Tables, *OECD* (30 October 2015), http:// stats.oecd.org/ index.aspx?DataSetCode=REV。

156 *Henry Review*, n. 51, Part 2, 162.

157 Michael P. Devereux and John Vella, 'Are We Heading Towards a Corporate Tax System Fit for rhe 21st Century?', 35(4) *Fiscal Studies* (2014) 449, 453.

158 有关英、美两国最近修改税法,明确打算引入税收庇护,从而保留国内资本并吸引外国资本的讨论,参见: Devereux and Vella, n. 157, 457–9 (UK), 459–60 (US)。

159 有关跨国避税的某些方面如何源自实现要求的讨论,参见: Shaviro, n. 96, 21–4。

所得税是按来源地征收的（即在生产地征税）。因此，它要求在多个法域间分配产生的收入以实现税收目的。在一个理想的世界里，将会真实地反映出这些法域内的实际经济活动产生的增值。然而，对跨境收入的征税远远达不到理想程度。对跨境收入征税并非基于一个确定跨境收入纳税责任的单一全面的法律框架，而是基于国内税法、双边税收协定、多边条约（如欧盟条例和指令）以及如经济合作与发展组织税收协定范本（作为构建如双边税收协定等其他法律规则的基础，具有高度影响力）等各种软法的结合。[160]这些规则规定了谁有权征税（这需要确定纳税人的居住地和收入来源等）；[161]谁应纳税（根据纳税人的居住身份，以个人实体而非企业集团确定）；对什么征税（提出了处理积极收入和消极收入的问题、[162]收入与扣

---

[160] 'Model Tax Convention with respect to Taxes on Income and Capital', OECD (2014), http://www.oecd.org/ctp/treaties/2014-model-tax-convention-articles.pdf. 另参见联合国提议的替代示范公约：United Nations, *Model Double Taxation Convention between Developed and Developing Countries* (2011), http://www.un.org/esa/ffd/documents/UN_Model_2011_Update.pdf。

[161] 国家税收制度在理论上分为属地原则（只对来自国内的收入向居民和非居民征税）和全球原则（对居民的全球收入征税，包括通过外国子公司获得的收入，以及对非居民来自国内的收入征税）。实际上，大多数国家的税收制度是两者的结合。因此，确定税收管辖权取决于居住地（有权获得活动利润的人居住的地方）和来源地（产生收入的经济活动发生地）的定义。参见：Devereux and Vella, n. 157, 450; OECD, 'Addressing Base Erosion and Profit Shifting' (Paris: OECD Publishing, 2013), 33–6, http://dx.doi.org/10.1787/9789264192744-en。有关这些概念如何变得过时的讨论，参见：Devereux and Vella, n. 157, 453–4; OECD, n. 161, 33–6。

[162] 由国际联盟谈判建立的国际税收框架的普遍妥协是，对企业积极收入的主要征税权被分配给来源国，而对股息、特许权使用费和利息等消极收入的主要征税权被分配给居住地国（受制于来源国对股息和利息等特定类型收入征收预扣税的有限权利）。"常设机构"概念是确定一个法域是否对非居民纳税人的营业利润享有征税权的基本连接点，参见：Devereux and Vella, n. 157, 450–1; OECD, n. 161, 33–6; 另参见，例如：OECD, n. 160, Arts 7, 10, 11, 12。

除之间不匹配的问题,以及所得税对债务和股权的区别对待的问题);何时征税(提出有关实现的问题);以及每个法域应征收多少税(由围绕独立交易原则建立的转移定价规则决定)。税基侵蚀和利润转移行为利用这些规则的每一个组成部分,以及这些规则在不同法域之间的不一致性,大幅减少或避免对跨国公司的征税。实质上,他们利用了各国之间缺乏统一倾向性的情况,根据表面上规制国际税收的指导原则,确保所得被征税最少"一次,而且只征税一次"。[163]

跨国公司的优势在于,它们能够集中控制在地理上分散的职能。跨国公司通过合理布局利用无形流动资产的增长以创造财富,如知识产权,以及灵活的供应链和不断增长的全球市场。尽管"共同控制的效率具有显著的经济优势",[164]但跨国公司的结构也为税收套利提供了一个完美的工具。其中有无数复杂程度不等的安排。这里不需要详细讨论其具体细节,但对一些问题的概述说明了问题的严重程度。[165]

跨国公司能够调动法律来促进公司集团化(如前所述,有助于提高效率),但利用通常适用于实体层面的税收规则(在此类集团内

---

163 'Draft of a Bilateral Convention on Administrative Assistance in Matters of Taxation', in *Report Presented by the Committee of Technical Experts on Double Taxation and Tax Evasion* (League of Nations Publications, 1927), 23, http:// biblio-archive.unog.ch/ Dateien/ CouncilMSD/ C-216-M-85-1927-II_ EN.pdf.

164 Reuven S. Avi-Yonah and Ilan Benshalom, 'Formulary Apportionment— Myths and Prospects', 3(3) *World Tax Journal* (2011) 371, 377.

165 关于跨国公司有害税收实践的文献数不胜数。对于一般技术的概述,例如参见:OECD, n. 161, 39-46, 73-81; Tax Justice Network-Australia, n. 153, 39-42; UK HL Select Committee on Economic Affairs, 'Tackling Corporate Tax Avoidance in a Global Economy: Is a New Approach Needed?', 1st Report of Session 2013-14 (HL Paper (2013-14) No. 48); Yariv Brauner, 'What the BEPS?', 16 *Florida Tax Review* (2014) 55; Antony Ting, 'iTax— Apple's International Tax Structure and the Double Non-Taxation Issue', 1 *British Tax Review* (2014) 40; Edward Kleinbard, 'Stateless Income', 11 *Florida Tax Review* (2011) 699; Devereux and Vella, n. 157.

实现税收有效的人为安排）。常见的技术包括利用集团内部或关联方交易将利润转移到低税收法域或无税收法域（在那里几乎没有经济活动）和/或将费用转移到高税收法域。虽然国内税收制度在理论上应通过采用一项匹配原则（以确保纳税人可扣除的税款通常可从收款人处征收）来应对这种活动，但在国际层面却没有相同的一致性或协调性。鉴于各国之间的差异做法，不同法域的税收规则可能会导致双重征税或不征税/双重不征税。关于国际税收的大部分工作都是制定一个避免双重征税的规则框架（例如通过以经济合作与发展组织协定范本为基础的双边税收协定）。然而，正如经济合作与发展组织指出的那样，"各企业敦促各国开展双边和多边合作，解决导致双重征税的税收规则差异问题，同时又利用导致双重不征税的规则差异"。[166]

相当多的安排利用了大多数法域所得税法对债务（通常被视为税收减免）和股权（税收不可扣除）之间的区别。[167]这可能包括在公司集团之间使用债务融资（例如，在低税收法域的子公司将贷款给在高税收法域的母公司，使得前者对所得利息只需要缴纳很少税款或不纳税，而后者则可以要求以这些所支付的利息扣减大量款项）。更复杂的方案采用混合实体或混合金融工具，利用不同法域所得税法对债务和股权的不同规定。例如，一种金融工具可能会表现出充足的特征，在（高税收）法域被视为债务，从而使假定借款人因支付利息可扣除税款，但又有足够的特征在假定贷款人法域内被视为特定类型的股权，如免税股息。[168]

许多税收筹划也涉及转移定价规则，旨在分配归属于不同法域

166　OECD, n. 161, 34.
167　Ibid., 37.
168　Ibid., 39–41, 43.

的收入份额。许多批评都指向了规制转让定价规则的独立交易标准（ALS）。[169] 独立交易标准要求，就税收而言，关联方之间必须像在相同或类似情况下的不相关实体之间一样分配收入。该评估通过"可比性分析"进行，其中"受控交易"与"可比非受控交易"进行比较，考虑到转让的财产或服务、双方履行的职能（使用的资产和承担的风险）、合同条款、双方的经济状况以及双方所追求的商业战略等因素。[170] 阿维-约纳和本沙洛姆将"制度核心的谬误"认定为"相信可以发现无关方之间的交易，并认为它们可以作为税收合规和执行的有意义的基准"。[171] 虽然跨国公司的成员可能曾经基本上是作为独立实体经营的，因此将收入与可比非受控交易进行比较是有意义的，但由于通信和运输技术的进步，这种情况已经不复存在。[172] 事实上，在那些有共同控制权的市场中，不太可能找到一个相当接近、不受控制的可比对象。[173] 市场力量通常影响无关方的行为，[174] 但关联实体之间的交易则并非如此，试图人为应用市场相关因素，比如比较没有真正比较标准的风险，就容易失败。例如，独立交易标准的一个基本假设是，职能、资产和/或风险越广泛，履行这些职能、持有这些资产和/或承担这些风险的实体的报酬就越高。[175] 如果这些因素具有流动性和税收弹性，

169　OECD, n. 160, Art. 9.

170　经济合作与发展组织将可比性分析称为"运用独立交易原则的核心"，参见：*OECD Library*, 'Transfer Pricing Guidelines for Multinational Enterprises and Tax Administrations' (2010), 33 [1.6]；另参见：41–3 [1.33]–[1.36], http://www.oecd-ilibrary.org/ taxation/ oecd- transfer- pricing- guidelines for multinational- enterprises- and- tax-administrations 2010_ tpg-en; OECD, n. 161, 36。

171　Avi-Yonah and Benshalom, n. 164, 376.

172　Ibid., 376.

173　Ibid., 377.

174　OECD, n. 170, 31, [1.2].

175　OECD, n. 161, 36, 42; and see also OECD, n. 160, Arts 7, 9.

比如风险或无形资产，那么就有诱因转移这些因素到在低税收法域的子公司。例如，当一家跨国公司开发某种专利产品，真正的风险是由整个集团承担的。然而，由于转让定价规则在实体层面运作，跨国公司可能会将专利转让给位于低税收或无税法域的子公司，让他们承担专利失败的"风险"。然后，子公司可能会获得大量收入（以集团其他成员支付的特许权使用费的形式），但对这些收入只须缴纳很少税收或根本不支付所得税。虽然无形资产使这些安排得以轻易扩散，但旨在人为减少收入的转移定价安排可以出现在任何类别的资产中，无论是有形资产还是其他资产（如下文星巴克的例子所示）。[176] 这里关键点在于，无论采用何种具体手段来实现结果，现行制度都鼓励使用"经济上同等但法律上不同的交易"，[177] 由此越来越多的跨国公司在申报应纳税所得额和支付多少税款（如果有的话）上有很大的自由裁量权。[178]

鉴于活动的性质，BEPS的全部范围难以量化，但所涉及的金额惊人。例如，据估计，仅美国苹果公司一家，就通过采用这种技术从2009年到2012年为440亿美元的收入提供庇护。[179] 经济合作与发展组织和国际货币基金组织关于外国直接投资的数据进一步暗示了这一问题的严重性。2010年，巴巴多斯、百慕大和英属维尔京群岛获得的外国直接投资（FDIs）（合计占全球FDIs的5.11%）比德国

176　Avi-Yonah and Benshalom, n. 164, 384.

177　Ibid., 385.

178　Auerbach, Devereux, and Simpson, n. 155, 854.

179　*US Senate Committee on Homeland Security and Governmental Affairs, Permanent Subcommittee on Investigations*, 'Offshore Profit Shifting and the U. S. Tax Code — Part 2 (Apple Inc.)' (21 May 2013), 17 (testimony of Stephen E Shay), http://www.hsgac.senate.gov/ subcommittees/ investigations/ hearings/ offshore- profit- shifting- and- the- us- tax- code_ - part- 2; Ting, n. 165, 40.

（4.77%）或日本（3.76%）还多。同样，2010年，这三个法域对全球的投资（合计4.54%）超过德国（4.28%）。[180]所有数据表明，这种做法在各行各业的大量公司中普遍存在。[181]

这些活动的后果影响深远。也许最严重的是，它们损害了各国提供运转所需财政收入的能力（这些财政收入反过来又为这些公司提供了经营和盈利所需的许多基础设施，例如销售产品的市场、承认和执行其财产权的法院等等）。本文的讨论主要集中在发达经济体上，但在许多方面，对发展中经济体和转型中经济体的影响要严重得多。正如最近一份报告所指出的那样，发展中国家在逃税和其他非法损失中丧失的资金远远超过全球在对外援助上的支出。[182]此外，这种行为对产生利润的法域内的本国纳税人不利，因为他们必须支付更多的钱来支撑不断下降的财政收入，同时也使国内企业处于劣势，而这些企业可能无法利用同样的避税技巧。[183]其他人则强调，这种寻租行为导致了由税收而非经济因素驱动的资源配置无法达到最优。[184]

180　OECD, n. 161, 17–18.

181　有关该领域最近研究的摘要，参见：OECD, n. 161, Appendix B。另参见：Edward Kleinbard, 'Through a Latte, Darkly: Starbucks's Stateless Income Planning', *Tax Notes* (24 June 2013) 1515, 1516; OECD, n. 161, 5–7, ch. 2; and see below, n. 184。

182　Tax Justice Network-Australia, n. 153, 7.

183　例如，ASX 200公司支付的实际税率为26%（法定税率为30%），参见：Tax Justice Network-Australia, n. 153, 13；另参见：Australian Taxation Office, 'Companies', in *Taxation Statistics 2012–2013: Detailed Tables*, Table 5, https:// data.gov.au/ dataset/ taxation- statistics- 2012- 13/ resource/ 06326fed- 41e9- 47d4- ae4f- 00d2f6b19d44。

184　例如参见：Edward Kleinbard, n. 181, 750–70。克莱因巴德强调了这种扭曲的一个明显例子，即美国母公司未将数十亿美元的利润汇回美国，以避免纳税，参见第720页。审计分析公司2014年的一份报告估计，2014年罗素1000指数（美国前1000家股份公司）无限期再投资收益总额为2.119万亿美元，比2008年增长93%，参见：Audit Analytics, 'Overseas Earnings of Russell 1000 Tops $2 Trillion in 2013' (1 April 2014), http:// www.auditanalytics.com/ blog/ overseas- earnings- of- russell- 1000- tops- 2- trillion- in- 2013/。

此类活动的社会曝光率越来越高，[185]但是尽管这种行为可能会暂时损害肇事者的声誉，但正如英国对星巴克避税活动的回应所表明的那样，[186]光是公共曝光并不能导致任何重大的行为上的改变。尽管这一活动引起了立法者、[187]媒体和公众的强烈谴责，但这种谴责并没有引发能够解决问题的实质性行动，尽管在这方面已经做了很多工

185　See e.g. Bloomberg, 'The Great Corporate Tax Dodge' (2015), http:// topics. bloomberg.com/ the-great-corporate-tax-dodge/; 'But Nobody Pays That', *The New York Times*, Special Series (2015), http:// topics.nytimes.com/ top/ features/ timestopics/ series/ but_ nobody_ pays_ that/ index.html; 'Tax Gap', *The Guardian*, Special Series (2015), http://www.theguardian.com/ business/ series/ tax- gap; Tim Dickinson, 'The Biggest Tax Scam Ever', *Rolling Stone* (27 August 2014), http://www.rollingstone.com/ politics/ news/ the- biggest- tax- scam- ever- 20140827?page=2.

186　在公众披露星巴克在2012年之前的三年里没有在英国缴纳公司税（15年的销售额为30亿英镑，仅缴纳了860万英镑的税款）之后，英国星巴克宣布，该公司将自愿在2013—2014财年每年支付1000万美元［由于集团内部交易使公司在英国一再报告亏损，例如向低税收/无税收法域的子公司支付各种产品（咖啡豆）和服务（烘焙）的款项，因此不要求扣除］。Terry Macalister, 'Starbucks Makes £5m Voluntary Tax Payment', *The Guardian* (24 June 2013), http://www.theguardian. com/ business/ 2013/ jun/ 23/ starbucks- pays- corporation- tax; Simon Neville and Jill Treanor, 'Starbucks to Pay £20m in Tax Over Next Two Years After Customer Revolt', *The Guardian* (7 December 2012), https://www.theguardian.com/ business/ 2012/ dec/ 06/ starbucks- to- pay- 10m- corporation- tax.

187　*UK HC Committee of Public Accounts*, 'Tax Avoidance—Google', 9th Report, Session 2013–14 (HC Paper (2013–14) No. 112); *UK HC Committee of Public Accounts*, 'HM Revenue and Customs: Annual Report and Accounts', 19th Report, Session 2012–13 (HC Paper (2013–14) No. 716), 7–11; *US Senate Committee on Homeland Security and Governmental Affairs, Permanent Subcommittee on Investigations*, 'Offshore Profit Shifting and the US Tax Code— Part 1' (*Microsoft & Hewlett-Packard*) (20 September 2013), 1–9, http://www.hsgac.senate.gov/ subcommittees/ investigations/ hearings/ offshore- profit- shifting- and- the- us- tax- code; *US Senate Committee on Homeland Security and Governmental Affairs, Permanent Subcommittee on Investigations*, n. 179, 1–10; *Parliament of Australia, Senate Economic References Committee*, 'Corporate Tax Avoidance (2014–2015)', http://www.aph.gov.au/ Parliamentary_ Business/ Committees/ Senate/ Economics/ Corporate_ Tax_ Avoidance/ Terms_ of_ Reference.

作。而现实是,这种做法仍然持久(如果不是不变的)和广泛存在。[188]

许多公司是美国的居民企业,理论上讲,美国会对其在全球范围内的所得征税(即对其在世界任何地方所得的收入征税),一些评论员强调,这是改革美国所采规则的主要障碍,这些规则不仅防止双重征税,而且实际上鼓励双重非征税。[189]这些公司并不羞于游说,以维持和扩大从美国政府不愿采取行动改变这种局面所带来的好处。[190]

虽然某些国家试图单独行动,[191]但所有人都同意,该问题需要全

---

188 美国政府问责局报告称,从1998年到2005年,24%的美国控股公司和34%的外国控股公司报告了零税负,参见:US Government Accountability Office, *Tax Administration: Comparison of the Reported Tax Liabilities of Foreign-and U. S.-Controlled Corporations, 1998–2005*, GAO-04-358 (Washington, DC: Government Accountability Office, 2008), 8。威登多夫强调,美国第一个处理转移定价的联邦法规是1917年的《战争税收法案》,参见:Jens Wittendorff, *Transfer Pricing and the Arm's Length Principle in International Tax Law* (Alphen aan den Rijn, The Netherlands: Kluwer Law International, 2010), 31–2。

189 Ting, n. 165, 41; Hugh J. Ault, 'Some Reflections on the OECD and the Sources of International Tax Principles', *Tax Notes International* (17 June 2013), 1195, 1198; Devereux and Vella, n. 157, 460.

190 See e.g. Simon Bowers, 'US Tech Giants Launch Fierce Fightback Against Global Tax Avoidance Crackdown', *The Guardian* (22 January 2015), https://www.theguardian.com/business/ 2015/ jan/ 21/ us- tech- tax- avoidance- google- amazon- apple.

191 英国政府证实,将对已转移至海外的利润征收25%的转移利润税,并于2015年4月1日生效。它将适用于英国和外国跨国公司。HR Revenue & Customs and HM Treasury, *Overview of Tax Legislation and Rates*, 11, [1.46] (18 March 2015), https:// www.gov.uk/ government/ uploads/ system/ uploads/ attachment_ data/ file/ 418689/ OOTLAR_ v8.1.pdf; HM Revenue & Customs, 'Diverted Profits Tax— Consultation Draft' (2014–2015), https://www.gov.uk/ government/ uploads/ system/ uploads/ attachment_ data/ file/ 385741/ Diverted_ Profits_ Tax.pdf. 澳大利亚政府采取了不同的做法,提议修改现行的一般反避税条款,以防止年全球收入超过10亿澳元的跨国公司转移商业利润。一项征求意见草案已接受公众意见,但在制定最后版本时,尚需提交英联邦议会,参见:Exposure Draft— Tax Laws Amendment (Tax Integrity Multinational Anti- Avoidance Law) Bill 2015 (Cth); Explanatory Memorandum to the Exposure Draft Tax Laws Amendment (Tax Integrity Multinational Anti- Avoidance Law) Bill 2015 (Cth)。

球协调的解决方案。例如,经济合作与发展组织(联合二十国集团)发布了一项旨在对抗BEPS的15点行动计划。[192]经济合作与发展组织的这一行动招致了很多批评。许多人认为,若试图在现有存在缺陷的制度和诸如独立交易标准等有问题的概念框架内行动,这些建议几乎不可能引起重大变化。[193]情况很可能正是如此,但从美国跨国公司和立法者对拟议措施的强烈反对可以清楚看到,至少有一种看法认为,这些措施将产生一定影响。[194]

无论如何,所有国家都同意,即使各国提出的建议可能不同,任何有效的解决办法都需要国际合作。[195]也许最大的变革希望是不需要充分合作的解决办案。[196]

---

192 BEPS行动计划以三项原则为指导:(1)一致性,确保国家法律规定一个纳税人的可扣税付款导致另一个纳税人的收入被包括在内;(2)采用更符合经济实质的规则;以及(3)更大的透明度,包括公开性和更完善的数据。参见: OECD, n. 161, 13-14, http:// dx.doi.org/ 10.1787/ 9789264202719-en。

193 Devereux and Vella, n. 157, 461-9. 一些人认为, BEPS行动计划只是一种政治措施,没有突出真正的问题,并拒绝潜在的解决方案,比如公式化分配,故而是不可行的,参见: Yariv Brauner, 'BEPS: An Interim Evaluation', 6(1) *World Tax Journal* (2014) 10, 12, 17; Devereux and Vella, n. 157, 463; OECD, n. 161, 14。

194 See e.g. Thomson Reuters, 'US Senate Finance Committee Chairman Outlines US Concerns with BEPS Project', 32 *Weekly Tax Bulletin* (24 July 2015), [1210]; Thomson Reuters, 'BEPS Transfer Pricing Proposals Could Create Tax and Trade Chaos: MNE Group', 31 *Weekly Tax Bulletin* (17 July 2015), [1167]。

195 See e.g. Brauner, n. 193, 12.

196 阿维-约纳与本沙洛姆建议维持现有的独立交易标准方法,以实现易于定价的交易,但补充了一个公式化解决方案,用于跨国公司收入中来自难以分配和/或估价的来源的剩余部分,例如难以估价的无形资产和金融资产的收入。一般来说,公式分配法根据若干因素确定的近似值分配收入,而不是试图通过使用市场价值等替代措施来精确分配收入。这种情况下的相关公式将试图通过测量更容易观察和更难操纵的因素,来分配这一剩余收入部分,例如零售额(按购买国划分);特定区域内的总销售额(包括代理商的销售额);工资支出(每周在跨国公司经营场所工作超过30小时的员工和承包商);以及动产和固定资产(不动产,包括租赁价值)。(转下页)

二、增值税是否更好？

没有人否认有害税收实践的严重性。然而，应该指出的是，并非只有所得税面临这些生存威胁。虽然消费税经常被视为所得税的优先替代方案，[197]增值税——全球消费税收的主要形式——已证明易受纳税人利用不同的税收法律以实现某些跨境商品和服务不被征税问题的影响。尽管在国际层面上，同样的原则——引起消费的交易应该只被征税一次（而不是两次）——表面上也约束着增值税。[198]

在国际上，增值税相比于所得税有一些优势。例如，增值税一般基于目的地标准得以适用（商品和服务在消费地而不是生产地被征税），因此基本上避免了转移定价问题，因为增值税的设计将所有税负转移到最终消费者身上。[199]这也避免了在所得税和其他避税方法下围绕债务/股权区分的税收套利机会，因为从理论上讲，消费税是对公司的洗礼（而不是合规成本）。增值税同样避免了所得税与税收竞争有关的敏感性，例如在税率的设定（因为理论上企业不缴纳增值税；消费者缴纳增值税，而他们的流动性通常较差）甚至税基

（接上页）参见：Avi-Yonah and Benshalom, n. 164, 380。尽管统一的公式分配法适用于一个公司集团的全部收入（就像美国州一级的情况一样），阿维-约纳与本沙洛姆建议只对剩余的难以估价的收入来源采用这一方法。作者表示，这种方法将在不完全合作的情况下发挥作用，但需要"包括一些主要发达国家和新兴经济体在内的绝大多数国家"，参见：Avi-Yonah and Benshalom, n. 164, 381, 383-5, 391, 393-5。

197　例如，国际货币基金组织认为，由于"对消费征税相当于对累积资产和劳动收入征税"，消费税"部分基于完全无弹性的税基——以前存在的资产——又部分基于国际流动性不如资本收入的税基"。IMF, n. 90, 80。

198　OECD, 'International VAT/ GST Guidelines' (Paris: OECD, 2015), Preface [5], http://www.oecd.org/ctp/consumption/international-vat-gst-guidelines.htm.

199　理论上，来源地和居住地的问题得以避免，但取而代之的是围绕确定纳税地点的问题，这在实践中依赖于设立地和住所地等所得税概念来完成。参见：Shaviro, n. 92, 107-9; Ibid., n. 24; Guideline 3.6。

的设定(减少税基的压力更多来自国内政治层面)方面。

尽管如此,增值税在国际层面上有自身的合规问题。虽然按目的地征收增值税可以避免转移定价问题,但在实践中,要实现这一目标,出口必须免税,进口必须征税。为了实现这一目标,传统上增值税依赖于边境的行政管理,更具体来说,依赖于边境允许出口退税,并对进口征收增值税的有效管理。[200] 因此,薄弱的边境使得对商品和服务的最终消费征税更难实现。具体的实际挑战是:取消边境管制(如欧盟内部的跨界贸易和地区增值税);[201] 边境管制薄弱(发展中国家往往如此);技术进步促进了贸易向不重视传统边界的无形货物和跨境服务(如全球电信和国际运输)的大规模转变。正如所得税在追踪和评估高度流动的无形资产(作为收入来源)方面存在困难一样,增值税在为确定征税地点而定位和追踪无形资产和消费性服务方面也存在类似困难。虽然在理论上,消费在某个相对固定的地点发生,但需要法律规则来预测消费可能发生在哪里以及需要在哪里缴税,例如规定征税地点以及什么构成基础销售的规则。在缺乏全球协调一致方法的情况下,不同法域之间的征税地规则有时会导致双重征税(不止一个法域的征税地规则对同一销售征税)或不征税(不止一个法域的征税规则根本没有对这一销售征税)。[202] 事实证明,增值税很容易受到欺诈和逃税的影响,此类行为在国际层面上利用与全球贸易商品和服务有关的跨境漏洞,尤其是无形商品和

---

200 Peggy Musgrave, 'Consumption Tax Proposals in an International Setting', 12(2) *International VAT Monitor* (2001) 56, 61.

201 有关这些问题的概述,参见: Rita de la Feria, *The EU VAT System and the Internal Market* (Amsterdam: IBFD, 2009)。

202 OECD, 'International VAT/GST Guidelines' (Paris: OECD, 2015), http://www.oecd.org/ctp/consumption/international-vat-gst-guidelines.htm, 1.12.

第六章 税基正义和所得税案例

服务。此外,增值税有其自身的关键弱点:退税机制。从理论上讲,每个人都要为购买商品支付增值税,但企业在开具发票时就有权获得增值税退税。尽管退税机制将增值税区别于其他销售税方案,但它也被视为其"阿喀琉斯之踵",因为增值税发票可以是开在政府头上的支票。[203] 许多恶意要求增值税退税的安排已经发展出来,从简单的伪造发票,到失踪的商人欺诈(建立一个实体,要求增值税退税,但在免除增值税债务之前就消失了),再到在欧盟盛行的利用边境管制缺失的大规模循环骗税法(carousel fraud)。[204] 由于增值税欺诈和违规行为造成的财政收入损失同样惊人。欧盟最近的一项评估显示,这一损失占欧盟增值税理论收入的约17%,即1930亿欧元,相当于GDP的1.5%。[205] 增值税欺诈和逃税的规模已导致一些人得出结论,"增值税对抵免和退税的依赖,使得该税收比所得税……更容易受到欺诈性退税申请的合规风险的影响"。[206]

---

203 Richard Bird and Pierre-Pascal Gendron, *The VAT in Developing and Transitional Countries* (New York: Cambridge University Press, 2007), 20, 133.

204 循环骗税法涉及失踪贸易商欺诈与扭曲。例如,货物可能从一个成员国进口(在进口时不需要支付增值税,而是在下一次定期退货时支付),然后出售给失踪贸易商,该贸易商在汇出其销售货物的应缴增值税之前潜逃。然后,货物可能会在再次出口之前通过一些中间商(出口商要求退税,与发票上的增值税相符,但失踪的贸易商从未支付)。当货物最终回到原来的出口商手中时,这一循环就完成了。参见:Ian Crawford, Michael Keen, and Stephen Smith, 'Value Added Tax and Excises', in *Dimensions of Tax Design*, n. 155, 312, Figure 4.3。

205 Center for Social and Economic Research, Warsaw and Central Planning Bureau, Netherlands Bureau for Economic Policy Analysis, *Study to Quantify and Analyse the VAT Gap in the EU-27 Member States— Final Report*, TAXUD/ 2012/ DE/ 316; FWC No. TAXUD/ 2010/ CC/ 104 (Warsaw: European Commission, 2013), 10, 28.

206 US Government Accountability Office, *Value-Added Taxes: Lessons Learned from Other Countries on Compliance Risks, Administrative Costs, Compliance Burden, and Transition*, GAO-08-566 (Washington, DC: Government Accountability Office, 2008), 14.

我们的观点并非表明，增值税在此点上必然比所得税更差，而是与所得税一样，增值税也有其自身的脆弱性和劣势。所得税和增值税都在努力适应全球化和技术变革，并受到国际税收规则的规制，这些规则在某些情况下是一个多世纪前起草的（就所得税而言），而对于增值税而言，则至少是半个世纪前起草的。虽然增值税和所得税解决方案的具体内容可能不同，但处方是一样的，即全球合作与协调。[207]

三、结论

众所周知，税收方面的国际合作很难实现，但也存在先例。仅仅是欧盟的存在，包括其有关税收的框架，例如1967年决定在欧洲经济共同体（EEC）中采用增值税作为销售税的共同形式，就表明有可能朝着共同目标开展合作。这并不是说这条路很容易或者一定能成功。[208]欧盟提供了许多失败的例子，包括未能在企业所得税税基

---

[207] 经济合作与发展组织出台了综合指导方针，鼓励统一服务和无形资产跨境销售的增值税制度，参见：OECD, 'International VAT/ GST Guidelines' (Paris: OECD, 2015), http://www.oecd.org/ctp/consumption/international-vat-gst-guidelines.htm。这些指导方针在很大程度上依赖不同法域之间的行政合作才能有效，并依赖现有的法律框架——包括为所得税而建立的法律框架——来实现这一点，参见第四章。

[208] 欧洲经济共同体条约指示欧盟委员会"考虑各成员国关于营业税、消费税和其他形式的间接税的立法如何统一化，以符合共同市场的利益"，参见：*European Treaty (Treaty of Rome, as amended) Art 99 (ex Art 93)*。根据《单一欧洲法令》第17条，《欧盟运作条约》现在指示欧盟理事会"采取统一有关营业税、消费税和其他形式的间接税的立法的规则，只要这种统一化对于确保内部市场的建立和运作以及避免扭曲竞争是必要的"，参见：Art 113 TFEU (ex Art 93 EC)。第一项理事会指令概述了拟议增值税的定义和目标，参见：*First Council Directive 67/227/EEC of 11 April 1967 on the Harmonisation of Legislation of Member States Concerning Turnover Taxes* [1967] OJ L 1/14; [1967] OJ Spec Ed 14。1967年4月11日的第二项理事会指令规定了新制度的细节（例如，概述了诸如应税销售和销售地等概念），但给了成员国（转下页）

上实现类似水平的合作：长期提议的共同合并企业所得税税基（正如名称所示，旨在在欧盟成员国之间采用统一的企业所得税税基，以解决BEPS等问题）仍未推出。[209] 尽管如此，即使是有限的成功也表明，如果有一个能创造适当激励措施鼓励各国合作的框架，集体行动仍是可能的。

（接上页）很大的空间来确定其国内增值税的内容，并自由地确定其自己的增值税税率结构和免税，参见：Second Council Directive 67/ 228/ EEC of 11 April 1967 on the Harmonisation of Legislation of Member States Concerning Turnover Taxes— Structure and Procedures for Application of the Common System of Value Added Tax [1967] OJ L 1/ 14; [1967] OJ Spec Ed 16。1977年5月通过的第六项指令对共同增值税的运作提供了更多指导，参见：Sixth Council Directive 77/ 388/ EEC of 17 May 1977 on the Harmonisation of the Laws of the Member States Relating to Turnover Taxes— Common System of Value Added Tax: Uniform Basis of Assessment [1977] OJ L 145/ 1。现行指令是第六项指令的改写：Council Directive 2006/ 112/ EC of 28 November 2006 on the Common System of Value Added Tax [2006] OJ L 347/ 1。 参见：Ben Terra and Julie Kajus, A Guide to the European VAT Directives— 2014 (Amsterdam: IBFD, 2014); Rita de la Feria, The EU VAT System and the Internal Market (Amsterdam: IBFD, 2009); Walter van der Corput and Fabiola Annacondia (eds), EU VAT Compass (Amsterdam: IBFD, 2007)。通过指令征收增值税，使成员国受到共同结果的约束，但允许每个国家灵活地选择实现这一目的的手段，这导致欧盟各地颁布了各种增值税法律。后来通过的指令，包括重新制定的增值税指令，试图通过定义关键条款和限制豁免来缩小早期指令的灵活性，但朝着真正统一的欧洲增值税的方向发展遇到了国内难以克服的阻力。最终的结果是远未统一的，在28个不同的制度中，有超过10个不同的标准税率、28个不同的登记门槛、28套独特的免税规范和28个不同的行政制度。例如参见：European Commission, 'VAT Rates Applied in Member States of the European Union— Situation as at 1st September 2016', Taxud.c.1 (Brussels: European Commission, 2013), https:// ec.europa.eu/ taxation_ customs/ sites/ taxation/ files/ docs/ body/ vat_ rates_ en.pdf。

209 欧盟委员会重新启动了这一项目，以应对最近围绕BEPS的宣传，参见：European Commission, 'Common Consolidated Corporate Tax Base (CCCTB)' (2015), http:// ec.europa.eu/ taxation_ customs/ taxation/ company_ tax/ common_ tax_ base/ index_ en.htm。该提案是一种统一的公式分配法，一再未能采纳这项建议表明，考虑一种不需要充分合作的办法是有好处的，参见：Avi-Yonah and Benshalom, n. 164, 383。

166　　虽然我们强调所得税在全球范围内面临的威胁，但尚未着手确定所需的精确技术性解决方案。所表明的是，与政治和公民平等有关的基本正义原则要求执行这种解决办案。虽然没有一种单一的解决方案可能在国际层面实现完全的共识，但这并不意味着不能加强所得税。改革提案已引起一些美国跨国公司和立法者的强烈反对，这一事实表明，这些建议可能会有所成就，即使在缺乏全面合作的情况下，某些选择也可能是卓有成效的。[210]

不管采取何种具体技术手段，关键是要对所得税的基本原则产生充分尊重，使改革成为可能。多国避税问题已引起越来越多的媒体报道和政治兴趣，至少开始驶往正确方向。本章通过展示所得税基于正义的基本考虑，说明了继续沿着这条道路前进是多么重要。

210　参见上述注196。

第七章 税收政策和贤明君主
——德沃金的平等主义和再分配税

大卫·G.达夫

第一节 引言

人们普遍认为，税收制度的目的之一是在全社会贯彻分配正义的观念。[1]事实上，诚如约翰·罗尔斯的著名论断，倘若正义是"社会制度的第一美德",[2]那么，将贯彻这种分配正义观念的税收政策指引视为社会税收制度首要或最高的美德，是恰如其分的——一个有道德的君主应当对该指引予以适当的关注。

然而，在实践中存在着多样化的分配正义观念，并为社会税收制度的设计带来不同的影响。例如，古典功利主义将正义概念化为总福利的最大化，并支持权衡再分配转移带来的效用收益与因征收

---

1 See e.g. Liam Murphy and Thomas Nagel, *The Myth of Ownership; Taxes and Justice* (Oxford: Oxford University Press, 2002), 3.

2 John Rawls, *A Theory of Justice* (Cambridge, MA: Harvard University Press, 1971), 3.

不同税种而造成的效用损失的税收和财政开支政策。³ 基于这些原则,当代福利主义税收政策通常倾向于将按比例或递减税率计税的所得税与再分配转移支付相结合,⁴ 或按累进税率对个人消费征税。⁵

与他所反对的古典功利主义不同,⁶ 罗尔斯提出了一个自由平等的正义观念,根据这一观念,每个人都被赋予了"平等地享有最广泛且与他人自由权相互兼容的基本自由的权利"(正义第一原则),⁷ 社会和经济不平等只有在对每个人都有利的情况下才能够被允许(差别原则)⁸ 且以社会地位和公职向所有人合理开放为附加条件(公平的机会平等原则)。⁹ 在此基础上,他建议征收累进式的赠与税和继承税,"逐步并持续地……纠正财富分配,防止权力集中损害政治自由的公平价值和机会的公正平等",¹⁰ 以及按固定比例征收消费支出税(向个人消费征收的单一税率税)来增加收入,以便"政府……能够提供……公共产品,并进行满足差别原则所必要的转移支付"。¹¹

另一方面,古典自由意志主义的正义理论批判功利主义和罗尔

3　See e.g. James A. Mirrlees, 'An Exploration in the Theory of Optimum Income Taxation', 38(2) *Review of Economic Studies* (1971) 175–208.

4　See e.g. Joseph Bankman and Thomas Griffith, 'Social Welfare and the Rate Structure: A New Look at Progressive Taxation', 75(6) *California Law Review* (1987) 1905–67.

5　See e.g. Daniel Shaviro, 'Replacing the Income Tax with a Progressive Consumption Tax', 103 *Tax Notes* (2004) 91–113; Joseph Bankman and David A. Weisbach, 'The Superiority of an Ideal Consumption Tax Over an Ideal Income Tax', 58 *Stanford Law Review* (2006) 1413–56.

6　Rawls, n. 2, 26–7.

7　Ibid., 60.

8　Ibid., 61.

9　Ibid., 73.

10　Ibid., 277.

11　Ibid., 278.

斯的分配正义观念，理由是这些"模式化"或"结果导向"的路径侵犯了人们对正当地获得和转让财产的所有权。[12]基于这一理解方式，罗伯特·诺齐克认为，应当反对所有的再分配税和转移支付，[13]除非其纠正了过去在获取或转让财产方面的不公正。[14]因此，大多数自由主义者会将税收限制在为支持一个致力于保护人身和财产的最低限度国家而对收入的必要的征收，[15]并根据纳税人获得的利益分配税负。[16]实践中，这些自由主义理论似乎与所有主要税基相一致，包括收入、消费和财富，[17]尽管大多数自由主义的税收政策方法得出的结论是：无论采用何种税收，都应按单一税率或比例税率征收。[18]

与诺齐克一样，罗纳德·德沃金也反对模式化或结果导向的分配正义观念——他批评这种观念"道德上不敏感"（ethically insensitive），因为其"运用的公正分配的标准……没有反映我们在生活决策中的责任区分和分配"。[19]然而，与古典自由意志主义相反，德沃金认为公平观念是分配正义理论的核心，他坚持认为"如果一个政府没有对它所管辖和效忠的所有公民的命运表现出同等的关心，那么它就是

12　Robert Nozick, *Anarchy, State, and Utopia* (New York: Basic Books, 1974), 149–231.

13　Ibid., 168.

14　Ibid., 230–1.

15　Ibid., ix.

16　See e.g. Eric Mack, 'Self-Ownership, Taxation, and Democracy: A Philosophical-Constitutional Perspective', in Donald P. Racheter and Richard E. Wagner (eds), *Politics, Taxation and the Rule of Law: The Power to Tax in Constitutional Perspective* (Boston: Kluwer Academic, 2002), 9, 29, note 11.

17　See David G. Duff, 'Private Property and Tax Policy in a Libertarian World: A Critical Review', 18(1) *Canadian Journal of Law and Jurisprudence* (2005) 23–45, 32–4.

18　Ibid., 34–6.

19　Ronald Dworkin, *Sovereign Virtue: The Theory and Practice of Equality* (Cambridge, MA: Harvard University Press, 2000), 323–4.

不合法的"。[20] 根据这些原则,德沃金提出了"资源平等"(equality of resources)的分配正义理论,旨在提供"一个同时兼顾尊重平等和个人责任的统一化表述"。[21]

本章回顾了德沃金的资源平等理论及其对再分配税的启示,并认为它为累进的所得税和财产转让税作为公正税收制度的基本要素提供了一个有说服力的论据。第二节通过与其他著名的分配正义理论的对比来考察这一理论本身,并得出结论:德沃金的方法提供了一个相较于那些不严肃看待权利和责任的基于福利的理论更令人信服的分配正义概念;罗尔斯的理论对个人权利和责任不够重视;古典自由意志主义没有认真对待平等问题。第三节讨论了德沃金理论对再分配税收的启示,提出有道德的国家应该为此目的征收的税种以及这些税种在设计上的关键特征。第四节对本章进行了总结。

第二节 理论

若要理解德沃金的资源平等理念,最好将这种分配正义理论与他明确反对的其他著名理论进行对比。例如,该理论强调"资源"作为衡量平等的标准,这表明其与基于效用或福利的理论有明显的出入,德沃金为此受到了许多批评。与此同时,该理论依赖于"伦理个人主义"(ethical individualism)的概念,即基于人们的选择和他们所处环境之间的区别来评估分配结果的公正性,这与约翰·罗尔斯

20　Dworkin, n. 19, 1.
21　Ibid., 7.

的方法有很大不同。最后,德沃金的理论为了在资源分配中实现"平等"所依赖的分析手段和制度安排与作为自由主义私有财产观念基础的分析手段和制度安排截然相反。

以下各小节概述了德沃金的资源平等概念:(1)回顾德沃金对福利作为分配平等衡量标准的批判;(2)阐述了德沃金的资源观和使其理论区别于约翰·罗尔斯理论的伦理个人主义思想;以及(3)对比古典自由意志主义设计的和德沃金理论运用以确保资源分配平等的程序和制度手段。我的结论是,在每一种情况下,对于分配争议方面的讨论,德沃金的理论都比他所反对的其他理论提供了更令人信服的表述。

一、福利有什么问题?

首先,就福利而言,有效的方式是首先回顾罗尔斯对古典功利主义的反驳——即它不会自动排除攻击性的或不合法的偏好;[22]不能完全保障对权利和自由的保护,该保护依赖其在特定时间和地点的效用而定;[23]不直接关联福利如何分配;[24]以及"不重视人与人之间的区别"。[25]德沃金把对总体福利作为分配正义衡量标准的批判加以延伸,拒绝把福利作为衡量分配平等的标准,而认为"资源"概念是实现这一目的更好的衡量标准。

为了完成这一论证,德沃金首先承认了福利作为分配正义衡量标准的初始优点——福利的概念是为"描述生活中的基本要素,而非仅仅是工具性要素"而专门设计的,而"资源只有产生福利才有价

22　Rawls, n. 2, 30–1.
23　Ibid., 26.
24　Ibid.
25　Ibid., 27.

值"。[26] 由此,他评价道:

> 福利平等基本、直接的优点……在于福利是对人们来说真正重要的东西,区别于金钱和商品,而金钱和商品只是创造福利的工具。福利平等主张让人们在对自己至关重要的事情上平等。[27]

尽管存在该初始优点,德沃金还是提出了三个反对福利作为判断平等的衡量标准的观点。

首先,就福利观念不排除政治和非个人偏好这一点来说,以福利平等为前提的分配正义观念意味着个人应就所有未实现的此类偏好得到补偿——即使这些偏好是冒犯性的或不合理的,例如那些属于种族偏见的偏好或对世界抱有某种理想状态下不切实际的愿望。[28] 相比之下,德沃金认为,在一个致力于分配平等的社会中,所采用的平等概念可能不会满足冒犯性和不合理的政治及非个人偏好——从而排除了对这类未实现偏好的任何补偿。[29] 他补充认为,更重要的是,由于不受限制的福利概念不能解释这一结果,因此有必要依赖于一些独立的分配正义理论来达到这一目的。[30]

其次,即使福利的概念仅限于纯粹的个人偏好,福利的平等也需要一个社会将相对更多的资源分配给那些品味昂贵、难以满足以及目标远大、难以实现的个人,而不是给那些品味平庸、抱负有限的

---

26 Dworkin, n. 19, 14.
27 Ibid., 31.
28 Ibid., 21–8.
29 Ibid., 23.
30 Ibid., 25, 27.

人,即使这些昂贵的品味和远大的目标是刻意创造出来的。[31] 德沃金认为,这些"棘手的反例"让"平等即为福利平等的理论陷入尴尬境地,而这恰恰是因为我们相信平等……谴责而不是建议补偿刻意创造的昂贵品味"。[32]

最后,在更广泛意义上,德沃金认为"福利"的概念本身是如此抽象和模糊,以至于在"对福利的特定理解或概念明确规定"之前不可能评估其在分配正义理论中的价值——而此时这一观念必然失去"它可能具有的任何优势"。[33]

如果按照古典功利主义的方式,将"福利"理解为快乐超过痛苦,或者更广泛地将其理解为"享受"超越"不满",[34] 那么对这一概念的明显的反例是,人们多大程度上把快乐或享受视为美好或成功生活的重要条件的认识并不一致。[35] 相反,德沃金认为:

> 我们中的大多数人……都致力于某种东西,这种东西的价值对我们来说不会耗尽,或是在实现它所带来的享受中体现出来,而有些人以这种方式致力于更多的事情或者比其他人更加致力于此。即使我们真的很享受我们所拥有或所完成的事物,也常常因认为它富有价值而享受它,反之则不然。同时,我们有时会选择……一种我们认为会带来更少享受的生活,因为从其他方面来说这是一种更好的生活。[36]

31　Dworkin, n. 19, 14–15.

32　Ibid., 48, 55.

33　Ibid., 285; Ronald Dworkin, 'Ronald Dworkin Replies', in Justine Burley (ed.), *Dworkin and His Critics* (Malden: Blackwell, 2004), 339–95, 340.

34　Dworkin, n. 19, 18.

35　Ibid., 42–3.

36　Ibid., 43.

因此，德沃金将其称之为"意识状态"（conscious-state）的福利理论，并不符合大多数人管理自己生活的标准，这使其成为平等观念和公平分配理论中一个值得怀疑的衡量标准。[37]

相反，如果更贴近事实地将"福利"理解为一个人"成功地实现他（或她）的偏好、目标和抱负"的问题，[38]则很容易遭到另一种反对——不管"成功"概念是通过参考人们为自己设定的偏好、目标和抱负（相对成功）来理解的，还是通过参考人们对自己生活价值的更一般的判断（总体成功）。[39]因为理性的人必然会定义他们的偏好、目标和抱负，并在"估计他们可用于过一种不同生活的资源的粗略类型和数量的背景下"来评估他们生活的价值，[40]分配正义理论必须首先确定人们拥有权利的资源，然后才能恰当地评估他们在实现自己偏好、目标、抱负方面的相对成功，或者在过上有价值生活方面的总体成功。[41]因此，德沃金总结说，作为衡量分配平等的标准，福利理论并不比意识状态福利理论更好，且"不能用于正当化或建构公平分配理论"。[42]

尽管德沃金的某些批评者试图重申福利是分配正义的衡量标准，[43]但这些反对意见并未阐明福利的具体含义，[44]而且仍然容易为

37　Dworkin, n. 19, 44.
38　Ibid., 17.
39　Ibid., 28–42.
40　Ibid., 28.
41　Ibid., 29, 39.
42　Ibid., 39.
43　See, especially, Richard Arneson, 'Welfare Should Be the Currency of Justice', 30(4) *Canadian Journal of Philosophy* (2000) 497–524.
44　See e.g. Ibid., 501.承认"一种特定的基于福利的正义理论……超出了本文的范围"。

德沃金所反驳,即它们不符合人们作出生活决策的多元标准,没有充分说明平等是承认个人偏好的界限,也未充分认识到个人责任作为评估分配结果正义标准的作用。正如下一小节所解释的那样,平等和个人责任原则是德沃金分配正义观念的核心,使其理论不仅区别于基于福利的路径,而且也区别于罗尔斯理论。

二、资源、伦理个人主义和分配正义

德沃金曾批评将福利作为衡量分配平等的标准,并为此引入了资源的概念作为替代标准。他解释说,福利将所有价值观和偏好都简化为一种可能不被普遍共享的幸福概念,而与福利不同的是,资源构成了人们能够以此追求自身目标的手段——从而使之成为自由社会中更适合用来衡量分配平等的标准,鉴于自由社会不仅假设"人们对什么使他们的生活总体上变得更好或更糟的看法不同,甚至有时大相径庭",而且还认为"人们应该根据对特定事物的信念来管理自己的生活"。[45]

德沃金通常将资源指称为可以私人拥有和交换的非人身性的、可出售的资源[46]——尽管这在德沃金的作品中并非总是明确的,因为他还将各种"个人素质"如"力量、才华、性格和抱负"分入其他的"资源类别"。[47]尽管将这些个人素质纳入其分配正义理论,但是,正如他强调的那样,它们"以不同的方式进入"[48]——并不是根据资源平等而自身作为分配对象的资源,而是作为可能影响平等分配含义的

---

45 Dworkin, n. 33, 340-1.
46 Dworkin, n. 19, 65.
47 Ibid., 286.
48 Ibid.

因素。⁴⁹因此,德沃金解释,他的分配正义理论问题在于"个人素质差异应该在多大程度上影响独立物质资源的所有权分配"。⁵⁰

为此,德沃金依赖于两个其称之为"伦理个人主义"的原则:(1)"同等重要性"(equal importance)原则,即要求对其公民行使统治权并要求公民向其效忠的政治团体以同等关注对待其公民;以及(2)"特别责任"(special responsibility)原则,即个人对决定他们生活的选择负有特别责任。⁵¹第一个原则"要求政府通过法律和政策,在政府能力所及范围内确保其公民的命运与其可能的身份无关——他们的经济背景、性别、种族或特定的技能和身体障碍",而第二个原则"要求政府在能力所及范围内让个人的命运受其自身选择的影响"。⁵²这些原则共同定义了一个分配正义的概念,它区分了个人的境况和选择,使分配结果的公正与人们的境况尽可能无关,而更多受他们选择的影响。⁵³

虽然区分一个人的境况和他自己的选择并不总是容易的,但德沃金的方法依赖于普通的伦理判断,这些判断通常用于在分配相应责任时区分机会和选择,⁵⁴并通常认为个人对自己个性负责,因为个人通常认同构成其个性的各种信念、偏好、品味和抱负,并视他们做

49　Dworkin, n. 19, 80. 在这方面,德沃金的理论不同于约翰·罗尔斯的理论,后者认为自然天赋是一种"共同资产",其利益通过他的差异原则与最不富裕的人共享,参见: Rawls, n. 2, 101。

50　Dworkin, n. 19, 80.

51　Ibid., 5-6.

52　Ibid., 6.

53　Ibid., 287.

54　Ibid.

出的决定为自己的选择而非运气好坏。[55] 在此基础上，德沃金通常把一个人的境况理解为包括完全无法控制的因素 [如基因禀赋以及其他偶然情况，德沃金称为 "原生运气"（brute luck）[56]]，以及个人选择包含的、可以用来合理分配个人责任的属性和行为 [通常包括构成个人性格的各种因素，[57] 以及承担已知风险的深思熟虑的决定，德沃金称为 "选项运气"（option luck）[58]]。因此，尽管德沃金承认人们的选择并非 "随机地与他们的文化、历史和环境无关"，[59] 也不是未经选择的 "影响他们选择的信念、抱负和品味"，[60] 但德沃金认为个人选择和责任的概念对于 "涉及且关于每个公民的道德和伦理批评，包括自我批评的内部实践方面都有意义的政治道德" 是至关重要的。[61]

在这方面，资源平等不仅迥异于福利主义的分配正义观念，也不同于约翰·罗尔斯的政治自由主义——其正义原则来自于假想的社会契约，该社会契约在 "无知之幕"（veil of ignorance）后的 "原始的平等地位" 下达成，无知之幕不仅阻隔了缔约方对其 "社会地位" 的了解，而且还阻隔了他们的 "自然禀赋与能力"、他们的 "善的观念" 以及他们的 "特殊心理倾向"。[62] 罗尔斯认为，从这个角度，决定

55　Dworkin, n. 19, 290. 正如德沃金解释的那样，在事实并非如此的情况下，一个人的这些性格特征最好被视为 "我们希望自己没有的，并努力克服或消除的" 嗜好或痴迷。Ibid., 293.

56　Ibid., 73.

57　Ibid., 82.

58　Ibid., 73.

59　Ronald Dworkin, 'Sovereign Virtue Revisited', 113(1) *Ethics* (2002) 106, 107.

60　Ibid.

61　Ibid., 107.

62　Rawls, n. 2, 12.

一个人选择的属性和行为在道德上被认为是武断的,[63]因此,公认的正义原则只定义了"社会的基本结构",[64]而不是个人享有分配份额的权利——罗尔斯认为,这些权利不是任何基本意义上的权利,而是对于"那些希望改善自身状况而且已经做了那些制度宣称会予以奖励的事情的人"的"合法期望"。[65]

与此相反,德沃金强调,他的分配正义理论并非意图"将政治道德与有关美好生活品质的伦理假设和争论隔离开来",而是在"更普遍的伦理价值观中"寻求支持,[66]包括一个人的境况与其个人选择之间的区分。在此基础上,他解释说,资源平等"确定了公民之间的一种对每个人来说都是个性化的关系"——其作为"个人权利问题而不是群体地位问题"决定了"作为个人,他们有权拥有什么"。[67]

虽然人们可能会质疑将任何特定的分配结果归因于运气好坏或个人责任的合理性,但罗尔斯认为,个人的选择和行为对分配正义没有规范意义的观点存在很大的问题,因为人们在分配相应责任时通常会在机会和选择之间做出道德区分。因此,德沃金的分配正义理论是对罗尔斯的差别原则的有益改进,后者对个人权利和责任的关注不够。尽管古典自由意志主义者已经基于类似的理由批评了差别原则,[68]但下一小节解释了德沃金对平等作为分配正义的核心标准的强调如何将他的路径与古典自由意志主义区分开来。

---

63 Rawls, n. 2, 312.
64 Ibid., 7.
65 Ibid., 103. See also Ibid., 310–15.
66 Dworkin, n. 19, 5.
67 Ibid., 114–15.
68 Nozick, n. 12.

三、资源平等：原始获取和后续再分配

虽然德沃金的分配正义理论包括个人对自己选择的后果负责的原则，但它也肯定了资源分配中的平等观念。为了调和这两种常常相互矛盾的价值观，德沃金将"某种形式的经济市场"视为"分析工具"(an analytical device)和"实际政治制度"(an actual political institution)。[69] 尽管德沃金指出，市场通常被视为"平等的敌人"和"个人自由的必要条件",[70] 但资源平等的目的是通过要求人们"以平等条件"进入市场使市场同时服务于两个目标。[71] 在这方面，德沃金的方法与古典的自由主义截然不同。

古典自由主义认为，任何财产所有权分配中的公正性不取决于效用或差别原则等"模式化"的或"结果导向"的原则，而是取决于原始获取和后续转让的公正性。[72] 例如，根据约翰·洛克的理论，即使所有资源最初都是"共同"持有的，个人也应当可以合法地占有这些资源，而无需任何基于自我保护和劳动成果相关权利的明确协议——前提是必须禁止以使用前浪费的方式占有资源，该前提已经通过货币的发展得到满足，而另一前提要求"保留与其他人共有""足够且同样好"的资源，亦已通过私有财产的生产力得到有效的满足。[73] 与之类似地，罗伯特·诺齐克认为，只要私人占有满足"洛克式但书"(Lockean proviso)，即不导致他人境况恶化，个人就可以获

69　Dworkin, n. 19, 66.

70　Ibid.

71　Ibid., 70.

72　Nozick, n. 12, 149–231.

73　John Locke, *Second Treatise of Government* (1690), C. B. Macpherson (ed.) (Cambridge: Hackett, 1980), 18–24 (ch. V, paras 25–47). 关于洛克观点的综述，参见：Duff, n. 17, 24–8。

得初始状态下的"无主物"的所有权——这是由私人财产创造的社会产出增加和多样化的就业机会来实现的。[74] 在每种情况下,这些理论都假定,以该方式获得的财产权包括通过交换或遗赠转让财产的权利。[75]

与古典自由主义不同,德沃金的原始获取理论设想通过拍卖或其他市场程序在社会成员之间分配社会资源,假定这些社会成员以平等的条件进入这一模式。[76] 通过这种安排,每个人将根据他或她相对于其他个人对这些资源的支付意愿而获得一系列资源——从而使这一机会成本成为衡量每个人能够公正获取资源的标准。[77] 虽然想要获得相对昂贵的资源的个人可能因这些资源并不便宜而感到遗憾,但他们并无合理理由抱怨他们受到不公平的对待,因为他们选择获取的资源的成本将反映他们对社会整体的机会成本。[78] 最后,德沃金推断,没有人会更喜欢别人而不是自己的一系列资源,而社会资源的平等分配——即"资源平等"——将得到普遍接受。[79]

一旦一个社会的资源以这种方式分配,人们当然地会继续转移和交换资源,也会产生更多的资源——在工作和休闲、消费和储蓄、

74　Nozick, n. 12, 175–81.

75　See, e.g., Locke, n. 73, 39 (ch VI, para. 72); Nozick, n. 12, 178.

76　Dworkin, n. 19, 66–71. 以沉船幸存者为例,他们被冲上一个没有土著人口并且拥有丰富自然资源的岛屿,他们试图通过向所有能够用这些蛤壳交换现有资源的幸存者分配同等数量的蛤壳来平均分配这些自然资源。虽然德沃金的例子假定社会的所有资源都被私人占有,但他的理论并不排除某些资源也可能被共同持有的可能性。因此,该理论只涉及私有资源的分配,而不是公共和私有资源的划分。

77　Ibid., 70.

78　Ibid., 69.

79　Ibid., 67. 将平等分配资源的想法与"嫉妒测试"等同起来,该测试要求没有人会喜欢别人而不是自己的一系列资源。

礼物和遗赠、技能和禀赋的发展以及投资的风险等方面做出不同的决定;从不同的市场活动中获得不同的回报率;随着时间的推移,从最初获得的资源中积累不同的资源。[80]尽管干涉原始获取的财产权缺乏公正性,因此关于平等的"起跑门理论"(starting-gate theory)允许后续产生的不平等而不进行任何调整,但是德沃金拒绝接受这一结论,因为平等与后续所有权的公正的相关性不亚于原始获取的公正,[81]故任何通过平等分配社会资源而建立的财产权制度都应接受以平等的名义进行的后续调整。[82]德沃金已经简要概述以原始获取为目标的资源平等的基本概念,因此,他必须对这一观点作出必要的延伸并对一个包含生产、储蓄和投资的"动态经济体"加以深入思考。[83]

为达成这一目的,德沃金首先回到伦理个人主义的概念,他的分配正义理论最终建立在这个概念上——他认为,动态的资源平等概念必须允许分配结果随着人们深思熟虑的选择而变化,同时尽可能地保护他们免受由于原生运气而造成的不利分配后果。[84]因此,根据德沃金的解释,一个人通过选择或多或少的工作、从事报酬或高或低的职业、[85]经过谨慎考虑选择或规避风险、[86]通过主动参与的赌

80　Dworkin, n. 19, 73.

81　Ibid., 87–8.

82　Ibid., 88.

83　Ibid., 71.

84　Ibid., 89. 他认为"我们必须在违反平等的痛苦中,允许在任何特定时刻的资源分配是……敏于抱负"(反映"人们做出的选择对他人的成本或利益"),但不是"敏于禀赋"(反映"在自由放任的经济体制下,拥有相同抱负的人之间产生收入差异的能力差异")。

85　Ibid., 85.

86　Ibid., 74.

博的赢输,[87]或者通过储蓄而不是消费以[88]获得相比他人更多或更少的资源并不违反资源平等。然而,在人们获取资源的机会并没有平均分配的情况下,由于自然禀赋不同、[89]继承的遗产不同、[90]承担风险的机会不同,[91]资源平等要求中和由此产生的任何不平等。[92]然而,由于不可能消除所有可归因于原生运气的不平等,德沃金必须设计另一种方法以确保资源平等随着时间的推移继续适用。

为此,德沃金借鉴了基于社会资源平等分配的资源平等的基本概念——即设想一个所有社会成员都愿意在平等条件下加入的市场机制,以抵消原生运气对分配结果的影响。在这方面,德沃金阐释,资源平等旨在实现一种事前而非事后的平等条件[93]——使人们"在其面临不确定的资源方面尽可能平等",[94]而不是"在不确定的风险"发生后拥有平等的资源。[95]

根据德沃金的观点,一种假设的保险配置是这种市场机制的最

---

87 Dworkin, n. 19, 74–5.
88 Ibid., 479, note 8.
89 Ibid., 91.
90 Ibid., 347.
91 Ibid., 76.
92 Ibid., 91.
93 Dworkin, n. 59, 120–2.
94 Ibid., 107.
95 Ibid., 121. 虽然德沃金的方法旨在根据假定的事前平等状态提供事后补偿,但资源平等也可能增强实际的事前平等,例如,通过教育计划尽量减少天生才能和阶级背景对经济机会的影响。德沃金似乎在考虑这种事前的资源平等的方法,并建议"一个平等社会应且仅应以平等的名义,投入特殊资源来培训那些人,随着情况的恶化,这部分人收入水平会因为才能有限而降低",但他并没有详细解决这个问题,因为"这是有关平等主义教育理论这一更大议题的一部分,我并不试图在这里解决这一议题"。Ibid., 108.

佳体现，在这种保险配置中，[96]被推定不知道他们的技能和天赋所能获得的经济回报（因此在这方面处于平等地位）的人会购买保险来抵御低回报的风险，而那些被推定不知道自己可能会得到什么遗产的人则会购买保险以防范"坏的继承运气"（bad inheritance luck）风险。[97]虽然德沃金也承认个人在这种假设的配置中获得的保险种类和水平有点"投机"，[98]但是他仍然为这种假设的保险配置确定了与实际保险市场基本一致的四个特征。

第一，由于任何保险配置的管理都不是无成本的，而且保险收益和保险管理的成本必须由保费支付，从而减少支付这些保费的人的可用资源，因此有理由假定保险范围只会延伸到较为重大和概率较低的风险，这些风险造成的预期福利损失将超过因支付相对较小但确定的保费而造成的福利损失。[99]因此，德沃金阐述道，"纳入承保风险范围的收入水平越低，这一观点就越有力，即大多数有机会在同等条件下购买保险的人事实上都会在这个收入水平购买保险。"[100]尽管德沃金并没有明确说明这一收入水平可能是多少，但他认为"这一观点令人信服的程度……远远高于目前用于触发英国或美国为失业或最低工资水平进行转移支付的收入水平"。[101]

96　Dworkin, n. 19, 73–109.

97　Ibid., 347.

98　Ibid., 79.

99　Ibid., 97-8. 虽然德沃金对这一点的分析借鉴了福利的概念和边际效用递减的原则，但它的方式与基于福利的分配正义观念大相径庭——它叙述了平等地位的个人将获得的保险种类，而不是对分配结果的公正性的独立衡量。

100　Ibid., 97.

101　Ibid. 有关更详细的论证，参见：Daniel Markovits, 'How Much Redistribution Should There Be?', 112 *Yale Law Journal* (2003) 2291, 2305-13。其结论是"人们只能对大幅下降的人才水平提供保险——超过25%——低于平均值"。

第二，由于个人对自己负有个人责任的损失进行投保的可能性相比于对不承担个人责任的损失进行投保小得多（鉴于"道德风险"的问题，即提供保险怂恿了更多的损失以及更大的索赔，保险公司也不愿意为个人负有个人责任的损失投保），这种假设性的保险配置预期承保的风险类型主要可归因于决定一个人境况的原生运气，而不是决定其选择的属性和行为（包括有意承担已知的风险）。基于这一原因，德沃金认为，一个动态的资源平等观念将为那些遭受了疾病或残疾的个人提供健康和收入保险，前提是他们对这些疾病或残疾并不负有个人责任也无法投保，而非他们因自身的行为对这些疾病和残疾负有主要责任，或者当保险在相同的条件下能够提供时他们本可以投保。[102] 基于同样的原因，资源平等通常会为拥有低经济回报的技能和天赋的个人提供保险，[103] 前提是这些低回报率不是由于个人有意决定从事报酬较低的活动带来的。[104] 此外，德沃金认为，资源平等并不能为人们自愿承受的风险和赌博造成的损失提供保险，[105] 尽管他同时认为"家长式的原因"（paternalistic reasons）可能

---

102 Dworkin, n. 59, 73-4. 其中德沃金区分了那些"在正常生活中患上癌症"的人，即"我们无法将其指向一个可以认作是冒着疾病风险的赌博的特别决定"的人和那些"大量吸烟"的人；在第77页，德沃金主张"除了任何家长式的原因外，即使可怕的事故发生，资源平等的想法本身不会主张将资源从被投保的人再分配给那些未投保的人，比如这两种人都在同一起事故中失明的话"。虽然德沃金不清楚家长式关注与资源平等之间的关系，但他在这篇文章中的观点表明，家长式的考虑可以与他关于资源平等的想法相结合——例如，通过设想如果意识到购买意外保险的人的分布情况，在假设的平等地位下他/她可能获得哪些额外保险。

103 Ibid., 92-9.

104 Ibid., 91. 其中区分了假设下的人将投保的"差异化才能的影响"和与一个人想要在其生活中做什么相对应的"选择职业的后果"，后者是假设下的人不会投保的内容。

105 Dworkin, n. 19, 74-5.

证明"限制任何个人可能冒的风险"是正当的。[106] 相反,他认为,资源的平等将为遗产很少或没有继承财产的风险提供保险,这一可能性更多地取决于一个人出生的运气而不是自己的行为。[107]

第三,因为通常很难区分主要归因于个人责任的经济结果和主要归因于原生运气的经济结果,假设的保险配置将提供的保险范围可能包括旨在减少道德风险的标准保险合同的共同特征——例如共同保险,将支付的保险收益限制在索赔人损失的一定比例,[108] 以及要求索赔人证明他们的损失。[109] 保险范围也可能因根据不同道德风险区分索赔种类的可能性而有所不同——对个人不太可能承担任何责任的损失的保险范围更大,而个人更可能承担某种责任的损失的保险范围较小。

第四,也是本章最重要的一点,德沃金认为,如果是针对低收入风险的保险,假设的保险配置产生的保费可能会"与保单所有人的收入呈正比例关系",[110] 而针对低遗产继承风险的保险保费,则可能是"随着遗产数额的增加而剧增"。[111] 因为保险公司可以通过收取更高的保费来提供更大的承保范围,而且如果保险增加了个人的预期福利,他们就有理由购买这种保险,边际效用递减原理表明,被假定不知道自己的收入或继承的遗产即处于同等地位的个人更愿意购

---

106 Dworkin, n. 19, 75. 虽然德沃金似乎没有考虑到限制任何个人可能冒的风险的一种方法是在发生损失时提供某种补偿的可能性——大概是基于同样的家长式考虑,这些考虑可能证明限制任何个人可能冒的风险是合理的。正如前面解释的那样,这些家长式的考虑可能合理地与德沃金所说的"资源平等的初级想法"相结合,即通过想象个人如果意识到各种损失的风险,在假设的保险市场上可能购买哪些额外保险。参见注102。

107　Ibid., 346–9.
108　Ibid., 101.
109　Ibid., 101–2.
110　Ibid., 100.
111　Ibid., 348.

买保险,该保险的保费是其收入或继承遗产额的单调递增函数。[112]因此,在每一种情况下,假设的保险市场的概念构成了再分配税收的基础,其被概念化为处于平等地位的个人会同意支付的"保费"。

尽管有人可能会质疑资源平等强调事前平等而非事后结果、在多大程度上可以区分原生运气和选项运气,以及在假设的保险市场中可以合理地期待处于同等地位的个人可能购买哪种保险,[113]德沃金的原始获取和后续再分配的观念代表了古典自由意志主义的强有力的替代品,肯定了平等的概念不仅对于资源的原始获取而且对于后续再分配而言均是正义理论的基础。本章节的剩余部分将讨论德沃金的再分配税收理论的含义。

第三节 实践

作为一个法律和政治哲学家,而不是税收学者,德沃金关于再分配税收的评论毫无意外是有限且简单的——主要强调税收在一个致力于资源平等的社会里作为"保费"的概念性规则,平等地位的个人愿意为疾病、残疾风险或者低市场回报率,以及他们可能得到很少

---

112 Dworkin, n. 19, 100-1. 特别指针对低收入者的保险。

113 例如参见:Michael Otsuka, 'Luck, Insurance and Equality', 113(1) *Ethics* (2002) 40-54, 50。其中认为德沃金的事前策略未能使资源平等与事后产生的不平等相协调。Elizabeth Anderson, 'How Should Egalitarians Cope with Market Risks?', 9 *Theoretical Inquiries in Law* (2008) 239-70.该文认为分配正义的平等主义观念需要限制市场可能产生的分配份额。如果德沃金的假想保险市场概念能够纳入家长式的考虑,并提供保险以防止生活在一个极端不平等社会的风险,那么就有可能将这些关切纳入扩大的资源平等概念中。

或没有继承财产的风险而支付保费。

接下来的各小节以德沃金对再分配税收的叙述为基础,考虑他的理论对于社会为了促进资源平等而应该征收的各个税种的含义,以及这些税种的设计。第一小节考虑了以保障疾病、残疾和低市场回报为目的的个人课税的形式,第二小节仔细考察了得到很少或没有继承财产风险的税收的设计。

一、个人课税

关于个人课税,税收政策分析师通常考虑三种不同的税种,这些税种适用于不同的税基:(1)所得税,适用于一段时间内(通常是一年)的收入减去支出,原则上包括所有来自劳动和资本的收入;[114](2)消费或支出税,也适用于一段时间内的收入减去支出,但不包括在此期间储蓄而非支出的所有收入;[115](3)财富税,一般适用

---

114 这一描述强调收入来源,这通常符合加拿大和英国等国以来源为基础的所得税制度中的收入概念。与这种收入来源概念相比,美国的许多税收政策分析都提到亨利·西蒙斯提出的综合收入概念,该概念从收入用于消费或储蓄的角度来定义收入。Henry C. Simons, *Personal Income Taxation: The Definition of Income as a Problem of Fiscal Policy* (Chicago: University of Chicago Press, 1938), 50.

115 这一描述适用于现金流个人消费税,这一税种对于未用于储蓄而用于消费的收入征税。例如参见:William D. Andrews, 'A Consumption Type or Cash Flow Personal Income Tax', 87(6) *Harvard Law Review* (1974), 1113; Nicholas Kaldor, *An Expenditure Tax* (London: Routledge, 1955)。与之相对地,收益豁免消费税对所有资本收入豁免征税,使得这种消费税与一种所谓的工资所得税相同,即只对劳动收入征税。例如参见:David Bradford, *Untangling the Income Tax* (Cambridge, MA: Harvard University Press, 1986), 89–94。尽管收益豁免的方法通常被认为和现金流方法一致,这种一致性只在数个前提假设下成立,包括投资回报固定,纳税人可以以没有风险溢价的利率不限金额地借贷款,以及税率在一段时间内保持不变并且并非累进税率——这些前提假设在实践中不太可能实现。例如参见:Michael J. Graetz, 'Implementing a Progressive Consumption Tax', 92(8) *Harvard Law Review* (1979) 1575, 1602。

于个人在某个特定时间(如纳税年度结束时)的总资产价值减去负债。[116]在这三种传统的个人课税税基的基础上,税收理论家还提出了能力或禀赋税,这在原则上适用于个人的赚取收入的能力,而不考虑个人实际收入的多少。[117]

首先就所得税而言,支持者们普遍颂扬这一税基原则上全面适用于所有类别的收入的公平性,通常被认为是衡量每个人纳税的"支付能力"的最公平的衡量标准。[118]虽然支持所得税的许多观点都是明确的福利主义观点,将收入和支付能力的概念视为个人福利或公用事业的替代物,[119]但依旧有部分观点依赖于非福利主义的分配正义观念,即认为对个人收入征税是社会基于"偶然性在收入分配中的作用以及生产者依赖消费者和其他生产者为社会创造价值"对分享一部分总产出而提出的合法主张。[120]

另一方面,对于那些赞成个人消费或支出税的人来说,税收公平性最好是参照一个人在一个纳税期间所消耗的资源来衡量,而不是一个人在任何时期所获得的收入(这些收入可能用于当前消

---

116 See e.g. C. T. Sandford, J. R. M. Willis, and D. J. Ironside, *An Annual Wealth Tax* (London: Heinemann Educational Books, 1975); David Shakow and Reed Shuldiner, 'A Comprehensive Wealth Tax', 53 *Tax Law Review* (2000) 499.

117 See e.g. Lawrence Zelenak, 'Taxing Endowment', 55 *Duke Law Journal* (2006) 1145. 虽然人们普遍认识到,对收入能力征税是不可能的,但能力或禀赋可能仍然被视为一种理想,一个实际的税收制度应该以各种方式加以实现。

118 See e.g. Alan Gunn, 'The Case for an Income Tax', 46 *University of Chicago Law Review* (1979) 370.

119 See e.g. Richard Goode, 'The Economic Definition of Income', in Joseph A. Pechman (ed.), *Comprehensive Income Taxation* (Washington, DC: The Brookings Institution, 1977), 1, 9.

120 Alvin Warren, 'Would a Consumption Tax Be Fairer Than an Income Tax?', 89(6) *Yale Law Journal* (1980) 1081, 1091.

费或储蓄以资助未来消费），其理由或者基于个人福利最终取决于个人消费而非收入，[121] 或者基于关于合法分配份额的判断恰好与一个人通过个人消费从社会中获取的资源，而不是一个人凭借自己的劳动和投资有权获得的资源有关。[122] 消费税的倡导者也质疑所得税的公平性，认为它歧视那些选择储蓄而不是消费的人[123]——仅仅基于未来消费偏好而非当前消费而区分那些原本平等的个人，[124] 并通过对补偿储户递延消费的收益征税的方式对储蓄实施"双重征税"。[125] 基于这些理由，支持者认为，个人消费或支出税比个人所得税更公平、更有效率。[126] 因此，与个人所得税一样，关于个人消费或支出税的观点同时援引了福利主义和非福利主义的分配正义观念。

关于个人财富税、能力税或禀赋税的观念也是如此。例如，前者既有从福利主义角度的理由，即财富赋予的支付能力在大多数收

---

[121] See e.g. Irving Fisher, *The Nature of Capital and Income* (London: Macmillan, 1906).

[122] See e.g. Edward J. McCaffery, 'The Uneasy Case for Capital Taxation', in Ellen Frankel Paul, Fred D. Miller, Jr, and Jeffrey Paul (eds), *Taxation, Economic Prosperity, and Distributive Justice* (Cambridge, UK: Cambridge University Press, 2006), 166, 167, 168. 该文认为"进行支出之时是对恰当的税收水平进行社会判断的良好时机"，以及"我们一般且具有代表性的道德制度应当始终针对物质资源的使用而不是这些物质资源的来源"。对于这一观点的早期版本，参见：Thomas Hobbes, *Leviathan*, C. B. Macpherson (ed.) (Harmondsworth, UK: Penguin, [1651] 1985), 386–7。

[123] See e.g. Edward J. McCaffery, *Fair Not Flat: How to Make the Tax System Better and Simpler* (Chicago: University of Chicago Press, 2002), 35.

[124] See e.g. Bradford, n. 115, 315.

[125] See e.g. Andrews, n. 115, 1167.

[126] See e.g. Bankman and Weisbach, n. 5.

入或消费的衡量标准中都没有得到体现;[127]而从非福利主义的角度,财富税可以遏制可能威胁民主制度、社会稳定以及经济增长和繁荣的财富极度集中。[128]后者同样得到了福利主义的支持,即收入能力比收入、消费或财富与个人福利的对应性更加密切,[129]同时基于非福利主义的观点,收入能力相比收入、消费或财富等指标是衡量不合理的经济不平等更好的标准——这反映了一个人的能力或禀赋以及关于工作或休闲、储蓄或消费的选择的综合效应。[130]

由于强调事前的平等,并依赖伦理个人主义原则将个人的选择与他们所处的境况区分开来,人们可能会期望资源平等会把消费税、支出税、能力税或禀赋税作为个人课税的理想税基。事实上,德沃金的结论——[131]即一个人经过谨慎考虑选择或规避风险,通过赌博赢或输,或通过储蓄而不是消费获得更多或更少的资源并不违反资源平等——似乎支持消费税或支出税作为理想的税基,而他坚持的资源平等允许资源分配"敏于抱负"(ambition-sensitive)而非"敏于

---

127 See e.g. Richard M. Bird, 'The Case for Taxing Personal Wealth', in *Report of the Proceedings of the Twenty-Third Tax Conference* (Toronto: Canadian Tax Foundation, 1972), 6, 8. 该文认为个人财富提供的"机会、灵活性和安全性"的优势超越了它可能产生的收入。Shakow and Shuldiner, n. 125. 作者认为"在现行所得税制度下,来自财富的大量收入实际上不被征税",因为在收益实现之前,所得税通常不适用于收益,也不适用于未用于产生市场回报的资产的应税收入。

128 See e.g. James R. Repetti, 'Democracy, Taxes, and Wealth', 76(3) *New York University Law Review* (2001) 825; Thomas Piketty, *Capital in the Twenty-First Century* (Cambridge, MA: Harvard University Press, 2014), 515–34.

129 See e.g. Dan Shaviro, 'Endowment and Inequality', in Joseph J. Thorndike and Dennis J. Ventry, Jr (eds), *Tax Justice: The Ongoing Debate* (Washington, DC: The Urban Institute Press, 2002), 123, 128–9.

130 Ibid., 140.

131 Dworkin, n. 19, 74–5, 479, note 8.

禀赋"（endowment-sensitive）[132]，则似乎支持能力税或禀赋税作为理想的税基。因此，这些税基的倡导者将德沃金理论作为支持并不出人意料。[133]

然而，事实上，德沃金拒绝将禀赋、消费和财富作为再分配税的理想税基，并明确支持征收所得税以达成此目的。[134]在禀赋方面，德沃金批判才能与抱负"太紧密地交织在一起"以至于不可能在税收方面加以区分，[135]而要求人们为自己的才能买单将要求那些有高收入能力的人"以牺牲其他资源为代价，购买休闲时间或从事生产率较低职业的权利"——这使那些拥有最高经济回报的技能和禀赋的人反而羡慕那些收入能力较低的人，违反了资源平等。[136]另一方面，德沃金反对消费和财富作为税基，理由是前者将排除投资回报，而投资回报从推定上反映的不仅仅是"对迟延消费的偏好"，[137]而后者会给个人选择储蓄而不是消费的收入增加额外的负担。[138]

尽管福利主义者普遍赞同征收能力税或禀赋税的观点，理由是这样可以消除税收抑制因素，[139]大多数自由平等主义者都和德沃金一样反感这种税基，理由在于，对收入能力征税会迫使那些拥有最高经济回报的技能和禀赋的人在一段时间内从事这些职业以支付税款——从而干涉他们在同等正义的体制内按自己选择的方式生活的

132　Dworkin, n. 19, 89.

133　See e.g. Edward J. McCaffery, 'Tax's Empire', 85 *Georgetown Law Journal* (1996) 71, 141–4; Shaviro, n. 129, 140–2.

134　Dworkin, n. 19, 90–1, 478–9, note 8.

135　Ibid., 91.

136　Ibid., 90.

137　Ibid., 479, note 8.

138　Ibid.

139　See e.g. Mirrlees, n. 3.

自由。[140]然而，正如其他人所主张的那样，如果自由平等主义者认为税收制度要求人们工作更长时间或从事特定职业，以便获得足够的税后收入满足他们的消费偏好是可以接受的，那么认为税收制度要求人们在某些职业上至少工作几个小时以满足再分配税的要求不可接受便没有明确的理由。[141]虽然答案可能在于通过社会互动实现的市场回报和通过市场交换无法实现的潜在回报之间的区别，但这一观点需要进一步细化。[142]

然而，即使能力税或禀赋税在规范上被认为是站不住脚的（在行政上也不可行），但是，也许可以设想一个税收和转让制度的具体特征，它的目标是以行政上可行和规范上可接受的方式，追踪德沃金所区分的个人抱负和个人禀赋。[143]下面的例子将资源根据禀赋进行再分配，正如公共医疗保险将资源从健康人转移到病人身上[144]，残疾支持项目将资源从"健全人"转移到"残疾人"一样。同样的道理也适用于公共养老金计划，它将资源从"短命者"再分配给"长寿者"。[145]其他学者则提出了与禀赋相关的税收，这些税收将根据

---

140 See e.g. John Rawls, *Justice as Fairness* (Cambridge, MA: Harvard University Press, 2001), 158; Eric Rakowski, 'Can Wealth Taxes Be Justified?', 53 *Tax Law Review* (2000) 263, 267, note 10.

141 See e.g. Kirk J. Stark, 'Enslaving the Beachcomber: Some Thoughts on the Liberty Objections to Endowment Taxation', 18 *Canadian Journal of Law & Jurisprudence* (2005) 47, 49. 然而正如斯塔克所述，如果劳动力市场处于波动，使得特定水平的收益只有当全职工作时才能获得，这一结论将不再适用。Ibid., 59, note 64.

142 对于沿禀赋线重新分配资源的论点，参见：David M. Hasen, 'Liberalism and Ability Taxation', 85 *Texas Law Review* (2007) 1057, 1113。

143 See e.g. Zelenak, n.117, 1172–81.

144 See e.g. Kyle Logue and Ronen Avraham, 'Redistributing Optimally: Of Tax Rules, Legal Rules, and Insurance', 56 *Tax Law Review* (2003)157, 226–7.

145 Ibid., 227, note 211.

儿童时期父母的平均收入[146]或学术能力倾向测验（SAT）成绩而变化[147]——尽管这些方法很可能引起与"人才奴役"同样的担忧从而激发自由平等主义者对能力或禀赋作为理想税基的担忧。或许更具吸引力的是，税收规则将为教育和培训投资提供逐步的成本回收，从而降低对这些投资回报的征税，因为通过这些投资获得的技能和才能带来的收入与抱负和努力的关系比与禀赋和境况的关系更为密切。[148]

德沃金对于将消费或支出作为理想税基的反对更加令人费解，因为资源平等强调事前平等，而且他的结论是，税收不应改变个人作出冒险、赌博或储蓄而不是支出的决策的分配结果——这些观点通常被用来支持对个人消费或支出征税。然而，对于风险和赌博，德沃金承认家长式的考虑可能影响了这一结论，因此假设的保险市场可能会补偿那些遭受较差的选项运气和原生运气后果的人。[149]事实上，大多数投资所涉及的赌博既有已知的风险，也有未知的风险，这些赌博往往结合了较差的选项运气和原生运气的因素，证明了至少部分从赢家转移至输家的事后再分配是合理的。基于这两个原因，资源平等可能会因收益豁免的消费税不符合分配正义而对其进

146　Bruce Ackerman and Anne Alstott, *The Stakeholder Society* (New Haven: Yale University Press, 1999), 155–77.

147　Zelenak, n. 117, 1180.

148　See e.g. David S. Davenport, 'Education and Human Capital: Pursuing an Ideal Income Tax and a Sensible Tax Policy', 42(3) *Case Western Law Review* (1992) 793.

149　Dworkin, n. 19, 75, 77. 另参见注102和注106以及相关上下文，其中认为通过设想个体在假设的平等地位下意识到不为坏的选项运气投保带来的风险时可能购买的额外保险，这些家长式的考虑可能可以与德沃金的资源平等理念结合。

行合理排斥。[150]

由于现金流量型消费税将在事后适用于所有用于个人消费的投资回报，它不容易受到这种对收益豁税模式的反对。[151]然而，通过将储蓄所得从税收中剔除，现金流量型消费税的作用是免除投入资本的无风险回报，而该收益被囊括入所得税的税基中。[152]尽管消费税的倡导者经常主张这种无风险的回报应该免税，因为它仅仅是对储户推迟消费的补偿，[153]反对无风险回报理论的观点提出质疑，理由是希望在不同的纳税期内平稳消费的个人可以合理地为此目的储蓄收入，而不需要任何回报[154]——这意味着投入资本的正收益完全是

---

150 就反对收益豁免的消费税的一个相似反对观点，参见：Graetz, n. 115, 1600-1. 其中认为"幸运赌徒与倒霉赌徒不同"，"税基必须区分那些幸运的人和不幸的人，即使他们在赌博前可能有相同的前景"。实际上，这一结论假定税制可以适用于风险回报——经济分析表明在单一税率所得税并全部损失偿还的情况下，投资者可以以无风险的回报率借款，增加需要课税的投资规模并在失败的情况下全部损失偿还。例如参见：Joseph Bankman and Thomas Griffith, 'Is the Debate Between and Income Tax and a Consumption Tax a Debate About Risk? Does it Matter?', 47 *Tax Law Review* (1992) 377; David A. Weisbach, 'The (Non)Taxation of Risk', 58 *Tax Law Review* (2004) 1。由于这一结论所基于的假设在实践中不太可能适用，因此似乎有理由得出结论，"关于风险溢价税原则消亡的报告……被大大夸大了"。Lawrence Zelenak, 'The Sometimes-Taxation of the Returns to Risk-Bearing Under a Progressive Income Tax', 59 *Southern Methodist University Law Review* (2006) 879, 915.

151 Edward J. McCaffery, 'A New Understanding of Tax', 103 *Michigan Law Review* (2005) 807, 812. 主张"后付费"或现金流量型个人消费税比"预付"或收益豁免的个人消费税更公平，因为前者"能够而且确实会给资本收益带来负担"。

152 作为量化演示，参见：Warren, n. 120, 1102-7。

153 尤其参见：Irving Fisher, *The Theory of Interest as Determined by Impatience to Spend and Opportunity to Invest It* (New York: Macmillan, 1930)。对于这一从"供给侧"来看的利息起源的有用叙述，参见：Mark Kelman, 'Time Preference and Tax Equity', 35(4) *Stanford Law Review* (1983) 649, 658-70。

154 See e.g. Warren, n. 120, 1100. 认为理性的消费者可以平等合理地对待每个时期的消费："在一个拥有终生物品储存的荒岛上，消费者很可能将等量的物品分配到他生命中剩下的每一年。"

由于资本生产率，而不是对递延消费的补偿。[155] 同样，如果储蓄的无风险回报得到免税以补偿递延消费，那么人们可以同样主张劳动所得也应该免税，因为它对工人放弃闲暇时间进行了补偿。[156]

尽管德沃金反对征收个人消费税并没有考虑这些支持或反对个人消费作为理想税基的税收政策观点，但他认为投资回报反映的不仅仅是"对递延消费的偏好"，这一观点与税收政策是一致的，即这些回报归因于资本生产率，因此被适当地纳入再分配税的税基中。更广泛地说，德沃金支持将所得作为税基，并认为这项税种的目的是为了预防低市场回报率的风险，这反映了他明确反对一些消费税倡导者的论点，即再分配税应针对个人通过消费从社会获取的资源，而不是针对个人通过劳动和投资获取的资源。相反，正如一位个人消费税的批评者所言：

在……某种意义上，消费税与个人自由的一致性不如所得税。消费税的分配前提是，定量的消费决定是集体的，而非个人的判断。当然，与所得税观点相比，这一前提（产品分配由集体决定）并不明显表现出对个人自由的更多尊重。根据所得税，个人的集体义务是在生产时履行的；相比之下，在消费税下，这些义务直到一个人消耗完他（或她）所有资源时才会被履行完毕。[157]

同样出于这个原因，基于个人所得的再分配税似乎相比针对个

155　Warren, n. 120, 1100–1; Kelman, n. 153, 670–5. 基于资本生产率评价从"需求侧"来看的利息起源。

156　Warren, n. 120, 1107.

157　Ibid., 1120–1.

人消费或支出的再分配税与资源的平等更具一致性。

另一方面，相对于个人所得，基于认为个人财富税将对个人选择用于储蓄而非消费的收入征税，自由平等主义者普遍反对将财富作为理想的税基。[158] 与个人所得税适用储蓄收入的收益不同，个人财富税将适用于储蓄收入本身——对储蓄收入双重征税，而在同一纳税期内，对用于消费的收入不进行双重征税。基于这个原因，德沃金反对把个人财富作为再分配税的理想税基，认为"一个人决定消费而不是储蓄……正是这种分析下其影响应当由未经税收修正的市场决定的决策"。[159]

然而，至关重要的是，这一结论取决于这样一个假设，即收入在储蓄或支出之前必须缴纳再分配税，且继承也要接受公正的再分配制度，这样个人财富才能得到公正的持有。[160] 如果这两种假设都不再成立——这种情况可能存在于通常不适用于未实现收益的所得税之中，那么资源平等可以考虑个人财富税作为所得税或财富转移税的补充。资源平等也可以考虑个人财富税的作用，以减少财富的极度集中，因为在一个假设的保险市场中处于平等地位的个人可能合理地为一个极端不平等的社会投保，在这个社会中，他们可能会遭受"在阶级体系中占据较低阶层的明显危害"。[161] 然而，原则上，德沃金和其他自由主义者似乎认为设计良好的所得税和继承税就足以达到这一目的。

最后，有必要重申德沃金提议的再分配所得税的两个重要方面：

158　See e.g. Rakowski, n. 140.

159　Dworkin, n. 19, 479, note 8.

160　这些是德沃金认为资源平等要求个体事前处于平等地位的默示前提。

161　Dworkin, n. 19, 348. 解释遗产税或继承税的理由。按照这些思路征收个人财富税可能与这样一种观点相一致，即平等社会应限制允许市场产生极端不平等的程度。例如参见：Anderson, n. 113.

应按累进税率征收，收入应专门用于支付那些具有低市场回报的技能和才能的人的福利。虽然德沃金的累进税率理论是基于收入边际效用递减的原则，而处于同等地位的个人在假设的保险市场中会考虑到这一点，[162]资源平等也可能有利于累进性，因为较高的市场回报率比普通回报率更可能反映出原生运气因素。——这一假设与"赢者通吃"的市场现象相一致，在这种市场中，某些职位的回报远远超过那些略逊于它的竞争对手。[163]它也可以考虑提高投机性收益的税率，而这些收益也往往反映了原生运气的一个重要因素（与选项运气相结合）。

至于所得税收入应专门用于再分配转移的观点，这种做法既与反对专用税的传统公共财政理论相矛盾，也与大多数发达国家将所得税收入归入一般税收收入的通行做法相抵触。这同时可能意味着累进所得税作为税收制度的一部分作用更为有限，政府更广泛地依赖其他税种，包括销售税和福利相关税以资助公共产品和服务。[164]然而，与此同时，将所得税收入用于再分配转移可能会相比基于支付能力的福利主义理论为累进所得税提供一个更具说服力的理由，后者没有充分考虑到个人权利。

162　Dworkin, n. 19, 100-1. 虽然德沃金依赖于这一原则似乎表明，他对采用累进税率的主张是基于福利或效用，但德沃金强调，"这一策略的要点是公平对待个人"，这些人被认为考虑了不同收入水平对其福利的影响。Ibid., 349-50.

163　See e.g. Robert H. Frank and Philip J. Cook, *The Winner-Take-All Society* (New York: Penguin Books, 1995); Martin J. McMahon, Jr and Alice G. Abreu, 'Winner-Take-All Markets: Easing the Case for Progressive Taxation', 4 *Florida Tax Review* (1998) 1.

164　See e.g. Michael J. Graetz, *100 Million Unnecessary Returns: A Simple, Fair and Competitive Plan for the United States* (New Haven: Yale University Press, 2008)（建议降低所得税的作用，使其与税基广泛的销售税和增值税一起作为一种明确的再分配税）; and David G. Duff, 'Benefit Taxes and User Fees in Theory and Practice', 54(4) *University of Toronto Law Journal* (2004) 391（支持福利税和使用费，作为包括再分配税在内的税收制度的一个要素）.

二、继承税

除了累进所得税,德沃金认为,资源平等也有利于"以高累进税率征收继承税"。[165] 尽管一些评论家基于福利主义的角度强烈反对,认为对财富转移征税会阻碍资本积累并阻碍经济增长,[166] 同时批评者从非福利主义的角度出发,认为这些税构成了对勤勉、节俭且在有生之年成功积累财富的捐赠者的"双重征税",[167] 这些税收得到自由平等主义者的广泛支持,理由在于:财富从一代人到另一代人的大量转移本质上并非是其接受者所挣得的;削弱了公平的机会平等的理想;并使破坏社会、经济和政治平等的代际财富集中长久存在。[168]

---

165 Dworkin, n. 19, 348.

166 See e.g. Edward J. McCaffery, 'The Uneasy Case for Wealth Transfer Taxation', 104(2) *Yale Law Journal* (1994) 283. 尽管有这些说法,但经验证据表明,财富转移税对资本积累的影响相对较小——这一发现与理论分析相一致,表明财富转移的动机混杂,包括没有税收影响的意外遗赠和利他赠与,以及财富转移税实际上可以鼓励积累的遗产,以维持税后有针对性的赠与和遗赠。例如参见: Wojciech Kopczuk and Joel Slemrod, 'The Impact of the Estate Tax on Wealth Accumulation and Avoidance Behavior', in William G. Gale, James R. Hines, and Joel Slemrod (eds), *Rethinking Estate and Gift Taxation* (Washington, DC: Brookings Institution, 2001), 299; David Joulfaian, 'The Behavioral Response of Wealth Accumulation to Estate Taxation: Time Series Evidence', 59 *National Tax Journal* (2006) 253。一个优秀的文献综述,参见: Lily L. Batchelder, 'What Should Society Expect from Heirs? The Case for a Comprehensive Inheritance Tax', 63(1) *Tax Law Review* (2009) 1, 36–8。

167 See e.g. Edward McCaffery, 'Grave Robbers: The Moral Case Against the Death Tax', 85 *Tax Notes* (1999) 1429, 1436–40.

168 See e.g. David G. Duff, 'Taxing Inherited Wealth: A Philosophical Argument', 6 *Canadian Journal of Law & Jurisprudence* (1993) 3; Eric Rakowski, 'Transferring Wealth Liberally', 51 *Tax Law Review* (1996) 419; Anne L. Alstott, 'Equal Opportunity and Inheritance Taxation', 121(2) *Harvard Law Review* (2007) 469; Miranda Perry Fleischer, 'Divide and Conquer: Using an Accessions Tax to Combat Dynastic Wealth Transfers', 57 *Boston College Law Review* (2016) 913.

例如，根据罗尔斯的观点，累进赠与税和继承税是必要的，"不是为了增加收入……而是为了逐步地、持续地纠正财富的分配，防止权力的集中损害政治自由的公平价值和公平的机会平等"。[169] 德沃金对累进继承税的主张大体上与这些担忧相一致，尽管他强调伦理个人主义作为分配正义的原则说明他的理由基于个人权利而不是集体利益的考虑。

对德沃金来说，继承税的争论需要在资源平等的两个"竞争性要求"（competing demands）之间达成协调：(1)个人通常可以自由地选择在税后"花自己正当拥有的钱"——"比如在昂贵的汽车、艺术品或旅游上"——而不受"进一步征税"带来的限制；[170] 以及(2)"一些人以比其他人在更少的财富或条件不利的情况下生活但不是由于他们自己的选择或赌博而是由于原生运气不好是不公正的"。[171] 考虑到这两个原则，德沃金反对完全禁止赠与和遗赠的观点，[172] 但认为"可以就人们给予或留给别人的东西被征税，因为这种……形式的支出……会为下一代带来不公正"。[173]

为了充分说明这种税的形式的正当性，德沃金采用了与证明累进所得税正当性同样的方法，设想"另一个假设的保险市场，在这个

169　Rawls, *A Theory of Justice*, n. 2, 277.

170　Dworkin, n. 59, 125; Dworkin, n. 19, 347. 虽然德沃金对此的观点并不明晰，但他反对"进一步征税"的观点很可能不排除广税基的销售税或增值税，或更有针对性的福利税或为公共产品和服务提供资金的使用费用，也不排除特别设置以减少对他人施加负面外部性行为的监管税，如环境税。相比之下，资源平等似乎排除了可能旨在抑制"显著消费"的奢侈品税。

171　Dworkin, n. 19, 347.

172　Dworkin, n. 59, 125.

173　Dworkin, n. 19, 347.

市场中,假想的人们都可以在平等的条件下购买保险"。[174]德沃金认为:

> 继承险是有意义的……以保证……免受……在阶级体系中居于较低阶级的危害——也就是说,避免在一个其他人比他们和他们的子女拥有多得多的金钱,并进而更有地位和权力的社会中生活。[175]

在此基础上,他坚持认为,相同境况下的个人将投保以避免"坏的继承运气"——接受一种保费结构,即"伴随着微薄的礼物或遗产增加至巨额财富,保费将从零急剧上升到一个非常高的边际比例"。[176]此外,他还建议,由于医疗福利和向低市场回报的技能和才能的个人进行再分配转移的资金"最终来源于所得税",继承税收入应用于"改善公共教育、教育和为未来专业人士的培训贷款,以及减轻征税后留存的任何经济阶层分化影响的其他方案"。[177]

虽然德沃金认为这些保费将由捐赠人"以赠与或遗赠的资产来衡量"的赠与税和遗产税的形式支付,[178]但自由平等主义者通常倾向于以受赠人为基础的税收,这种税是以个人通过赠与或继承方式获得的资产来衡量的。[179]由于以受赠人为基础的税收将对受赠人收

---

[174] Dworkin, n. 19, 347. 对于德沃金对继承问题依赖假设的保险市场的批判性评价,参见:Daniel Halliday, 'Inheritance and Hypothetical Insurance', in S. Sciaraffa and W. Waluchow (eds), *The Legacy of Ronald Dworkin* (Oxford: Oxford University Press, 2016), 99–114。

[175] Dworkin, n. 19, 348.

[176] Ibid., 347, 348.

[177] Ibid., 349.

[178] Ibid., 348.

[179] See e.g. Rawls, n. 2, 277. 原则上,这一税种将以对一生所得课税的形式对个人一生中接受的所有赠与和继承征税。See e.g. Duff, n. 168.

到的资产价值而不是捐赠人积累的资产价值适用免税起征点和累进税率,与基于捐赠者的税收相比,它更能巧妙地协调对不平等继承的担忧——对接受最多捐赠和继承的最幸运的受益人施加最大的纳税义务,鼓励捐赠人更广泛地分配他们的财富,从而减少捐赠和继承对机会不平等和财富代际集中化的影响。[180] 基于这些原因,以受赠人为基础的赠与税和继承税也应该更容易被证明是针对大量捐赠和继承的幸运受益人的税种,而不是对勤勉和节俭的捐赠人征税,更不容易受到它构成了对已经纳税的累积财富进行双重征税的批评。[181]

虽然德沃金并未考虑这些在代际财富转移中对受赠人课税的论点,他证明累进继承税公正性的理由与向受赠人而非向捐赠人课征的赠与税和继承税更一致——因为似乎合理的假设是假想的个人会支付保费规避"坏的继承运气"的风险,保费与"好的继承运气"的表现程度相对应。事实上,德沃金在随后对继承税提案的评论中似乎接受了这样一个观点:这项税收不应该落在捐赠者身上,……而是应该落在赠与或遗赠的受赠者身上。[182]

180　See e.g. David G. Duff, 'Alternatives to the Gift and Estate Tax', 57(3) *Boston College Law Review* (2016) 893, 911–12.

181　Michael J. Graetz and Ian Shapiro, *Death by a Thousand Cuts: The Fight over Taxing Inherited Wealth* (Princeton: Princeton University Press, 2006), 255.

182　Dworkin, n. 33, 353. 在对这一评论的脚注中,德沃金似乎认为这一方法将把赠与和遗赠作为受赠人的收入。Ibid., note 41. 另参见:Ronald Dworkin, *Is Democracy Possible Here?* (Princeton: Princeton University Press, 2006), 117–18。其中的简短讨论认为"不考虑受赠人的数量或财富,以相同的税率对遗产征税似乎缺乏原理支持",并认为"将任何形式的大额赠与,包括遗赠,视为应缴纳一般税的收入会更加公平"。虽然纳入收入的方法确为对赠与和继承价值征税的一种方式,但将赠与和继承与一般所得计算总额并按所得税率对这些总额征税应当认为不是对继承财富征税的恰当方式,也不符合德沃金关于对继承财富开征独立税种的观点。对于将赠与和继承纳入所得额的批判性评估,参见:Duff, n. 180, 910–11。

最后,德沃金认为继承税收入应该用于公共教育和其他旨在减少经济阶层分化项目的观点似乎是合理的,因为这些税收的核心目的是减少机会不平等——人们也可以设想其他的用途,比如向达到成年的个人支付"社会继承"(social inheritance),[183]同时重要的是要认识到还可以将额外的资源用于公共教育和其他项目以支持高等教育和培训,因为这些项目构成了公共服务,不仅提供个人受助者享受的福利,还提供社会福利。正如德沃金主张将所得税收入用于再分配转移一样,这种使用继承税收入的方法将与传统的公共财政理论和大多数发达国家对财富转移征税的普遍做法相矛盾,[184]但这有助于提高公众对继承税作为公正税收制度的一个核心要素的理解和支持。

第四节　结论

虽然本章并未完全赞同德沃金理论的所有方面,但与基于福利的理论、罗尔斯主义理论和古典自由意志主义的理论相比,资源平等提供了一种更有说服力的分配正义的阐述——将经济平等的概念与个人自由和责任原则相结合,使两种价值观相比以上其他进路得到更好的认可。

在此基础上,本文以他为实现这一目的而捍卫累进所得税和继

183　See e.g. Ackerman and Alstott, n. 146, 21-64.

184　在过去的几十年里,一些国家已经削减或废除了对财富转移的税收,德沃金认为这"很可能是不正义的"。Dworkin, n. 19, 349. 关于在几个国家废除这些税收的说明,参见:David G. Duff, 'The Abolition of Wealth Transfer Taxes: Lessons from Canada, Australia and New Zealand', 3 *Pittsburgh Tax Law Review* (2005) 72。

承税的简短评论为基础考察了德沃金关于再分配税的观点。如果公正是社会制度的首要美德，那么一个公正的社会就应该把税收制度的分配正义作为其首要的或至高无上的美德来对待。以德沃金的资源平等概念为指导，一个公平的税收体系将包括累进所得税和继承税。

第三部分　税收制度的设计和机制：财富和财产

第八章　财产和税收的强制劳动理论

西奥多·P.濑户*

第一节　引言

两类观点主导了学术界对税收的原则性反对观点。第一种观点——税收等同于强制劳动——可以参考罗伯特·诺齐克在《无政府、国家和乌托邦》一书中的著名表述："攫取某人的劳动成果，等于从他那里抢走几个小时，并指挥他从事各种活动。"[1] 他暗示这是错误的。他的学术观点的继承者对他的主张进行了更为尖锐的改述：税收就是盗窃。[2]

---

* 本章在很大程度上受尼尔·布坎南（Neil Buchanan）教授在2014年11月15日于新墨西哥州圣塔菲举行的全国税务协会年会上发表的题为"强迫劳动和税收作为盗窃：驳斥对所得税的一些令人困惑的哲学攻击"（Forced Labor, and Taxation as Theft: Debunking Some Confused Philosophical Attacks on the Income Tax）的演讲的启发。

1　Robert Nozick, *Anarchy, State, and Utopia* (New York: Basic Books, 1974).

2　See e.g. Edward Feser, 'Taxation, Forced Labor, and Theft', 5 *Independent Review* (2000) 219–35; Murray N. Rothbard, *The Ethics of Liberty* (New York: NYU Press, 1998).

第二种观点来自许多最优税收理论的基础假设:在没有税收的情况下,纳税人将工作并储蓄使福利最大化,而税收扭曲了这些选择,从而降低了社会总福利。阿诺德·哈伯格关于税收会产生无谓损失的结论[3]和詹姆斯·莫里斯关于边际累进税率降低福利的结论[4]都是基于这一假设。最优税收理论的"双重扭曲前提"(double distortion premise,即在构建非税规则时绝不应考虑分配后果)、它对一次性征税的支持以及对资本所得征税的反对观点也是如此。

本章介绍了能够挑战这两个观点的财产法和税法的历史描述。本章首先提出了一个观点,即我们进化的目的不是努力工作和储蓄。我们的天性是在这些活动上花费足够多的精力以使我们生存和繁殖的可能性最大化。[5]在进化适应时代(从人类诞生到大约1万年前),生产性投资的机会很低,死亡的风险很高。因此,理性个人的贴现率——个体对现时利益的偏好大于未来收益——非常高,以至于现

---

[3] Arnold C. Harberger, 'The Measurement of Waste', 54(3) *American Economic Review* (1964) 58–76.

[4] James Mirrlees, 'An Exploration in the Theory of Optimum Income Taxation', 38(2) *Review of Economic Studies* (1971) 175–208.

[5] 对现代采猎者的人类学研究详细阐述了这个前提。See e.g. Brian Coddington et al., 'Provisioning Offspring and Others: Risk-Energy Trade-Offs and Gender Differences in Hunter-Gatherer Foraging Strategies', 278 *Proceedings of the Royal Society B* (2011) 2502–9; Rebecca Bird et al., 'What Explains Differences in Men's and Women's Production', 20(2) *Human Nature* (2009) 105–129; Michael Gurven and Kim Hill, 'Why Do Men Hunt? A Reevaluation of "Man the Hunter" and the Sexual Division of Labor', 50(1) *Current Anthropology* (2009) 51–74; Rebecca Bird et al., 'The Hunting Handicap: Costly Signaling in Human Foraging Strategies', 50(1) *Behavioral Ecology and Sociobiology* (2001) 9–19; Rebecca Bird, 'Cooperation and Conflict: The Behavioral Ecology of the Sexual Division of Labor', 8(2) *Evolutionary Anthropology* (1999) 65–75; Kristen Hawkes et al., 'Why Hunter-Gatherers Work: An Ancient Version of the Problem of Public Goods', 34(4) *Current Anthropology* (1993) 341–61.

代经济学家称之为"夸张的"(hyperbolic)。古代狩猎-采集者的劳动-休闲替代曲线取决于他们生活的环境。在一片贫瘠或人口过分密集的土地上,他们只能挣扎求生;在一个人口稀少、资源丰富的土地上,他们很可能会劳动直至成功繁衍下一代,但不会劳动更多。我们勤劳节约的理念是一种现代发明,是一种由胡萝卜、大棒以及社会化组成并在文化上得到延续的综合体;它不适应于狩猎-采集社会中,在现代社会的新生儿中也不是与生俱来的。[6]

农业的发展以及随之而来的大规模社会结构实现的可能性引发了巨大的改变。耕地的重要性使得对土地的投资具有适应性:征服它,[7]主张财产权,甚至不时改善其状况。那些能够强制实施土地财产权的人可以从那些从事农业生产的人处抽取盈余,迫使后者相比抽取前更加努力地工作。历史记载,前者往往过着安逸的生活;后者则过着凄凉而无尽的苦工生活。统治阶级通常会立即消耗由此产生的盈余,反映出人类早前对现时利益相较于未来利益的适应性偏好。尽管如此,财产制度将资源集中在一组决策者身上,这些决策者拥有超过他们个人生存和再生产所需的资源,使得投资成为一种现实的可能性。

在一些社会中,其结果是降低了表面贴现率(apparent discount

---

[6] 这并不意味着我们以狩猎-采集为生的祖先只吃饭、睡觉、战斗和繁衍后代。如果说游戏可以是适应性的,那么社会联系、冲突扩散、艺术、好奇心和发明创造也是如此——这个清单包含了很多让生活有价值的东西。然而,任何需要消耗能量的动机都是昂贵的;至少,它需要卡路里,并可能涉及机会成本。除非其生存或繁衍利益等于或超过这种成本,否则任何这种动机都会降低其携带者相对于更具适应性的竞争对手的生存和繁衍能力。概率数学告诉我们,过度勤劳的个人和过高重视未来的个体,就像其他适应不良的表型一样,随着时间的推移在整个人口中所占的百分比会减少,这不是因为他们应该这样,而是因为概率数学就是这样运作的。

[7] 例如,诺曼底的威廉从征服英国的"投资"中获得了巨大的回报。

rate)。当权者可以首次梦想自己长生不老——如亚历山大通过征服,胡夫通过建立金字塔。盈余的集中还允许资本的创造:当即带来生产力的资产,如灌溉系统、磨坊和船只,以及具有同样重要性的公共物品,如有序分配劳动产品的制度、和平解决争端的机制、对外来者的防御机制、储备粮食以抵御干旱,以及其他形式的社会保险、道路、通信网络、提高生产力的专门技术和社区凝聚力。即使普通成员的贴现率仍然夸张,一些社会似乎开始表现出其贴现率有所降低:一些社会开始投资。我将描述一个社会总投资行为的比率称为"社会贴现率"(social discount rates)。在我的模型中,社会贴现率是社会制度、法律和规范结构的函数;它们不仅仅是构成社会的成员的贴现率的总和。[8]

从长远来看,社会贴现率较低的社会往往优于社会贴现率较高的社会。从另一个角度来说,平均而言,有投资的社会比不投资的社会表现更好。这并不是因为他们的成员更聪明、更强壮或者更有道德。这仅仅是因为,随着时间的推移,投资会导致产能的增加,同时也会带来竞争优势。请注意,这是一个纯粹的描述性说明。我们可能狂热地相信自由或某些社会福利功能的最大化。然而,如果这两种信念中的任何一种导致投资显著减少,那么一个实施这一信念的

---

8 由于超出本章范围的原因,我的模型假设文化和制度可能具有独立于人类利益相关者的进化利益。文化进化理论将文化和制度视为相互依存的习得行为。反之,后者可能会基于独立于它们对人类携带者的适应性的原因而生存和繁衍——生物学家有时称之为"选择水平"(levels of selection)现象。See e.g. Theodore Seto, 'Is Bookburning Bad?', in John T. Parry and Welat Zeydanlıoğlu (eds), *Rights, Citizenship and Torture: Perspectives on Evil, Law and the State* (Freeland, UK: Interdisciplinary Press, 2009), http:// papers.ssrn.com/ sol3/ papers. cfm?abstract_id=1140302, 8.

第八章　财产和税收的强制劳动理论

社会最终将退居史册，这并不是因为它犯下错误或咎由自取，而仅仅是因为复利的力量。由此，较低的社会贴现率和支持它们的制度、法律和规范结构得到不断发展。

在历史的大部分时间里，财产和税收只是从社会的劳动成员那里获取劳动价值，并将其向上游传递给统治者或统治阶级的替代技术。统治者可能主张控制财产的权利，通常是通过武力，然后授予他人使用财产的权利以换取我们今天所说的租金。诺曼时期的英格兰和前罗马时代的埃及都使用这种模式。或者，统治者可能会保留现有的财产关系而征收"税收"。如果后者与财产价值成正比，那么租金和税收实际上是无法区分的。

我将把任何从生产劳动价值的人那里获得劳动价值的机制称为"税收"。如果税收被贴上"税"的标签，我会称之为"显性"税收；如果税收被贴上其他标签，我会称之为"隐性"税收——比如土地租金，或者更普遍的例子如资本回报率。我这么做有以下几个原因。首先，如果人们真的担忧这种获取机制的伦理问题，那么所有这类机制都会引起同样的顾虑。同样，如果有人反对扭曲税前福利最大化决策，那么所有这些机制都会扭曲这些决策。在自给自足的社会里，两者都迫使工人比以前更加努力地工作；在非自给自足的社会里，两者都会产生替代效应和收入效应。这两种方法都是为了增加储蓄和投资，使其超出对我们的狩猎-采集祖先而言最低的合理水平。最后，在许多前现代历史中，隐性税收和显性税收是无法区分的；正如我们将看到的，在英美传统中，它们在现代的分离在很大程度上属于历史的偶然。

一个统一了财产和税收的叙述反过来又带来了一个简单而连贯的文明发展模式理论。无论是隐性还是显性的税收，都会迫使普通成员比以往更加努力地工作。他们还更倾向于对由此产生的盈余进行投资。投资产生的资本使工作更有效率并使创造额外的资本更加容易。换句话说，资本最终为社会普通成员带来利益。最终，它使生活更加愉快，使普通成员的生活水平超越了仅仅维持生计的程度。通过承认财产的私人所有权，财产法剥夺了人类的自然自由。税收和由此产生的对资本的投资进而允许文明为这种剥夺支付对价，并正当化由此产生的强制劳动。这是一场文明的大交易。

如图8.1所示，这种交易在不同的社会中可能以不同的方式进行，这取决于统治阶级在多大程度上将由此产生的盈余转移到其个人用途上。中世纪晚期的英格兰，诚如我将在第二节探讨的原因，产生了大量的资本积累，拥有创新和不断发展的政体和经济，并最终形成了一个庞大和舒适的中产阶级。在古埃及，由此产生的大部分盈余却被用于纪念碑的建造、葬礼的准备，以及统治阶级的消费。因此，埃及作为古代世界在先天条件上最具优势的社会之一，从公

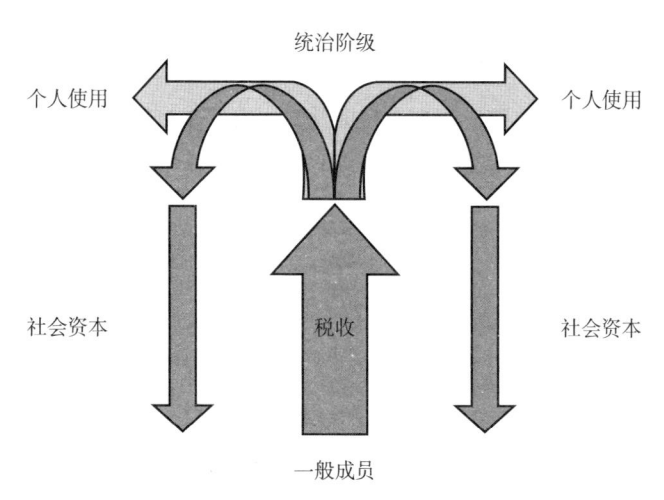

图8.1 统治阶级

元前3150年到希腊和罗马的征服，其文化、政治和经济在这三千年间停滞不前，同时普通公民在3000年的劳动中几乎没有得到额外的回报。

假设我的观点是正确的，那么我的观点对税收理论具有重要启示。首先，它挑战了诺齐克的主张，即超过维持最低限度国家需要的显性税收是对财产的非法占有。基于一致性的要求，诺齐克也反对隐性税收，同时反对土地或其他资本所有者以外的财产权。最终，他甚至可能被迫称，作为文明基础的大交易本身是不合法的。他的学术观点继承者断言税收是偷窃。相反，我断言，不创造社会资本的财产权分配不均是盗窃，而无论是显性还是隐性税收，都有利于社会资本的创造。

其次，我的观点对最优税收理论提出质疑。该理论声称，税收扭曲了福利最大化的选择，一方面是劳动和休闲，另一方面是消费和储蓄。如果文明迫使其成员花时间创造盈余却不允许其保留盈余，我们不能假设"税前"的劳动休闲决策是福利最大化；事实上，财产法和税法的目的正是迫使劳动力和储蓄水平超过普通成员原本倾向的水平。若是如此，许多最优税收理论的典型结论就会受到质疑。

第二节探讨我的观点对财产法理论的启示。在这个过程中，本节以《大宪章》为起点叙述了英美传统中财产法与税法分离的历史。第三节探讨了这一叙述对财产和税收道德观念的影响。《大宪章》要求显性税收须获得同意，但对隐性税收无此要求。隐性税收仍然具有高度的累退性，而且各国征收的税率也有明显的差异。最后，第四节探讨了我的观点对税收经济学的影响，也就是对最优税收理论的影响。

第二节　财产法理论

财产法提出了两个基本问题：(1)它的规则是工具性的还是基于道德权利的？以及(2)如果是工具性的，他们应该寻求什么目标？我的叙述表明，财产法规则主要是而且应该是工具性的——纯粹基于权利的理论缺乏足够的道德力量来证明其经常令人不快的后果并且无法预测现有法律的结构是正当的。它进一步表明，如果财产、税收和其他规则的结构能够使社会资本的生产最大化，同时尽量最小化累退性的隐性税收，那么从长远来看，社会更有可能繁荣发展。

目前有两种理论主导着财产法。[9]第一个是约翰·洛克的基于权利的获得理论，诺奇克对于这一理论进行了详细阐述。洛克主张，劳动者有权获得其劳动产品，并通过将他们的劳动与这些物品混合获得公共池(common pool)中物品的财产权。[10]因此，例如，农民可

9　另有许多结构性理论。关于研究的当前状态和整合建议，参见：Adam Mossoff, 'What is Property? Putting the Pieces Back Together', 45 *Arizona Law Review* (2003) 371。

10　John Locke, *The Second Treatise of Government*, §27, reprinted in John Locke, *Two Treatises of Government*, Peter Laslett (ed.) (Cambridge, UK: Cambridge University Press, 1988), 287. "每个人都有自己的财产……他身体和双手的劳动都是完全属于他的。由此他变更了事物的自然的状态，把自己的劳动与某种属于自己的东西混合在一起，从而使之成为他的财产……因为这种劳动无疑是劳动者的财产，所以至少在有足够且同样好的东西为别人共同享有的情况下，除了他自己以外，任何人都无权占有那结合起来的东西。"按照惯例，我将按论文和章节引用论文中的章节，例如：Locke II §27。

以通过耕种来获得对未占用土地的权利。这种理论的问题在于,事实上很少有工人最终拥有他们的劳动产品或者与这些劳动混合在一起的资本。洛克的财产起源说描述了一个不存在的世界。诺齐克的一句格言解决了前述问题:"通过正义的步骤并从正义的状态中产生的任何东西自身都是正义的。"(Whatever arises from a just situation by just steps is itself just.)[11] 他首先暗示人类都是自耕农,通过汗水获得劳作而拥有的土地。我们目前严重不均衡的财产分配是由于出售、继承和其他被认为是自愿的因此是公正的财产转移。因此,科赫兄弟对他们的财产拥有道义上的权利,除非可以证明他们的权利不是在正义的情况下由正义的步骤产生的。如果他们对自己的财产拥有道义上的权利,政府就不能通过税收或任何其他手段合法地占有它。[12] 其结果是一个初步上享有免税的道义权利。洛克和诺齐克都用这一点论证洛克所说的"守夜人"和诺齐克所说的"最低限度"政府——即提供人身和财产保护、合同执行,但几乎不进行其他干预的政府。

第二种理论是法经济学的福利主义路径,它的前提是我们应该构建产权结构,从而最大限度地提高效率并进而扩大经济"蛋糕"的规模。"公地悲剧"被用来证明将竞争性的公地划分为个人所有地块的合理性,以及提供创造性激励以证明在创造非竞争性资本中承认

---

[11] Nozick, n. 1, 151.
[12] 如果科赫兄弟对他们的财产拥有道义上的权利,那么有一个更有力的观点认为,他们应该在道义上自由地将其用于任何目的,包括影响选举。相比之下,在财产权的工具性观点下,我们可以赋予他们决定最有效地使用资本的权利,但限制他们使用由此产生的权力来影响其运作所依据的规则。

知识产权的必要性。[13] 这第一个前提随后被第二个前提所修正——由于财产的边际效用不断下降（即一个人拥有的越多，每增加一个单位所获得的效用就越小的事实情况），我们可以通过将财产从拥有更多的人重新分配给拥有较少的人来增加社会总福利。[14] 第二个前提受到另一个双重扭曲前提的限制，即所有的再分配都应该通过一个社会的显性税收制度来进行，而不是通过修改财产规则或其他非税收规则。[15] 福利主义是当前对杰里米·边沁功利主义最为流行的

13　See e.g. Marc K. Temin, 'The Irrelevance of Creativity: Feist's Wrong Turn and the Scope of Copyright Protection for Factual Works', 111 *Pennsylvania State Law Review* (2006) 263; Kenneth J. Arrow, 'Economic Welfare and the Allocation of Resources for Invention', in *The Rate and Direction of Inventive Activity: Economic and Social Factors* (Princeton: Princeton University Press, 1962); William M. Landes and Richard A. Posner, 'An Economic Analysis of Copyright Law', 18 *Journal of Legal Studies* (1989) 325, 326; William D. Nordhaus, *Invention, Growth, and Welfare: A Theoretical Treatment of Technological Change* (Cambridge, MA: MIT Press, 1969), 70; Jeremy Bentham, 3 *The Works of Jeremy Bentham/ published under the superintendence of his executor, John Bowring* (Edinburgh: W. Tait, 1843), 71, http:// galenet.galegroup.com/ servlet/ MOML? af=RN&ae=F100668833&srchtp=a&ste=14 (accessed 4 October 2016) ("没有希望收获的人，不会费心播种；但一个人发明的，全世界都能模仿。").

14　See e.g. Sarah B. Lawsky, 'On the Edge: Declining Marginal Utility and Tax Policy', 95(3) *Minnesota Law Review* (2011) 904.

15　See e.g. Louis Kaplow and Steven Shavell, 'Should Legal Rules Favor the Poor? Clarifying the Role of Legal Rules and the Income Tax in Redistributing Income', 29 *Journal of Legal Studies* (2000) 821; Louis Kaplow, 'The Optimal Supply of Public Goods and the Distortionary Cost of Taxation', 49(4) *National Tax Journal* (1996) 513; Louis Kaplow and Steven Shavell, 'Property Rules versus Liability Rules: An Economic Analysis', 109 *Harvard Law Review* (1996) 713; Louis Kaplow and Steven Shavell, 'Why the Legal System Is Less Efficient Than the Income Tax in Redistributing Income', 23 *Journal of Legal Studies* (1994) 667; Steven Shavell, 'A Note on Efficiency vs. Distributional Equity in Legal Rulemaking: Should Distributional Equity Matter Given Optimal Income Taxation?', 71 *American Economic Review* (1981) 414; Aanund Hylland and Richard Zeckhauser, 'Distributional Objectives Should Affect Taxes But Not Program Choice or Design', 81 *Scandinavian Journal of Economics* (1979) 264.

一种学术实践,边沁主张财产纯粹是法律的产物,缺乏内在的伦理内容。[16]法律和经济学文献充满了关于在上述前提要求下财产法和税法如何建构的著作。

一、作为税收的财产

很明显,我同意诺齐克的观点,即税收中包含了强制劳动这一重要因素(这也是本章标题的来源)。我们观点的区分之处在于我们对财产权起源方式的叙述。我主张在大多数社会、大部分历史中,财产首先是通过武力获得的。即使是在美国边境——诺齐克理论的最佳范例——白人自耕农居民也只有在暴力征收了土著居民的土地后才能获得他们的土地。诺齐克的理论可以被解读为,认为使用权(the right to use)以及处分权(the right to alienate)是财产最重要的方面。然而在历史现实中,财产权最重要的方面是迫使他人为谋生而付钱的权利,我们今天将称之为排他权(the right to exclude)。

虽然我的主张并不局限于英美传统,但有关其他文化和时代的反对观点超出了本章的范围。然而,我注意到,修建纪念碑需要大量的社会盈余,而这又转而需要长期和系统地获取劳动成果。我们可以推断,任何创造了纪念碑的文明——吉萨大金字塔、凡尔赛宫、美泉宫、吴哥窟、摩艾石像、秦始皇兵马俑、泰姬陵和奇琴伊察都会立刻浮现在我的脑海中——都采用了我所描述的那类运作方式。

在这里,我将以从诺曼征服起的英美传统作为范例;我的每一

---

16 参见: Jeremy Bentham, 'A Critical Examination of the Declaration of Rights', in Bhikhu Parekh (ed.), *Bentham's Political Thought* (London: Croon Helm, 1973), 257, 269("自然权利纯粹是无稽之谈:自然的和不可动摇的权利,华丽的废话,立于笔杆子上的荒唐谬论")。

个主张都以这一传统为例进行阐述。英国的早期居民和其他地方的早期居民一样,都是狩猎者和采集者,他们可以自由地在他们想猎取的地方狩猎和采集;他们对自己劳动成果可以任意使用或凭喜好处置。洛克在他关于英格兰和威尔士狩猎法史的著作中指出,"古代英国人都喜欢追逐猎物,这是他们维持生计的主要手段,在当时,因为畜牧业技术还没有被引入,土地和猎物是公共财产,为所有人平等享有。"[17]

到诺曼征服的时候,情况发生了巨大的变化。威廉和他的直接继承者所实施的封建制度的核心是一套获取劳动产品并向上游传递的规则。土地由平民(commoners)耕种并一般以较低级的保有权占有土地——定期保有、不定期保有或公簿保有——以他们向自己所服从的领主提供的实物或服务作为交换。相应地,自由保有者(Freeholders)服从他们的领主,以役务或代替役务的款项("免服兵役税")以及被称为"附属义务"(incidents)的有经济价值的辅助义务——监护权、丧失土地、继承金和贡纳金等作为交换。

领主服从控制着他们的领主,而这些领主又反过来仰赖于他们自己的领主,以此类推。直属封臣(Tenants-in-chief held)最终服从于国王。[18]前述的每个阶段都需要向上游传递价值。

狩猎-采集的生活方式实际上被定为犯罪。[19]"在诺曼征服

---

[17] John Locke, *A Treatise on the Game Laws of England and Wales* (Gilmore Evans; London: H Sweet, 1866) 11. 这里不是有哲学方面名望的那位约翰·洛克,后者的作品在本章的其他地方有引用。

[18] "不动产"中的"不动"(real)一词是"rial"或"royal"的变体,意思是"皇家的""帝王的"或"国王的"。参见:*The Compact Oxford English Dictionary*, 2nd edn (Oxford: Clarendon, [1519] 2002)。不动产是国王直接或间接持有的财产。

[19] Locke, n. 17, 11–12.

第八章 财产和税收的强制劳动理论

中,……追捕和带走所有被追逐或狩猎的野兽以及其他被认为是猎物的动物的权利归属于国王,并由此限制除国王授权的人以外的所有其他人享有这一特权。"[20] 罗宾汉(Robin of Locksley)和他的团队在一些人看来是亡命之徒,而在另一些人看来则是英雄,部分原因在于他们主张自己古代狩猎-采集的自由并试图生活在现有制度之外。然而,在很大程度上,诺曼财产法和森林法迫使英国社会的普通成员进入一种租用土地或服役务的制度,这种体制对统治阶级来说是非常有利可图的,而国王处于统治阶级和利益归属的顶峰。

现代对最终成果向上游支付的描述有时称之为"税收"。然而,当时并没有明确区分税收和封建财产义务。事实上,"任务"(task)这个词是"税"(tax)的同源词,它最初的意思是根据财产法的规定"向国王、领主或封建上级支付的固定款项"[21]。今天,我们可以将由此产生的向上游支付称为租金,而将支付这些租金的人称为租户。然而,在早期的诺曼英格兰时期,财产和税收制度在很大程度上是统一一致的。像诺齐克那样主张财产权但在道德原则上反对"任务"或"税收"是不合理的。

1215年由约翰国王确立的《大宪章》开始了将税收从财产法中分离的进程。今天我们通常会赞美宪章后半部分的一个条款,即第32条:"任何自由人,如未经其同级贵族之依法裁判,或经国法判,皆不得被逮捕,监禁……"。然而,当英国君主被迫接受《大宪章》时,它首先是一项租金限制协议,规定了自由保有者对其服从之人(典

20　Locke, n. 17, 12.
21　*Oxford*, n. 18.

型如国王)[22]所负有的役务和附随义务的限制。骑士的役务、[23]继承金、[24]监护权[25]和贡纳金[26]的规则得到了规范化,可收取的额度也受到了限制。由此,演化为现今"税收"的事项得到了特别的处理:第12条规定,除非在有限的情况下,未经全国的公意许可,将不得征收任何更多的免服兵役税与贡纳金;[27]第14条确立了一个集合体的雏形,通过该集合体可以获得所需的许可。[28]

此后,英美法的历史反映了财产和税收持续且渐进的分离;英国的财政史反映了对第12条范围的长期争夺。1290年颁布的《封地买卖法》[29]限制了隐性税收的避税手段——特别是使用次级分封(subinfeudation)来降低对已故自由保有者的领主的监护权额——通过消除土地绝对所有权(fee simple absolute)的次级分封,并要求所有此类权利移转都应以转让(assignment)的方式进行。这个意在反避税的法令有两个意想不到但深刻的副作用。首先,它使英国不动产可以自由转让——这是现代不动产法的核心内容。其次,随着时间的推移,消除土地绝对所有权的次级分封导致更多的土地直接归国王所有。英国不再是一个以效忠和个人义务定义的封建金字

22　1215 Magna Carta, reprinted in English translation in Daniel Barstow Magraw et al., *Magna Carta and the Rule of Law* (Chicago: American Bar Association, 2014), 389–98.

23　Ibid., Clause 16.

24　Ibid., Clauses 2, 3.

25　Ibid., Clauses 4, 5.

26　Ibid., Clause 15.

27　Ibid., 391.

28　Ibid.

29　*Statutum domini Regis de terris vendendis & emendis* (sometimes known as the 'Statute of Westminster the Third'), 18 Edw. 1, ch. 1.

塔，而是过渡到了可流通的不动产制度，在该制度中大多数自由财产保有者具有大致平等的法律地位（直接受制于国王），在财产制度内的上游支付的价值受到限制并不断下降，同时显性税收只能在议会同意的情况下开征。

英国土地法于1925年进行了彻底改革。[30] 相比之下，在美国，虽然财产法中的隐性税收功能已经不再重要，但这一消除的过程至今仍不完整。用于防止骑士役务或免服兵役税的支付缺口的剩余地产权（contingent remainders）的消减规则仍然是佛罗里达和其他六个州的法律。[31] 雪莱案规则（Rule in Shelley's Case），即禁止向受赠人授予自由保有权，然后向受赠人的继承人提供次等财产权，以规避受赠人死亡时支付继承金，在大多数州（但并非所有州）都被废除。[32] 更有价值所有权理论的分支，即禁止赠与人的继承人通过次等财产权的方式避免在赠与人死亡时支付继承金，似乎在大多数州仍然存在，尽管有时只是作为一种解释规则。[33] 土地附条件所有权（fee simple conditional）[34] 因贵族和王室之间关于土地丧失的争

30　Law of Property Act 1925, 15 & 16 Geo. 5, ch. 20.

31　See *Blocker v Blocker*, 103 Fla. 285, 137 So. 249 (1931); *In re Rentz' Estate*, 152 So.2d 480 (Fla. Dist. Ct. App. 1963). See also 2A. R. Powell, *Powell on Real Property*, P. Rohan (ed.) (New York: M. Bender, 1993), ¶ 314; Jesse Dukeminier, 'Contingent Remainders and Executory Interests: A Requiem for the Distinction', 43 *Minnesota Law Review* (1958) 13; Samuel M. Fetters, 'Destructibility of Contingent Remainders', 21 *Arkansas Law Review* (1967) 145; Jack D. Jones and William R. Heck, 'Destructibility of Contingent Remainders in Tennessee', 42 *Tennessee Law Review* (1975) 761.

32　See Powell, n. 31, ¶ 380.

33　See Sheldon F. Kurtz et al., *Cases and Materials on American Property Law*, 6th edn (St. Paul: Thomson West, 2012), 335.

34　Statute of Westminster II, 1285, 13 Edw. 1, ch. 1 (repealed 1879).

夺而被1285年《附条件赠与法》废止,[35]但至今仍是南卡罗来纳州的法律。[36]为了防止骑士役或免役税的支付出现缺口,并确保条件只能由领主来执行,防止规避义务和转移利益的规则只是在1536年的《用益法》(Statute of Uses)中被部分废止,而这一法律本身就是又一次与国王争斗的妥协产物。[37]这些规则的一个未被废除的残余部分——即恢复原状的可能性和恢复占有的权利既不可转让也不可遗赠——至少在美国的部分州仍然是法律。[38]1671年作出判决的普雷福伊诉罗杰斯案(Purefoy v Rogers)[39]在美国独立战争后被美国法院引用了50多次,重申了防止骑士役或免役税的支付出现缺口的必要性并加强了消减规则。

然而,《大宪章》除了要求非自由保有者同意显性税收外,几乎不保护这些实际上做了大部分苦工的人。[40]它也没有从任何方面限制工业革命所带来的新形式的隐性税收。制造业雇主可以在除去

---

35 国王的法官们认为,只要附条件继承的所有权人活着出生,他可以转让绝对所有权。这样,国王就可以以没收绝对所有权的形式没收反叛男爵的财产。《附条件赠与法》取消了这个权利。结果,一旦国王将叛逆的贵族斩首,他的财产就转给了贵族的长子。因此,该法令降低了皇室对贵族的控制,最终导致了被称为玫瑰战争的国内动乱。在1471年爱德华四世在丢克斯伯里战役(Battle of Tewksbury)中击败兰开斯特人一年后,他的法官们对塔塔伦案(Taltarum's Case)作出判决,这一案件承认了一种被称为"共同收回"(common recovery)的程序,通过这种程序,国王可以解除反叛的男爵,再次允许他没收他们的财产。

36 See *Scarborough v Scarborough*, 249 S. C. 331 (1967).

37 See Sir John Baker, *The Oxford History of the Laws of England*, vol. 6 (Oxford: Oxford University Press, 2003), 672–3.

38 See e.g. *Mahrenholz v County Board of School Trustees of Lawrence County*, 93 Ill.App.3d 366 (Ill. App. Ct. 1981).

39 2 Wm. Saund. 380, 85 Eng. Rep. 1181 (1671).

40 直到20世纪初,英国才正式放弃了40先令的自由财产保有者的受权要求。与此同时,自由财产保有权变得更加普遍,包括许多工人。

供需关系没有任何限制的情况下对雇员施加义务；住宅房东也可以对租客如此。由此产生的义务有时极其苛刻；有时比那些被迫离开乡下的租户所面临的情况还要严重得多。结果，劳动力创造的很大一部分价值继续通过隐性税收流向上游，就像诺曼时期的英格兰一样——事实上，和古埃及时期也别无二致。

二、什么是财产？

我们如何定义财产应该取决于我们为什么设定和保护财产权。我的理论认为，文明之所以这样做，主要有两个原因：（1）使劳动产品更容易转让，因而可以分拨；（2）促进资本决策权的分配。

1. "劳动"——如果一项活动产生可转让价值，我称之为"劳动"或"工作"——其价值可以进行占有。而我们从事这项活动是为了娱乐，是因为我们已经被社会化了，因为我们得到了报酬，还是因为我们拒绝了就会受到惩罚，都是无关紧要的。例如，食品生产中的活动，无论是通过狩猎、家庭园艺或农业综合企业，都是"工作"，因为产生的产品（食品）是可转让的并因此具有潜在的可分拨性。而享受日落之美则不然；我们因此为自己创造的价值虽然可能非常真实，但是不可转让。

按照这个定义，抚养自己的孩子不是"工作"。尽管有人可能会把孩子与父母相区分并把抚养孩子的过程中所提供的家务看作是转移给他人的价值，但从进化的角度来看，生育是我们为自己做的事情。抚养别人的孩子可能是"工作"。抚养我们视如己出的孩子则不是。请注意，我并不是说育儿在任何意义上都不如我们得到金钱报酬的工作重要或困难。我要说的是，当我们照顾自己的孩子时，我们这样做主要是为了我们自己的利益；我们并不是在创造可分拨的价值。

我对"劳动"的定义在很大程度上与我所质疑的观点所用的定义是一致的。当然,诺齐克担心分拨(appropriation)问题。我的定义,即将劳动仅限于产生可分拨价值的活动,与他是一致的。它也与福利经济学中普遍引用的定义相似,尽管并不完全相同。经济学家也把个人抚养自己的孩子看作是劳动以外的事情;他们称之为"休闲"(其中大多数是男性)。我们对劳动定义的分歧在于对估算收入(imputed income)的观点不同。在经济学中,估算收入是我们为自己创造的价值:洗自己的盘子,在自己的花园里种菜,抚养自己的孩子,制作陶器,观赏美丽的日落。福利经济学将产生估算收入(通常不征税)的活动视为"休闲"。经济学家认为,由于市场收入是征税的,而估算收入则不征税,税收扭曲了我们的选择——例如,导致我们比正常情况下花更多时间陪伴孩子。经济学家称,这是在降低福利。

然而,由于我的理论并不局限于存在显性税收的货币经济体,因此我在相关概念的界定上有所不同:我区分的是产生可转让价值的活动和不产生可转让价值的活动。在我的定义中,前者构成"劳动"或"工作";后者则不构成。例如家庭园艺和制陶生产的产品可转让,因此具有潜在可分拨的价值;因此,就我的理论而言,即使我们不将由此产生的产品推向市场,它们也构成了"工作"。当然,经济学家将其归类为"劳动"的活动已经货币化,因此必然涉及可转让价值的生产。

2."资本"——我将"资本"定义为任何使活动(包括但不限于劳动)更多产或更有价值的东西。适合农业的土地,如果与农业技术相结合,可以显著提高食物生产活动带来的价值。土地和技术都是资本。电视机使坐在沙发上的行为更有价值。由此产生的价值是不可转让的；因此坐在沙发上不是工作。但电视仍然是资本。

社会技术也可以构成资本。劳动产品的有序分配机制减少了冲突造成的损失。和平解决争端的机制也是如此，对抢劫者的共同防御也是如此，为集体行动提供资金的公正机制也是如此。社区储存的粮食和其他形式的社会保险降低了个人抵抗饥荒和其他风险的防御机制的必要性，利用了规模经济的优势并降低了应对此类风险的成本。道路和通信网络的增值特性是显而易见的。经济学家应该会认为我的定义中的这些方面都不存在异议。

然而，我的定义与某些金融学科的定义相比确实存在三个方面的不同。首先，在我看来，虽然货币制度使许多活动变得更有价值，但货币本身不是资本，它只是一种会计机制。我们不能通过印更多的钱来提高我们社会的生产能力。其次，经济学家通常将"资本"一词的使用限制在使用寿命较长的资产上。我不这么认为。例如，每年储存的种子库存通常不被视为资本。然而，种子储备使农业活动更有价值；一个没有种子储备的社会远不那么可能使其农民从事高产出的农业生产。再次，在我的模型中，社会出于工具性目的暂时性分派所有权；所有的资本最终都是一个社会联合体的部分——未赋予产权的资本的储藏库。因此，我可以交替使用"资本"和"社会资本"这两个术语。

3."财产"——如果我的观点可取的话，财产的概念应该限于有转让价值的物品。诚然，身体健康和心境平和，无论它有多么宝贵，无论个人在上面投入多少劳动，都是不可转让的，通常也不会被赋予财产的地位。不可转让性不一定是固有的；它也可能是公共政策考量的结果。因此，现代社会普遍拒绝承认对人的财产权；承认该等权利可能意味着转让权，因此也意味着将某人变卖为奴的权利。[41]

4.比较洛克的理论——洛克理论相比之下在其定义上并不那么成功。它没有提供任何原则依据来区分一把椅子和内心的平静，两者都可能是其创造者劳动的产物。它也分辨不出椅子和人的区别。洛克未能令人信服地规避奴隶制问题，他声称既然没有人有权夺去自己的生命，就没有人有权自愿成为奴隶；[42]随后他为黑人奴隶制度辩护，将黑奴归入在正义战争中被俘虏而由此被放弃生命的人一类。[43]不幸中的万幸，诺齐克只是承认，"一个自由的制度将允许（个人）把自己出卖为奴隶"。[44]

5.比较福利主义理论——就像我的表述一样，福利主义理论认为财产法有其工具性作用。然而，它的目标是不同的：作为一种道德体系，福利主义通常认为，任何使社会总福利最大化的东西都是正确的。自愿的决定一般被认为是出于福利最大化的原因作出的。据此，如果有人决定成为奴隶，奴隶制度就是福利最大化的。如果是这样，那么奴隶制是正确的。因此，有人说，"当拥有产权的收益超过获得产权的成本时，产权制度就会在社会中得到发展"。[45]正如这一节的

41　See e.g. Philippe Ducor, 'The Legal Status of Human Materials', 44 *Drake Law Review* (1996) 195; Margaret Jane Radin, 'Property and Personhood', 34(5) *Stanford Law Review* (1982) 957.

42　Locke II §23.

43　Locke II §24.

44　Nozick, n. 1, 331.

45　James E. Krier, 'Evolutionary Theory and the Origin of Property Rights', 95 *Cornell Law Review* (2009) 139, 139-40. 克里尔可能反对在这种语境下被引用，但他陈述的逻辑既适用于奴隶制，也适用于其他形式的财产。另参见：Harold Demsetz, 'Toward a Theory of Property Rights', 57(2) *American Economic Review* (1967) 347, 350 （"新产权的出现是为了应对……新的收益-成本可能性"）。

剩余部分将涉及的,我的叙述和福利主义理论经常在结论上一致。然而,福利主义关注的是个人,其最看重的是那些活着的人的福利。而我的观点则侧重于社会及其长期的成败。

三、自然资本中的财产权

财产可以划分为几个功能类型。第一种是由非人类活动创造的事物:土地、太平洋、森林里的鹿、持续的降雨、美丽的风景。我将把这种事情称为"自然"。由于它们使活动变得更有价值,它们就构成了"资本"。与电视机类似,一个美丽的场景可以让看向某一个特定方向更有价值;因此,它可以称作"自然资本"(natural capital)。例如,犹他州就拥有大量此类资本,并从中获得大量收入。

自然资本有两种类型:竞争性和非竞争性资本。如果一方的使用排除或限制了另一方的使用,那么该物就是"竞争性"的。利用太平洋进行航运目前是非竞争性的,因为太平洋可承受的船舶数量没有上限。通过大平原旅行到俄勒冈州实际上是非竞争性的;然而,使用这同一块土地进行耕作,因为排除了其他人对土地的利用而变得具有竞争性。利用人口密度低的土地进行狩猎和采集是非竞争性的;然而,随着人口密度的增加,某一人的使用降低了土地对其他人的价值。

和福利主义一样,我的理论认为,在"公地悲剧"发生且无法通过其他方式规制之前,没有理由赋予对自然资本的财产权。然而,与福利主义不同的是,我的理论预测,随着社会实行强制劳动制度,即使在没有"公地悲剧"问题的情况下,其也会像英国法那样限制对狩猎-采集者公地的使用。福利主义为竞争性自然资本的财产权辩护,理由是将持续的决策权和收入权分配给同一个私主体将使这种资本的生产性利用最大化。[46]然而,请注意为此而使用财产法的意外代价:产权所有者最终可能会将分配的劳动价值用于个人目的,而不是创造社会资本。我的叙述提供了这样的可能性,即有朝一日我们可能会开发出社会技术,使我们能够以较低的社会成本来激励对资本的有效决策。

在对竞争性自然资本的讨论中,洛克和诺齐克的观点是失败的。只有在供给总是超过需求的情况下,洛克才会将财产权最初获得的理论应用到竞争性自然资本上:"以改善其质量的方式对一小块土地的占用不会对其他人造成任何损害,因为还有足够的同等质量的土地,而且剩余的土地比尚未可用的土地还多。所以实际上,个人为自身利益围占土地永远不会对他人带来损失。"[47]他给出两个供给总是超过需求的理由:(1)上帝是好的;[48](2)他的理论认为只有在个人可以供自身使用的情况下才能获得产权:"一个人犁地、种植、改良、耕种和使用其上产出的土地越多,他的财产就越多"。[49]"凡是在此范围以外的部分,就超出他的份额而属于别人。"[50]

诺齐克采纳了与洛克的获得理论同样的基础限制并将其称之为"洛克式但书":"通常会对无主物产生永久的可遗赠产权的过程将不会产生该等结果,如果他人不再能自由使用该物导致了其利益地位受损。"[51]他没有采纳——事实上,甚至没有讨论——洛克的结论,

---

46 See e.g. Abraham Bell and Gideon Parchomovsky, 'A Theory of Property', 90 *Cornell Law Review* (2005) 531.
47 Locke II §33.
48 Ibid., §31 ("上帝给予我们丰富的一切", 1 Tim. 6: 17').
49 Ibid., §32.
50 Ibid., §31.
51 Nozick, n. 1, 178.

即个人只能对有能力自行使用的事物获得财产权,当然也没有诉诸上帝的慷慨。这给他的论点留下了一个漏洞,而他主张只有在所有者取得垄断地位的情况下,取得对自然资本的产权才会导致他人受损,从而试图将这个漏洞最小化。[52]

他显然意识到了这一论断存在问题,勉强总结道:"在此我提出一个基于历史的经验主义主张,正如反对这一主张的人一样。"[53] 不过,他没有提供任何证据来支持他的"基于历史的经验主义主张"。

不幸的是,在试图填补由此产生的漏洞的过程中,他做出了不必要的让步:"如果有人分拨的行为将会违反但书的规定,那么他仍然可以进行分拨,只要他对其他人进行补偿使其情况免于因此恶化。"[54] 分拨并补偿,这似乎是合法的。由此推断,如果获取行为给权利被剥夺者带来净收益则无需赔偿。[55] 法国社会主义者弗朗索瓦·玛丽·查尔斯·傅立叶(François Marie Charles Fourier)的一个论点在脚注中出现了这样的推论:"自从文明进程剥夺了社会成员的某些自由(采集、放牧、参与狩猎),为人提供社会所保障的最低标准被认为是对损失的补偿。"[56] 诺齐克似乎主张,既然文明使其所有成员的生活都变得更好,这样的补偿是不需要的。

人们可能会将傅立叶的脚注以及随附的文本理解为,诺齐克会认可我的叙述,并进一步从规范意义上承认文明社会用税收提供的福利正当化了以税收代表的对私人利益的剥夺。但我认为很可能并

52　Nozick, n. 1, 179–81.
53　Ibid., 182.
54　Ibid., 178.
55　Ibid., 178–9 fn.
56　Ibid.

非如此。更有可能的情况是,诺齐克写作时没有充分探讨其观点的深层含义,只是为了避免一些他认为令人厌烦的困难。傅立叶的注脚和附随文本的含义本质上与他其余的文本是不一致的。只要政府能够在合法索取的同时带来公允的回报,那么任何程度的税收都是合理的,任何规模的政府也是合理的。

无论如何,这个观点对他没有多大帮助。在击败哈罗德之后,威廉一世声称垄断了英国的不动产——诺齐克承认正是在这一情形下他的获得理论将会失效。所有臣服于威廉的人都被要求承担"任务"——这显然是一种危害。但是,诺齐克必须辩称,威廉的征服和垄断是正义的。否则,套用他自己的格言——"通过正义的步骤并从正义的状态中产生的任何东西自身都是正义的"——诺齐克必须得出在英国没有土地所有权是合法的结论。而且,由于许多美国人的财富最初来自英国人的财富,这个问题不仅限于英国。美国历史进一步复杂化了这个问题。正如我已经指出的,要证明美洲的土地所有权是正义的,诺齐克必须坚持认为,英国和西班牙侵略者[57]剥夺美洲土著居民的权利是正义的。这让人不安地回想起洛克为黑人奴隶制度的辩护。

四、创造资本中的财产权

创造资本(created capital)是人类活动创造的资本。尽管它可以分为两个维度——竞争性与非竞争性以及有形性与无形性——但大多数创造的有形财产是竞争性的,而大多数创造的无形财产是非

---

57 See e.g. Ronald Wright, *Stolen Continents: The Americas Through Indian Eyes Since 1492* (New York: Houghton Mifflin, 1992).

竞争性的,特别是一方的使用不排除或限制另一方使用的信息。[58] 因此,创造资本分为两大类:(1)有形的人造物,如犁和房子;(2)专有技术。

创造资本必然包含对熵(entropy)的违抗,以创造非自然秩序——自然界所没有的形式和数量。若非如此,创造行为就不复必要了。有形创造资本通常很快再次屈服于熵的作用;因此,有形创造资本的使用寿命通常较短。相比之下,技术的存在是为了廉价地保存和传递信息,而信息是所有无形创造资本的主要部分;因此,它的使用寿命实际上是无限期的。

由于有形创造资本会失效而无形创造资本不会失效,任何社会积累的创造资本的绝大多数都是无形的——具体来说就是信息,其中大部分都作为社会公共财富被持有。我们不需要重新发明农业、簿记或炼钢。尽管"二战"期间德国和日本的大量物质资本遭到破坏,但两国经济迅速复苏。钢铁厂可以不用重新改造就得以重建,农场可以重新开工,会计账簿可以重新建立。一个社会积累的创造资本的另一个重要部分来自于公共物品:守夜人机构、道路的公共通行权、学校等等。其余的创造资本即生产性物质资本的所有权通常属于私人所有。战后德国和日本的复苏速度表明,同盟国对最后一段的彻底破坏并不是一个重要的限制因素。

福利主义理论将财产权赋予竞争性创造资本——有形的人造物——至少部分原因与将产权分配给竞争性自然资本的相同:它认为,将持续的决策权和收入权分配给同一个私人主体将使这类资本的生产性利用最大化。然而,在非竞争性创造资本的情况下,这一理

---

58 商标虽然具有竞争性,但在整个社会无形财产存量中只占一小部分。

论并不能证明财产权是正当的。由于一方的使用不能根据假设排除或限制另一方的使用,因此政府没有理由管制这种使用。相反,福利主义以另一个不同的理由正当地为非竞争性创造资本(主要是信息)赋予财产权:为创造此类资本提供激励。尽管许多非竞争性创造资本实际上是永久存在的,但只有有期限的权利被认为是提供这种激励的必要条件。因此,无形创造资产上的财产权通常受到期限限制。一旦到期,该资本将回到社会公共财富中,对所有人开放。

同样的激励原理也适用于有形人造物。然而,由于有形人造物的使用寿命一般较短,因此没有必要限制所有权的期限。事实上,拥有无限期权利的所有者将有更大的动机来抵制熵,保持这些人造物的维修,并延长它们的使用寿命。

洛克和诺齐克关于使用者对其劳动成果拥有道义上的权利的观点在创造资本的语境下似乎具有更强的直觉吸引力。但是问题在于,现代创造资本总是劳动者的劳动和社会积累的大量社会资本的混合体。是的,陶工会制作罐子,但是陶工对如何制作罐子的知识是其他人几千年来不断尝试和错误的结果。如果我们分配陶工的劳动成果时一方面要根据陶工的相对贡献,另一方面需要根据社会的共同利益,那么我们可以正当化远远超过现在普遍征收的税率。

洛克的观点有时被认为在知识产权的有效期方面起作用。如果劳动者对其劳动成果享有永久性的权利,那么知识产权应当是永久性的。[59]但是,如果我的理论是正确的,这些知识产权也应该是部分的;社会对这项工作的贡献也应该得到补偿。有限期限内的全部权

---

59 See e.g. Linda J. Lacey, 'Of Bread and Roses and Copyrights', 38(6) *Duke Law Journal* (1989) 1532.

利几乎总是比无限期限内的部分权利更有价值,当然,这取决于百分比和贴现率。因此,即使我们是洛克派,我们也可能更喜欢前者而不是后者。

五、财产法理论比较

总而言之,诺齐克以权利为基础的财产法方法不能符合或证明现有法律的正当性。福利主义,一种纯粹的工具性方法,在预测现有法律的结构方面做得更好,尽管它有时也会漏洞百出。虽然我的目标有些不同——最大限度地提高社会资本的生产,并以此实现长期繁荣,而不是将社会福利总额贴现为现值[60]——福利主义的规则通常与这两个目标相一致。在某种程度上,我们可能会发现使资本的生产性使用最大化的技术,这种技术较少地依赖统治阶级成员将产生的盈余转用于个人用途的可能性。在那一点上,福利主义理想的实现和我的叙述中隐含的理念可能会出现分歧。

第三节 财产与税收的道德性

在诺齐克看来,税收的道德性与财产的道德性有着内在的联系。我的观点也是如此。然而,诺齐克声称,由于财产是道德的,它体现了劳动者由于其劳动获得的固有权利,因此对劳动所得征税本质上是不道德的。相比之下,我认为财产在某种程度上仍然是一种分配

---

60 我从伦理而不是经济的角度更全面地阐述了这一目标,参见:'Intergenerational Decision Making: An Evolutionary Perspective', 35 *Loyola Los Angeles Law Review* (2001) 235。

劳动成果的机制，并且在相同的程度上，仍然是一种隐性税收。因此，在我看来，要评估隐性税收和显性税收的道德性，首先必须了解它们在现实世界中的运作方式。

在《大宪章》颁布以来的民主国家，显性税收只有在获得一定比例的被征税者同意的情况下才会实施。这种做法倾向于确保其收益将用于扩大他们的利益，而不仅仅是用于统治阶级的个人用途。这反过来又使显性税收更有可能产生社会资本。在这种情况下，"无代表，不纳税"（no taxation without representation）是英美经济成功的核心。

相比之下，隐性税收从未受到《大宪章》的同等约束。自从《封地转让法》（*quia emptores terrarum*）颁布以来，可转让的私有财产制度在采用它的社会中创造了巨大的财富，尽管存在分配不均的情况。出于这个原因，由于隐性税收相比显性税收并不突出，而且政治权力和经济权力的分离还远未完成，所以即使在名义上民主的国家，隐性税收受到的约束通常比显性税收少。

为了详细说明最后一点，更清楚地说明我所说的"统治阶级"是什么意思或许有所裨益。我指的是一群或多群人，他们被长期授权做出影响他人的个人或小组决策，而非局限于参与像投票这样的社区决策。这一权力一般分为三种：（1）制定规则的权力；（2）决定资本生产性使用的权力；（3）为个人目的转移价值的权力。在前现代文明中，这些权力往往被赋予相同的成员。现代体制通常试图将它们分开。苏联共产主义把（1）和（2）结合起来，试图把（3）最小化。自由资本主义将（2）和（3）结合在一起，试图最大限度地提高效率；它试图分离（1）的效果通常是有限的：那些有权制定规则的人仍然经常利用这种权力为个人目的转移价值，而那些有权控制资源的人

第八章 财产和税收的强制劳动理论

仍然经常制定规则。这可能至少部分地解释了为什么隐性税收只是在税率和结构上逐渐受到限制。

关于隐性税收，下一个值得讨论的点是什么呢？尤其是，他们涉及哪些人，他们的规模有多大？它们几乎可以肯定是急剧累退的。这是其本质所固有的：它们必然涉及统治阶级中拥有财产的成员从社会普通成员那里分拨劳动成果价值。不幸的是，我们既不确切地知道累退性有多严重，也不确切知道其规模有多大。然而，它们的平均强度是可以估计的。当资本由提供劳动的人以外的人拥有时，财产将导致隐性税收。由此，我们可以粗略估计一个社会的平均隐性税率，方法是从100%减去其劳动收入份额（归属于劳动收入的国民收入份额），然后乘以该社会的基尼系数（衡量社会财富或收入不平等的指标，零表示完全平等，一表示完全不平等）。以下是一些当代经济体平均隐性税率的粗略估计：[61]

---

[61] 劳动收入份额取自：Marta Guerriero, 'The Labour Share of Income Around the World: Evidence from a Panel Dataset', Paper prepared for the 4th Economic Development International Conference of GREThA/ GRES 'Inequalities and Development: New Challenges, New Measurements?' University of Bordeaux, France, 13–15 June 2012 available at http:// piketty.pse.ens.fr/ files/ Guerriero2012. pdf (accessed 6 October 2016)。使用格雷耶罗的LS6估计值，除非没有提供此类估计值，才使用LS5估计值（在表中用＊表示）。联合国国际劳工组织报告中的劳动收入份额较低，意味着隐性税率较高："劳动收入份额通常在GDP的40%至60%之间波动，工业化国家的劳动收入份额普遍高于发展中国家。在经合组织国家和亚洲，这些国家的劳动收入份额占GDP的平均比例仅略高于50%，拉美、中东和北非地区约占40%，撒哈拉以南非洲地区约占30%。"另参见：Malte Lübker, *Labour Shares*, Int'l Labour Org. Tech. Brief No. 01 (2007), www.rrojasdatabank.info/ laborshare.pdf (accessed 6 October 2016)。我曾用世界银行的收入基尼系数估计值作为财富基尼系数的代表，因为财富基尼数据很难获得。参见：http://www.indexmundi.com/ facts/ indicators/ SI.POV.GINI/ rankings (accessed 6 October 2016)。

冰岛	3.77%
瑞士	4.11%
丹麦	4.94%*
瑞典	6.56%
英国	6.84%*
奥地利	7.01%
芬兰	7.59%
德国	7.83%
比利时	8.00%
挪威	8.29%
荷兰	8.40%
法国	8.94%
爱尔兰	9.43%
美国	9.44%*
波兰	9.72%
西班牙	10.41%
意大利	10.55%
爱沙尼亚	10.94%
巴西	12.16%
希腊	12.47%
俄罗斯联邦	16.64%
菲律宾	16.79%
智利	17.15%

续表

伊朗	20.17%
哥伦比亚	20.33%
土耳其	20.49%
墨西哥	20.67%
南非	24.72%

请注意，这些是平均税率，而不是适用于任何特定劳动群体的税率。因为隐性税收是累退的，适用于一个社会普通成员的税率可能更高，甚至显著性地如此。上述平均值也可能很低；在他们的计算中使用的收入基尼系数通常低于理论上更正确但不太能广泛获得的财富基尼系数。

尽管如此，还是有几点值得注意。首先，隐性税率似乎因国而异；这表明，隐性税率并非不可避免，而是政治选择的产物。[62] 隐性税率受到劳动法的限制最为明显；例如，国际货币基金组织最近对发达经济体的一项研究得出结论，平均而言，前 10% 收入份额上升 5 个百分点，其中约有一半是工会化程度的下降造成的。类似地，净收入的基尼系数增幅中约有一半是由去工会化推动的。[63] 他们也可能会受到

---

[62] 伊恩·莫里斯认为，"每个年龄阶段都得到了它所需要的不平等，不同的经济体系在不同的不平等程度下运行得最好。" Ian Morris, 'To Each Age Its Inequality', *New York Times* (9 July 2015), http://www.nytimes.com/ 2015/ 07/ 10/ opinion/ to- each- age- its- inequality.html. 接受这一论断要求我们忽视公共选择理论——假设那些有权制定规则的人行使这种权力是为了使所有人的福利最大化，而不仅仅是他们自己的福利。

[63] Florence Jaumotte and Carolina Osorio Buitron, 'Power from the People', 52(1) *Finance & Development* (March 2015), available at IMF http://www.imf.org/ external/ pubs/ ft/ fandd/ 2015/ 03/ jaumotte.htm.

其他非税收规定的影响。其次，西欧的社会民主主义国家的平均隐性税率似乎最低，而包括金砖国家在内的发展中国家的平均隐性税率最高。美国是发达国家中平均隐性税率最高的国家之一。[64]最后，隐性税率似乎很重要，特别是如果考虑到社会底层的有效税率可能高于计算的平均值这一事实。

那么，这里的问题是：哪一种在道德上更有问题，是需要得到被征税者同意的累进的显性税收，其收益更可能惠及整个社会，还是不受任何普遍同意要求约束的累退的隐性税收，其收益可分拨供统治阶级个人自由使用？政治保守派倾向于尽可能多地限制显性税收，而尽可能少地限制隐性税收。其结果是统治阶级的分拨最大化，根据被统治者的意愿为了他们的利益提供的利益最小化。从理论上讲，从长远来看，统治阶级最大限度地获得分拨的资金降低社会贴现率并使投资最大化仍然是可能的。但只有占统治地位的阶层进行投资时，情况才会如此。在统治阶级的消费方面，保守的方法只会使占统治地位的阶级受益，而牺牲了实际从事劳动的人。

我的理论还表明，正如诺齐克自己承认的那样，对资本收入征税道德性的反对声音越来越弱。[65]在现代世界中，私有资本是现存于公共池中的社会资本和被授予所有权的人的私人贡献的混合体。

64　世界银行没有为中国或印度提供最新的基尼指数，格雷耶罗也没有计算这些国家的劳动收入份额估计值。

65　"在更全面的讨论中，我们会（而且希望）将我们的观点扩展到包括利息、企业利润等。那些怀疑这一扩展能否继续实施的人，以及那些在劳动所得税问题上划清界限的人，将不得不陈述相当复杂的历史的分配正义原则，因为结果导向原则不会以任何方式区分收入来源。暂时只要摆脱结果导向原则，并弄清楚各种模式的原则是如何依赖于关于利润、利益等的来源或非合法性或较低合法性的特定观点的；这种观点很可能是错误的。" Nozick, n. 1, 170–1.

前者几乎总是远远大于后者。我们授予私人资本所有权主要是出于工具性的原因。⁶⁶而只要资本收入可以在不损害所期待的激励效应的情况下课税，很难在道德上反对这一举措。

无论如何，我的理论意味着，只要任何形式的征税是正当的，它必须参照由此产生的社会资本。有了这一解释，税收——统治阶级分配劳动成果并用于再分配——是文明的核心；事实上，这可能是文明不可或缺的条件。⁶⁷

第四节　税收经济学：最优税收理论

最后，我来谈谈我对最优税收理论的观点，这个主题值得进行更广泛的讨论，而不受此处仅剩的几页篇幅的限制。然而，我的主张很简单：如果我的观点有其价值，大多数最优税收理论都需要经过重新考虑和可能必要的重述。

一、税前劳动－休闲替代决定使福利最大化的假设

正如我在一开始所指出的，大多数最优税收理论都是基于这样

66　"为什么把我所拥有的和我所没有的混在一起的结果不是失去我所拥有的，而是得到我所没有的……为什么一个人的权利应该延伸到整个客体，而不是仅仅延伸到他的劳动创造的附加值？……目前还没有制定出可行的或连贯的增值财产权制度。" Ibid., 174-5.

67　华盛顿特区的美国国税局门上刻着这样一句话："税收是我们为文明社会付出的。"在各种版本中，它被认为是奥利弗·温德尔·霍姆斯的作品，但也被富兰克林·德拉诺·罗斯福援引。参见：*Quote Investigator*, http://quoteinvestigator.com/2012/04/13/taxes-civilize/ (accessed 15 March 2015)。

一个假设,即在没有显性税收的情况下,纳税人的劳动-休闲决策将是福利最大化的,因此扭曲这些决策的显性税收必然减少福利。这一逻辑是最优税收理论的一些最公认结果的基础。[68]

但如果文明社会迫使普通成员花时间创造他们不允许保留的盈余,没有理由相信在没有显性税收的情况下,他们所"选择"创造这些盈余的时间是福利最大化的。关键的基本前提——即在没有外部性的情况下,理性人的行为是为了使自己的福利最大化——不再适用。从经济学角度,被分配的盈余是一种外部性;它的规模取决于非税法律,并因经济体而异。

实际上,隐性税收理论上也扭曲了纳税人假设的福利最大化税前劳动-休闲决策。如果每个经济体只有一个自然的隐性税率,我们可以将其视为纳税人创造效用最大化的一系列外生约束的一部分。但隐性税率似乎代表政治选择。如果是这样的话,那么将它们视为外生因素是武断的。

事实上,如果我的理论是正确的,那么文明社会的一个基本功能——既然我们已经度过了最黯淡、沉闷的日子——就是让普通成员过得更好。它通过税收来实现,无论是隐性的还是显性的,从劳动成果中分配盈余来投资于社会资本,这反过来又使生活更加愉快,并

---

68 See e.g. James Mirrlees, 'An Exploration in the Theory of Optimum Income Taxation', 38(2) *Review of Economic Studies* (1971) 175. 几篇有影响力的文章都建立在莫里斯的著作之上,例如: Joseph Bankman and Thomas Griffith, 'Social Welfare and the Rate Structure: A New Look at Progressive Taxation', 75(6) *California Law Review* (1987) 1905; Joseph Bankman and David A. Weisbach, 'The Superiority of an Ideal Consumption Tax over an Ideal Income Tax', 58 *Stanford Law Review* (2006) 1413, 1414; Edward J. McCaffery and James R. Hines, Jr., 'The Last Best Hope for Progressivity in Tax', 83(5) *Southern California Law Review* (2010) 1031。

第八章　财产和税收的强制劳动理论

从长远来看提高生产力。正如我所指出的，远期目标并不是最优税收理论的重点。它关注的是效率和再分配。我的模型则侧重于投资。

二、一次性征税

最优税收理论对一次性税收的体现——包括对禀赋的课税[69]——也是保护假设的福利最大化的税前劳动-休闲决策不受扭曲的任务的一部分。回顾前文，这个理论是指在没有税收的情况下，纳税人选择使他们的福利最大化的劳动和休闲的组合。最优税收理论认为，一次性征税避免了替代效应，因此扭曲程度最小。

这个观点至少有两个问题。首先，即使忽略我的叙述中表明的文明社会中强制劳动方面的问题，这一主张也不会按照理论的方式运行。税收实际上会产生两种效应：（1）替代效应，据称这会导致纳税人把更多的时间花在休闲上，因为休闲活动是无需纳税的，而工作需要纳税；（2）收入效应，会使纳税人花更多的时间工作，以争取在税后获得与不存在税收时相同的收入。[70] 两者都扭曲了劳动-休闲决策，前者通过诱导纳税人减少工作，后者通过强制他们增加工作。

69　See e.g. Kirk J. Stark, 'Enslaving the Beachcomber: Some Thoughts on the Liberty Objections to Endowment Taxation', 18 *Canadian Journal of Law & Jurisprudence* (2005) 47, 48-9; Lawrence Zelenak, 'Taxing Endowment', 55 *Duke Law Journal* (2006) 1145.

70　收入效应有两种被混淆的类型。首先是消费效应。例如，考虑一个拥有5万美元税前收入的纳税人。如果我们征收1万美元的税，纳税人将有4万美元的收入可供消费。假设纳税人的工作模式没有改变，纳税人将像有4万美元收入的人一样消费，而不像有5万美元收入的人那样消费。这种类型的收入效应不会被视为扭曲性的，因此不会降低福利。但是，纳税人也可能为了应对同样的税收，更加努力地工作，以便在税后获得4.8万美元的收入。如果纳税人先前的劳动休闲选择是福利最大化的，那么这种行为改变必然使得福利减少。

如果在没有税收的情况下劳动-休闲的选择使福利最大化，那么两种效应都应该是减少福利的。而一次性征税通常会产生收入效应。

美国历史生动地说明了这个问题。内战结束后不久，前蓄奴州就使用仅以同一方式收取的一次性税种——人头税（head or poll taxes）[71]——迫使刚获得自由的奴隶回到他们刚从中解放的种植园里工作。[72] 那些不付钱的人被扣押，他们的服务被出租给种植园主来代替税收。换句话说，人头税的收入效应迫使以前的奴隶重返工作岗位。很难将这些一次性征税定性为不扭曲的或福利最大化的。

其次，也是更根本的一点，所谓的一次性征税的理想性质完全取决于一个没有扭曲的、福利最大化基线的假设。如果我的理论是正确的，并不存在这样的基线。

三、双重扭曲前提

卡普洛（Kaplow）和沙维尔（Shavell）声称："通过法律规则进行的再分配与通过所得税制度进行的再分配相比没有任何优势，而且通常效率更低。其原因在于使用法律规则来再分配收入与所得税制度一样完全扭曲了工作激励——因为这种扭曲是由再分配本身造

---

71 "选票"最初的意思是"人头"。

72 参见：Brian Sawers, *The Poll Tax before Jim Crow*（作者保存的未公开手稿）。与此同时，前蓄奴州开始将非法侵入定为刑事犯罪并限制狩猎。相较更缓慢地，从黑人人口较多的县开始，这些州关闭了原开放的空旷地区。同时期的报纸、农业杂志和游记证明，其动机是剥夺无地黑人通过作佃农耕种或其他安排等除返回种植园工作外的任何替代经济选择。参见：Brian Sawers, 'Property as Labor Control in the Postbellum South', 33 *Law & Historical Review* (2015) 351。这些规则与诺曼时期英国的森林法具有相同的功能。

成的——而且还会在法律规则规制的行为中造成效率低下。"[73]

他们的证据可以概括如下：假设非税规则的再分配与所得税制度的再分配完全相同，但只有在某个行为或事件发生时，有效规则才能产生最佳数量。他们使用的例子是过失规则，根据该规则，侵权人根据其应纳税所得额计算支付损害赔偿金。这种规则会扭曲侵权行为者的劳动-休闲决策，就像所得税一样（第一种扭曲），但也会扭曲侵权行为者在所涉行为中的谨慎程度（第二种扭曲）。高收入者会过分关注自己的行为，而低收入者则会关注过少。因此，他们得出结论，非税规则的结构应该以效率最大化为目标，而再分配应留给税收制度：这就是"双重扭曲前提"。

这个前提隐含地假设了一种理想的所得税——一个完全基于所得而不依赖于其他行为或事件的税种。然而，在真实的美国所得税体系中，负债会引发除所得以外的无数行为和事件。完全基于所得或财富的非税再分配规则将避免所有此类扭曲，而只会替代性地引入一种新的扭曲：对引发这种扭曲的行为或事件的扭曲。没有理由先验地相信，任何此类规则都会比美国现行税法更具扭曲性。

双重扭曲前提还假设了最优税收理论所关心的再分配：基于与理论上的货币边际效用递减相一致的平滑曲线。然而，并非所有的非税再分配都采用这种形式。最低工资法律只集中适用在收入水平的最低端，而且其适用忽视了雇主的收入。工会改变了市场力量关系，这同样与雇主的收入无关。可居住性的默示保证保护所有的消费者，而不管其收入如何。每一种方法都可能对其所适用的市场造

---

[73] Louis Kaplow and Steven Shavell, 'Why the Legal System Is Less Efficient than the Income Tax in Redistributing Income', 23(2) *Journal of Legal Studies* (1994) 667, 667–8.

成扭曲,但如果针对的再分配创造的规范利益比简单的货币边际效用递减曲线所表明的要大,则再分配收益可能会超过扭曲成本。

然而,双重扭曲前提下最根本的问题是,隐性税率几乎肯定具有显著的累退性,而且是政治选择的产物。归根结底,卡普洛和沙维尔必须证明,降低如此大幅的累退率本质上比通过显性税收和转移分配制度实现再分配更具扭曲性。而他们没有做到这一点。

四、资本所得税

最优税收理论反对对资本收入征税的立场源于一个类似的假设——在不征税的情况下,纳税人可以节省一些福利最大化金额,以及对储蓄产生的收入征税扭曲了储蓄行为,降低了福利。

我的叙述表明这一主张存在很多问题。首先,纳税人固有的贴现率是否是福利最大化的并不清楚;实际上,在我的模型中,隐性税收和显性税收的主要功能之一就是降低社会贴现率和增加对纳税人本不倾向的领域的投资。

然而,仅为讨论的目的,假设当前的储蓄率和投资率过低,最优税收理论的解决方案是奖励占统治地位的阶级投资而不是消费我们允许他们征收并允许他们保留的隐性税。然而,这样做就引出了一个重要问题:如果他们仅会消费这些收益,我们为什么起初要允许他们征收隐性税收?回想我们是如何对待实际从事生产这些盈余的劳动者的:我们强制他们工作,然后分配他们的劳动成果中的一部分。为什么统治阶级的成员只会面对胡萝卜,而普通的成员却要面对大棒?

当然,有一个简单的方法来保证足够的投资:征收国税和投资。可能会有人提出异议,我们不希望政府决定到底是建造马车皮鞭还是智能手机。说得对，但政府至少可以在公共产品上进行足够的投资：教育、交通基础设施、可持续发展的环境以及技术。然而，也有可能使用显性税收来产生盈余，然后这些盈余可以以征收国税和发放贷款的方式提供给私营企业。如果国家向中介机构（例如银行）贷款，这些中介机构面临利润最大化的激励以挑选赢家，那么国家就可以在达成目标的同时保持在行业和企业家之间的完全中立。

五、改变目标

爱德华·克莱恩巴德最近提出，财政政策学者们可以花更多时间研究如何最有效地使用通过税收筹集的资金，而较少地研究如何在纳税人之间分配显性税收负担。[74] 我部分同意，但我的观点更进一步。我的理论认为，问题最终应该是如何使社会资本的生产最大化，并由此实现长期繁荣。这在一定程度上是一个支出问题。但要想长期稳定地实现这一目标，社会必须认为相关机制是公平的。过度依赖累退的隐性税收可能会产生反效果。与此同时，我们应该寻求一种技术，这种技术使资本的生产性利用最大化，减少依赖统治阶级成员将由此产生的盈余转用于个人用途的可能性。

目前，税前收入差距——文明所带来的可以预见但却令人不快的副作用——正在扩大，而不是缩小。[75] 更好地理解隐性和显性税收制度是如何造成这些差异的可能有助于我们确保文明为我们服务，而不是我们为文明服务。

---

74 Edward D. Kleinbard, *We Are Better Than This: How Government Should Spend Our Money* (Oxford: Oxford University Press, 2015).

75 See e.g. Thomas Piketty, *Capital in the Twenty-First Century*, Arthur Goldhammer (trans.) (Cambridge, MA: Harvard University Press, 2014).

第五节 结论

文明的伟大成就之一就是迫使其普通成员花时间创造他们随之不被允许保留的盈余。它首先通过财产法规则做到这一点,这些规则限制获得生活必需品的生产资料,除非成员为获得这些资料付费。作为交换,文明促进了社会资本的积累,从而使工作更有成效,生活更愉快。税收允许创造、保存和扩大文明的社会资本存量。

因此,文明是一种交换:你工作;社会占有你劳动成果的一部分;作为回报,社会使你的工作更有成效,让你的生活更愉快。前述观点,就像所有令人难忘的观点一样,都是率直的且在某种程度上是不准确的。然而,它抓住了人类学和历史现实的一个重要部分。在这个程度上,它允许对诺齐克的税收批判和最优税收理论的基本假设作出原则性的回应。

第九章 财富转移税的哲学基础

詹妮弗·伯德-波伦

第一节 引言

税收在当代社会扮演着多种角色。首先,征税可以筹集必要资金来支付政府的开支。[1] 然而,一个理想的税收制度也可以理解为一个社会对分配正义信念的表达。[2] 几乎所有的税收都涉及某种程

---

[1] 当然,这省略了有关政府规模的重大辩论。政府是增加税收以支付必要的治理成本,还是成本由所征收的税额确定?关于这场辩论的讨论,参见:Susannah Tahk, 'Everything is Tax', 50 *Harvard Journal of Legislation* (2013) 67。此外,税收本身也可以是支出的一种形式。例如,税基的建立包括某些形式的收入,而不包括其他形式的收入。当项目从税基中扣除时,政府将释放该数额的征税权力。这与政府收税,然后作为支出计划的一部分支付相同的金额没有什么不同。关于这个问题的讨论,参见:Stanley S. Surrey, 'The Tax Expenditure Concept and the Budget Reform Act of 1974', 17 *Boston College Law Review* (1976) 679。这也是埃德·克莱因巴德作品的中心主题。他说:"我们所有关于税收经济副作用的技术知识都无法解决主导当代政治话语下的基本财政问题,即我们的技术专长首先应该用于征收多少税收。" Edward D. Kleinbard, *We Are Better Than This: How Government Should Spend Our Money* (Oxford: Oxford University Press, 2014), XXI.

[2] "在资本主义经济中,税收不仅是政府和公共服务的一种支付方式,也是政治体系将经济或分配正义概念付诸实践的最重要工具。" Liam Murphy and Thomas Nagel, *The Myth of Ownership* (Oxford: Oxford University Press, 2002), 3.

度的再分配。[3] 通过税法完成的再分配不应该是偶然的（haphazard）或意外的（accidental）。如果一个社会认为再分配是社会需要的，那么它就可以利用税收（通常根据其他工具[4]）来实现再分配。如果社会认为再分配是不可取的，那么税收制度必须精心设计，以避免或至少尽量减少这种再分配。但是，税法的制定和实施历来主要是对经济分析的研究作出反应，而很少或根本没有注意采用某种模型的哲学理由。尽管这种对税收政策分析的哲学研究的态度已经开始改变，[5] 但对财富转移进行征税的理论仍相对不足。[6] 在美国，对财富转

---

[3] 这里的"再分配"是指将金钱或金钱可以购买的利益从一个社会成员转移到另一个社会成员。这可以是向上的再分配（例如，向包括穷人在内的所有社会成员征税以支付道路或国防费用，包括富人在内的所有社会成员都享有福利；或者是向社会所有成员征税，以支付主要由富人享有的福利，如证券监管）或者也可以是向下的再分配（对社会中较富裕的成员征收更重的税，以支付针对社会中较贫困成员的福利计划）。

[4] Louis Kaplow and Steven Shavell, 'Why the Legal System Is Less Efficient than the Income Tax in Redistributing Income', 23(2) *Journal of Legal Studies* (1994) 667.

[5] "事实证明，所有的财政政策建议都是建立在道德哲学基础上的：唯一的问题是我们是否意识到这一事实。" Edward D. Kleinbard, n. 1, XXII.

[6] 这种概括有许多例外。See e.g. Ed McCaffrey, 'The Uneasy Case for Wealth Transfer Taxation', 104(2) *Yale Law Journal* (1994) 283; Anne Alstott, 'The Uneasy Case Liberal Case Against Income and Wealth Transfer Taxation: A Response to Professor McCaffrey', 51 *Tax Law Review* (1995) 363, 364; Paul L. Caron and James R. Repetti, 'Occupy the Tax Code: Using the Estate Tax to Reduce Inequality', 40 *Pepperdine Law Review* (2013) 1255; Linda Sugin, 'Theories of Distributive Justice and Limitations on Taxation: What Rawls Demands from Tax Systems', 72 *Fordham Law Review* (2004) 1991. 此外，我自己最近的研究成果探讨了哲学和财富转移税之间的关系。See Jennifer Bird-Pollan, 'Death, Taxes, and Property (Rights): Nozick, Libertariansim, and the Estate Tax', 66 *Maine Law Review* (2013) 1 [hereinafter 'Death, Taxes, and Property (Rights)']; Jennifer Bird-Pollan, 'Unseating Privilege: Rawls, Equality of Opportunity, and Wealth Transfer Taxation', 59 *Wayne Law Review* (2014) 713 [hereinafter 'Unseating Privilege']; Jennifer Bird-Pollan, 'Why Tax Wealth Transfers? A Philosophical Analysis', 57 *Boston College Law Review* (2016) 859 [hereinafter 'Why Tax Wealth Transfers?']; and Jennifer Bird-Pollan, 'Utilitarianism and Wealth Transfer Taxation', 69 *Arkansas Law Review* (forthcoming) [hereinafter 'Utilitarianism and Wealth Transfer Taxation'].

移征税的问题已经成为一个政治上的烫手山芋。尽管许多经济学家和理论家撰文支持继续征收遗产税，但也有许多人反对这一税收，他们经常声称，对财富转移征税在经济上效率低下。[7] 然而，正如我将在本章中展示的，从最普遍接受的政治哲学体系审视，对财富转移征税达到了理想的目的，应纳入任何健全的征税体系。[8]

当代的税收制度很少依赖于对财富转移的征税。截至2016年，世界上有44个国家对财富转移征收某种税，但这个数字正在缩小。[9] 事实上，自2000年以来，已有13个国家或地区废除了财富转

---

[7] "在大幅提高遗产税税率后，遗产税收入占GDP的比例有所下降，而在遗产税税率明显较低时，这一比例又有所上升。"遗产税所导致的资本损失本可以用于经济上的生产性用途；但实际上，这种损失意味着财富的减少和经济活动的减少，从而导致所得税税基的缩小。Joint Economic Committee Republicans, 'Staff Study: Cost and Consequences of the Federal Estate Tax' (25 July 2012) at 16, http://www.jec.senate.gov/ public/_cache/ files/ bc9424c1-8897- 4dbd- b14c- a17c9c5380a3/ costs- and-consequences- of- the- federal- estate- tax- july- 25- 2012.pdf (last accessed 27 October 2016).

[8] 在许多情况下，对财富的直接征税将实现与对财富转移征税（间接税）相同的许多目标。然而，对财富的直接征税在政治上往往不如对财富转移征税那么令人愉快。此外，在美国，联邦对财富直接征税是违宪的，因此需要修改宪法。See e.g. Beverly Moran, 'Wealth Redistribution and the Income Tax', 35 *Howard Law Journal* (2010) 319.

[9] 44个经济合作与发展组织国家征收财富转移税。许多不向财富转移征税的国家是在最近一段时间才这样做的，而鉴于目前的政治讨论，许多目前对财富转移征税的国家可能不会长期这样做。因此，很难找到这个名单的正确数字。然而，税收基金会是此类统计数据的可靠来源。目前征收某种形式财富转移税的国家或地区的名单是：日本、韩国、法国、英国、美国、厄瓜多尔、西班牙、爱尔兰、比利时、德国、智利、委内瑞拉、百慕大、希腊、荷兰、菲律宾、南非、芬兰、安哥拉、丹麦、黎巴嫩、马拉维、喀麦隆、赤道几内亚、冰岛、波多黎各、中国台湾地区、土耳其、巴西、波兰、瑞士、阿鲁巴、库拉索、危地马拉、圣马丁岛、博茨瓦纳、克罗地亚、津巴布韦、意大利、几内亚、塞内加尔、莫桑比克、牙买加和保加利亚。参见：*Tax Foundation*, 'Estate and Inheritance Taxes Around the World', http:// taxfoundation.org/ article/estate-and-inheritance-taxes-around-world#_ ftn2 (last accessed 27 October 2016).

移税法。[10] 相比之下，世界上几乎每个国家都对收入征税。为什么对收入征税要比对财富和财富转移征税普遍得多呢？这种税收形式仅仅是更为熟悉和接受，因而在政治上更为可取吗？还是所得税更直接地符合这些税制国家的公民（和选民）所持的分配正义观？在这一章中，我认为，事实上，当我们考虑分配正义的最普遍观点时，我们应该看到对财富和财富转移征收更多的税，因为这些形式的税更接近于今天所持的哲学观点。[11] 本章内容如下：第一节介绍基本概念；第二节介绍财富转移税的三种基本形式；第三节确定四种主要的政治哲学理论，并将这些理论应用于财富转移税的分析；第四节对本章进行总结并得出结论。

第二节 财富转移税的形式

当今世界上最常见的财富转移税有两种主要形式，体现了对财富转移征税的两种不同做法。第一个聚焦于转让人持有的金额，我

---

10 财富转移税制度在中国澳门（2001）、葡萄牙（2004）、斯洛伐克（2004）、瑞典（2005）、俄罗斯（2005）、中国香港（2006）、匈牙利（2006）、新加坡（2008）、奥地利（2008）、列支敦士登（2011）、文莱（2013）、捷克共和国（2014）和挪威（2014）被废除。*Tax Foundation*, n. 9.

11 与所得税相比，财富转移税可以更快地应对哲学目标的变化。在大多数国家，所得税占税收增长的大部分（在美国，所得税每年增长约1.1万亿美元，而遗产税每年仅增长约200亿美元），因此，政策目标必须经常归入税收增长目标。与此同时，所得税常常被用来实现特定的激励措施（例如鼓励慈善捐款、拥有住房或提高能源效率），而这些特定的激励目标可能与更大的理论目标如再分配或其他哲学信仰不一致。由于这些原因，财富转移税是一个理论上比所得税"更纯粹"的地方来讨论税收政策的哲学正当性。

称为"遗产税"（estate taxation），第二个聚焦于受让人收到的金额，我称为"继承税"（inheritance taxation）。[12] 为了协调一致的执行，这两种税收很可能包括对死亡时的转移征税，以及对赠与征税。我将对这些税收形式进行了逐一思考。

一、遗产税

遗产税对被继承人的遗产征税，在转移之前征收。在个人死亡时，遗产成为一个法律实体，完全由个人生前持有的资产组成。美国联邦政府目前正在评估这种形式的财富转移税。[13] 美国的遗产税在个人死亡之日或个人死亡六个月后的"替代估价日"确定遗产价值。[14] 然后，美国的遗产税允许扣除所有转到慈善机构、转到死者配偶名下的款项，以及某些其他小额款项。[15] 然后，对超过特定免税额度的遗产价值进行评估。[16] 2016年，美国名义上对所有超过545万美元[17]的资产征收40%的统一遗产税，尽管这种笼统性掩盖了法律

---

12 我注意到，英国现行的财富转移税制度被称为"继承税"，尽管它更类似于我在本章中提到的遗产税。

13 遗产税是根据《美国法典》第26编第2001条征收的。在下文中，凡提及"法典"，即为《美国法典》第26编。

14 遗产估价的默认日期为死亡日期。§2013。但是，通过选举，遗产代理人可以使用另一个估价日期。§2032。

15 根据§2056的规定，转移给未亡配偶的款项可以不受限制地全额扣除。从遗产转移到慈善机构的，只要满足法律要求，可以根据§2055扣除。最后，根据§2053，对于丧葬和管理费用、被继承人的债务以及对遗产的索赔，可以进行扣除。

16 这条规则的机械应用实际上是通过允许抵免某一数额的税收来实现的。根据§2010，2016年遗产税债务的可用抵免额相当于每人545万美元，每对已婚夫妇1090万美元。

17 同上。免税等价抵免（exemption equivalent credit）每年根据生活费用和通货膨胀进行调整。

中的重要细微差别。[18]

遗产税最重要的特点是对死者死后的资产征税,以及对遗产税的统一评估,而不考虑转移的继承人——受赠人的身份。[19]例如,一份价值为1000万美元的遗产全部转让给一名继承人,与一份价值为1000万美元的遗产分配给10名甚至100名继承人所要缴纳的税款相同。这样,遗产税就集中在对大量遗产征税上,不管这些遗产是死后被分割,还是全部转移给一个继承人。

二、继承税

继承税关注的是财富转移的接受者,而不是财富的转移者。美国没有联邦继承税,但美国的一些州有州一级的继承税。[20]与遗产税相比,继承税是对财富转移的接受者征收的。这可以通过将财富转移的金额计入接受者收入来实现,[21]也可以通过对经由财富转移获得的金额单独征收继承税来实现。[22]继承税通常包括每个继承人

---

18 大量遗产税减免的存在减少了税基,从而降低了实际税率。例如参见:n. 13,§2032A(为农场财产提供另一种估价方法),§2056(扣除所有转给未亡配偶的款项),§2055(免除转给慈善机构的款项,包括转给完全由死者家庭控制的私人基金会的款项)。

19 例外情况是,如上所述,遗产税可扣除转移给未亡配偶和慈善机构的款项。§2056, 2055, n. 16.

20 继承税由爱荷华州、肯塔基州、内布拉斯加州和宾夕法尼亚州在州一级进行评估。此外,马里兰州和新泽西州也有类似继承税的财富转移税法。康涅狄格州、特拉华州、哥伦比亚特区、伊利诺伊州、缅因州、马萨诸塞州、明尼苏达州、纽约州、俄勒冈州、罗得岛州、田纳西州、佛蒙特州和华盛顿州都征收州一级的遗产税,参见:http://www.taxfoundation.org/ sites/ taxfoundation.org/ files/ docs/ Estate%20and%20Inheritance%20taxes_0.png (last accessed 27 October 2016).

21 这一点在美国被§102明确排除在外。

22 例如,在美国肯塔基州,继承税的税率是根据继承人和被继承人之间的关系来确定的。肯塔基州修订了法律140.070。此外,免税金额也会根据双方的(转下页)

的免税额。因此，例如，如果继承税对每个继承人有100万美元的免税额，那么分配给10个不同继承人的1000万美元的遗产将不需要纳税。不过，如果将1000万美元的遗产分配给一名继承人，超过免税额度的900万美元将被征税。在这种情况下，继承税比遗产税更能鼓励财富的分散。继承税可以设计为每次转移或终生免税额。如果每次转移有免税额，那么个人在其一生中可以接受多次转移，只要每次转移低于免税额，那么她就不欠税款。但是，终生免税额只允许在个人的一生中有一个免税额的总额，超过后即开始征税。这些税收设计要素中的每一个都侧重于不同的政策目标。终生免税额的重点是在纳税前通过继承方式积累的财富总额。每次转移免税额的重点是通过鼓励捐赠者将其财产转让给几个继承人来分割遗产，以尽量减少应纳税额。这种策略强调的是分拆世袭财富，而很少关注转移接受者的财富状况。每个税收制度都实现了不同的目标，而要达到的政治或哲学目的有助于确定哪一个制度最能满足有关社会的需要。

三、赠与税

遗产税和继承税都可能由赠与税补充。如果不征收赠与税，在遗产转让人的有生之年进行财富转移可以完全避免死后的财富转移税。美国现行的赠与税就是出于这个原因而制定的。[23]它作为遗产

（接上页）关系而有所不同。根据肯塔基州的法律，配偶、直系长辈、直系后代以及兄弟姐妹可以获得100%免税。参见：Kentucky Revised Statutes140.080, http://www.lrc.ky.gov/ statutes/ statute.aspx?id=28984 (last accessed 27 October 2016)。

23　内务委员会报告中提议开征赠与税的目的是"协助征收所得税和遗产税，并防止在纳税人生前通过分割遗产的方式规避所得税和遗产税"。参见：House of Representatives (1932, 8). David Joulfaian, *The Federal Gift Tax: History, Law, and Economics*. OTA Paper 100, US Department of the Treasury, 2007, http://www.irs.gov/ pub/ irs- soi/ 11pwcompenaddgift.pdf (last accessed 27 October 2016)。

税的后盾,确保了临终之前的转移不会因为完全避免了转移税而损害遗产税。作为一种对不含税价格征税的税收,而不是对含税价格征税的税收,赠与税允许在生前转移比死后转移花费更少,[24] 但是如果没有赠与税,遗产税就很容易避免了。继承税可能不太需要单独的赠与税,只要起草的规则是对所有无偿转让的收入征税,而不只是对转让人死亡后的收入征税。

第三节 政治哲学理论

哲学并没有对一般的税收或具体的财富转移税做出统一的回应。对税收政策的哲学探讨有助于确定哪一部税法最能反映其所适用的社会的需要和信仰。作为一门有着两千多年历史记载的学科,它的哲学观点显然比本章所能容纳的范围多得多。然而,当代政治哲学至少在总体上代表了大多数西方社会的哲学信仰和需求。因此,在这一章中,我将集中讨论当代政治哲学中最流行的四种理论:社会主义(socialism)、自由主义(liberalism)、自由意志主义

---

24 想象一下,一个捐赠者想把10万美元的税后金额转移给一个受赠人。假设统一税率为50%,假设免税等价抵免已经全部使用,而且整个转让都要纳税,对死亡前和死亡后的转让进行分析,可以清楚地说明为什么生前转让比死后转让成本更低。如果转移发生在捐赠人的生前,那么税收的基础是转移的10万美元。对这项转让适用50%的税率,将导致5万美元的纳税义务。相比之下,如果捐赠人希望受赠人在捐赠人死后得到10万美元,那么必须有20万美元才能达到这一结果。如果遗产是20万美元,那么适用50%的税率,剩下10万美元将转让给受赠人。因此,同样的结果(接受者得到10万美元)如果转让发生在转让人的有生之年,则花费15万美元,如果转让发生在死亡之后,则花费20万美元。

（libertarianism）和功利主义（utilitarianism）。²⁵ 正如我将要证明的那样，从每一种理论的角度审视财富转移税，得出了同样的主要结论——对财富转移征税是合理的，并且是任何健全的当代税收体系的基本要素。²⁶

一、社会主义

当代社会主义理论起源于19世纪卡尔·马克思的著作。²⁷ 马克思的共产主义的最终目标不仅是社会机会平等，而且是真正的结果平等。马克思有句名言："各尽所能，按需分配。"²⁸ 从字面上看，马克思似乎支持一种禀赋税（endowment tax），这提出了许多有趣的问

25　事实上，这些理论中的每一个都是由许多不同的线索组成的，代表了对中心观点的各种解释。在每种情况下，我主要关注一个基本的观点：马克思主义社会主义、罗尔斯自由主义、诺齐克自由意志主义和密尔功利主义。

26　在整个分析过程中，我展示了财富转移税收在形式上的差异，最有力地支持了特定的哲学理论。虽然我们显然不能断定一种特定形式的财富转移税得到了所有哲学观点的一致支持，但我敢说，大多数主要的哲学政治理论都支持财富转移税。在我看来，这促进了对话。如果我们讨论应该采取什么形式的税收，而不是我们是否应该有这样一个税，我们已经取得了进展。

27　当然，当前许多欧洲国家的社会主义结构并不是马克思最终目标的模型。然而，马克思的理论认为，共产主义的最终实现只会随着时间的推移而发生，在实现这一最终目标之前，有必要的社会发展阶段。马克思把共产主义的发展阶段与共产主义思想的发展阶段相提并论。不那么复杂的共产主义阶段似乎也对应着一种不那么复杂、更原始的社会主义理论。Shlomo Avineri, *The Social and Political Thought of Karl Marx* (Cambridge: Cambridge University Press, 1968), 222.

28　这句名言不是由马克思，而是由路易·勃朗提出的，尽管它是由马克思推广的。马克思把这看作是未来共产主义社会的座右铭：劳动不仅已成为一种生活手段，而且已成为生活的主要需求；在生产力随着个人的全面发展而增加，并且合作财富的所有泉源更加丰富地流动之后，资产阶级权利的狭隘视野才可以被整体跨越，社会也可以在其旗帜上铭刻："各尽所能，各取所需！" Karl Marx, 'Critique of the Gotha Program', in Robert Tucker (ed.), *The Marx-Engels Reader* (New York: W. W. Norton & Co. 1978), 531.

题,但超出了本章的范围。[29] 然而,按需分配的强调说明了马克思的观点,即社会福利不应该取决于个人的表现。

历史表明,共产主义作为一种政治制度的战略尚未取得成功,[30] 但大多数欧洲主要国家都包含社会主义元素,包括公共财富、高税收和健全的社会安全网。[31] 这种形式的当代欧洲社会主义是马克思所认可的共产主义的直接继承者。即使在传统上不是社会主义大本营的美国,2016年总统候选人伯尼·桑德斯(Bernie Sanders)也接受了"社会主义"一词,明确支持该词所隐含的共同社会责任。[32] 虽然这些政府和政治候选人不是纯粹的马克思主义者,但这种政治结构受到马克思及其哲学继承者的影响,他们重视对经济交易的监管,以确保最大可能的公共利益。

社会主义倾向于社会成员共同承担提供公共利益的责任。社会主义理论支持对财富转移征税,因为财富的集中或仅仅基于家庭关

---

29 关于禀赋税,人们写了许多有趣的文章,既解释了它的优点,也强调了它的问题。在本书中,亨克·沃丁的章节解决了这个问题。另参见:Kirk J. Stark, 'Enslaving the Beachcomber: Some Thoughts on the Liberty Objection to Endowment Taxation', 18 *Canadian Journal of Law and Jurisprudence* (2005) 1。

30 "马克思理论的庸俗化成为马克思自己的哲学思辨和历史分析所带来的历史运动的必要组成部分。" Shlomo Avineri, *The Social and Political Thought of Karl Marx* (Cambridge, UK: Cambridge University Press, 1971), 251.

31 支出占GDP比例较高的国家往往是那些具有社会主义特征的国家。对于在这些措施上支出最高的国家名单,参见:OECD, 'General Government Spending', https:// data.oecd.org/ gga/ general- government- spending.htm (last accessed 27 October 2016)。

32 桑德斯在1990年首次公开被认定为社会主义者,当时他当选为众议院议员。"我是一个社会主义者,这是众所周知的。他们也明白,我这种民主社会主义与专制毫无关系。"参见:Philip Bump, 'Bernie Sanders Is an Avowed Socialist. 52 Percent of Democrats Are Okay With That', *Washington Post*, http://www.washingtonpost.com/ news/ the- fix/ wp/ 2015/ 04/ 29/ bernie- sanders- is- an- avowed- socialist- and- democrats- are- actually- pretty- ok- with- that/ (last accessed 27 October 2016)。

系的财富转移违反了社会主义的基本前提。[33] 两种形式的财富转移税（遗产税和继承税）似乎都符合社会主义的目标。事实上，将社会主义应用于税收政策，可能会导致一种对转让人和受让人同时征税的制度。通过这种方式，财富转移税既可以有助于分散集中的财富（在死亡时对大型遗产征税），也可以确保财富转移不会产生新的财富集中（对接受者手中新转移的财富征税）。

二、自由主义

政治自由主义也许是当代政治哲学中最流行的理论。正如20世纪哲学家约翰·罗尔斯以其最著名的形式表达的那样，自由主义一般支持保证机会平等的政治制度，而不追求马克思主义社会主义所追求的结果平等。罗尔斯提出了著名的所谓的"无知之幕"，以确定最公正的政治结构。[34] 从"幕"后对可能的政治制度进行评估，确保目前当权者的自身利益不是政治制度设计的决定因素。罗尔斯的观点是，如果一个人必须选择一个政治制度，然后才知道在这个制度中，一个人最终会在哪里结束，那么他就会选择一个趋向平等的制度。当应用于税收设计问题时，"无知之幕"似乎倾向于相对更有利于再分配的税收。当我们从"无知之幕"背后思考财富转移税时，如果能证明财富集中通常对整个社会有害，或者如果集中的

---

[33] 由于社会主义理论支持财富转移税，近年来许多传统上认同社会主义政策的欧洲国家取消财富转移税是令人不安的。参见注9。

[34] 罗尔斯认为，政治结构应该从"最初的立场"来分析，而"最初的立场"只适用于那些将自己置于"无知之幕"后面的人。罗尔斯写道："从这样的地位来看，没有人知道他在社会中的地位、阶级地位或社会地位；也没有人知道他在自然资产和能力的分配、智力和力量等方面的财富。" John Rawls, *A Theory of Justice*, rev. edn (Cambridge, MA: Belknap, 1999), 118.

财富主要由极少数人口持有并且通常以牺牲社会剩余成员为代价，似乎大多数理性的行为者都会赞同一种打破财富集中的财富转移税制度。

大多数关于罗尔斯和税法的评论家普遍认为罗尔斯的自由主义与大量的再分配是一致的。[35] 但是，大多数考虑过罗尔斯和税收的人，特别是在再分配的背景下，都写过关于所得税的文章。[36] 仅仅依靠所得税不太可能达到罗尔斯机会平等的目标。[37] 要实现真正的机会平等，就需要找到某种方法，来对抗那些继承了巨额财富的人在人生早期所体验到的优势。遗产税是实现真正机会平等的适当工具。[38]

重要的是，罗尔斯的自由主义理论主张机会平等，而不是严格的平等。也就是说，罗尔斯关注的是社会成员在他们生命起始时的平等，而不是社会内部资产在任何特定时刻是否平等分配。[39] 这是一个重要的区别。一个纯粹的平等主义者可能需要对财富进行定期

---

35 大部分（如果不是全部）提及罗尔斯的税法文章都是为了支持罗尔斯所支持的再分配自由主义的主张。See e.g. Anne Alstott, 'Equal Opportunity and Inheritance Taxation', 121 *Harvard Law Review* (2007) 469; Eric Rakowski, 'Transferring Wealth Liberally', 51 *Tax Law Review* (1996) 419; Kerry Ryan, 'Human Capital and Transfer Taxation', 62 *Oklahoma Law Review* (2010) 223.

36 See e.g. Barbara H. Fried, 'The Puzzling Case for Proportionate Taxation', 2 *Chapman Law Review* (1999) 157; Linda Sugin, 'Theories of Distributive Justice and Limitations on Taxation: What Rawls Demands from Tax Systems', 72(5) *Fordham Law Review* (2004) 1991; Charles R. T. O'Kelley, 'Rawls, Justice, and the Income Tax', 16 *Georgia Law Review* (1981) 1. Notable exceptions include Alstott, n. 35, and Ryan, n. 35.

37 苏金认为，"（罗尔斯）对哲学原理的分析根本不需要研究任何特定的税收制度。许多税收制度都可以满足罗尔斯的正义原则。" Sugin, n. 36, 1998.

38 "机会平等……被广泛理解为财富转移税的基本原则。" Alstott, n. 35, 542.

39 琳达·苏金写道："个人努力的收益适当地造成了收入和财富的不平等，不应根据差别原则进行调整。" Sugin, n. 36, 2004.

和持续的再分配，以期实现所有人之间的商品平等分配，但应用罗尔斯的机会平等理论，这种再分配并非必要。只要商品的分配足够公平，使社会所有成员都有平等的成功机会，就不需要随着时间的推移进行再分配。一旦机会平等得到保证，以后社会内部的任何不均衡分配都可以归因于努力的差异。[40]根据机会平等理论，后来产生的结果不平等不需要再分配，因为社会的每个成员都有相同的成功机会。当然，我们并不完全清楚，平等分配商品以提供平等的机会意味着什么。具体来说，先天能力的不平等分配似乎不可能预先（ex ante）解释。[41]即使是努力工作的能力和愿望也可以被认为是一种财富，创造了不平等的机会。无论这些棘手的问题如何解决，那些寻求机会平等的人所关心的中心问题是，必须评价物质产品和经济资产的分配，看它们是否倾向于公平。

财富转移税并不是政府用来确保机会平等的唯一工具。事实上，在大多数社会中，财富转移税一直是税收体系中相对较小的一部分。政府收入主要是通过税收产生的，但仅靠征税无法实现罗尔斯式自由主义所要求的那种机会平等。[42]对任何特定社会的公正进行分析时，都必须审查税收制度和由该税收制度提供资金的转移制度或支出方案。[43]一个体现了罗尔斯所要求的机会平等的社会，必须有健全的支出方案，以确保该社会的所有成员都能获得教育、医疗

40　Sugin, n. 36, 2004.

41　See e.g. Alstott, n. 35.

42　例如，2012年，美国联邦政府收入为24501.64亿美元。参见：*Historical Tables*, Office of the Management and Budget, http://www.whitehouse.gov/ omb/ budget/ historicals (last accessed 27 October 2016)。税收系统负责征收超过95%的份额。

43　Louis Kaplow, *The Theory of Taxation and Public Economics* (Princeton: Princeton University Press, 2008).

保健、住房以及更多服务。这些方案所需的收入必须通过税收来筹集，而仅通过财富转移税来筹集是不太可能的。[44]要实现罗尔斯式的机会平等，除了征收财富转移税外，可能还需要征收强有力的所得税。[45]但是，仅靠所得税本身并不能解决机会平等支持者的担忧，因为所得税，至少在美国目前的形式下，并不能解决富人的继承人所享有的特殊优势。[46]

在20世纪和21世纪，西方世界的不平等现象日益严重，特别是

---

44 这主要是因为财富转移税的税基一直很小（近年来一直在大幅缩水）。如果通过缩减免税等价抵免来增加基数，而且如果税率超过目前的40%，那么财富转移税收体系将产生更多收入。事实上，美国的遗产税和赠与税制度在过去几年里大大增加了税收收入。参见：*Internal Revenue Service*, Statistics of Income, Historical Data Tables, https://www.irs.gov/ uac/ soi- tax- stats- historical- table- 17 (last accessed 27 October 2016)。

45 安妮·阿尔斯托特解释了与用所得税资金进行一些支出以实现机会平等有关的问题。由于所得税可能违反机会平等的原则并且倾向于平均主义，阿尔斯托特认为，用所得税资金资助其所提议的公共继承（一种旨在使机会均等的支出方案）存在风险。她写道："这种解决方案（100%继承税）是否正确，取决于其他收入来源是否公正。将继承税税率降低到100%以下意味着容忍私人继承，这是不公平的。但提高其他税种的税率——比如所得税——也可能起到不公正的作用。例如，相对于休闲和非市场工作而言，所得税倾向于惩罚市场工作（就像消费税一样）。相对于支出者，所得税还对储蓄者进行惩罚（而消费税则不然）。因此，提高所得税可能需要权衡对机会平等（不平等的继承权）与对中立性的冒犯（使某些生活方式受到惩罚）。Alstott, n. 35, 495.

46 目前的美国联邦所得税不包括赠与和继承所得。参见§102。因此，即使是征收高额所得税，也不会对无偿转让所得的金额征税。解决这部分问题的一个可能办法是将无偿转移的金额计入所得税。事实上，已经有一些评论家提出了这个观点。例如参见：Joseph M. Dodge, 'Comparing a Reformed Estate Tax with an Accessions Tax and an Income-Inclusion System, and Abandoning the Generation-Skipping Tax', 56 *SMU Law Review* (2003) 551。然而，即使将这些数额计入所得额，也不足以实现机会平等，因为那些出身于特权阶层的人将仅仅因为其地位而获得财富，即使这种转移的数额通过所得税减少。以同样的方式对待所得税和继承税（而不是像我们目前的税收制度那样偏爱继承税）并不能解决罗尔斯所看到的问题。

在美国。[47]这种日益加剧的不平等本身并不违反罗尔斯的理论,因为罗尔斯关注的是机会平等,而不是地位平等或平均主义。如果目前的不平等仅仅是由于努力上的差异而引发的,那么罗尔斯的机会平等可能会认为当前的财富分配是公正的。那些赞同机会平等理论的人并不一定认为条件平等是这种机会平等的结果。条件的不平等可以与社会的公正相一致。即使有平等的初始机会,一个社会的不同成员最终也可能处于不同的位置。机会平等并不一定认为天赋分配不均或努力的能力不同是不公平的。[48]然而,如果天赋和努力的不均衡分配导致了人才后嗣的优势,这可能违反罗尔斯的机会平等原则。如果允许财富不受阻碍地从一代转移到另一代,那么很容易看到,一个以机会平等开始的社会如何能够迅速转变为一个对第一代继承人来说机会非常不同的社会。

三、自由意志主义

第三种被广泛接受的政治哲学观点是自由意志主义。自由意志主义通常将无拘束的自由(freedom)和有拘束的自由(liberty)置于其他政治目标之上,并通过政治制度保护或侵犯个人自由的倾向来评价政治制度。20世纪自由意志主义的支持者包括米尔顿·弗里德曼(Milton Friedman)和罗伯特·诺齐克(Robert Nozick),他们都主张有限的税收。一般来说,自由意志主义者对税收的分析只认可税收作为对服务的支付——这是税收利益原则的一种版本。[49]自由意

---

47 有关世界不平等现状的分析,参见:Thomas Piketty, *Capital in the Twenty-First Century*, Arthur Goldhammer (trans.) (Cambridge, MA: Belknap, 2014)。

48 然而,机会平等的支持者可能会认为天赋分配不均是不公平的。

49 Milton Friedman, *Capitalism and Freedom* (Chicago: University of Chicago Press, 1967).

志主义的核心原则是政府不能强制公民采取行动。只有对法律的自由同意才能导致公正的治理。

自由意志主义思想的另一个重要特征是强烈的财产权利观念。自由意志主义者通常认为，财产权是自然拥有的，而不是政府恩典的结果。由于财产权先于社会成员身份，所以除非获得财产所有者同意，政府不能限制或消除财产权。因此，在自由意志主义者看来，大多数税收被视为政府对财产权的不公正侵犯。财富转移税与所有其他形式的税收一样，通常也会受到自由意志主义的批评，即除非得到财产所有者的明确同意，否则这种税收是不道德的。然而，在自由意志主义模式下，遗产税为公平征税提供了一个独特的机会。[50]因为征税的实体（遗产）不是拥有自然权利的人，故而通常的自由意志主义关于不容置疑的财产权和同意要求的观点不适用。

历史上，甚至某些认为财产权不可侵犯的自由意志主义者也接受某些形式的税收。自由意志主义者经常对合法征税所需的同意程度进行争论。诺齐克的著作似乎表明，必须征得所有将被征税的个人的明确同意。更务实的观点认为，留在社会内部或接受政府提供的福利，就足以默示同意税收合法化。[51]尽管在必要的同意程度上可能存在重大分歧，但自由意志主义者普遍认为，纳税人为从政府获

50　See Bird-Pollan, 'Death, Taxes, and Property (Rights)', n. 6.

51　诺齐克在写道"每个人都意识到默示同意是一纸空文"时，明确表达了他对默示同意的观点。参见：Robert Nozick, *Anarchy, State, and Utopia* (New York: Basic Books, 1974), 287. 在早些时候的书中，他声称已经证明了当一些人支付的金额被用来支付对其他人的保护时，一个最低限度的国家不是再分配的。因为那些没有付钱就得到保护的人正在免费获得保护，作为对他们可能放弃的权利的补偿（Ibid., 114）。然而，弗里德证明，诺齐克缺乏一个连贯的财产权和同意理论，导致在某些情况下（例如从最低限度国家向略高于最低限度的国家的转变），不必明确地获得限制公民权利的同意。弗里德声称"诺齐克完全放弃了实际或默示的同意"（Fried, n. 36, 235）。

得的服务支付费用,证明了最低限度的税收是合理的。[52]这种税收,由所谓的税收利益原则解释,其将政府视为服务的提供者,(以税收的形式)收取报酬,提供服务,并将其作为自由交易的一部分。[53]纳税人可以合理地主张,政府应将其提供的服务类型限制在只有政府才能提供的服务上,或限制在由集体提供服务时效率更高或成本更低的服务上。这些服务可能包括维护道路和下水道或提供安全(地方和国家安全)。[54]根据税收利益理论,政府有理由为提供这些服务而征税。在一个规模更大的国家,服务可能包括公共教育、市场监管或提供公共卫生保健。对于一个古典自由意志主义者来说,这些更具"侵入性"的服务可能是难以接受的,但任何此类服务的支付和提供服务的正当性的基本特征,将是被征税者的同意。[55]

将税收看作仅仅是为服务利益而支付的一种模式,似乎最适合所得税,而不是遗产税或其他财富转移税。所提供的服务(例如维

---

[52] 在诺齐克对从无政府状态到最低限度国家状态的解释中,他展示了一种情况,在这种情况下,一个人可能被迫为保护付费,因为她正受益于这种保护的提供。参见: *Anarchy, State, and Utopia*, n. 51, 110–18.

[53] 税收利益原则,只在它补偿政府为其纳税公民提供服务的范围内授权征税,这不是只有自由意志主义者才持有的观点。对税收利益原则,以及其在税收政策辩论中的持续作用的解释,参见: Jon Bakija and Joel Slemrod, *Taxing Ourselves* (Cambridge, MA: MIT Press, 2008), 86。

[54] 米尔顿·弗里德曼甚至承认,政府应该提供某些服务,并可以向其公民征税,以获得这些服务的报酬。Friedman, n. 49, 65.

[55] 有一种被称为左翼自由意志主义的传统,在这种传统中,规模更大的国家,如可能提供上述第二套服务的国家,更有可能得到支持。左翼自由意志主义与右翼自由意志主义的共同之处在于,它坚持认为,在为政府提供道德正当性与限制财产权方面,同意具有重要意义。左翼自由意志主义的例子,例如参见: Michael Otsuka, *Libertarianism Without Inequality* (Oxford:Oxford University Press, 2003); Peter Vallentyne and Hillel Steiner, *The Origins of Left-Libertarianism: An Anthology of Historical Writings* (Basingstoke: Macmillan, 2000).

护道路、国家安全和垃圾收集）将定期提供，以便每年对服务成本以及任何特定纳税人应支付的费用金额进行核算。从行政上讲，它比通过遗产税进行并在纳税人死亡后"结算"的终生计算更容易核算。除了易于计算外，所得税比遗产税更加适合服务支付模式，因为它是在纳税人接受服务的一般时间段内向纳税人收取服务费用，而不是等到纳税人的生命结束后才计算应支付的金额。[56] 但是，这种行政上的便利并不意味着一个社会就不能选择以遗产税的形式管理"服务支付"税。这种税收将计算死者一生享有的福利，并对其进行征税以补偿政府为死者提供过的福利。当然，这可能是一个不太理想的策略，尤其是如果死者生前享受了政府提供的福利，死时却一贫如洗。[57]

大多数自由意志主义论者赞成通过税收来获取政府提供的福利，尽管对于什么是接受或支付这些福利的"同意"存在一些争议。然而，不出意料的是，大多数自由意志主义者，当然也包括诺齐克自己，都会发现财富转移税主要是为了在社会上重新分配财富，这在道德上是不受欢迎的。[58] 由于这可能违反仅在征得纳税人同意（默示或明示）的情况下政府才能征税的原则，因此，自由意志主义者认

---

[56] 在大多数服务费用支付的场景中，支付是在提供服务的一般时间范围内进行的。在整个生命周期提供服务并在生命周期结束后支付似乎留下了很大的错误空间。

[57] 在现行制度下，个人从政府服务中获利，然后必须缴纳年度所得税。如果个人没有足够的资金来支付政府对其征收的所得税，那么政府有多种方法来帮助决定是否减免一定数额的所得税，或者在未来几年再向其征收。关于政府做出这些决定的方式，参见：Shu-Yi Oei, 'Who Wins When Uncle Sam Loses? Social Insurance and the Forgiveness of Tax Debts', 46 *UC Davis Law Review* (2012) 421。然而，如果一个政府把它的税收一直维持到一个人的生命结束，那么很有可能就没有钱来支付这一辈子积累的账单了。

[58] G. A. Cohen, *Self-Ownership, Freedom and Equality* (Cambridge, UK: Cambridge University Press, 1995), 68.

为，政府通过税法进行的再分配是不道德的。[59] 重要的是从根本上讲，没有自由意志主义者反对遗产税本身。也许通过所得税来管理自由意志主义者认可的那种利益原则税收是最容易的，但这不是一种道德要求。基于自由意志主义者的理由，遗产税将是被允许的，只要它仅用于纳税人同意并由政府提供的服务的费用。诺齐克关于绝对产权的观点反对在没有明确同意的情况下进行再分配的税收。税收的形式（无论是作为所得税还是作为遗产税评估）不影响分析。

四、功利主义

功利主义源自约翰·斯图尔特·密尔在19世纪的著作，它以行为所产生的效用为基础来评价行为的道德性。道德上正确的行为是在整体上最大化效用的行为，包括在效用演算中，效用的产生和不效用产生的抵销。功利主义已普遍发展为当代的福利经济学理论。在这个模型中，效用计算是通过根据相关社会的社会偏好来确定特定结果的效用来完成的。在功利主义中，行为不是先验的道德或不道德的。相反，一个行为的对错只能通过审查其后果来确定。从这个意义上说，功利主义是与环境密切相关的，在不同的社会情境中，功利主义分析可能会导致不同的道德结果。从功利主义理论角度评价税收政策时，必须确定每种政策可能产生的结果。在这里，实证经济研究扮演着重要的角色，对各种税收政策行为可能产生的经济后果进

59　当然，只要再分配得到相关纳税人的明确同意，再分配就可以与自由意志主义模式相一致。在这里，人们可以想象沃伦·巴菲特、比尔·盖茨等人坚持认为他们应该被课以更重的税，以便政府拥有更多可用资金来支持社会福利计划。"Patriotic Millionaires" Lobby Congress for Higher Taxes on Rich, *PBS Newshour* (16 November 2011), http://www.pbs.org/ newshour/ bb/ politics-july- dec11- millionaires_ 11- 16/ (last accessed 27 October 2016).

行预测。然而,密尔所阐述的古典功利主义包含了客观的效用价值。

密尔的功利主义理论不能简单地归结为一种只考虑自身利益的道德规范,因为该理论要求一个人不能把自己的幸福凌驾于他人之上。[60] 在决定一个特定的行为会带来多少幸福时,所有潜在的受影响的个体都必须被平等地计算。[61] 即使是有可能给个人带来痛苦的行为,只要客观地应用功利计算,确定结果创造的快乐多于痛苦,也可能仍然被认为是道德的。由于这种普遍的计算方法,只要政府通过税收提供资金的行为所带来的"快乐"超过了税收行为所带来的"痛苦",那么在功利主义下,征税在道德上就是被允许的。[62]

密尔认为,一般意义上的"快乐"可以分为"更高层次的快乐"和"更低层次的快乐",他认为更高层次的快乐比更低层次的快乐更具有伦理价值,这激发了功利主义比单纯的自我利益更多的主张。在密尔的功利主义中,"正义"是一种更高层次的快乐,它必须包含在功利主义的更高层次价值中。密尔认为,正义只有在效用计算中才有意义。社会重视"正义",甚至在某些情况下赋予它凌驾于所有其他价值观的地位,这一事实只能说明,在效用计算中我们所说的正

---

60 "(公正)包含在效用或者说是最大幸福原则的含义中。这一原则仅仅是一种没有合理含义的语言形式,除非一个人的幸福假定在程度上是平等的(有适当的善意补贴),被认为与另一个人的幸福同等重要。" John Stuart Mill, *Utilitarianism*, Roger Crisp (ed.) (Oxford: Oxford University Press, 1998), 105.

61 "构成行为正确的功利标准的幸福,不是行为人自己的幸福,而是所有相关的人的幸福。在他自己的幸福和他人的幸福之间,功利主义要求他像一个公正无私的旁观者一样严格公正。" Mill, n. 60, 64.

62 密尔对税收的论述接近功利主义的目标,主要是通过批判对税收公正性的非结果主义分析。密尔认为,解决争论的唯一方法是运用功利主义原则。密尔指出,有些正义理论要求所有人平等纳税,而另一些则要求分级纳税,他说:"从这些混乱中,除了功利主义,没有其他的解决方式了。" Mill, n. 60, 102.

义必须具有巨大的价值。用功利主义的标准衡量，一个正义的世界将趋向于平等，因为那些有手段的人将通过与那些拥有较少的人分享他们所拥有的东西来体验幸福。[63]

密尔最终认为，更高层次的快乐和更低层次的快乐之间存在着有意义的差异，更高层次的快乐是那些趋向于平等和正义的快乐。由于动机是无关紧要的，从伦理的角度来看，法律能够而且应该通过强制产生幸福的行为来创造伦理行为。财富转移税，通过在社会中创造更多的正义和平等，会被密尔的效用计算评判为有价值的。

第四节 结论

良好的税收政策不仅依赖于实证研究和经济理论。尽管这些研究很重要，有助于我们确定如何最好地实现我们为自己设定的目标，但经济学和实证主义无法告诉我们这些目标应该是什么。已得到普遍认可的哲学理论为开展这项税收政策工作提供了理想的起点。当哲学应用于税收政策决策时，其结果可能是一套更加一致、连贯和合理的规则。尽管在政治上越来越不受欢迎，但我在这一章中表明，财富转移税得到了四种截然不同的主流政治哲学理论的支持。虽然我们仍然有一些重要的税收政策问题，涉及财富转移税的特定形式的设计，以适用于任何特定的场景，但这种一致的支持应该最终解决"我们是否应该对财富转移征税"的问题。答案绝对是肯定的。

---

63 "在一个结构合理的世界中，个人的幸福将体现在做道德上正确的事情上。" Mill, n. 60, Editor's Introduction, 5.

第十章　天赋、类型和标签
——与禀赋税之争有何关联？

亨克·沃丁

第一节　引言

伊丽莎白出生在一个富裕的家庭，上过昂贵的学校，毕业于法律专业，现在兼职为百万富翁做顾问，这些百万富翁大多数都是从她自己家庭的社交网络中招募的。她平均每周工作20小时，年收入10万欧元。

艾哈迈德出生在伊拉克的一个农民家庭。他作为难民来到欧洲。他开始当计程车司机，过着节俭的生活，开了自己的小市场。他平均每周工作80小时，年收入10万欧元。

根据个人所得税，伊丽莎白和艾哈迈德是平等纳税的。这是有道理的，因为他们的收入相等。但这也提出了一些令人不安的问题。难道我们不应该说艾哈迈德比伊丽莎白付出了更多的努力来获得他现在的地位吗？当我们为了所得税目的而比较他们的经济状况时，这是否重要呢？此外，我们难道不应该说，即使不考虑起始位置，艾哈迈德也必须比伊丽莎白努力得多吗？如果艾哈迈德每周工作20个小时，他只能挣2万欧元。按照累进所得税的计算，在同样的工作时间，他所支付的所得税可能不超过伊丽莎白支付的10%。反之，如果伊丽莎白每周工作80小时，她将挣40万欧元。

这些类型的问题解释了为什么许多税收领域的学者倾向于认为禀赋税在道德上比所得税更可取。然而，也有人反对，基于人们能挣多少而不是他们选择挣多少的禀赋税，是对个人自主权的无端干涉。还有一种担忧是，无论是在可测量性还是在规范基础上，禀赋的概念都是有问题的。在过去的二三十年里，有关禀赋税的文献即使没有对相关观点的重要性形成一定的共识，也已经对相关观点形成了一种共识。由于对个人禀赋征税的想法通常被认为是不切实际的纯学术观点，因此有关这一主题的文献仍然是可控的。这场辩论的中心主题是：对"禀赋"征税会比对"收入"征税更有剩余价值吗？如果个人的收入会低估或高估他们对社会的贡献能力，或者，从经济角度来看，对禀赋征税比所得税更有效（造成更少的扭曲），情况就会是这样。

本章旨在讨论辩论中的一些"开放"问题。第一，可能是因为禀赋税被普遍认为是不可行的，所以人们倾向于讨论一种完全不可能的禀赋税形式。也许有一天，我们将能够根据具有类似背景特征的个人的平均值，对个人的预期收入作出可靠的预测。但我们无法预测统计上的异常值（outliers）——那些年收入超过25万美元、表现比同龄人好得多的人。

第二，普遍存在的反对禀赋税的"人才奴役"（slavery of the talented）的观点并不值得它所得到的重视。这不仅仅是因为我们无法预测非凡的禀赋（或者至少是收入方面的成果）。对罗尔斯和德沃金的简短讨论表明，他们两人都过分尊重只有才华横溢的人才享有的自由。罗尔斯忽视了再分配制度（包括以最大最小值规则为基础的再分配制度）倾向于严重干扰那些天赋有限的人选择自己生活计划的自由。而德沃金的"人才奴役"的观点只适用于有限的案例。

反对禀赋税的决定性论据不是"人才奴役"，而是在禀赋和个人选择之间做出可行区分的困难。在概念层面上，人的禀赋与选择之间的互动是不容忽视的。在经验层面上，没有一个好的"预测者"可以预测个人未来的经济表现，也没有一种非随机的（nonarbitrary）方式将不可预测的个人经济表现归因于选择或运气。

虽然禀赋税是不可能实现的——但是由于其他原因，而不是通常提出的——它肯定会把我们的注意力集中在一个简单的问题上：在讨论税负分配的时候，除了一个人的收入之外，是否还有一些可以衡量的优势（或劣势）的迹象？这里的论据更为务实——例如，我们确实知道，劳动力市场大体上歧视非"白人男性"的人。而且，很明显，"出生在特权家庭"会在以后的生活中带来教育、技能等方面的优势。这两个条件都被所得税忽略了。此外，所得税歧视那些不太喜欢休闲的人，以及那些非常喜欢金钱密集型休闲的人。重点并不在于，从定义上讲，这些都是所得税的不足之处，亟待解决。如果需要解决方案，那么新的税收规则是否是最好的办法还不清楚。重点在于，讨论禀赋税有助于我们更清楚地认识到所得税没有涵盖的平等的各个方面。

第二节 关于"模范"禀赋税的错误观点

一、禀赋的概念

在禀赋税文献中,[1] 有很多关于禀赋的定义,通常在相同的文献范围内会有更多的定义:"幸福感"、"赚取收入的能力"、"智商、父母财富、收入和教育等特征"、"财富和人才资源的初始集合",以及"用于衡量特定社会背景下某个人相对幸福程度的社会结构";[2] "一个人先天的终生收入能力","支配和享受经济资源的先天能力","创造收入或福利的先天能力"。[3] 或者,用一个故意开放的定义:"智力可能是能力的一部分,以及合理的判断、自律和所谓'情商'的其他方

---

1 Daniel Shaviro, 'Endowment and Inequality', in Joseph J. Thorndike and Dennis J. Ventry, Jr. (eds), *Tax Justice: The Ongoing Debate* (Washington DC: Urban Institute Press, 2002) 123–48; Kirk Stark, 'Enslaving the Beachcomber: Some Thoughts on the Liberty Objection to Endowment Taxation', 18(1) *Canadian Journal of Law and Jurisprudence* (2005) 47–68; David Hasen, 'Liberalism and Ability Taxation', 85(5) *Texas Law Review* (2007) 1057–113; Kristi A. Olson, 'The Endowment Tax Puzzle', 38(3) *Philosophy & Public Affairs* (2010) 240–71; Linda Sugin, 'A Philosophical Objection to the Optimal Tax Model', 64 *Tax Law Review* (2011) 229–81。近期的文献述评参见: Ilan Benshalom and Kendra Stead, 'Values and (Market) Valuations: A Critique of the Endowment Tax Consensus', 104(4) *Northwestern University Law Review* (2010) 1511–58; Lawrence Zelenak, 'Taxing Endowment', 55 *Duke Law Journal* (2006) 1145–81。其他相关文献参见: Liam Murphy and Thomas Nagel, *The Myth of Ownership* (Oxford: Oxford University Press, 2002); Kyle D. Logue and Joel Slemrod, 'Genes as Tags: The Tax Implications of Widely Available Genetic Information', 61 *National Tax Journal* (2008) 843–63。

2 Benshalom and Stead, n. 1, 1515, 1517, 1524, footnote 15.

3 Logue and Slemrod, n. 1, 2–4.

面。然而，同样的道理也适用于漂亮的外表、父母的影响力、如果顾客是种族主义者拥有白皙的皮肤、作为艺术家或表演者有着广泛的坏品味，以及在得到回报时愿意堕落到欺诈或暴力。"[4]

可以说，在一个传统的、非动态的社会中，个人的禀赋可以通过他们的出身和社会阶层来合理地衡量。一些前现代税，如法国的人头税（*Capitation*）和普鲁士的等级税（*Klassensteuer*），[5]确实将税收后果与社会阶层差异联系起来。家庭背景似乎仍然是个人未来生活地位的重要决定因素。但是一个现代社会——在普通人的一生中，科技和经济都发生了巨大的变化——产生了更高层次的社会流动性。

即使考虑到从"背景"到"前景"的转变，问题仍然是我们在寻找什么，我们试图接近的真正税基是什么。如果个人努力追求最大的经济效益，他们能挣多少钱？或者说，是他们抓住机遇和应对生活弊端的能力，他们实现幸福生活的能力？也许对于所有这些定义上的尝试，我们能做得最好的解释是，禀赋税的真正基础应该是：

（1）个人对美好生活的展望，重点在经济方面；
（2）以个人的性别和种族、家庭背景、智商及其他认知和非认知技能、人格特质等相关标准衡量；
（3）在生命中的一个固定时刻，大概是在成年早期。

---

4 Shaviro, 'Endowment and Inequality', n. 1, 131.
5 后一种税参见：Stephen Utz, 'Ability to Pay', 23(3) *Whittier Law Review* (2001) 867–950, 898–9。

二、禀赋的衡量

人们普遍认为，没有简单的"禀赋测试"可用。但是，让我们暂时假设一下，我们确实能够合理可靠地预测一个人在20岁时的未来收入。这样的测试可能会使用关于个人可衡量特征和社会背景的异质信息。我们可以期望这项测试使我们可以估计某一群体的平均收入，例如，智商为125以上的白人中产阶级男性群体，在贫困单亲家庭中长大的黑人女性群体，等等。如果我们发现这些群体的结果大相径庭，我们也不会感到惊讶，因为前者在生活中平均比后者拥有更好的经济机会。白人男性很可能期望平均收入达到20万美元；而黑人女性期望的平均收入可能不超过2万美元。但这也正是测试的作用所在。它无法预测未来的比尔·盖茨或奥普拉·温弗瑞会是谁。

因此，令人惊讶的是，许多文献都是基于这样一个假设，即禀赋税能够达到比预期平均水平征税高得多的效果。这场辩论中的经典问题是"海滩流浪汉"（beachcomber）。[6]想象一下，一个律师一年能挣500万美元，而他更喜欢在海滩上悠闲地生活。征收禀赋税实际上会使他无法过上自己喜欢的生活；这将导致"人才的奴役"。但问题是：一项禀赋测试永远无法估算出一个20岁年轻人的潜在年收入为500万美元，甚至可能还达不到50万美元。

图10.1提供了所有美国律师的年度收入（2013年）的展示。我们发现一个钟形分布，右边有一个长尾，平均值大约为13万美元。[7]

---

6 Stark, n. 1, 50; Zelenak, 'Taxing Endowment', n. 1, 1156. 对"海滩流浪汉"理论最激烈的批评，参见：Sugin, 'Philosophical Objection', n. 1, 243-4。

7 对于所有律师，2013年美国劳工统计局报告的平均工资为131990美元，第25个百分位为75540美元，第75个百分位为169880美元。Bureau of Labor Statistics, Occupational Employment Statistics, www.bls.gov/oes/current/oes231011.htm.

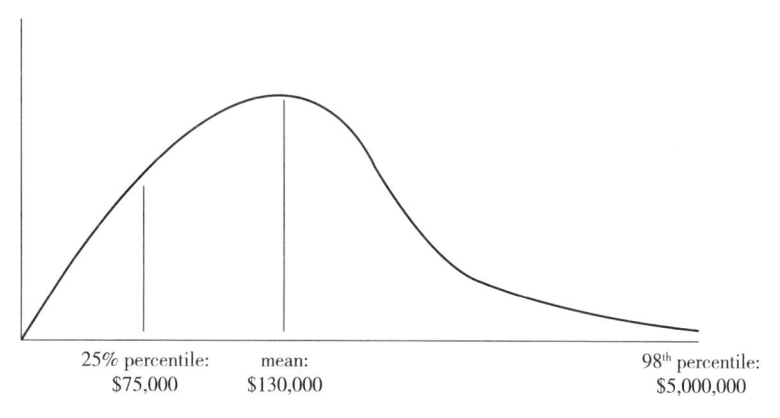

```
         25% percentile:        mean:                    98th percentile:
            $75,000          $130,000                     $5,000,000
```

图10.1 美国律师的收入分布（2013年）

一项哪怕是遥不可及的禀赋税，也会将该群体的平均预期年收入作为参照点；以2013年的收入为参考，这大约是13万美元。为了保持合理的一面，税收很可能以工资水平的第25个百分位作为评估的基础。然后，这项税收将把7.5万美元的潜在收入计算到每个具有法律学历的人身上。如果五十分之一或一百分之一的人能拿到500万美元的工资，那么指望整个群体都能拿到500万美元的工资是没有意义的。当然，为了追踪潜在的高收入人群，可以使用额外的信息（比如法学院的状况，[8] 或者关于学生技能和背景的附加信息[9]）。

8　参见：*NYU Law*, Employment Data for Recent Graduates, www.law.nyu.edu/careerservices/ employmentstatistics。毕业9个月后，纽约大学2013届法学院毕业生的平均收入为120983美元。第25个百分位是微薄的64390美元。第75个百分位数等于中位数（16万美元），这意味着大型律师事务所向初级律师提供的工资是一样的。不管怎么说，与美国律师的平均工资相比，这些工资是很高的。

9　Peter Kuhn and Catherine Weinberger, 'Leadership Skills and Wages', 23(3) *Journal of Labor Economics* (2005) 395-436. 该研究表明，在高中担任过领导职务可以增加终生收入，尤其是在管理职务方面。

第十章　天赋、类型和标签

然而,这可能意味着,除了禀赋之外,我们还要对个人选择征税,这可能会给衡量过程带来相当大的扭曲。即便如此,也很难找到一个可靠的统计基础,将年预期收益超过25万美元的数据估算给那些更成功的律师群体。[10]

我们应该讨论的禀赋税类型将基于对个人的分类,包括社会背景、性别、种族、可能的早期教育表现和其他技能指标等。它无法预先追踪那些表现将大大超过其群体统计平均值的个人。

"海滩流浪汉"的例子在几个方面影响了关于禀赋税的辩论。第一,通过参考极端统计异常值来处理税收设计问题是完全错误的。[11]当我们假设海滩流浪汉问题时,其潜在的测试是:"如果我们能够解释一个情况,无论这种情况有多么不可能发生,只要结果是不正义的,那么我们就可以将一个税收制度定性为不正义的。"我认为,许多(如果不是所有的话)税收制度都可能在这个测试中"失事"(shipwreck)。

第二,尽管一个更现实(或者至少不那么不现实)的关于禀赋测试结果的想法不能完全消除"人才奴役"的担忧,但它肯定能减少这些担忧。

第三,海滩流浪汉的例子(可能是无意的)的含义是,对禀赋税的一个明显反对意见通常被忽视了。对富人来说,这可能是一次巨

10　根据纽约大学法律校友会的数据,第75个百分位的平均收入(因此排除75%的低收入律师)不可能超过20万美元。Murphy and Nagel, n. 1, 123. Stark, 'Enslaving the Beachcomber', n. 1, 49. 后文则回应50万美元的数字可能仍然属于难以预测的异常值范围。

11　Sugin, n. 1, 244. 苏金认为,"那些真正脱离文明社会的'海滩流浪汉'实在是太稀缺了,根本不值得关心。即使它们更普遍,既然他们不是社会秩序的一部分,又为什么与社会秩序问题有关呢?"

大的减税。可以肯定的是，禀赋税的支持者通常会认同，高于平均水平的个人努力的结果无需缴税。但他们可能没有意识到，比如所有超过25万美元的收入都是不可预测的，因此仍然是免税的。然而，一些对禀赋税持批评态度的人注意到，单纯靠运气获得的高收入确实可以逃避税收。于是问题（将在第四节中讨论）就变成了我们能否区分努力和选择的结果，以及纯粹的运气。[12] 或许，这位收入500万美元的首席执行官（CEO）会把努力看作是他获得报酬的原因。但其他人可能认为，这在很大程度上是运气，可能没有实证的方式来决定这个问题。如果我们想对CEO的收入能力征税，最好的工具是所得税，而不是禀赋税。

第三节 关于"人才奴役"反对的不对称性

一、罗尔斯的观点

从自由主义的角度来看，禀赋税的想法看起来很有吸引力。它将个人在经济生活中的起始地位与他们的选择和努力分开——他们对前者的成果没有道义上的要求，但对后者则更是如此。对有利的地位要交税，对努力要免税。但是，如何看待那些因为更喜欢悠闲的生活，或者觉得在一个低收入的职业中更有社会价值而不去利用高收入能力的人呢？这种对高才能的人的担忧被称为对禀赋税的"人才奴役"反对。值得注意的是，正如科恩所做的那样，在这种情

12　Olson, n. 1. 奥尔森强调了运气的作用；另参见：Sugin, n. 1, 254。

况下,"人才"(talent)一词的意思是:高收入能力,无论其原因是什么。[13]

罗尔斯、德沃金和其他许多人都提出了反对意见。我认为罗尔斯和德沃金都过于重视"人才奴役"的问题,部分原因是他们似乎都在考虑一项可以追踪统计上的异常值(500万美元的CEO)的禀赋税,但也因为他们倾向于优先考虑人才选择自己努力程度的权利。

罗尔斯认为,禀赋税可能会剥夺有才能的人选择自己喜欢的生活计划的自由。[14] 这一观点不能因为许多律师在缴纳禀赋税时比缴纳所得税时缴纳更少的税而被否认。[15] 问题在于,"选择退出"经济生活的律师在所得税下可以调节(没有收入,他们就不纳税);而在禀赋税下,对他们的征税就像他们仍然是律师一样。因此,禀赋税迫使热爱休闲的人工作得比他们想要的还要多,而且可能还会从事他们不想从事的职业。

由于同样的原因,对收入的高额累进征税和在劳动力市场上发挥才能的义务之间是否存在质的差异的有趣辩论,在这方面也无关紧要。对诺齐克来说,这些都是在强烈的自主意识中对自由的类似限制。[16] 包括罗尔斯在内的许多自由主义者认为,为个人收入缴纳

13　Gerald A. Cohen, 'Where the Action Is: On the Site of Distributive Justice', 26(1) *Philosophy & Public Affairs* (1997) 3–30, 6–7.

14　John Rawls, *Justice as Fairness: A Restatement*, Erin Kelly (ed.) (Cambridge, MA: Harvard University Press, 2001), 158.

15　Olson, n. 1. 奥尔森提出了一个有道理的观点,即(我的措辞)辛勤工作的人在缴纳禀赋税时比缴纳所得税时支付的要少。这是因为禀赋税将税收负担转移到了那些工作时间低于平均水平的人身上。

16　"对劳动收入征税等同于强迫劳动",参见: Robert Nozick, *Anarchy, State, and Utopia* (New York: Basic Books, 1974), 169。

高额税收并不会像工作义务（全职和/或高薪工作）那样减少个人自由。事实上，缴纳所得税并不等同于强制劳动。人们可以通过减少工作或根本不工作来减少或避免税收。罗尔斯的观点不是在缴纳40%的所得税和40%的时间里从事强制劳动之间进行比较；而是在因为没有收入而完全不纳税和因为有收入而缴纳2万美元的税收之间进行比较。因此，我们不能草率地否定罗尔斯的观点。[17]

对罗尔斯观点的主要反对意见是，人才自由的丧失不是原则问题，而是程度问题。[18]如果税率为20%，所有律师每年将支付2万美元。因此，他们无法选择不工作。但他们可以通过兼职或每五年工作一年来挣2万美元。[19]其结果是，对金钱密集型休闲（money-intensive leisure）有强烈偏好的人在禀赋税方面处于不利地位。这与所得税恰恰相反，所得税歧视那些有着金钱密集型休闲偏好的人。[20]那么问题就不在于，我们是否被允许扭曲有才能的人的个人偏好，而在于某些偏好是否值得特别保护。[21]

值得强调的是，考虑到所有的税收（除了禁止性的税收）都会对收入产生影响，因此会促使个人比他们愿意的更多地工作，或者寻

---

[17] 除了有人说人们被"强迫"从事特定工作的论据过于夸张之外，参见：Barbara Fried, 'Left-Libertarianism: A Review Essay', 32(1) *Philosophy & Public Affairs* (2004) 66–92, 80。

[18] Murphy and Nagel, n. 1, 123.

[19] 对于劳动力市场的"混乱"（lumpiness）问题（即雇员不能自由选择自己的工作时间），参见：Shaviro, n. 1, 138, and Zelenak, n. 1, 1150。

[20] 想想斯塔克的例子（'Enslaving the Beachcomber', 64），一个人的爱好是（昂贵的）攀登喜马拉雅山，他不得不在四年时间里努力工作以攒下休息一年所需的钱。另见奥尔森（n.1），假设所得税对个人选择的干预比禀赋税更强烈。

[21] Fried, n. 17, 82.

找收入更高的工作。²² 税收的替代效应各不相同：这种效应通过改变相对价格，导致无谓损失。替代效应取决于税收的类型。对所得收入征税会降低休闲的相对价格（机会成本）；对昂贵汽车征税会提高这些汽车的相对价格。税收的收入效应并不取决于税收的类型。个人所得税负担为1万美元，汽车税为1万美元，将面临2万美元的收入效应。当他的所得税负担增加一倍，汽车税取消后，他的收入效应仍然是2万美元。当比较2万美元所得税和2万美元禀赋税的经济影响时，唯一重要的是替代效应，因为两者的收入效应是相等的。²³

然而，这种税收没有替代效应，是因为它不考虑个人作出的任何经济选择，也不考虑他们取得或未能取得的任何经济成果。禀赋税实际上是不可避免的。这确实使得禀赋税和大多数其他税收之间有了质的区别。结果可以在个人没有达到他们的禀赋（例如，因为运气不好，或者因为他们喜欢休闲），或者在他们超过禀赋（例如，因为运气好，或者因为他们工作非常努力）的情况下看到。征收禀赋税不起作用。所有的所得税和消费税迟早都会有所反应。唯一能与禀赋税进行明确类比的是财产税。就这一次接受"海滩流浪汉"分析框架：如果首席执行官想以"海滩流浪汉"的身份住进某个海滨度假胜地，他将"被迫"从事某种形式的有偿劳动，以支付他的财产税。

22　Fried, n. 17, 81-2.
23　因此，我认为苏金在论文（"Philosophical Objection", n. 1, 231-7）中关于收入效应的扭曲影响的推理是错误的。她所指出的扭曲可能在极端情况下存在，但（如她所承认的）这是由于税收必须用金钱支付，而不是用工作时间或商品。这是现代税收制度的一种偶然性，但不是一个原则问题。参见：Shaviro, n. 1,134。

回到罗尔斯的观点：事实上，选择退出经济生活的律师将不缴纳所得税（在同等条件下，他的同胞将面临更高的税率），而在禀赋税下他确实仍需要缴纳。但是，无论什么时候他想在市场上买东西，他都必须工作，对他想要的消费品征收的税就更是如此。同样，问题是程度而不是原则。适度的税收有适度的收入效应；重税会促使人们强烈地调节他们所喜欢的生活方式。但禀赋税在性质上有所不同，它对那些运气不好／运气好的人和那些对休闲有高／低偏好的人来说是一种永久的诅咒／祝福。问题是：这到底有什么问题？

禀赋税对好运和厄运的不敏感在某种程度上（也许相当大）可以通过保险加以弥补（后面将讨论）。剩下的规范性问题是：我们是否可以期待高才能的个人（或多或少）在他们的劳动努力方面实现他们的禀赋？

考虑肯定答案的一个原因是对称性：我们确实对低才能的人施加了工作义务和其他义务。有趣的是罗尔斯几乎忽略了这个问题。他的最大最小原则认为，社会应该最大化其最弱势成员的地位。他对这些处境最不利的人是谁仍然含糊其辞。但是，在他的《正义论》之后的讨论中，他承认马里布冲浪者不符合资格；他没有收入就没有资格获得公共基金。[24] 我们可以假设这个冲浪者也擅长海滩流浪。

但是，如何区分弱势个体和马里布冲浪者呢？为了排除对休闲有高度偏好的人，社会保障福利的领取者通常被要求能够找到工

24　John Rawls, 'The Priority of Right and Ideas of the Good', 17(4) *Philosophy & Public Affairs* (1988) 251–76, 257, footnote 7.

作。他们拒绝工作机会的权利是有限的，无论是工作类型还是工作时间。此外，对于许多社会保障福利来说，一个人是单身还是家庭成员都很重要。财产的可用性也很重要。最后，社会保障系统通常使用反滥用规则，这是高度侵扰性的，并且肯定会干扰人们的生活计划。[25]

对罗尔斯来说，最大最小原则不是提供社会保障的问题；事实上，他反对福利国家，[26]因为它对下层阶级的破坏性影响（demoralizing impact）。他强调，最弱势的是那些生活前景（或禀赋[27]）最贫穷的人。最大化他们的地位意味着：改善他们的市场力量以及他们实现自己人生计划的前景。但这并不能减少问题：我们仍然需要侵扰性规则（intrusive rules）以排除马里布的冲浪者。此外，它也无法排除将中产阶级的美好生活观念强加给最弱势的人的现象。

大多数自由主义者不会介意对社会福利领取者的侵扰性规则：毕竟，他们是在花纳税人的钱。对于罗尔斯来说，这样的立场是不可能的。[28]他辩护道，人们在道义上无权享受不平等的禀赋分配带来的好处。合乎逻辑的推论是，他们也不能因此受到责备。他对马里布

25　Jonathan Wolff, 'Fairness, Respect, and the Egalitarian Ethos', 27(2) *Philosophy & Public Affairs* (1998) 97–122. 该文在第113—115页充分讨论了对他人情况"可耻的揭露"（shameful revelation）的需要。

26　Rawls, n. 14, 137–40.

27　有人认为，通过关注具有最低寿命预期优势的个人，最大最小化原则比罗尔斯所意识到的更接近禀赋税的理念。Philippe van Parijs, 'Basic Income and Social Justice— Why Philosophers Disagree', Joseph Rowntree Foundation lecture, 13 March 2009, www.uclouvain.be/ cps/ ucl/ doc/ etes/ documents/ 2009.Rowntree.pdf.

28　Simon Birnbaum, 'Radical Liberalism, Rawls and the Welfare State: Justifying the Politics of Basic Income', 13(4) *Critical Review of International Social and Political Philosophy* (2010) 495–516.

冲浪者问题的解决方案是由马斯格雷夫提出的：在再分配过程中考虑到休闲。[29] 这样，马里布冲浪者得到的支持就会减少，因为他享受着太多的休闲时光。这看起来确实是个糟糕的解决办法。要么所有的非自愿失业者都将和冲浪者拥有一样的命运，要么我们仍然需要侵扰性规则。

总而言之，罗尔斯基本上忽视了他的最大最小法则将要求对低才干的人适用侵扰性规则——这一结果被称为"不自由的"，[30] 反映了我们更熟悉的"人才奴役"的条件。[31] 事实上，这种侵扰似乎与罗尔斯的观点相冲突，罗尔斯认为，尊重是一种基本价值（goods），"被理解为基本制度的那些方面，如果公民要对自己作为人的价值有一种生动的感觉，并且能够自信地推进自己的目标，那么这些基本制度通常是必不可少的"。[32]

对罗尔斯立场的一种可能的解释是，"实现"（realization）具有规范意义。有人认为，除非在有限的情况下，禀赋税不能由罗尔斯式的社会契约产生，因为个人只会同意一个能让他们过得更好的契约。当我们接受这样一种观点，即如果没有社会契约，人们将无法开发和使用他们的天赋，那么他们通过同意契约而获得的收益就可以精确地用实现来衡量——也就是用他们实际的收入、消费和财富来衡量。[33] "在

---

29 用罗尔斯的话说：在初级商品的索引中包括休闲。Richard A. Musgrave, 'Maximin, Uncertainty, and the Leisure Trade-Off', 88(4) *The Quarterly Journal of Economics* (1974) 625–32; John Rawls, 'Reply to Alexander and Musgrave', 88(4) *The Quarterly Journal of Economics* (1974) 633–55, 654.

30 Birnbaum, n. 28, 509.

31 Zelenak, n. 1, 1169. 参考了哈森未发表的一篇文章。

32 Rawls, n. 14, 59.

33 Hasen, n. 1, esp. 1087, 1099, 1106.

市场上展示你的天赋"应该会引发个人的纳税义务。[34] 在私人领域，人们按照自己选择的方式安排他们的关系。只有当他们进入公共领域时，他们才会受到税收规则的约束。[35]

对于这种类型的辩护，有两种反对意见。一是它涉及契约后的判断。在罗尔斯的契约设定中，一旦无知之幕被揭开，就没有空间让个人评估自己的立场与"选择退出"（opt out）契约了。事后个人净收益不能作为衡量社会契约成功与否的标准。如果我们接受人们期望从社会合作中获得净收益（或者选择退出）的观点，那么问题仍然是如何衡量这些净收益。是他们实际挣得的钱，还是更确切地说，是社会合作让他们挣得的钱？例如，与其他公民相比，他们对休闲（或无偿工作）的偏好不是那么强烈？[36] 第二个反对给予"实现"规范地位的原因是，它假定了一个特定的环境，在这种环境中，同意罗尔斯再分配的谈判者不关心未来有才能的人的逃避行为。可以说，社会

---

34 凯尔曼将家庭生产作为收入进行征税的阻力解释为"人类商品化的基本阻力"，参见：Mark G. Kelman, 'Personal Deductions Revisited: Why They Fit Poorly in an "Ideal" Income Tax and Why They Fit Worse in a Far from Ideal World', 31 *Stanford Law Review* (1979) 831–83；参见该文第841—844页的讨论，以及沙维尔的评论（n. 1,133-4）。

35 正如苏金（n.1）指出，公共/私人的区别与劳动/休闲的区别是不一样的；许多有用的工作正在私人领域进行。

36 可以补充的是，传统所得税理论对非市场生产的处理是相当务实的。纯粹休闲（"无所事事"）的相关性很明显：它不会以任何方式增加应税收入。无报酬工作的状况更为模糊。无报酬的努力可以是互惠的（以物易物），也可以是非互惠的（赠与）。这两种情况下都与市场有明显的相似之处，可以引发所得税。在综合所得的概念下，无报酬劳动原则上不被排除；如果它仍在应税所得的定义之外，唯一的原因就是务实。参见：Hasen, n. 1, 1071-2; Shaviro, n. 1, 135。在欧洲传统中，例如德国的泉源说（*Quellentheorie*）要求有一个"收入来源"（Utz, n.5, 903-10）——对无报酬工作征税有更多的规范性反对意见。

契约必须包含一些规定，要求有才能的人为社会做出贡献。[37]

结论不必是，自由主义对禀赋税的反对是无效的；也不必认为，高才能的人有义务实现他们的禀赋。但我们确实应该得出这样的结论：罗尔斯式自由主义的反对是非常片面的，它只关注高才能的人。而且，如果我们承认对低禀赋者的照顾需要对他们的生活计划进行干预，那么就不清楚为什么不应该要求高禀赋的人为最大最小原则的运作做出一些合理的贡献。[38]

二、德沃金的观点

现在转向德沃金：他也反对禀赋税导致的"人才奴役"。在德沃金的资源平等概念中，[39] 平等的基准是每个人拥有同等数量的可用资源。德沃金介绍了一个例子，一群人移民到一个无人居住的岛屿。他们组织了一次拍卖会，以公平分配该岛上的可用资源。决定性的标准是嫉妒测试（envy test）：当没有人愿意将自己的资源与他人的资源进行交易时，每个人都拥有平等的资源。他们如何利用这些资源取决于他们自己的偏好。人们可以假设，禀赋税与之非常契合。

但德沃金认为，资源的平等应该是"致力于一生"的。[40] 这意味着，当这些资源在市场上被估价时，可能需要不断重新考虑最初公平分配资源的问题。另一个独立的问题是个人的初始禀赋与他们的

37　或者，正如科恩（Cohen, n. 13, 8-10）所主张的那样，社会契约赋予了有才能的人参与再分配的义务。

38　斯塔克（'Enslaving the Beachcomber', 63-5）提出了一个类似的观点，即所得税意味着非市场活动相对于市场活动享有特殊地位。

39　Ronald Dworkin, 'What is Equality? Part 2: Equality of Resources', 10(4) *Philosophy & Public Affairs* (1981) 283-345.

40　Dworkin, n. 39, 310.

第十章 天赋、类型和标签

选择和抱负之间的相互作用。从一生的角度来看，问题在于，一个人的资源除了在世界上被使用之外，没有什么具体的价值。这个世界包括资源的总体分配（这决定了一个人的天赋到底有多特别），以及其他人的偏好和选择（这决定了对一个人天赋的需求）。因此，拥有相同初始资源和相同抱负的个人将面临不同的经济机会，最终获得不同水平的资源。德沃金拒绝了这个结果，并考虑了两种解决方案。一种是在初始拍卖中包括禀赋（即在给定的市场条件下将自己的资源用于经济用途的能力），另一种是针对有低价值禀赋风险的保险。

拍卖方法需要将"移民的劳动，作为被拍卖的资源包括进来"。[41]德沃金立刻拒绝了这种选择，因为这导致了"人才的奴役"。[42]其原因是，潜在收入较高的个人将不得不支付更多的钱，才能成为自己劳动力的所有者；如果他更愿意把时间花在写诗上，他"就会把他最初的大部分禀赋花在给他带来很少经济利益的权利上"。[43]

这听起来像是一个福利主义者的反对，但德沃金认为这个结果不会通过嫉妒测试。例如，阿德里安和克劳德从平等的外部资源（如土地）开始，所以他们不会嫉妒对方的资源。但是作为一个更好的农民，阿德里安比克劳德有更高的收入能力，阿德里安有更多的机会获得更多的资源，或者花时间写诗。如果我们想让阿德里安为他更高的收入能力付出代价，我们实际上会在最初的拍卖中给他一块较小的土地。但德沃金认为，如果他想写诗，他会嫉妒克劳德的地位，这会让克劳德有更多的时间写诗。

41　Dworkin, n. 39, 311.
42　Ibid., 312.
43　Ibid.

目前还不清楚为什么会这样；至少，似乎需要额外的假设。为了达到最低的生存水平，阿德里安不得不比克劳德工作更多的时间，这可能是真的，因为他的土地更小了。有人认为，这本身并不能得出阿德里安在任何情况下都会嫉妒克劳德的结论。阿德里安可能仍然觉得克劳德在自己的土地上所能做的工作太无聊了；或者他可能明白，如果他是克劳德，他永远不会想写诗。[44]但是当我们放弃阿德里安和克劳德都只是为了达到最低生活水平的特定限制时，阿德里安的机会比克劳德的好得多。阿德里安所做的任何额外的努力都比克劳德同样的努力产生更多的收入。如果阿德里安得到比克劳德更小的一块土地，那么考虑到所需的最低工作量时，他可能会嫉妒克劳德；但考虑到更高水平的努力时，克劳德也可能同样嫉妒阿德里安。总的来说，我们只需要对偏好和限制进行额外的假设，就能够决定谁嫉妒谁，以及在什么时候和什么情况下会出现"人才奴役"。

德沃金更喜欢通过保险来解决个人禀赋的差异。拥有被证明是有价值或无价值的资源或天赋是一个运气好坏的问题。前面已经提到过运气的作用：由于禀赋测试（endowment test）不对不可预测的高收入征税，它实际上有利于幸运的人和努力工作的人。然而，德沃金认为，保险在将"原生运气"（brute [bad] luck）转化为"选项运气"（option luck）方面有很大的作用。他需要这样的假设，使最初的拍卖结果对以后生活中的运气（好运气和坏运气）变得敏感。可以说，通过这种方式，他就可以动态地衡量初始禀赋。个人是否愿意为他们的残疾、失业等风险投保，这是他们个人的选择。那些选择自己承

---

44 Miriam Cohen Christofidis, 'Talent, Slavery and Envy in Dworkin's Equality of Resources', 16(3) *Utilitas* (2004) 267–87.

担风险的人显然觉得这样更好;对这些人来说,预期收益的净现值低于预期保险缴款的净现值。如果不可保运气的剩余太多,这不仅对禀赋税的概念,而且对德沃金的资源平等概念都是致命的。

德沃金讨论了一个假设性的保险市场,基于这样的假设:每个人知道天赋的分布,但不确定自己在其中的位置(例如,因为他们不知道自己的特定天赋的市场价值)。然后,他们会想要为自己可能无法实现一定水平收益的风险投保,代价是在超过该水平时支付保险费。德沃金讨论了相对收益的不同目标水平,但没有完全意识到,从逻辑上讲,不可能为高于平均水平的收益投保。尽管如此,他的思想实验还是很有趣的。由于他提出了强制性保险和标准化缴费计划的假设以实现一个可行的市场,他的结果接近于实际的所得税。收入低于平均水平的人将获得一项福利,由收入更高的人支付(而且是渐进的)。那些有幸拥有价值才能的人会(部分)补偿那些不幸拥有与商业无关才能的人。在一个极端的情况下,针对低于平均水平的禀赋风险进行全面保险,所有超过平均水平的收入都需要为福利提供资金,保险计划的结果是每个人都享有平等的收入。[45]

我们可以很容易地将这种推理应用于根据禀赋征税的情况中。唯一的区别是要覆盖的风险:不是拥有低于平均价值的禀赋风险,而是无法达到自己禀赋的风险。可以说,当个人要根据其估计的收入能力缴纳年度税款时,他们会想要为无法意识到这种能力(或者无

---

45 即使是一项针对天赋低于平均水平的风险的保险,也需要严格的缴费水平。参见:Daniel Markovits, 'How Much Redistribution Should There Be?', 112 *Yale Law Journal* (2003) 2291–329。德沃金在下文中对该点进行了论证:R. Dworkin, 'Sovereign Virtue Revisited', 113(1) *Ethics* (2002) 106–43, esp. 125–9。对于德沃金有关拍卖如何运作的观点,也有一个类似的争论,参见:Joseph Heath, 'Dworkin's Auction', 3(3) *Politics, Philosophy & Economics* (2004) 313–35。

法支付税款，这基本上是一样的）的风险投保。此外，强制性保险和标准化的累进缴费计划将导致类似于所得税的结果。这将会有两个不同之处。这种保险不会覆盖（昂贵的）休闲品味，但会补偿可衡量的劳动力市场歧视。无论如何，需要根据保险经济学进行仔细分析，以澄清相关问题；目前，人们可能认为，这种保险计划并不比它伴随的禀赋税更可行。但问题是，一旦我们考虑到保险对无法支付税款的影响，禀赋税看起来更像是传统的所得税。

第四节　根本问题：禀赋与选择

我们将再一次回到这位喜欢当海滩流浪汉的才华横溢的律师身上。我们注意到他的偏好是非典型的。如果我们假设大多数人都有或多或少相同的生活计划（以及关于休闲、风险、消费时机等方面的偏好），那么就没有太多的"选择"了。个人的禀赋和收入之间的任何差异可能是由于（好的或坏的）运气。在这种情况下，考虑运气因素的所得税可能会比禀赋税更可取，因为禀赋税需要额外的保险才能实现这一目标。

海滩流浪汉的故事引发的另一个问题是，他的行为是一种选择、偏好还是个人特质（personal traits）。这个人也可以被简单地视为一个不管出于什么原因，不能（或不再）用他的法律技能做任何有用的事情的海滩流浪汉。也就是说，当努力和抱负不是个人的选择，而是先天、教育或厄运的结果时，人们所能挣得的最好的表达就是他们的实际收入。无论如何，詹姆斯·莫里斯毫不犹豫地说："人们可能会从一个人的显性智商、学位数量、住址、年龄或肤色等方面获得有关其收入潜力的信息：但最自然，也最可靠的收入潜力指标是他的收入。"[46]

由于其他原因，禀赋的概念也是有问题的。个人的禀赋和选择可能在一生中相互作用；在生命中的任何时刻，都很难划出一条合理可行的界线。像"偏好"和"个人特质"这样的概念说明了这个问题：这些是应该被视为禀赋的一部分，作为选择的约束，还是作为选择的潜在解释，作为我们意识到的人生计划？请注意，德沃金用一种分配方式"选择"给抱负、品味、偏好和个性特征等领域划定了界限，同时考虑了"环境"健康和能力，包括"生产他人愿意花钱购买的商品或服务的先天能力"。这就要求一个人的"先天能力"是在不考虑自己的抱负、品味、特质等的情况下进行评估的。[47]毫不奇怪，德沃金区分禀赋和选择的标准仍然存在争议。[48]

诚然，社会合作需要一种个人责任的观念；我们的法律体系需要它；而法院，无论是民事还是刑事，都是运用自由意志和责任的概念来裁决案件。但这与一套普遍适用的税收规则相去甚远。应该指出的是，罗尔斯和德沃金都注意到了这个基本的划界问题，尽管他们

---

[46] J. A. Mirrlees, 'An Exploration in the Theory of Optimum Income Taxation', 38(2) *The Review of Economic Studies* (1971) 175–208, 175. 在这篇开创性的文章中，一个简化的假设是人们有相同的偏好；由于没有对运气进行建模，收入和禀赋之间的关系确实变得很直接。

[47] Ronald Dworkin, n. 41, 322. 在对经济心理学的广泛回顾中，阿尔姆隆德和其他人认为，人格特征既是一种约束（限制我们的选择），也是一种偏好（引导我们的选择）；参见：M. Almlund, A. L. Duckworth, J. J. Heckman, and T. D. Kautz, 'Personality Psychology and Economics', National Bureau of Economic Research Working Paper 16822, 2011, 108–13。

[48] 例如：Gerald A. Cohen, 'On the Currency of Egalitarian Justice', 99(4) *Ethics* (1989) 906–44。他的标准是，应当由责任而不是由选择来指导人们对什么负责。这在概念上很有趣，但也表明要找到一个禀赋的法律定义是多么困难。

都主要依靠（他们自己的版本）反对人才奴役的观点来解释他们为什么拒绝禀赋税。

罗尔斯认为："可能没有一种衡量先天禀赋（相对于已实现的禀赋而言）的方法足够准确，能让我们相信我们可以为这种强制征税辩护……先天禀赋，如智力和各种自然能力……就其本身而言，仅仅是潜在的，而他们的实际实现取决于社会条件，其中包括与培养、鼓励和认可直接相关的社会态度。即使从理论上讲，衡量先天禀赋的有效尺度似乎也是不可能的。"[49]德沃金说："我们会因为天赋和抱负相互影响而受挫。天赋是培养和发展的，而不完全是被发现的，人们根据'自己最好成为哪种人'的信念选择发展哪种才能。"[50]正如苏金总结的那样："禀赋要么是一个不断变化的目标，使得对其征税受到与所得税和消费税的同样批评，要么是在某种程度上受到了限制，未能反映出人与人之间和人的一生中的重要差异。"[51]

一项禀赋税将需要满足——或者至少不是明显无法满足——两个标准才能成为可行的：

1. 预测一个人在人生某个特定时刻的经济成就"能力"（先天和/或后天的）是可能的。

2. 从个人选择和运气的角度来解释个人的实际成就（不同于他们的预期成就）是可能的，选择是主导因素。

这两个假设都有一个经验性的方面，我将简要地评论一下。

49　Rawls, n. 14, 157–8.
50　Dworkin, n. 39, 313.
51　Sugin, n. 1, 254.

第十章 天赋、类型和标签

一、预测个体经济表现的差异

在过去几十年里,人们从多个角度研究了收入差异的决定因素,例如基于性别、[52]种族等的劳动力市场歧视;认知技能与非认知技能的相关性;[53]收入的代际流动性[54]以及教育的回报。[55]现在有相当数量的关于这些主题的文献。在某种程度上,这些研究可以综合在一起,例如,白人和黑人之间的工资差距可由技能考试分数来解释,代际流动和教育回报则与种族和性别有关。大多数这类文献的目的是解释观察到的工资境况;它通常得出这样的结论:智商高1%,工资就会高500美元;在同等教育水平下,女性的工资会比男性少20%;

---

[52] D. Weichselbaumer and R. Winter-Ebmer, 'A Meta-Analysis of the International Gender Wage Gap', 19(3) *Journal of Economic Surveys* (2005) 479−511.

[53] Jay L. Zagorsky, 'Do You Have to Be Smart to Be Rich? The Impact of IQ on Wealth, Income and Financial Distress', 35(5) *Intelligence* (2007) 489−501. 最近的综述参见:Matthew Hall and George Farkas, 'Adolescent Cognitive Skills, Attitudinal/Behavioral Traits and Career Wages', 89(4) *Social Forces* (2011) 1261-85。回顾文献,他们总结道:"虽然尚未达成共识,但迄今为止的实证研究倾向于发现,要么认知技能和态度/行为特质的工资效应相同,要么态度/行为特质的工资效应比认知技能的工资效应更大。"(第1263页)

[54] S. Bowles and H. Gintis, 'The Inheritance of Inequality', 16(3) *The Journal of Economic Perspectives* (2002) 3-30. 尽管收入方面的代际关系仍未得到解释,但财富、种族和教育对于经济地位的继承很重要,而智商则不然(第22页)。最近的一篇文献综述将收入的代际弹性设定在0.25至0.5之间,这意味着当一位父亲的收入比平均水平高10%时,他的孩子可能会比平均水平高2.5%至5%。这可能是一个较低的估计,随着使用更好的数据(在更长的寿命周期内),弹性往往会更高。参见:Florencia Torche, 'Analyses of Intergenerational Mobility, An Interdisciplinary Review', 657(1) *The Annals of the American Academy of Political and Social Science* (2015) 37−62。

[55] Anthony P. Carnevale, Stephen J. Rose, and Ban Cheah, *The College Payoff: Education, Occupations, Lifetime Earnings* (Washington, DC: Georgetown University Center on Education and the Workforce, 2011).

身高和美貌会大大增加工资[56]等等。

不幸的是，潜在的因果关系比比皆是。教育程度、个人特质、智商、种族和家庭背景对预期收入也很重要。但这些因素并不明显独立。例如，家庭背景可能与教育水平、智商和性格特征有关。另一个例子是，一些最重要的偏好关系到个人对风险和时间的态度。这两者似乎都与智商有关。与高智商的人相比，低智商的人更不愿意冒险，他们的贴现率也更高。[57]重要的经济"选择"显然可以用"禀赋"来解释。这些联系和其他相互依赖性使得许多令人印象深刻的实证发现难以连贯地解释。目前还不清楚在总的收入不平等中，哪一部分可以用类似禀赋的因素来解释。[58]而利用这些因素来预测一个人在成年早期的经济前景还从未被采用过。

另一个困难是，没有迹象表明一个人的收入能力中有很大一部

56　N. Gregory Mankiw and Matthew Weinzierl, 'The Optimal Taxation of Height: A Case Study of Utilitarian Income Distribution', NBER Working Paper 14976, 2009; Roy Wada and Erdal Tekin, 'Body Composition and Wages', 8(2) *Economics and Human Biology* (2010) 242–54; Timothy A. Judge and Daniel M. Cable, 'When It Comes to Pay, Do the Thin Win? The Effect of Weight on Pay for Men and Women', 96(1) *Journal of Applied Psychology* (2011) 95–112.

57　参见下文中的文献综述：Almlund et al., n. 47, 108–9。

58　鲍尔斯、金蒂斯和奥斯本认为，总体而言，个人的教育成就、多年的工作经验和家庭背景对他们收入的影响"出人意料地少"，要提高这些因素，就需要更好地理解相关的认知技能，尤其是非认知技能。参见：Samuel Bowles, Herbert Gintis, and Melissa Osborne, 'The Determinants of Earnings: A Behavioral Approach', 39(4) *Journal of Economic Literature* (2001), 1137–76。最近一个关于非认知特征对终生收入影响的研究例子是：A. Duckworth and D. Weir, 'Personality, Lifetime Earnings, and Retirement Wealth', Michigan Retirement Research Centre Research Paper Working Paper WP 2010-235, 2010, 235。利用众所周知的五大人格特质（开放性、责任心、外向性、随和性和神经质），他们发现责任心对终生收入有显著且相当大的正面影响，而神经质则有负面影响。总的来说，这些非认知特征与认知能力（比如计算能力、记忆力和词汇）一样，可以解释终生收入的变化。

分是"先天的";这很大程度上取决于社会化(socialization)。人们很可能对先天的个人特征有一种"民间信仰"(folk believe),[59]有人认为,这种特征是由人类遗传学的简单表现所强化的。[60]但实证研究的结果表明,教育、社会化、培训和经验至少同样重要。不是每个人都能成为顶级小提琴家或长跑运动员,这可能是真的。但即使是在这些领域拥有某些自然优势的人,如果不献身于此,也将一事无成。[61]这有两个含义。一种认为,"发展你的先天技能"可以被描述为选择一条人生道路;而另一方面,这种选择可能很大程度上取决于教育环境和家庭背景。在这种情况下,禀赋和选择之间的区别就变得微弱。另一个暗示是,"发展你的先天技能"可能是一个终生的过程,在这种情况下,衡量某一特定年龄的禀赋可能是武断的。

二、理解个体经济表现的差异

至于区分选择和运气的经验基础,几乎没有证据。让我们假设,基本问题是简单地将个人所有无法预测的经济成就归因于运气,除非我们有理由将这些成就归因于这些个人所做的选择。接下来的问题是:如何衡量选择对人们经济结果的影响?

---

59 马梅利和贝特森谈到"民间智慧",并指出了这个概念的许多不明确之处。Matteo Mameli and Patrick Bateson, 'Innateness and the Sciences', 21(2) *Biology and Philosophy* (2006), 155–88.

60 达-尼姆罗德与海涅展示了基因研究发现的流行(新闻)介绍如何将弱解释转化为有力解释,论证了公众被引导到确定性的信念中。I.Dar-Nimrod and S. J. Heine, 'Genetic Essentialism: On the Deceptive Determinism of DNA', 137(5) *Psychological Bulletin* (2011) 800–18.

61 豪等人,虽然可能是极端的"培育论者",但却令人耳目一新地反对先天天赋的观点。M. J. Howe, J. W. Davidson, and J. A. Sloboda, 'Innate Talents: Reality or Myth?', 21(3) *Behavioral and Brain Sciences* (1998) 399–407.

经济学家的理性选择理论可能看起来很有前途，因为它使理性选择行为的假设具有可检验性。但是，经济学上的理性人可以在没有媒介（agency）的情况下发挥作用；动物的行为似乎也可以用理性来解释。非理性的经济行为可能是可以衡量的，但很难从选择的角度来解释。[62]

我们所知道的是，人们倾向于相信选择（也被贴上了"民间信仰"的标签[63]），很可能他们把"自由意志"理解为"做出选择"。然而，社会背景很大程度上决定了个人"选择"媒介的信念。在西方世界，特别是在美国，个人身份往往被定义为努力实现个人偏好并产生影响；在许多非西方社会，身份被定义为对社会背景和他人期望的反应。[64]

唯一能从证据中得出肯定结论的是，对先天特征和自由意志的信仰对于人们理解自己的生活具有启发意义。但是，心理学家称之为"认知失调"（cognitive dissonance）的谬论总是存在的：我们认为真实的事物之间缺乏对应关系。我们倾向于把我们的成功归因于我们深思熟虑的选择，而把我们的失败归因于不利的环境。最后，我们

62　例如，理性就是做出"好的选择"（从自我利益的角度），而非理性就是做出"错误的选择"。

63　Emad H. Atiq, 'How Folk Beliefs About Free Will Influence Sentencing: A New Target for the Neuro-Determinist Critics of Criminal Law', 16(3) *New Criminal Law Review* (2013) 449–93.

64　K. Savani, H. R. Markus, N. V. R. Naidu, S. Kumar, and N. Berlia, 'What Counts as a Choice? US Americans Are More Likely Than Indians to Construe Actions as Choices', 21(3) *Psychological Science* (2010) 391–8. 亨里奇等人讨论了在实证社会科学中使用美国大学生作为调查对象的问题，他指出，与世界人口相比，这些学生在偏好、选择和行为的许多方面往往是极端异常值。J. Henrich, S. J. Heine, and A. Norenzayan, 'The Weirdest People in the World?', 33(2–3) *Behavioral and Brain Sciences* (2010) 61–135.

都要面对百万富翁的错觉：他曾经是一个报童，他相信如果做出了正确的选择，每个报童都可以成为百万富翁。

关于我们大脑中的过程和我们的行为之间的因果关系的问题可以留给神经科学。[65]哲学观点当然是，即使在我们的大脑功能中找不到与自由意志或选择相对应的东西，我们仍然有可能相信自由意志。罗尔斯和德沃金都可以被理解为有条件地争论：我们必须假定人是道德存在，能够评估其他行动方针，并为他们所采取的行动方针承担责任。如果没有这个假设，社会契约理论可能一开始就不存在。[66]正是这个假设使得一个政治社会成为可能，即使我们不确定我们的大脑是如何工作的。

总而言之，禀赋税的"真正税基"很可能是一个非常武断的税基。原因不仅仅是经验的（因为我们的知识肯定在增加），而且在很大程度上是概念性的。一项以家庭背景、教育成就、性格特征等指标为依据的禀赋税的基础，实际上可能与人们的个人选择和责任的经历有着难以定义的关系。

税收的历史提供了充分的证据，证明纳税人希望将国家的征税权力限制在可定义的税上。这或许可以解释为什么"支付能力"税收的概念从未得到太多的法律认可；相反，它却被具体规定为"所得

---

[65] 奥康纳和约菲认为，现代神经科学通过强调大脑在行为中的作用，实际上可能会强化个体能动性的理念。Cliodhna O'Connor and Helene Joffe, 'How Has Neuroscience Affected Lay Understandings of Personhood? A Review of the Evidence', 22(3) *Public Understanding of Science* (2013) 254–68, 259.

[66] 因此，我认为拉姆齐的断言是错误的，即罗尔斯和德沃金本应该假设决定论是正确的，即使她确实解决了两位作者的根本困难。Maureen Ramsay, 'Problems with Responsibility: Why Luck Egalitarians Should Have Abandoned the Attempt to Reconcile Equality with Responsibility', 4(4) *Contemporary Political Theory* (2005) 431–50.

税"。当然，关于"收入"含义的讨论往往是冗长和没有结果的；但"支付能力"显然更不精确。

因此，对难以观察到的"禀赋"征税听起来可能是对无限征税的一种辩护。无限征税（以及完美的一般反避税规则）的原型形式是"莫顿的叉子"（Morton's fork）：当你看起来富有时，你显然可以纳税；当你看起来贫穷时，你是在储蓄，这样你也显然可以纳税。[67]

第五节　还剩下什么？禀赋税的挑战

在前几节中，有人认为，禀赋税必须以有关可识别社会群体的统计信息为基础。因此，这种税收永远不会很好地预测异常值：非凡的成就和意外的收益。这种见解在辩论中没有得到应有的重视；相反，一种令人难以置信的禀赋税仍然存在。由于"人才奴役"的反对观点通常是一种程度上的反对而不是原则性的反对，所以我们实际使用什么样的税收形象非常重要。有人进一步指出，根据可行的禀赋税的需要，区分禀赋、选择和运气很可能是武断的。不仅我们的经验知识还在发展；概念上的问题很重要，也许是无法克服的。

更普遍地说，寻找"真正的税基"是徒劳的，而且有潜在的破

---

[67] 坎特伯雷大主教，红衣主教约翰·莫顿（John Morton）是亨利七世的大臣。弗朗西斯·培根首次提到了他的"叉子"，参见：*The History of the Reign of King Henry the Seventh* (1622), reprint by The Folio Society London 1971, 120。Desmond Seward, *The Wars of the Roses* (London: Constable, 1995). 西沃德认为这种归因是不正确的。他认为，爱德华四世在劝说伦敦商人提供巨额贷款时首次使用了这个词。

坏性。对我们理想中的良善社会（在这种情况下是指好的税收制度）背后的"真正意义"进行探索，可能会导致关注遥远的理想，而不是实际的改善机会。[68] 问题不应该是禀赋"真正"是什么。它应该是：除了个人收入之外，是否存在可衡量的优劣迹象，可以在讨论税收负担分配时发挥作用？[69] 这意味着我们可能不需要征收新税；在现有的所得税范围内建立一个税收抵免制度或许能起到这个作用。

一个有趣的起点是约翰·罗默的实践方法，他称之为机会平等。这个想法可以用一个例子来说明。[70] 假设我们想要重新分配收入，以对生活中不平等的起始地位作出补偿，这一起始地位是由人们的父母所达到的教育水平来衡量的。我们将所有人分为四种类型，只取决于他们父母的教育程度（从1：基础教育到4：大学教育）。对于这四种类型中的每一种，我们确定收入的分配和平均收入。我们会发现，每一种类型的平均收入随着父母教育成就的增加而增加，而每种类型的收入分配都是类似钟形的，在右侧有一个长尾。不同类型之间的平均收入差异现在可以被视为机会不平等的衡量标准。父

68　这是阿马蒂亚·森对罗尔斯等的"超验"理论的批评，参见：Amartya Sen, *The Idea of Justice* (Cambridge, MA: Belknap, 2009)。

69　即使有这样一个相当实际的问题，"短视"的风险总是存在的。关于禀赋税的争论假定，像"纳税人待遇平等"或"纳税能力"这样的东西确实是税收制度设计的决定性标准。但是，也可以说，税制设计离不开一般的政府政策设计，在这种情况下，单独的税收负担分配规范毫无意义。参见：Murphy and Nagel, n. 1。

70　参考下述资料进行了一些调整：John E. Roemer, 'Equality of Opportunity: a Progress Report', 19(2) *Social Choice and Welfare* (2002) 455–71, 464。关于其方法的阐述，参见：Richard Arneson, 'Equality of Opportunity', in *Stanford Encyclopaedia of Philosophy* (8 October 2002), http:// seop.illc.uva. nl/ entries/ equal-opportunity is more accessible。

母受教育程度低的人可能在学校表现更差,或者更喜欢工作时间少——不管他们的平均收入低的原因是什么,我们都将其归因于他们的背景。另一方面,每种类型内的差异被视为努力差异的结果。也就是说,即使"父母受教育程度低"的人平均每周只工作30个小时,一个工作20个小时的人也展现出比他的背景所能解释的更少的努力。

这种方法(根据智商、性别、种族等,其他类型的人也可以重复这种方法)的结果是,我们有了一种在不同类型之间再分配的方法:每种类型的平均收入差异。我们也可以考虑到努力:那些表现不佳的人可能会得到较少的收益(较低类型),或被要求做出更高的贡献(较高类型)。注意,在这种方法中,假设非(群体)平均结果可以完全归因于努力(或"选择")而不是运气。

利用美国有关终生收入、教育成就、性别和种族的最新信息,可以更详细地说明这个观点。[71] 基本上,这些数据都是按照罗默的教育成就差异分析方法得出的。当然,我们首先要决定是否可以将教育成就视为一种相关的"环境",而不是一种"选择"。

教育程度是决定终生收入差异的一个重要因素:持有专业学位的人比没有完成高中学业的人收入高出近4倍。此外,在同等教育水平上,妇女的收入比男子低25%,即使不包括非全日制工作的妇女。黑人的收入比白人低20%,而且受教育程度差别不大。这类数据可用于在类型之间进行补偿。其结果将是从受过高等教育的人(尤其是其中的白人男性)向受教育程度低的人(尤其是其中的非白人女性)进行再分配。正如罗默指出的那样:"从哲学和神经生理学

71　Carnevale et al., n. 55.

的角度来说，在大多数或所有实际目的中，准确描述环境和努力之间的界限这个困难问题都不需要解决。"甚至在哲学家和学生进一步提炼我们对个人责任的概念之前，社会科学就已经有很多关于平等机会的资源分配的论述了。[72]

至于从低绩效者到高绩效者的类型内部的补偿，这种转移需要对禀赋税的理念有更大的"信念"，尤其是努力（选择）和运气的可分离性。对于那些不相信这种区分可以实现的人来说，类型之间的补偿仍然是一种可能的衡量不平等机会的方法。

然后，问题是简单地使用标签来显示收入能力。追溯到阿克洛夫的《标签经济学》，[73] 经济学家已经接受了这样一种观点，即标签可以降低再分配的福利成本。[74] 合理的标签包括年龄、[75] 性别、种族、父母的社会地位和智商。个体遗传特性被认为是标签的（未来）候选项。[76] 这样的标签可以作为所得税系统中税收抵免的基础。一个需要回答的规范性问题可能是相关性和因果关系之间的选择。例如，身高与收入相关，但因果关系并不像种族或性别那样明确。因此，我

72　Roemer, n. 70, 471.

73　G. A. Akerlof, 'The Economics of Tagging', 68(1) *American Economic Review* 1978, 8–19.

74　Logue and Slemrod, n. 1. 该文对禀赋税的经济分析提供了简明的解释。

75　关于用与年龄相关的税收（部分）取代所得税累进性的想法，参见：James Mirrlees et al., 'Conclusions and Recommendations for Reform', in *Tax by Design* (Oxford: Oxford University Press, 2011); James Banks and Peter Diamond, 'The Base for Direct Taxation', in *Dimensions of Tax Design* (Oxford: Oxford University Press, 2010), 548–647。另参见：Matthew Weinzierl, 'The Surprising Power of Age-Dependent Taxes', 78 *Review of Economic Studies* (2011) 1490–518。

76　Logue and Slemrod, n. 1; Jan-Emmanuel De Neve, Nicholas A. Christakis, James H. Fowler, and Bruno S. Frey, 'Genes, Economics, and Happiness', 5(4) *Journal of Neuroscience, Psychology, and Economics* (2012) 193–211.

们可以将选择范围限制在那些不仅显示出与收入的显著相关性，而且还能解释收入的因果关系的标签上。[77]

第六节　结论

禀赋税的主导模式导致许多评论员夸大了"人才奴役"问题，忽视了更相关的一点：如果可行，成熟的禀赋税将为所有高收入者提供相当大的减税。在美国的背景下，人们本以为自由意志主义右翼会对禀赋税产生更积极的兴趣（因为他们所青睐的消费税对富人来说可能是一项非常明显的减税措施）。

我认为，禀赋税的主要问题是概念性的。当我们的目标是对"真正税基"征税时——不是由选择创造的个人赚钱能力——我们很容易陷入品味、特质、运气和风险方面的复杂区分中。也许可以公平地说，社会科学对区分个人"禀赋"和"选择"的支持非常有限。

这并不意味着关于禀赋税的争论没有产生任何有用的结果。它确实指出了经济不平等的可识别来源，这些来源可能与税收负担的分配有关。[78] 突出的例子是性别和种族，但家庭背景的差异和努力（工作时间）的差异也很重要。我们当然应该记住，因果关系可能是复杂的或矛盾的。例如，女性平均收入低于男性的调查结果可以用其他方式解释：对休闲的更高偏好、劳动力市场的歧视，或在无报酬

---

[77] Chris William Sanchirico, 'Good Tags, Bad Tags', University of Pennsylvania, Institute for Law & Economics Research Paper 13-24 (2013).

[78] Anthony C. Infanti, 'Tax Equity', 55(4) *Buffalo Law Review* (2008) 1191-2060. 该文有力地论证了我们的所得税理念忽视了有关个人社会经济地位的重要信息。

工作中付出更多努力。

当我们同意由政府政策来解决（或应该更坚决地解决）这些不平等的一个或多个根源时，工具的选择是一个权宜之计。可以考虑使用类型和标签在现有所得税范围内发展税收抵免制度。

第十一章　歌剧院和施食处有何相似之处？

米兰达·佩里·弗莱舍[*]

150多年前，阿历克西·德·托克维尔被慈善组织在美国生活中的重要性所震撼。正如他在《论美国的民主》一书中所指出的，"不同年龄、不同条件、不同思想的美国人，不断地团结起来……美国人一起庆祝节日，建立神学院……建立教堂，分发书籍，派遣传教士到地球的另一端（Antipodes）；这样他们就建立了医院、监狱、学校。最后，如果是为了追求真理，或者在树立榜样的支持下培养一种情感，他们就会联系在一起。"[1]

然而，即使是托克维尔也无法想象今天非营利组织的规模和范围：2013年，在美国国家税务局注册的非营利组织超过140万个。在这些组织中，大约有100万个是"慈善组织"，这意味着他们造福于广大公众而不是自己的成员（与工会或专业协会形成对比）。2013年，这些慈善组织的资产为3.22万亿美元，收入为1.72万亿美元。2014年，超过四分之一的美国人自愿参与慈善事业；87亿小时的志愿服

---

*　非常感谢莫妮卡·班得瑞和2015年伦敦大学学院"税法的哲学基础"研讨会的参与者。

1　Alexis De Tocqueville, *Democracy in America*, 2 vols, Eduardo Nolla and James T. Schleifer (eds) (Indianapolis: Liberty Fund, Inc., 2012), 896.

务相当于510万全职员工的1792亿美元的时间价值。[2]最后,美国人在2015年自愿向这些组织捐赠了超过3730亿美元,不管是生前或去世时的个人捐赠,还是通过基金会和公司的捐赠。[3]

鉴于这一特殊角色,美国慈善机构享受各种税收优惠也就不足为奇了。慈善组织免征企业所得税,并享有发行免税债券的能力。在个人层面,捐赠者在确定他们的联邦收入、赠与和遗产税负债时可以扣除他们的捐款。然而,这些福利并不是免费的。例如,仅所得税慈善扣除一项,财政部每年就要花费380亿美元。[4]

尽管慈善机构有重要作用和特殊的税收待遇,但关于该部门税收待遇的法律研究却缺乏理论依据。学者们提出了各种各样的理论来解释这些税收规定,其中最被接受的是效率和多元化。虽然这些理论为慈善税条款的好处提供了有价值的见解,但他们忽视了这样一个事实,即这些条款的本质是再分配的:一些个人(慈善物品和服务的接受者,如学生、博物馆观众和施食处顾客)获得了利益。其他个人为这些福利买单,有自愿的(通过捐赠),也有非自愿的(以增加税收或减少福利的形式)。

从这个角度来看,用分配正义的术语来分析由此产生的再分配似乎是合乎逻辑的。初看起来,补贴的结构似乎违背了普遍持有的

---

2 Brice McKeever, 'The Non-Profit Sector in Brief 2015: Public Charities, Giving, and Volunteering', *The Urban Institute* (2015), http://www.urban.org/ research/ publication/ nonprofit- sector- brief- 2015- public- charities- giving- and- volunteering (last accessed 29 October 2016).

3 Lilly Family School of Philanthropy, Indiana University Indianapolis, *Giving USA 2016 Highlights* 1 (2016).

4 Jon Bakija, 'Tax Policy and Philanthropy: A Primer on the Empirical Evidence for the United States and its Implications', 80(2) *Social Research* (2013) 557, 558.

分配正义观念，因为它对待为富人服务的慈善机构，比如歌剧院，就像对待救济穷人的施食处一样。以这种方式把公共资金花在富人身上怎么会被认为是正义的呢？正如本章所显示的，资源平等主义和左翼自由意志主义的宽泛解释可以解释昂贵的品味和人才聚集的税收优惠。这些理解认为，品味昂贵的人在追求美好生活的理想时，应该得到补偿以使他们与普通品味的人处于平等的地位，正如那些缺乏经济资源的人在追求他们的人生计划时应该得到补偿，使他们与经济上有优势的人处于平等的地位。因此，资助施食处和歌剧院可以帮助各种处于不利地位的人实现美好生活的理想。

本章内容如下：第一节介绍了美国慈善税收补贴及其现有的理论依据，强调了效率和多元化；第二节接着解释了为什么分配正义的考量也是相关的；第三节探讨了补贴是否符合税收政策中最常用的功利主义；第四节和第五节分别从自由意志主义和机会平等理论的角度分析了补贴问题；第六节进行了总结。

第一节 慈善税收补贴：现有的理论依据

一、慈善税收补贴概述

自美国建立以来，慈善机构一直受到特殊的税收待遇。甚至在联邦所得税出现之前，大多数美国殖民地都免除了宗教、教育和扶贫组织的税收。随着联邦所得税的出台，这种待遇继续存在。自1894年以来，慈善机构都免缴企业所得税。在个人方面，自1917年以来，

第十一章　歌剧院和施食处有何相似之处？

个人在计算个人的联邦所得税时被允许扣除捐款。大多数州还提供慈善扣除,慈善机构不仅免缴州企业所得税,而且还免缴财产税和销售税。[5]

为了有资格享受这些福利,组织必须同时遵守积极和消极的规则。首先,为了获得扣减和免税的各自利益,组织必须依据第170(c)条和第501(c)(3)条所列的目的之一成立。其中包括列举性目的(例如宗教、科学、文学或教育目的)和概括性的"慈善"目的。根据第501(c)(3)条有资格获得免税的组织,几乎总是有资格获得第170(c)条规定的捐款税收扣除,反之亦然。符合这两个类别的团体通常被称为"慈善"组织,即使它们进一步具体列举了目的,而不是概括性的慈善目的。

这些目的被广泛地解释。从主流教会到女巫协会,再到身体改造教会等各种团体都在为宗教目的服务;哈佛大学、腹语天堂腹语博物馆和造纸工业名人堂等各种各样的组织都是为教育目的服务的。概括性的慈善目的被解释得特别广泛;它涵盖了从救灾到艺术、环保和公益诉讼等各种组织。

一般来说,符合这一标准的团体必须提供"团体福利",但几乎没有关于什么是团体福利的指导。似乎重要的是满足私人市场无法满足的需求,或者以营利性组织无法满足的方式运作。在某些情况下,一个组织必须使穷人受益以便提供社区福利,但在其他情况下,他们不需要为穷人提供福利。例如,艺术组织不需要为穷人提供特殊福利,但像基督教青年会(YMCAs)这样的娱乐中心并不被认为

5　John D. Colombo and Mark A. Hall, *The Charitable Tax Exemption* (Boulder: Westview, 1995), 3–5, 20.

仅仅通过向中产阶级提供设施就提供了团体福利。[6]最高法院认为,为特定目的服务的团体(如教育或宗教组织)也必须是普通法意义上的"慈善"团体,最高法院的态度进一步混淆了这一问题。[7]即便如此,这些团体也不需要帮助穷人以符合第170条和第501条的规定。[8]例如,免税的学校和大学根本不需要提供任何奖学金援助。

除了用于达到广泛解释的法定目的之一外,各组织还必须遵守一些消极禁令。例如,商业性原则禁止慈善组织从事"太多"无关的商业活动,或以类似于营利组织的方式开展业务。个人图利和个人利益原则禁止内部人士和其他身份明确的个人不正当地从慈善资产中获益。[9]有一条规定禁止扣除由于捐赠而从慈善机构获得的补偿,这确保了捐赠者只扣除对他人有益的那部分贡献,而不是对自己有益的那部分。[10]这些要求是消极排除的:他们认为,如果一个组织既没有"过多地"像一个营利组织,也没有让特定的个人受益,那么它一定在做一些有利于整个团体的事情。

二、当前理论依据

第170(c)条和第501(c)(3)条为这些组织提供待遇的正当理由是什么?尽管有些学者认为这些规定是准确衡量收入的必要条

---

6 John D. Colombo, 'The Role of Access in Charitable Tax Exemption', 82(2) *Washington University Law Quarterly* (2004) 343, 345, 384.

7 *Bob Jones University v United States*, 461 U. S. 574 (1983).

8 Colombo, n. 6, 343–6.

9 关于获得免税的各种要求的解释,参见:Joint Committee on Taxation, JCX-29-05, Historical Development and Present Law of the Federal Tax Exemption for Charities and Other Tax-Exempt Organizations 48–61 (2005)。

10 Treasury Regulation §1.170A-1(h).

件，[11] 但大多数学者都认为，这些规定是对慈善活动的税收补贴。一套理论认为，慈善机构应该得到补贴，因为慈善机构为社会做了"好事"：减轻政府的负担，为社会问题提供创造性的解决方案，在艺术方面提供多样化和不同的观点，慈善机构是一种政府权力的制衡力量，并且加强了实验。[12]

更为人广泛接受的理论基础是经济学。这些理论认为，资助慈善机构有助于它们生产商品或服务，否则，由于市场失灵和政府失灵，这些商品或服务就会生产不足。这些理论都是基于这样一个假设：由于搭便车问题和其他市场失灵，市场将无法提供足够的公共产品。政府的征税权可以克服搭便车的问题，但一个依赖多数人偏好的民主程序只能提供那些由中间选民支持的公共产品。这意味着中间选民支持的公共产品（或许是国防）将会得到提供，但其他产品（或许是艺术博物馆）不会得到提供。作为回应，那些对于没有得到多数支持的项目进行支持的人会以"你来帮我，我来帮你"的方式联合起来，同意为彼此的项目提供部分补贴。[13]

其次，这些理由认为，通过税收制度提供这些补贴，能够产生政府直接拨款无法产生的效率和多元化效益。关于效率，学者们认为，使用税收减免（或抵免）来补贴慈善活动，可以使补贴慈善活动的

---

11 See, e.g., William D. Andrews, 'Personal Deductions in an Ideal Income Tax', 86(2) *Harvard Law Review* (1972) 309, 314–15; Boris I. Bittker and George K. Rahdert, 'The Exemption of Non-profit Organizations from Federal Income Taxation', 85(3) *Yale Law Journal* (1976) 299, 307–14.

12 See Miranda Perry Fleischer, 'Theorizing the Charitable Tax Subsidies: The Role of Distributive Justice', 87(3) *Washington University Law Review* (2010) 505, 518.

13 Colombo and Hall, n. 5, 107–8.

成本在个人之间按照每个人对项目的价值比例进行分配。其理由在于，高需求者会比低需求者在对项目的捐赠中支付更多的钱，但是低需求者仍然通过税收系统支付一些东西（尽管是间接的）。相比之下，直接拨款会引发全面的增税，而这几乎肯定不会反映出给定的纳税人对受补贴项目的偏好程度。[14]

理论家们还强调，允许纳税人个人决定哪些项目值得补贴（通过捐款或创建慈善机构）有助于实现多元化目标。例如，索尔·莱弗莫尔将对慈善活动进行税收扣减描述为一种机制，允许纳税人就哪些项目获得补贴进行"投票"。他认为，这更好地匹配了政府补贴的规模和选民对某一特定项目的热情，因为补贴只有在捐助者捐款时才会启动。莱弗莫尔进一步提出，让纳税人对补贴哪些项目有直接发言权，将使他们成为更积极的志愿者，对这些项目做出更深入的贡献，成为更为积极的监督者，并容忍更多的再分配和对公共产品的资助。[15]大卫·希泽也同样认为，让纳税人在选择补贴哪些项目方面拥有更大的自由度，可以提高捐助者的慷慨程度，并扩大监督力度。[16]最后，约翰·科伦坡和马克·霍尔认为，有一定数量的捐助者的存在，表明一个特定的组织既需要也应该得到补贴。[17]

14　See Mark P. Gergen, 'The Case for a Charitable Contributions Deduction', 74(8) *Virginia Law Review* (1988) 1393, 1399-1406 (summarizing work by Harold Hochman, James Rodgers, and Burton Weisbrod).

15　Saul Levmore, 'Taxes as Ballots', 65(2) *University of Chicago Law Review* (1998) 387, 404-12.

16　David M. Schizer, 'Subsidizing Charitable Contributions: Incentives, Information, and the Private Pursuit of Public Goods', 62 *Tax Law Review* (2009) 221, 229-42, 257-67.

17　Colombo and Hall, n. 5, 104-7, 163-4.

第二节 分配正义与慈善税收补贴：一般性考量

上述基于经济学的理由对税收理论家具有巨大的吸引力。也就是说，他们似乎通过关注客观测试来避免对哪些项目值得补贴的价值判断：该项目是纯粹的公共产品还是不纯粹的公共产品？它是否受到市场和政府失灵的影响？该项目是否得到了一定数量的人支持？这种吸引力，加上只有一些组织被要求帮助穷人的事实，导致大多数学者忽略了分配的维度。这些学者认为，如果帮助穷人的组织如此之少，那么再分配就不应该成为慈善税收补贴的目标。他们的结论是，如果是这样，如果补贴的目标是进一步提高效率和多元化，为什么要从分配的角度来评估慈善税收补贴呢？[18]

虽然再分配并不是该领域的首要目标，但事实上，慈善税收补贴本质上仍然是在两个层面上进行再分配的。首先，他们鼓励捐赠者自愿再分配给慈善活动的受益人。第二项是强制性的，他们从不捐赠的纳税人那里得到，然后给慈善受益人。正如经济学家查尔斯·T.克洛特费尔特所指出的那样，"尽管很少有人会认为再分配是维持非营利机构的最重要理由，但与公共政策的大多数领域一样，分配的影响仍是一个重要考虑因素。"[19] 此外，"由于帮助穷人的组织太少，导致税收补贴不是再分配的"这一看法忽视了分配正义一般性

---

[18] See, e.g., Rob Reich, 'Philanthropy and Caring for the Needs of Strangers', 80(2) *Social Research* (2013) 517.

[19] Charles T. Clotfelter (ed.), *Who Benefits from the Non-profit Sector* (Chicago: University of Chicago Press, 1992), 3.

理论中可以发现的各种形式的再分配。

为此,我曾在其他地方提出,要想全面了解慈善税收补贴,就必须更仔细地审视分配正义。[20] 如下文所强调的,一些这样的理论支持再分配给每个人,而不是经济上贫穷的人。在这些理论中,当前的结构最接近地反映了资源平等主义和左翼自由意志主义的宽泛解释,它们包含了昂贵的品味和人才聚集。在这些观点下,基于分配正义的理由,对歌剧院和施食处的补贴是合理的。相比之下,当前的结构并没有充分反映大多数功利主义或右倾自由意志主义的正义理论。考虑到税收学者对功利主义的严重依赖,以及广泛的慈善税收补贴与右倾自由意志主义相一致的印象(因为它们将资源从政府中转移出去),这似乎令人惊讶。本章的其余部分将对这些观察加以充实。

第三节　功利主义：只是部分契合

鉴于功利主义对现行税收学术的强烈影响,从探讨现行的慈善税收补贴是否反映了分配正义的功利主义理论开始,似乎是合乎逻辑的。在功利主义理论下,政治制度的正当功能是使社会总效用最大化。[21] 作为税收研究中最常用的方法,功利主义将收入或财富作为效用的指标。(我称之为"传统功利主义"。)它进一步假设个人经

20　Fleischer, n. 12.
21　关于功利主义和慈善税收补贴的更全面的分析,参见: Miranda Perry Fleischer, 'Charitable Giving and Utilitarianism: Problems and Priorities', 89(4) *Indiana Law Journal* (2014) 1485。

历的边际效用递减,而每个人的效用曲线是相同的。基于这些假设,功利主义认为向下再分配使社会效用总量最大化。如果一个低收入者接受一美元的价值高于高收入者,那么这种转移就会增加整体效用。这种理论经常被用来证明递增的边际税率结构和我们的遗产税和赠与税制度的合理性。

在这一思路下,任何从捐赠者再分配给比他穷的人的慈善捐赠,都是符合功利主义的。当捐助组织向穷人提供基本服务时,这种再分配很容易识别。转让人(transferor,施食处的捐赠者)和受益人(beneficiary,施食处的享用者)都是可以识别的,捐赠者的收入几乎肯定高于受益人。然而,即使受赠人没有经济上的困难,只要捐赠人比受益人富裕,这也是有意义的。例如,尽管歌剧院和其他艺术机构的大多数捐赠者都很富有,但许多参加者都是中上层阶级。这些例子反映了慈善扣除(暂时不考虑免税)符合功利主义原则,尽管大多数受补贴的群体并没有被要求帮助穷人。

然而,仔细观察一下这种功利主义倾向,就会发现,由于种种原因,目前的结构只是部分地体现了这种理想。第一,许多类型的受补贴组织在向下再分配方面做得很少,而是在处境相似的个人之间转移资源。例如,大多数美国教堂都因收入而严重被阻隔。[22] 同样,耶鲁和哈佛校友的大部分捐赠都惠及了同样富裕家庭的孩子。[23] 同样的道理也适用于像小联盟这样的娱乐组织,在那里,对地理位置的强

---

22 Jeff E. Biddle, 'Religious Organizations', in Clotfelder (ed.), n. 19, 92, 109. 当然,有些教堂为不幸的人提供社会服务。因此,补贴这些活动符合传统的功利主义。

23 虽然这些学校确实提供了一些奖学金,但这些学校很难招收真正贫困的学生。参见:Robert Reich, 'Why Government Spends More per Pupil at Elite Universities than Public Universities', *Huffington Post* (13 October 2014).

调常常导致因收入而产生的阻隔。一个相关的问题是，在捐赠者和受赠者都来自不同收入水平的组织中，决定向下再分配的程度。这种多样性使得我们很难认为这样一个群体再分配是向下的。

第二，正如在税收政策中所应用的那样，功利主义提出了这样一种观点：捐赠者放弃一美元效用的减少小于受赠者得到一美元效用的增加。然而，在许多慈善组织中，很难确定转让人和受益人。想象一下在一家日间托儿所，有一些家庭付全价，而另一些家庭则享受折扣，而来自全价家庭的利润弥补了差额。接受折扣的家庭被视为再分配的接受者，但谁应该被视为再分配的来源？支付全价的家庭？或者，他们只是得到了他们付钱的对价？或者，托儿所经营者应该被认为是转让人，因为他们放弃了一些利润，以便向不那么幸运的家庭提供折扣？

虽然确定转让人可能很困难，但在也有营利组织的环境中，通常很容易确定受益人。之所以如此，是因为可以确定市场利率；任何获得折扣的人都应被视为受益人。但在其非营利组织销售产品的情况下，没有真正的市场利率，因此无法知道谁得到了补贴。考虑一下歌剧。里奇·施马尔贝克（Rich Schmalbeck）和拉里·泽莱纳克（Larry Zelenak）设想休斯敦歌剧院在达勒姆演出《波吉与贝丝》要花费500美元，以此来说明确定谁从歌剧中受益是多么困难。一位歌剧爱好者认为看《波吉与贝丝》的机会价值200美元，他买了一张50美元的门票，还向歌剧公司捐赠了250美元。假设税率为40%，慈善扣除将捐赠的税后成本降至150美元。这位歌剧爱好者现在花了200美元买了一次她认为价值200美元的体验。另外四个歌剧迷每人都买了一张50美元的票，却没有捐献任何东西。根据施马尔贝克和泽莱纳克的说法，由于这五个人都是按照他们所估价的价格购买了观看歌剧的门票，所以没有人得到补贴。[24]

然而，他们的观点忽视了这样一个事实：如果一个人支付了部分价格，而另一个人支付了差价，那么估值低于实际购买价格的人仍然可以得到补贴。我可能只愿意为5000美元的皮草大衣支付500美元，但是如果我母亲支付剩余的4500美元，我仍然会得到补贴。把这种推理运用到歌剧中的问题在于，皮草大衣有一个有效的市场，市场价格是可以确定的。相比之下，如果没有价格歧视，歌剧的成本结构将使它无法演出。[25] 这意味着我们无法使用比较基准来确定谁获得了补贴折扣，因此也无法从再分配的角度确定谁从歌剧中受益。

一个相关的问题是估值。虽然捐赠者放弃的价值通常可以用美元来衡量，但许多受益人所获得的价值却无法用美元衡量。想象一下，一个非营利组织免费播放《西区故事》。如何衡量受众获得的价值，以确定捐助者损失的效用是否小于受益人获得的效用？如果一个游客花100美元在时代广场买了一张票去看《西区故事》，她会认为这段经历的价值是100美元，因为她选择把钱花在音乐剧上，而不是花在其他可以用100美元买到的东西上。但在公园免费看演出的观众并没有做出同样的选择，这种缺乏市场交易的情况使得估值变得困难。

最后，前面的讨论只考虑了与慈善机构有直接关系的个人的效用，例如顾客、捐赠者或雇员。但是，公众的总体效用也很重要，因

---

24 Richard Schmalbeck and Lawrence Zelenak, *Federal Income Taxation*, 2nd edn (New York: Aspen, 2007), 417–18.

25 Henry B. Hansmann, 'The Role of Non-profit Enterprise', 89(5) *Yale Law Journal* (1980) 835, 854–9.

为补贴的成本也以提高税收或减少服务的形式由其他人承担。[26] 我们如何比较其他人减少的效用,以便将其与慈善受益人获得的效用进行比较?公众在多大程度上应被视为慈善活动的受益人?想象一下,在一个贫穷的社区里有一个课外体育活动。参与的儿童及其家庭显然受益于该方案。但是,该社区的其他居民是否也应被视为受益人,理由是更少的孩子在放学后遇到麻烦?也许对这种困境的一种回应是摒弃它,理由是尽管公众中的每一个人都因为提高税收或减少福利而放弃了一些效用,但她也获得了效用,因为我们每个人都可能从某种慈善活动中获益。然而,在这种观点下,补贴并不是传统功利主义所设想的再分配。

第四节 大多数自由意志主义理论证明了一个更窄的结构是合理的

尽管税收学者不经常讨论,但公众在讨论税收和再分配时经常引用自由意志主义。虽然受公众欢迎的自由意志主义类型并没有很好地反映在目前的补贴结构中,但补贴与不太知名的左翼自由主义的正义理论是一致的。

从广义上讲,自由意志主义是一系列的理论,认为政府权力应当受到严格限制,并宣告强大的私有财产权、个人免受强制的权利、自由市场的重要性以及由此产生的分配一般不应受到干扰。然而,

---

26 See Eric M. Zolt, 'Tax Deductions for Charitable Contributions: Domestic Activities, Foreign Activities, or None of the Above', 63(2) *Hastings Law Journal* (2012) 361, 374.

第十一章 歌剧院和施食处有何相似之处？

在自由意志主义阵营中有着广泛的思想，从最低限度国家的自由意志主义（它要求对私有财产权进行最有力的保护，通常只支持最低限度的国家）；到古典自由主义者（他们比最低限度国家的自由意志主义者支持更多的国家活动，但仍然反对我们当前的国家所做的大部分事情）；再到"左翼自由主义者"（他们允许大量的再分配）。[27]

初看起来，人们可能会认为自由意志主义为慈善税收补贴提供了一个合理的解释。毕竟，如果安娜向慈善机构捐款100美元并且税率是40%，那么她的税收就会减少40美元。政府从她那里少拿了40美元，也就避免了在违背安娜意愿的情况下拿40美元再分配给其他人。此外，慈善部门越有活力，就越能成为政府权力的制衡力量，为社会问题提供分散和多样化的解决方案。

然而，这种推理忽视了慈善税收补贴本质上就是再分配的。它们的成本由其他纳税人承担，它们最好被视为政府再分配的间接机制。当安娜做出慈善捐助并接受慈善扣除时，她实际上是作为政府的代理人。安娜决定哪个慈善机构将从她那里得到60美元以及从其他纳税人那里得到40美元（使用前例中的数字）。虽然她对慈善机构的捐赠不是强制的，但是从其他纳税人那里转移的40美元是强制的，这种强制意味着自由意志主义和慈善税收补贴之间的关系比最

---

[27] 对自由意志主义和古典自由主义的总结，参见：Harry Brighouse, *Justice* (New York: Polity, 2004), 86–94; Will Kymlicka, *Contemporary Political Philosophy: An Introduction*, 2nd edn (Oxford: Oxford University Press, 2002), 102–65; Eric Mack and Gerald F. Gaus, 'Classical Liberalism and Libertarianism: The Liberty Tradition', in Gerald F. Gaus and Chandran Kukathas (eds), *Handbook of Political Theory* (Thousand Oaks: SAGE, 2004), 115–30; Matt Zwolinski, 'Classical Liberalism and the Basic Income', 6(2) *Basic Income Studies* (2011) 1–13。

初看起来更复杂。

正如本节将要展示的,通过仔细观察表明,最常见的自由意志主义概念并不支持当前的结构。只有不那么常见的左翼自由主义理论能够支持类似于我们当前结构的东西。这种分析源于这样一种观点,即如果国家不能合法地向公民征税以使其从事某项活动,那么它就不能有效地向公民征税,以补贴提供这种活动的第三方。但是,如果一个国家自己能够提供一种特定的公共物品或服务,它可以正当地补贴提供该物品或服务的第三方。事实上,在这种情况下,补贴可能比政府直接提供更好。决定哪些慈善机构获得补贴的不同参与者可以获得政府可能缺乏的分散信息,而捐赠市场在某些方面反映营利性市场。此外,补贴替代政府提供特定服务的慈善机构增强了多元化和试验性,并最小化了政府权力。[28]

一、最低限度国家的自由意志主义

大多数税务学者将自由意志主义思想与罗伯特·诺齐克的权利理论(entitlement theory)联系在一起,该理论包含三个核心原则:获得中的正义、转让中的正义,以及纠正过去占有财产(holdings)的不正义。根据这些原则,如果邦妮正义地获得了一笔财产,她可以用它来做任何她想做的事情。如果她自由地将其转让给克里斯,那么克里斯对该私有财产的所有权是正义的,不能被干涉。另一方面,如果邦妮获得财产是不正义的,或者转让给克里斯是不正义的,那么

---

[28] 关于自由意志主义和慈善税收补贴之间相互作用的更完整的描述,参见: Miranda Perry Fleischer, 'Libertarianism and the Charitable Tax Subsidies', 56(4) *Boston College Law Review* (2015) 1345。

无论谁受到伤害,都应该得到某种形式的补偿。[29]

诺齐克的理论,连同约翰·洛克的自然财产权利理论,形成了通常被称为"最低限度国家的自由意志主义"的基础。正如诺齐克总结的那样,只有"最低限度国家仅限于对暴力、盗窃、欺诈、合同执行的保护等狭隘职能才是正义的"。[30]因为"税收等同于强制劳动",[31]再分配税收是不正义的。因此,最低限度国家的自由意志主义似乎表明,慈善税收补贴是不正义的。如果国家不能有效地提供除基本保护和执法服务之外的任何其他服务,那么它就不能合理地补贴第三方提供的任何其他服务。此外,慈善税收补贴违反了最低限度国家的自由意志主义所体现的反分配规范,因为它们非自愿地从非捐赠者那里(以提高税收或减少服务的形式)向慈善受赠者提供补贴。

1. 非绝对主义与安全网

然而,对最低限度国家的自由意志主义细致入微的审视显示出一幅更为复杂的图景。例如,著名的自由意志主义哲学家埃里克·麦克承认自己喜欢"所有税收都是偷窃"这句名言,同时认为基于权利的自由意志主义可以支持税收,这种税收将"为那些毫无疑问会陷入可怕困境的人提供一个最低限度的安全网"。[32]简单来说,麦克认为,财产所有者有一个自利的动机,即提供一个最低限度的安全网,使那些处于困境的人不需要偷窃食物或住所。通过减少侵犯财产权的正当化事由,一个最低限度的安全网实际上会加强这些

---

[29] Robert Nozick, *Anarchy, State, and Utopia* (New York: Basic Books, 1974), 169.

[30] Ibid., ix.

[31] Ibid., 169.

[32] Eric Mack, 'Non-Absolute Rights and Libertarian Taxation', 23(2) *Social Philosophy & Policy* (2006) 109.

财产权利。

然而，这种阐释只能支持通过慈善税收补贴进行的极为有限的再分配，而不能支持目前的广泛结构。它建议将慈善税收补贴限制在为那些非因自身过错而无法养活自己的群体提供的基本生活援助。这将支持对残疾人、儿童和老年人的援助，但不支持对健全者的援助，除非后者被列为某种类型的"工作福利"。[33] 虽然这些援助可能包括施食处、无家可归者庇护所、紧急医疗护理，以及衣物和洗漱用品等基本用品，但它很可能不包括向真正贫困者提供的其他商品和服务，如娱乐项目、艺术机会等。

2. 矫正

诺齐克的矫正概念也可以支持有限的再分配活动，但同样和我们当前的结构不一样。回想一下，对于诺齐克来说，如果现有条件是由不正义的获得或转让造成的，那么以矫正过去的不正义为理由的再分配是合理的。这个过程包括三个步骤：确定过去的不正义；确定如果过去的不正义没有发生的话，分配情况如何；然后把受害者恢复到一个没有这些不正义的状态。[34]

为此，为改善过去不正义行为受害者的状况而提供税收补贴是有道理的。一些过去不正义的例子是显而易见的，比如奴隶制度、

33　马克将实施某种类型的工作福利要求，理由是那些由于极端需要而忽视财产权的人应尽可能补偿受影响的财产所有者。参见注50—51及相关上下文，讨论了对于这样的区分是否涉及太多政府干预。

34　Nozick, n. 29, 152–3; Lawrence Davis, 'Nozick's Entitlement Theory', in Jeffrey Paul (ed.), *Reading Nozick: Essays on Anarchy, State and Utopia* (Totowa: Rowman & Littlefield, 1981), 344, 350–1; Adam James Tebble, 'The Tables Turned: Wilt Chamberlain versus Robert Nozick on Rectification', 17(1) *Economics and Philosophy* (2001) 89, 91–3. 矫正不包括将不正义转让的标的的确切所有权归还给其适当的所有者，也不涉及受害者后代的继承权。Davis, n. 34, 348–51.

美国原住民的待遇，以及"二战"期间对日裔美国人的拘留。因此，矫正理念可以支持对帮助改善这些群体（以及任何类似群体）状况的慈善组织进行补贴。如果这些群体的贫困可以追溯到过去的不正义，那么向这些群体成员提供食物、衣服和住所等基本必需品是正当的。如果由于过去的不正义，这些群体的成员受教育和就业机会较少，那么国家就可以正当地补贴以改善他们受教育和就业的机会。这可能包括在这些群体居住的社区开设私立学校，提供辅导项目、职业技能培训等等。矫正可能会走得更远，在任何情况下，如果受害者群体的机会不及非受害者（比如美国白人或男性），就进行补贴。在娱乐问题上，许多非裔美国人和印第安人缺乏其他人认为理所当然的娱乐机会，比如参加夏令营和去游泳池。如果缺乏机会的原因是过去的不正义，那么补贴这些项目是正当的。

显然，要确定过去的受害者，并确定如果没有过去的不正义会有什么样的分配是极其困难的。即使这是可能的，它也不会支持我们目前对广泛群体的补贴。有趣的是，诺齐克自己提出了这样一个想法，罗尔斯的差别原则可以为这些实施问题提供解决方法。他认为，也许社会上地位最低的人最有可能成为过去不正义行为的受害者。[35] 然而，即使是这样的推理，也不会支持目前的结构，而只会证明补贴那些帮助经济上处于不利地位的人的群体是正当的。

二、古典自由主义

与诺齐克的"最低限度国家的自由意志主义"和传统的自我所有权不同，古典自由主义理论认为，一个稍微活跃的国家可以正当地

35　Nozick, n. 29, 231.

提供额外的公共产品和基础设施,减少负外部性,并禁止垄断。然而,这些理论认为当前的政府的范围是不正当的,并反对大多数政府规定和大规模再分配方案的实施。尽管古典自由主义原则可能比最低限度国家的自由意志主义更能证明一套更广泛的补贴是正当的,但它们并不支持当前结构的广泛补贴。正如下面所探讨的,它们将补贴真正受到市场失灵影响的公共物品,并可能为极度贫困的人提供有限的安全网。

1.公共物品

古典自由主义理论家们认识到,由于搭便车和类似的市场失灵,即使是一个运转良好的市场也可能无法提供足够的公共物品。为什么公共物品会出现市场失灵?这些物品的一个特点是非排他性。以清洁空气为例:一旦为一个人提供了清洁空气,就不可能阻止其他人也享受它。这种非排他性被认为会导致"搭便车",从而导致私营部门生产的此类产品不足。如果是这样,政府就有正当理由补救市场失灵,从而生产最优水平的公共物品。[36]

虽然这一理论似乎证实了当前慈善税收补贴的广泛结构,但仔细观察就会发现事实并非如此。相反,古典自由主义为一套范围更窄的补贴制度辩护。在某些情况下,某一特定物品可能缺乏真正的公共物品所特有的非排他性。在其他情况下,搭便车可能不像人们通常认为的那么普遍,或者私营部门能够在没有政府干预的情况下独自克服最初的市场失灵。

---

36 See, e.g., Milton Friedman, *Capitalism and Freedom*, 40th anniv. edn (Chicago: University of Chicago Press, [1962] (2002), 27–32; Lionel Robbins, *The Theory of Economic Policy in English Classical Political Economy* (London: Macmillan, 1953), 188–9; Gerald F. Gaus, *Social Philosophy* (Armonk: M. E. Sharpe, 1999), 170, 188–91.

(1)排他性

关于排他性，如果不为某一特定物品或服务付费的个人可以被排除在外，那么私人市场一般应该能够以最优水平提供这种物品或服务。事实上，目前许多获得补贴的活动是排他性的。学校可以只教育付费的学生，医院可以只治疗付费的病人，博物馆可以只接受付费的顾客。由于有线电视和卫星等技术，公共电视可以只提供给愿意付费的人。[37]

因此，不能以非排他性为理由认为补贴这些活动是正当的。不过，补贴这些活动还有另外两个潜在的理由。第一个与契约失灵有关。正如亨利·汉斯曼（Henry Hansmann）首先指出的，许多被补贴的活动是复杂的个人服务，如医疗保健、教育和日托。他的理论是，由于购买者不能轻易地判断这些服务的质量，公司将以非营利的形式组织起来，向购买者保证付款将用于提高质量，而不是使公司管理层受益。然而，作为非营利组织的缺点是，非分配约束阻碍了公司筹集资金的能力。汉斯曼认为，税收补贴弥补了这种不足。

如果这种服务确实遭受契约失灵的影响，古典自由主义将支持补贴。相反，如果私营部门能够解决信息不对称问题，就没有必要提供补贴。鉴于人们现在可以通过多种方式获得有关潜在服务提供商的信息——互联网评论网站、消费者留言板、第三方认证等等——契约失灵的情况似乎没有过去那么普遍了。此外，安纳普·马拉尼和埃里克·波斯纳已经确定了几个合同机制，可以让潜在客户确信，资

---

37 参见：Harold Demsetz, 'The Private Production of Public Goods', 13(2) *Journal of Law and Economics* (1970) 293（在文中使用了电视付费的例子）；Gergen, n. 14, 1443-4。任何怀疑人们是否愿意为公共电视付费的人，只需看看公众是否愿意花钱租用或购买《唐顿庄园》等节目就知道了。

源正在按照承诺使用,而不是被挪用(diverted)。在这两种情况下,如果客户有办法自己决定哪些提供者是值得信任的,那么非分配约束和补贴都是无关的。[38]

补贴排他性活动的第二个潜在理由,即有益品(merit goods)的概念,可能对古典自由主义者没有什么影响。根据理查德·马斯格雷夫的说法,有益品是指诸如教育或文化活动这样的商品,对于这些商品,市场上的个人偏好并不反映社会对这些商品的偏好。出现这种不匹配可能有两个原因。首先,如果活动的利益扩大到那些不愿意在没有补贴的市场上购买它的人,那么这种活动可能会产生正外部性,而且这些正外部性表现出非排他性。其次,也许个人低估了他们对有益品的偏好,因为他们的利益是遥远的或是间接的。为了"纠正"个人偏好,补贴可以降低价格从而增加需求,因而被认为是正当的。[39]

然而,一个古典自由主义者可能会因为以下原因而怀疑上述观点。社会如何知道哪些偏好应该以这种方式得以纠正?为什么是芭蕾而不是邪教僵尸电影(cult zombie movies)?社会如何确定哪些商品产生正外部性?挑衅性的现代艺术对某些人来说是正外部性,对另一些人则是负外部性。正如其他人所指出的,大多数有益品——教育和文化设施——反映了中产阶级文化精英的品味。为什么要让少数人的口味凌驾于其他人的偏好之上呢?

38　Anup Malani and Eric A. Posner, 'The Case for For-Profit Charity', 93(8) *Virginia Law Review* (2007) 2017, 2035-9.

39　Richard A. Musgrave, *The Theory of Public Finance* (New York: McGraw Hill, 1959), 13-14.

(2)搭便车

然而,古典自由主义的信条会比简单地坚持更严格地遵守非竞争性和非排他性的标准更进一步。这样的原则还要求:(1)搭便车实际上是一个问题;(2)政府干预是解决这个问题的必要条件。一些证据表明,搭便车可能不像许多人认为的那样普遍。例如,在一项实验中,受试者被告知,即使不付钱,他们也不会被排除在观看戏剧表演和电视节目等之外。尽管如此,大多数人还是透露了他们对物品的真实需求,而不是策略性地低估需求以便搭别人的便车。[40]

此外,各种社会和契约机制可以克服潜在的搭便车问题。例如,由于教堂具有俱乐部性质,搭便车的问题在教堂中被最小化了。[41]社会压力和道德劝说也有同样的效果。例如,在我女儿的学校,每个年级中父母百分之百参与年度基金的第一个班级将赢得一场特别的披萨派对。想要给孩子一个派对的愿望和因拒不参加而毁掉派对的骂名会使搭便车的行为最小化。许多组织利用社会认可的力量来鼓励捐赠;比如戏剧节目和大学校友杂志上著名捐赠者的名单。罗伯特·库特提议的公布一个人的收入中有多少捐给慈善机构的"捐赠登记册"也有类似的效果。[42]

在其他情况下,契约机制(如搭售)可以克服搭便车现象。当使用搭售时,供应商不是对公共物品本身收费,而是对与公共物品密切相关的私人物品收费。以作为公共物品典型的灯塔为例,直到19

---

[40] See Peter Bohm, 'Estimating Demand for Public Goods: An Experiment,' cited in Earl R. Brubaker, 'Free Ride, Free Revelation, Or Golden Rule', 18(1) *Journal of Law and Economics* (1975) 147, 158–61.

[41] See Gergen, n. 14, 1438.

[42] Robert D. Cooter, 'The Donation Registry', 72(5) *Fordham Law Review* (2004) 1981.

世纪中期，英国的许多灯塔都是由私人经营的。为了避免"搭便车"的问题，运营商向停靠在附近港口的船只收费。船只只有避开港口才能避免这笔费用，这意味着要停靠在更危险的地方，或者在海上花费更长的时间。[43] 在非营利组织提供公共物品的情况下，教堂座位费是一种捆绑形式，就像音乐会和演出的优先座位一样。为捐赠者提供额外的福利也有类似的效果，比如在演出结束后与表演者见面。

（3）古典自由主义者与公共物品的终极思考

如上所述，对古典自由主义信条的严格解读将支持通过慈善税收补贴来补贴真正的公共物品。几乎可以肯定，这将包括环境保护、动物福利、医疗和科学研究、扶贫（不包括那些无法支付扶贫费用的贫困人口违背了本意）。它还可能包括教育和医疗卫生等活动；除了直接接受者（如受过教育和健康的劳动力）所享有的利益之外，很容易想象正外部性。但是，一些文化便利设施（剧院、博物馆、公共广播电台）和其他汇集了共同利益的群体（致力于编织艺术鉴赏的团体）可能得不到补贴，因为这些群体不会产生可识别的正外部性。

当然，这种解读将慈善部门概念化为提供各种不同的公共物品的组织（并且只有在政府本身能够提供这些产品的情况下，才可以合法地提供这些产品）。然而，一些古典自由主义者可能会认为，慈善部门本身应该被视为一种公共物品。[44] 例如，一个强大的慈善部门可以通过最大限度地减少政府的活动范围、控制政府的增长、确保在重要问题上听取非政府的声音来起到制衡政府权力的作用。该部门（以及补贴）还鼓励自愿捐赠和将强制征税的必要性降至最低的

43　See R. H. Coase, 'The Lighthouse in Economics', 17(2) *Journal of Law and Economics* (1974) 357, 357–8.

44　See Fleischer, n. 28, 1402–3.

社群主义精神（communitarian ethos）。

根据这种观点，慈善部门应该以与国防或工作市场相同的方式看待。所有公民——无论贫富——都从这些机构中受益，并获得广泛的公共利益。富人从慈善税收补贴中受益（就像他们从国防中受益一样）恰恰反映了这一事实。正如担心国防的分配后果是愚蠢的一样，这种推理继续下去，担心慈善税收补贴的分配后果也是愚蠢的。

尽管该部门作为政府权力制衡力量的观点很有吸引力，但上述观点并不能使我相信，应忽视补贴的分配后果。也就是说，慈善税收补贴——与国防等不同——大政府反对者经常吹捧其再分配能力。例如，一些人主张，政府的福利应该被增加的私人捐赠所取代。每当讨论对慈善部门的改革时，支持现状的人都认为，任何改变都会伤害穷人。由于这些原因，慈善部门所进行的各种活动的分配后果是相关的。

2. 古典自由主义与安全网

除了资助真正的公共物品外，一些古典自由主义学者还支持为非常贫困的人提供最低限度的安全网。这一观点主要有四个主导理由，尽管学者们往往对他们的观点含糊其辞或将其混为一谈。像埃里克·麦克一样，一些人认为安全网为不需要帮助的人提供了自我保护或保险。[45] 另一组论据强调"搭便车"问题，将救济贫困视为上

---

45 Friedrich A. Hayek, *Law, Legislation and Liberty*, vol. 2: *The Mirage of Social Justice* (Chicago: University of Chicago Press, 1978), 87 [hereinafter Hayek, *Mirage*]; Friedrich A. Hayek, *The Constitution of Liberty* (Chicago: University of Chicago Press, 1960), 285–6 [hereinafter Hayek, *Constitution*].

述类型的公共物品。[46] 其他学者关注的是对穷人的道德责任和/或是向其所有成员证明自由主义计划正当性的需要。[47]

然而，由于古典自由主义的其他原则，这些观点都没有导致广泛的再分配措施或为了平等而进行的再分配。相反，这些关切是足够充分的。例如，哈耶克支持提供最低收入，以提供"防止严重的物质匮乏"的保障，但他反对确保"通过比较一个人或一个群体与其他人所享有的标准而确定……一个给定的生活标准"。[48] 他认为，旨在"更均衡或更正义地分配产品"[49] 的目标是对自由的不可容忍的干扰。

按照这些思路，古典自由主义者的关切是对收容所、施食处、紧急医疗和基本生活用品（如衣服和洗漱用品等），而不是对娱乐项目和艺术机会等活动提供补贴的正当性。即使后一系列活动有益于穷人，它们也超出了这些理论家所设想的基本必需品。目前尚不清楚的是如何对待超出了基本生活但使勤勉的人更有可能在未来自食其力的项目，比如就业培训或日托。

然而，自由意志主义者仍在争论，这个安全网是否应该局限于"值得救助的穷人"，即那些自己没有过错而不能自食其力的人，如

46　Friedman, n. 36, 191; Mack and Gaus, n. 27, 124.

47　Friederick A. Hayek, *Law, Legislation and Liberty*, vol. 1: *Rules and Order* (Chicago: University of Chicago Press, 1973) 152 [hereinafter Hayek, *Rules*]; Hayek, *Constitution*, n. 45, 285; Hayek, *Mirage*, n. 45, 87; John Locke, 'First Treatise on Government', cited in Jeremy Waldron, 'Nozick and Locke: Filling the Space of Rights', 22(1) *Social Philosophy and Policy* (2005) 81, 91; Loren Lomasky, *Persons, Rights, and the Moral Community* (New York: Oxford University Press, 1989), 125–9. 关于这些观点的总结，参见：Zwolinski, n. 27, 7–8; Gaus, n. 36, 188–91。

48　Hayek, *Constitution*, n. 45, 259.

49　Ibid.

儿童、老人和残疾人。一方面，许多支持基本安全网的学者——包括哈耶克、洛克和埃里克·麦克——将值得救助的穷人与不值得的穷人区分开来。[50] 另一方面，以这种方式限制援助可能需要一定程度的政府干预，这与自由主义原则背道而驰，因为它将要求政府参与决定谁是"值得的"，目的是为了知道哪些慈善机构应该得到补贴。[51] 不管这场争论是如何解决的，很明显，提供一个足够充分的安全网，将证明比现行法律规定的范围小得多的慈善税收补贴是合理的。

三、左翼自由意志主义简介

最低限度国家的自由意志主义和古典自由主义是对自由意志主义最常见的解释；大多数自我认同为自由意志主义者的外行人士很可能赞同其中一种。两者都是"右翼自由意志主义"的版本，其推理基于自然资源最初是无主的假设。相比之下，不太为人所知的"左翼自由意志主义者"理论认为，在被占有之前，自然资源应被视为共有。由于这种共同所有权，左翼自由意志主义者认为，一个人占有的自然资源超过了他的公平份额，就必须补偿他人。[52]

这就导致了关于什么是自然资源，以及这些资源的"公平分配"是什么的争论，这在很大程度上反映了资源平等主义者之间的争论，下文将对此进行更详细的讨论。"平等分享左翼自由意志主义"

---

50 Friedrich A. Hayek, *The Political Order of a Free People* (Chicago: University of Chicago Press, 1979), 55, reprinted in Tebble, n. 34, 595–6; Waldron, n. 47, 96–7.

51 See Zwolinski, n. 27, 8–9.

52 See Peter Vallentyne, 'Left-Libertarianism and Liberty', in Thomas Christiano and John Christman (eds), *Contemporary Debates in Political Philosophy* (Malden, MA: 2009), 138–44; Michael Otsuka, *Libertarianism without Inequality* (Oxford: Clarendon, 2003), 11–22.

(equal share left-libertarianism)[53]大致相当于基本的资源平等主义，不考虑残疾和其他影响个人福利机会的非金融特征。然而，更常见的左翼自由意志主义者的解释是，初始份额应该给每个人平等的福利机会。[54]这种模型认识到，个人的先天差异，如残疾，会影响他们创造福利的能力。[55]与资源平等主义一样，一些理论家也认为，品味昂贵或禀赋低于平均水平的个人也值得获得额外资源。为此，左翼自由意志主义者对慈善税收补贴的建议，在许多方面与资源平等主义重叠，下文将对此进行讨论。值得注意的是，这个版本比更流行的右翼自由意志主义理论更接近于支持当前的结构。

第五节　扩张性资源平等主义：一个更好的契合点

最后一套税收学常见的分配理论是基于机会平等原则的。正是在这些理论的支撑下——当解释昂贵的品味和人才聚集时——当前的结构才最容易被视为正义。

一般来说，机会平等是指一个人的选择应该决定一个人的人生道路，而不是出生的偶然性特征（如种族）。因此，机会平等默许由于选择而产生的不同结果，这与传统的功利主义理论相反，后者无论原因是什么，都寻求不平等的最小化。毫不奇怪，关于确保出生时

53　See Vallentyne, n. 52, 148; Hillel Steiner, 'The Natural Right to the Means of Production', 27 *Philosophical Quarterly* (1977) 41, 49.

54　See Vallentyne, n. 52, 149; Otsuka, n. 52, 25.

55　See Otsuka, n. 52, 27, 29. 大冢（Otsuka）认为，即使由于性格开朗或其他特点，残疾人获得福利的机会与非残疾人一样多，他们也应该得到补偿。

的偶然性特征不会预先决定人生结果意味着什么,存在着较多的争论。[56]一种解释被称为"择优原则"(the merit principle)或"对人才开放的职业"(careers open to talents),基本上只要求在获得工作或类似机会时排除歧视。但是,它不支持任何使个人能够重新竞争这些机会的再分配,因此不应进一步讨论。(许多持这种观点的人也认为自己是古典自由主义者或自由意志主义者,并可能基于这些理由支持前面讨论的有限的再分配活动。)

尽管对人才开放的职业理念很受大众欢迎,但许多学者认为它只是名义上提供了平等的机会。在他们看来,出生时可获得的资源极大地影响了一个人发展才能以竞争工作和大学录取等机会的能力。他们进一步指出,出生时可用的资源就像一个人的肤色或性别一样具有任意性。为此,这些"自由平等主义"(liberal egalitarian)理论家支持寻找事前的资源平等的方案,以使结果差异来源于选择而非出生的偶然情况。因此,这些理论(包括罗尔斯的民主平等和资源平等主义)除了不歧视外,还主张再分配。其中,对允许人才汇集与昂贵品味的资源平等主义的广泛解读,为目前的慈善税收补贴结构提供了最接近的正当理由。

一、民主平等与基本资源平等主义

大多数读者可能熟悉罗尔斯关于民主平等的概念,即一个人与生俱来的财政资源和自然禀赋都是任意的。民主平等(一般来说)包括两个原则。"公平的机会平等原则"(fair equality of opportunity)

---

[56] 对于各种机会平等理论的有益讨论,参见:Kymlicka, n. 27, 53–97; Anne Alstott, 'Equal Opportunity and Inheritance Taxation', 121(2) *Harvard Law Review* (2007) 470, 476–85。

要求限制来自不同社会阶层的同等禀赋的个人发展其技能和才能的不同能力。"差异原则"（difference principle）则要求对社会进行安排，只有在弱势群体也从中受益的情况下，才能让有禀赋的人从他们的才能中获得经济利益。因此，民主平等默许因不同的选择和不平等的禀赋而产生的不平等，但具有不同禀赋的个人不应因为事实本身得到任何补偿。[57]

在许多方面，这与税收学界中最常见的资源平等主义的解释相重叠。这一概念，我将称之为"基本资源平等主义"（basic resource egalitarianism），也试图最小化一个人出生时的经济资源在决定人生结果方面的作用。基本上，基本资源平等主义只关注经济资源而忽视了自然禀赋的差异。与罗尔斯的民主平等一样，基本资源平等主义认为由于偶然性而产生差异的结果是不正义的，因此初始的经济资源应该是平等的。然而，不平等的自然禀赋不会引发补偿。[58] 罗尔斯的民主平等和基本资源平等主义都不寻求事后资源的平等。由于这些相似之处以及它们对慈善税收补贴的相似意义，我将从这里一起讨论这些理论，并将这套观点简称为"基本资源平等主义"。

在公共政策方面，基本资源平等主义通常表现为针对儿童和父母的方案。回想一下，它的基本目标是使事前资源平等化，以便以后的结果将反映各种选择。当然，在现实世界中，事前平等是不可能的。现实世界是一个持续的状态，由不同年龄段的人组成。有些人刚刚出生，有些人正处于事业的中期并取得了一定程度的成功，还有一些人正接近生命的尽头。在任何特定的时刻，资源的分配反映了

57　John Rawls, *A Theory of Justice*, rev. edn (Cambridge, MA: Harvard University Press, 1999), 63–87.

58　Alstott, n. 56, 476–85.

选择和运气的混合。试想在第10年征收没收性税收并在整个社会分配等量的资源，这将在之后的年份提供事前均衡，但忽略了第10年之前作出的选择。

但是，任何特定的孩子所处的环境，都不是他们过去选择的结果；没有人选择出生在某个特定的家庭。帮助处境不利的儿童（以及他们的父母，以间接地帮助儿童）可以从个人层面进一步促进资源平等。[59] 一些项目，如赢在起跑线（Head Start），贫困学生奖学金计划，儿童健康保险计划，妇女、婴儿和儿童营养计划，这些都试图增加贫困儿童的资源，以使他们与富裕儿童有同样的机会来发展他们的禀赋和能力。因此，最符合基本资源平等主义的方案是那些援助儿童及其父母，以及困境明显是由于运气不好（也许是那些在工作中遭遇事故）所造成的成年人的方案。

这些理论只能对目前慈善税收补贴的结构作出部分解释，并没有证明补贴我们目前所帮助的广泛群体是合理的。由于这些理论强调在出生时为儿童提供的经济资源是平等的，它们不能证明资助不是帮助贫困儿童的方案是正当的。相比之下，基本资源平等主义只会认为帮助贫困儿童发展其禀赋的组织是正当的，不管他们采取何种方式。明显的例子包括为贫困母亲提供产前和产后护理（如护士/家庭合伙企业）；贫困社区的家教项目、图书馆和学校；还有像哈莱姆儿童企业区这样的项目。（也许）不那么明显的例子是，一些团体帮助贫穷的孩子发展技能，这些技能起初可能看起来很无聊，因为他们没有直接教授学业或工作技能。这将包括向贫困儿童教授音乐、舞蹈、体育和国际象棋等课程的团体。由于这些团体培养了耐心、纪

59　Alstott, n. 56, 477.

律和团队合作等技能,资源平等主义似乎很可能支持对他们进行补贴。更进一步,基本资源平等主义还建议为贫困儿童提供补贴,以让他们有机会享受博物馆、剧院和舞蹈表演等文化节目。

这显然比现行法律补贴的活动要少得多。只有向贫困儿童提供免费或折扣门票(或其他有助于他们发展能力的项目)的情况下,诸如青年娱乐项目和"精英"文化活动(如歌剧院和艺术博物馆)之类的活动才会得到补贴。[60] 非营利性医院也是如此。许多帮助成年人的组织不会得到补贴,这样就不会奖励其客户过去的错误选择。相反,只有当他们是父母(作为一种间接地帮助孩子的方式),或者他们的困境是由于他们无法控制的状况所导致的情况下,对贫困成年人的援助才会被认可。(当然,在许多情况下,可能很难确定成年人是否因自己的选择而贫穷。一个在公立学校糟糕的贫困地区长大、没有上过大学、刚从工厂下岗的人,是选择的受害者,机遇的受害者,还是两者兼有?)

二、考虑到残疾的资源平等主义

基本资源平等主义只关注出生时不同的物质资源对生活结果的影响程度。然而,一些理论家认为,社会也应该尽量减少出生时生理和心理能力的偶然差异对结果的影响程度。在他们看来,出生时的身体和精神残疾应该得到补偿,就像缺乏经济资源一样。举一个常见的例子:想象两个人,达娜和艾玛,出生时拥有同等的经济资源。如果达娜天生腿有残疾,不能走路,那么她就没有和艾玛一样的机

---

60 当然,这就撇开了对贫困儿童参与青少年娱乐联盟或歌剧院的援助"需要多少"的问题。

会。因此，一些资源平等主义者认为，达娜的残疾应该得到补偿，因为她将不得不在轮椅或拐杖上花费资源来获得行动能力并拥有与艾玛相同的机会。[61]

就慈善税收补贴而言，与最基本的资源平等主义制度相比，这一观点支持的补贴范围略为宽泛，但仍与我们目前的结构相去甚远。例如，考虑到残疾的资源平等主义将支持补贴诸如特奥会和残奥会等为残疾人提供机会发展他们的技能和禀赋的团体。此外，政府还将补贴对唐氏综合征等类似的偶然疾病和残疾的治疗和研究。一个更棘手的问题是那些从事肺癌研究和预防等活动的组织。虽然许多得肺癌的人都是吸烟者，在某种意义上对他们的困境负有责任，但很大一部分肺癌患者不是吸烟者。帮助他们并不是奖励他们过去的错误选择。

值得注意的是，考虑到残疾的资源平等主义也建议对医院和保健服务进行补贴，即使它们没有向儿童提供免费或折扣服务。相反，仅仅提供收费的医疗保健服务（即使没有折扣，即使是对成年人）应当被视为慈善。回想一下汉斯曼为慈善税收补贴提供的理由。为克服信息不对称，契约失灵的医疗保健等活动将以非营利组织的形式组织起来。然而，与此同时，非营利组织的形式阻碍了他们筹集资金的能力，这就证明了税收补贴是合理的。[62]因此，对医疗保健提供者进行补贴使他们能够提供治疗身体疾病所必需的物品或服务，而且

---

61 Amartya Sen, 'Equality of What?', in Sterling M. McMurrin (ed.), *The Tanner Lectures on Human Values* (Cambridge, UK: Cambridge University Press, 1980), 196, 218.

62 Henry Hansmann, 'The Rationale for Exempting Nonprofit Organizations from Corporate Income Taxation', 91(1) *Yale Law Journal* (1981) 54, 69–71, 72–5.

如果没有补贴,这些物品或服务是无法提供的——在达娜的例子中,可能是一项修复腿的手术。[63]

当然,一旦达娜支付了手术费用,她剩下的经济资源就比艾玛少了。在一个初始经济资源平等的世界里,完全补偿达娜还需要向她提供一些经济补偿,这样在她的残疾得到修复后,她就能和艾玛拥有同样的经济资源。这表明,提供免费或低成本服务的医疗保健提供者应该有资格获得额外补贴:一个原因是用于向达娜提供她所需的手术,另一个原因是用于补偿由此产生的物质资源差异。这一点在正常价格超出达娜的承受能力时尤其正确。在这种情况下,单有医院的存在不能治疗她的残疾;只有免费或降价的医疗服务才能帮助达娜。(理论上,资源平等主义需要这种免费或降价的医疗服务。但是,这样的要求可能会使医疗保健机构破产。如果是这样的话,更有意义的是放弃这样的要求,以便卫生保健机构能够首先存在,并至少为一些人治疗残疾。)

三、昂贵的品味和人才聚集:对当前结构的最好解释

除了补偿无法选择的残疾,一些理论家甚至会更进一步,补偿昂贵的品味和禀赋的缺乏。回想一下资源平等主义的观点,即一个人出生的偶然情况不应影响一个人过上美好生活的能力。对一些理论家来说,天生品味昂贵就像生下来只有一条腿一样具有任意性,并使他们在追求自己想要的美好生活时相比没有昂贵品味的人处于劣

---

[63] 这里应该注意到的是,资源平等主义者对政府活动的怀疑要比古典自由主义者少得多,而且很可能不会像古典自由主义者那样坚持严格的关于市场或契约失灵的标准。

势。[64]例如,因为香槟比啤酒贵,比起我的爱喝啤酒的丈夫,我需要更多的资源来增进我的幸福。一些理论家进一步认为,技能的分配,如良好的声音或打篮球的能力,同样是任意的,应该从同样的角度来看待。在他们看来,一个音盲、嗓子不好的会计师想要成为一名流行歌手,当他无法过上自己想要的美好生活时,他也是一个偶然的受害者。在这种观点下,会计师和我都应该得到补偿。

尽管这种对资源平等主义的宽泛解释是有争议的,[65]但它最好地解释了目前被补贴的广泛群体。例如,它将支持补贴像歌剧院和社区剧院这样的团体,即使它们没有为贫困儿童提供机会或给穷人提供折扣。其原因与卫生保健机构相似。以歌剧院这样的团体为例。经常看歌剧的人不幸拥有昂贵的品味;而歌剧演唱者不幸想要从事如果没有歌剧补贴可能无法从事的职业。因此,歌剧院本身的存在,通过使这些人能够拥有他们想要的美好生活进一步促进了资源平等主义。然而,与医疗保健一样,提供免费或低价服务的歌剧院、学校、博物馆等都应该有资格获得额外补贴。这种推理也适用于其他我们可能认为不像歌剧那样昂贵的非营利活动。从某种意义上说,任何一个拥有少数偏好但没有得到市场或政府补贴的人都是不幸的。通过向这些人提供获得福利的机会,慈善税收补贴正在补偿他们的不幸。

虽然目前的结构最能反映这种对资源平等主义的解释,但它并不是一个完美的匹配。例如,即使是这种宽泛的解释,也不能为援助那些非为人父母或由于自己的选择而贫穷的成年人提供理由。例

---

64 Richard J. Arneson, 'Equality and Equality of Opportunity for Welfare', 56(1) *Philosophical Studies* (1989) 77, 79.

65 关于此批评的讨论,参见:Alstott, n. 56, 481-2。

如，一个完美地反映资源平等主义的结构，将需要施食处或无家可归者庇护所调查那些非为人父母的成年客户贫困的原因。同样，有补贴的医院也不应该治疗那些自愿爬上危险的树而摔断腿的人，或者有机会投保但没有保险的人。

四、资源向下调配

目前的结构也背离了资源平等主义的理想，因为它不需要向下调配。罗尔斯和资源平等主义者都要求资源向下调配，也就是说，出于两个原因，限制人们可以转移给子女的经济资源。首先，它减少了出生在富裕家庭的孩子在发展天赋和能力方面的任意优势。其次，它将财富集中最小化，罗尔斯认为财富集中会损害民主，从而损害拥有较少经济资源的个人的基本自由。[66]

因此，一套与这些理念更为紧密结合的补贴只会对向下调配资源的转移进行补贴。虽然看起来所有的慈善捐款都必然会因为家庭不直接使用资产而向下调配，但仔细观察就会发现，许多捐款实际上并没有向下调配，在某些情况下甚至可能加剧机会的不平等。当弗朗西捐助她女儿就读的私立学校或支持她儿子所在公立学校的基金会时，这就增加了她孩子教育的可用资源。几乎或根本没有出现资源向下调配的现象，实际上，她的子女与在贫困地区就读公立学校的孩子之间受教育机会的差异可能会被放大。[67] 或者，弗朗西可能会为她家族的私人基金会或一个由她的家族控制的公共慈善机构捐

---

66 See e.g., Rawls, n. 57, 245–7.

67 See Rob Reich, 'Philanthropy and its Uneasy Relation to Equality', in William Damon and Susan Verducci (eds), *Taking Philanthropy Seriously: Beyond Noble Intentions to Responsible Giving* (Bloomington: Indiana University Press, 2006), 27, 40–5.

款。即使接受捐赠的组织最终使用这些资金来帮助他人,弗朗西的家族仍然对这些资产保留很大的控制权。这种控制可以构成对他人的经济和政治权力,这与机会平等的理想相冲突。为此,对捐赠者或其家人有利的慈善捐款(即使是间接地)将不能享有税收扣除。对捐赠者家族控制的慈善机构的捐款也不能享受税收扣除。

五、结构问题

当前体制偏离自由平等主义理想的最后一个理论是,慈善扣除是以逐项扣除的方式构建的。这种安排产生了两个令自由平等主义者感到不安的结果:在政府资源如何使用的问题上,富裕的人比不富裕的人拥有更多的"投票权",而且它只补贴了一小部分人昂贵的品味。

1.逐项扣除的机制

事实上,这种补贴是以逐项扣除的形式进行的[而不是线上扣除(above-the-line duction)或抵免],这意味着只有那些逐项扣除的捐赠者的选择才会得到补贴。在计算一个人的纳税额时,每个纳税人可以选择标准扣除额(2016年为6300美元)或逐项扣除额的总和。其他常见的逐项扣除额包括住房抵押贷款利息、未报销的业务费用以及州和地方税收。

大约三分之二的美国纳税人没有采用逐项扣除额,而是采用标准扣除额。这些纳税人没有从慈善捐款中获得额外的税收优惠。如果乔治亚是一个非采用逐项扣除的人,向当地的施食处捐赠100美元,她的税收一点也不会受到影响。对于乔治亚来说,这笔捐赠的税后费用仍然是100美元,而政府对她的捐赠没有任何补贴。相比之下,有三分之一的美国纳税人会因为捐款而获得税收优惠。想象一下，亨利是一个收入落入40%税率、采用逐项扣除的人，向当地收容所捐了100美元。扣除额使他的应税收入减少了100美元，税单减少了40美元。亨利捐赠的税后费用是60美元，政府因为他的捐赠补贴了他40美元。

一个人的收入越高，纳税人就越有可能采用逐项扣除额。原因不难想象，一个人的收入越多，她就越有可能拥有自己的房子并扣除抵押贷款利息，她的州税和地方税就越高，她可以用来做慈善捐款的可支配收入就越多。虽然超过90%的收入在20万美元以上的纳税人采用逐项扣除额，但只有55%的收入在5万至10万美元之间的纳税人采用逐项扣除额，只有28%的收入在5万美元以下的纳税人采用逐项扣除额。

此外，税收扣除为高收入阶层的纳税人提供了比低收入阶层的纳税人更多的税收优惠。试想一下，艾瑞斯（收入落入35%税率的人）和凯瑟琳（收入落入15%税率的人）每人捐赠100美元。扣除后，艾瑞斯的税后费用降至65美元。政府已经把剩下的35美元的捐赠补贴给了她选择的慈善机构，这意味着政府的35美元的钱基本上由她支配用在哪里。但扣除额只会将凯瑟琳的税后费用降低到85美元。政府只对她的捐赠补贴15美元，而她只支配政府的15美元的去向。

2. 这种结构的缺点

慈善税收补贴的这一特点似乎与自由平等主义理念相悖，因为它将本质上是对政府资源使用的投票权只给予了一部分捐赠人。[68]此外，它给予富裕纳税人更多的投票权。鉴于资源平等主义

---

68 See Levmore, n. 15, 411–12.

不能容忍其他在基本权利方面的不平等（例如，富人在选举日并没有得到更多的选票），在这里容忍这些不平等似乎有点奇怪。

最后，这种结构未能考虑到非捐赠者的品味，除非他们的品味与捐赠者和非营利组织创始人的品味相符。以罗拉为例，她没有足够的可支配收入来进行慈善捐赠，但她想欣赏现代舞表演。除非其他人有足够的钱在她附近创建并资助一家现代舞蹈公司，否则她就没那么幸运了。如果这些人转而创建并资助一家歌剧院，罗拉就不会因为天生就喜欢现代舞的坏运气而受到补偿。

第一个问题可以用抵免代替扣除额来解决。然而，可能没有办法绕过第二个问题（非捐赠者的品味）。让政府决定哪些慈善机构获得补贴会使我们回到只有中间选民支持的项目才能得到补贴的局面。理论上，每个人都可以得到一张"慈善"凭证，就像择校凭证一样，可以用来资助任何一个想要资助的慈善机构。然而，仍然会有一些活动无法得到足够的资金来运作，而对这些活动有兴趣的人仍然会发现自己被排除在外。因此，很难构想出一个能够满足所有公民的昂贵品味的制度，而且许多学者已经注意到将补贴附加到捐赠人的积极行为上的好处。[69]

第六节 结论

本章探讨了税收学术中最常见的正义理论，以评估慈善税收补贴的分配后果。贯穿于这一分析的观点是，补贴应被视为再分配，因

---

69 Levmore, n. 15, 405–12; Schizer, n. 16, 229–42, 257–67.

为它们来自一组人（其他纳税人），并捐赠给另一组（那些享受慈善物品和服务的人）。在这种观点下，传统上用于税收政策分析的功利主义和更流行的右翼自由意志主义正义理论，并没有体现在当前结构的再分配的广度上。相比之下，目前的补贴结构，最有可能在广泛解读资源平等主义和左翼自由意志主义的基础上被考虑，这两种观点解释了昂贵的品味和人才聚集。这一认识为批评者提供了一个答案，他们认为，慈善税收补贴不公正是因为它们没有为穷人提供足够的帮助；这些批评者本质上是在批评资源平等主义和左翼自由意志主义这一扩张概念的使用。然而，主张将这种扣除转化为抵免的理论家们，确实在这些平等主义和左翼自由意志主义理论中找到了支持。

第十二章　自治权作为所得税实现原则的道德基础

查尔斯·德尔莫特

托马斯·皮凯蒂的著作在许多学者、政策制定者和非专业人士的经济观点中引发了双重变化。他的实证分析不仅导致了相对不平等的相关性重新引起了人们的兴趣，而且他的《21世纪资本论》也引发了一场关于税收正义的辩论。考虑到皮凯蒂揭示了资本积累的本质，有两项减缓日益扩大的贫富差距的税收措施得到了支持。除了征收财富税——即根据个人财富的市场价值征收的税——皮凯蒂还提出了增加资本利得税的观点。

鉴于公众对资本税的兴趣大大增加，本章通过审视一种评估收入的适当方法，补充关于理想的资本利得税的辩论。一方面，一个人的资产可以根据每年市场价值的增长来征税（按市值计价法）。另一方面，可以对一个人从自己的资产中实现的收入征收资本税，即通过财产转让而获得的货币利益（实现方法）。重要的是，税收学者们近乎一致地从公平和效率的角度谴责前一种做法。理论上，对已实现收益征税的接受程度（逐渐减少）仅仅是基于务实的考虑。

我将表明，对已实现收益征税绝不是没有根据的原则。从每个人都有自己特定目标的规范性评价出发，我将概述按市值计价法的问题。特别是，我要举例说明，当我们把一般市场价格作为人际比较的基础——即评估人们的收入时——我们侵犯了人民的自治权。具体来说，市场价值的自动归属是按市值计价法的基础，它用与人们自己的观点相悖的标准和价值来衡量人们的收入。以实现为基础的税收价值恰恰基于这样一个事实：这种税收复制了人们自己的定价，表现在他们在协议（如销售）中对特定价格的确认。

通过对实现原则进行道义上的辩护，目前的贡献旨在：

1.为这一理论上被谴责的实践建立一个可能的规范基础；

2.建议以有利于自治的方式促进效率或再分配，以补充有关税制改革的辩论。

第一节 托马斯·皮凯蒂和相对不平等的表现

经济分配有两种基本的规范性评估。第一种分析了人们的绝对福利水平。这一方法指出，重要的不是人们拥有相同水平的收入或财富，而是根据某种充分性（sufficiency）标准，他们拥有足够的财富。[1] 优先主义（prioritarian）传统的目标更高，并指出我们应该以

---

[1] 关于社会正义的充分主义进路，参见：Harry Frankfurt, 'Equality as a Moral Ideal', in Harry Frankfurt (ed.), *The Importance of What We Care About: Philosophical Essays* (Cambridge: Cambridge University Press, 1988), 134-58。

第十二章　自治权作为所得税实现原则的道德基础

经济分配为目标,最大限度地提高最不富裕的人的生活水平。[2]在判断一个特定的经济情况时,如果一个基础体系比另一体系更有利于那些生活糟糕的人,那么根据某些特定的标准,这个体系就会得到积极的评价。[3]第三个应用的目标是使福利收益最大化,而没有特别考虑人与人之间的分配。[4]

另一种审视特定分配的方法是使用相关的术语——也就是说,人们拥有多少并不重要,重要的是他们的经济关系。在判断一种情况时,我们并不看人们获得的福利水平;重要的是别人比自己拥有的多还是少。[5]如果人们持有的资产之间的差异很小,那么这种情况将被认为是积极的;如果人们持有的资产之间存在巨大的差异,则这种情况被认为是消极的。[6]

将以下不同社会状况的比较,具体应用到收入——财富的增加——可以让我们对这个问题有正确的看法:

---

2 "优先主义标准"最著名的变体是由约翰·罗尔斯的最大最小原则建立的,该原则认为,正义要求社会中处境最差的人获得最大限度的初级商品。参见:John Rawls, *Theory of Justice* (Oxford: Oxford University Press, 1978), 152–6。

3 社会正义的主要目标是为最不富裕的人提供最大的福利,参见:John Tomasi, *Free Market Fairness* (Princeton: Princeton University Press, 2012)。

4 这就是(结果)功利主义的经典理解,参见:Amartya Sen, 'Utilitarianism and Welfarism', 76(9) *The Journal of Philosophy* (1979) 468。

5 例如:Larry Temkin, 'Equality, Priority, and the Levelling Down Objection', in Matthew Clayton and Andrew Williams (eds), *The Ideal of Equality* (Houndmills: Macmillan, 2000), 126–61。许多其他政治哲学家为这种关于平等的比较观点辩护,尽管这种观点的范围有限。人与人之间的福利不平等主要被认为是错误的,但只有当这种不平等是由禀赋或福利机会的不平等造成时才是错误的。参见:Ronald Dworkin, 'What Is Equality? Part 2: Equality of Resources', 10(4) *Philosophy & Public Affairs* (1981) 283–345; John Roemer, 'A Pragmatic Theory of Responsibility for the Egalitarian Planner', 22(2) *Philosophy & Public Affairs* (1993) 146–66。

6 这种形式的平等主义的讨论,参见:Derek Parfitt, 'Equality and Priority', 10(3) *Ratio* (1997) 202–21。

	社会 A	社会 B
	最富有的人（前 10%）每年挣 3 万英镑	最富有的人（前 10%）每年挣 10 万英镑
	最贫穷的人（后 10%）每年挣 1 万英镑	最贫穷的人（后 10%）每年挣 2 万英镑

如果我们把注意力集中在绝对数字上，我们中的一些人会直觉地选择社会 B 作为首选情况：优先主义的方法将认为社会 B 更有价值，因为它为最不富裕的人带来最大的利益，而功利主义的方法则会将其视为产生最全面福利的社会。在这个框架内，最富有的 10% 拥有 B 社会 80% 以上的资产并不重要；重要的是"穷人"有多富裕，或者从绝对数字上看整个社会有多富裕。

其他人会选择严格的平等主义标准，并将选择社会 A 作为首选情况。人们拥有什么只与别人拥有多少有关，我们的最终目标是减少不平等。在这个框架内，最贫穷的 10% 人口是否超过一定的生活水平并有能力获得体面的收入并不重要；重要的是，最富有的 10% 人口的收入并未达到他们的 5 倍。因此，平等本身就有价值。

尽管多年来，国际货币基金组织、世界银行和几乎所有西方领导人都在推动经济增长，并因此将绝对数字的福利收益作为一种经济体系的规范性评价，但目前最大化标准和绝对数字的理想正在逐渐消失。在 21 世纪头十年的金融危机过后，公众的注意力从关注增长和福利的绝对收益，转向分析经济收益的相对分配特征。许多受欢迎的文章都从"馅饼"的哪一部分分配给哪一百分比来解决这个问题，从而证实了相对不平等概念的相关性。[7] 重要的是，公共当局

---

7 关于相对不平等日益重要的一个例证，参见：Danny Dorling, 'Growing Wealth Inequality in the UK is a Ticking Timebomb', *The Guardian* (15 October 2014), http://www.theguardian.com/ commentisfree/ 2014/ oct/ 15/ wealth- inequality- uk- ticking-（转下页）

反映出这种道德转变，并对巨大的经济差距表示政治上的愤慨。奥巴马总统表示，"处于我们经济核心的基本交易已经受损"，以回应美国10%最富有的人口创造了50%的国民收入的事实。[8] 此外，在今年的世界经济论坛（WEF）上，相对经济不平等的主题被提升为核心议题和首选的经济话题，从而推翻了最大化分析的概念。[9] 在此之前，国际货币基金组织已经提出了"包容性资本主义"（inclusive capitalism）的理念，旨在更好地在社会成员之间分配利润。[10]

在许多因素中，平等主义规范观的复兴无疑是由一系列研究引起的，这些研究告诉我们，过去几十年里，财富和收入呈现出在少数人手中积累的趋势。经济合作与发展组织最近报告称，自20世纪70年代以来财富开始集中，并发现自2000年左右以来，在许多西方国家，最底层的50%的人口一直持有国家财富的一小部分，而排

（接上页）timebomb credit- suisse- crash; Stewart Lansley, 'Why Economic Inequality Leads to Collapse', *The Guardian* (5 February 2012), http://www.theguardian.com/business/ 2012/ feb/ 05/ inequality- leads- to- economic- collapse; Christopher Ingraham, 'If You Thought Income Inequality Was Bad, Get a Load of Wealth Inequality', *The Washington Post* (21 May 2015), https://www.washingtonpost.com/ news/ wonk/ wp/ 2015/ 05/ 21/ the- top- 10- of- americans- own- 76- of- the- stuff- and- its- dragging- our- economy- down/; Michael Fletcher, 'White People Have 13 Dollars for Every Dollar Held by Black Americans', *The Washington Post* (12 December 2015), https://www.washingtonpost.com/ news/ wonk/ wp/ 2015/ 05/ 21/ the- top- 10- of- americans- own- 76- of- the- stuff- and- its- dragging- our- economy- down/。

8　总统关于经济流动性的讲话，参见：Whitehouse.gov（2013年12月4日），http:// www. whitehouse.gov/ the- press- office/ 2013/ 12/ 04/ remarks- president- economic- mobility。

9　See World Economic Forum, Report 2015, 'Top 10 Trends 2015', http:// reports. weforum.org/ outlook-global-agenda-2015/ top-10-trends-of-2015。

10　See Christine Lagarde, 'Economic Inclusion and Financial Integrity— an Address to the Conference on Inclusive Capitalism' (27 May 2014), https://www.imf.org/ external/ np/ speeches/ 2014/ 052714.htm。

名前10%的人通常持有约50%的财富。[11] 瑞士信贷（Credit Suisse）证实了这一观察结果，并确认了过去40年财富集中的趋势，美国、8个欧洲国家和澳大利亚最富有的10%人口持有财富的相对份额开始上升。[12] 关于收入不平等这一高度相关的问题，经济合作与发展组织发现，收入差距从未如此之大：在今天的成员国中，最富有的10%的人的收入是最贫穷的10%的人的9.5倍，而这一比率在1980年只有7.1倍。[13] 戴维斯等人证实了这种财富的集中程度，并根据对39个国家的研究估计2000年最富有的10%的人口持有全部财富的71%。[14] 最后，皮凯蒂在《21世纪资本论》中的研究肯定印证了当前这种规范性转变。该研究揭示出对于许多西方国家来说，自20世纪70年代以来，最富有的10%人口——当然还有最富有的1%人口——在国家财富中所占的比例正在上升。[15]

皮凯蒂不仅为我们提供了数字，还为日益加剧的财富不平等现象提供了一个原因分析，这些分析共同为某些可以反对这一趋势

11　Kaja Bonesmo Fredriksen, 'Less Income Inequality and More Growth—Are they Compatible? Part 6. The Distribution of Wealth', *OECD Economics Department Working Papers*, No. 929, OECD Publishing 2012, 5–6.

12　Credit Suisse, *Global Wealth Report 2014*, https://www.credit-suisse.com/uk/en/news-and-expertise/research/credit-suisse-research-institute/publications.html, 37.

13　Federico Cingano, 'Trends in Income Inequality and Its Impact on Economic Growth', *OECD Social, Employment and Migration Working Papers*, No. 163, OECD Publishing 2014, http://dx.doi.org/10.1787/5jxrjncwxv6j-en, 9.

14　James Davies, Susanna Sandström, Anthony Shorrocks, and Edward Wolf, 'The Level and Distribution of Global Household Wealth', 121(551) *The Economic Journal* (March 2011) 250.

15　皮凯蒂提供的证据表明，在瑞典、英国、法国和美国等信息充足的国家，贫富差距正在扩大。参见：Thomas Piketty, *Capital in the Twenty-First Century*, Arthur Goldhammer (trans.) (Cambridge: Belknap, 2014), ch. 10; Figures 10.1–10.5。

的理论上的（财政）措施提供了重要的实证依据。[16]这本书的中心观点是，在过去的四十年里，资本回报率——皮凯蒂指的是来自股票（stocks）、债券（bonds）、参股（participations）、股份（shares）、年金（annuities）、无形资产（intangible assets）和房地产（real estate）的收入——已经超过了公共经济增长。[17]这就解释了为什么工薪阶层的财富积累比例远低于资本所有者的比例；资本的分配高度不平等——鉴于其累积性质——这种不平等正变得越来越严重。这与《全球财富报告》（Global Wealth Report）的调查结果相符，该报告强调家庭的资本资产（capital assets）与其财富水平之间的相关性。[18]此外，经济合作与发展组织指出了同样的方向，显示出在有资料可查的国家中，将资本收益纳入收入最高的1%的人所占份额的显著效果。[19]这进一步与戴维斯的研究结果相吻合，表明大量的高收入来源于资本资产。[20]

因此，我们可以从两个层面观察经济不平等的表现。首先，从经验上讲，财富的分配是不平等的，而且在许多西方国家都可以观察到更加不平等的趋势。资本在这一演变过程中起着关键作用，与劳动力相比，资本产生了相对较高的收入，导致财富集中。从规范的角度讲，通过承认这一演变的问题性质，学术界和公众言论——通常是

16　一些针对皮凯蒂观察的再分配措施参见第二节。

17　Piketty, n. 15, ch. 6. 皮凯蒂对资本（收入）的定义，参见：Ibid., 18。

18　*Global Wealth Report 2014*, n. 12, 34.

19　OECD, *Divided We Stand: Why Inequality Keeps Rising* (Paris: OECD Publishing, 2011), 349, 359.

20　James B. Davies, 'Wealth and Economic Inequality', in Wiemer Salverda, Brian Nolan, and Timothy M. Smeeding (eds), *The Oxford Handbook of Economic Inequality* (Oxford: Oxford University Press, 2009), 137.

含蓄地——坚持一种平等主义标准,因为他们正在确认经济不平等本质上是有害的。

经济哲学的这一发展不能被看作是一个孤立的问题——皮凯蒂对相对不平等的分析已经引发了一场关于应该采取哪些政治措施的广泛辩论,特别是关于税收应该发挥的关键作用。[21] 此外,如果应该根据支付能力征税,皮凯蒂已经使人们认识到,税法未能触及资本所有者。[22] 鉴于当前的经济不平等,皮凯蒂等人强调了当前的政策如何加剧了这种影响,并强调了对资本收入的优惠待遇。[23]

21　为了回应从相对不平等的角度重新引起人们对税收的兴趣,纽约大学法学院和加州大学洛杉矶分校法学院于2014年10月4日主办了一次关于《21世纪资本论》的研讨会,论文被发表在2015年的《税收法律评论》。另一个说明税务学者反应的例子是:Paul Caron and James Repetti, 'Occupy the Tax Code: Using the Estate Tax to Reduce Inequality and Spur Economic Growth', 40(5) *Pepperdine Law Review* (2013): 1255-90。另参见: Paul Caron, 'Thomas Piketty and Inequality: Legal Causes and Tax Solutions', 64 *Emory Law Journal Online* (2015) 2072-82; Shi-Ling Hsu, 'The Rise and Rise of the One Percent: Considering Legal Causes of Wealth Inequality', 64 *Emory Law Journal Online* (2015) 2043-72。

22　皮凯蒂还提到,资本收入的低税率(以及累进税率的降低)是导致财富不平等加剧的因素之一。参见: Piketty, n. 15, ch. 14, 495-6。

23　例如参见: Davies, n. 20, 143。他在文章中指出:"自里根/撒切尔时代开始'供给侧'改革以来,许多国家都实行了较低的资本利得税,这显然让富人更容易积累财富。"小马丁·J.麦克马洪从经济不平等的角度证实了美国税收制度的作用,参见: Martin J. McMahon, Jr, 'The Matthew Effect and Federal Taxation', 45(5) *Boston College Law Review* (2004) 993-1128。卡贾·博内斯莫·弗雷德里克森还提到了由于资本的优惠待遇,税收制度在加剧不平等方面的作用,参见: Kaja Bonesmo Fredriksen, n. 11, 16-18。彼得·霍勒等人指出所得税最高税率的下降和资本利得的优待是不平等的原因,参见: Peter Hoeller et al., 'Less Income Inequality and More Growth— Are they Compatible? Part 4, Top Incomes', *OECD Economics Department Working Papers* 927 (2012), http:// dx.doi.org/ 10.1787/ 5k9h28wm6qmn-en, 9-11。对于目前资本利得的税收优惠政策的技术性批评,参见: Deborah Schenk, 'Saving the Income Tax with a Wealth Tax', 53(3) *Tax Law Review* (2000) 423-76。

第二节 资本税与所得税理论中的市值计价法模型

皮凯蒂因此引发了一场关于税收正义的辩论，使政治家、组织和学者们都在研究增加富人财政负担的措施。这场辩论特别围绕着审查各种增加资本所有者财政贡献的措施。为了对税收正义进行具体分析，至少应当区分三种不同的资本税收类型。

为了克服"财富不平等的无限扩大"，皮凯蒂自己提出了第一种资本税类型，即财富税：对个人所持有资产的价值征税，而不管是否获得任何收入。在没有任何交易的情况下，财富税最理想的征收对象是个人资产的市场价值。[24]

另一种针对积累资本的可能性是增加对收入征税。资本利得税是所得税的一种形式，只针对个人资产产生的收益而不是对个人持

---

[24] 在许多国家，这种财富税的形式是有限的。请参见：Moris Lehner, 'The European Experience with a Wealth Tax: A Comparative Discussion', 53(615) *Tax Law Review* (1999-2000) 617-692。然而，皮凯蒂支持在全球范围内征收财富税，不仅包括房地产，还包括资本的所有组成部分，如股票、债券、参股、股份、养老金、年金、无形资产和房地产，参见：Piketty, n. 15, 517。这类税收存在于法国，例如，由比利时法语社会党（PS）提出，该党向议会提交了一份财富税议案，以解决日益严重的不平等问题，参见：Parti Socialiste, *Proposition de Loi Visant à introduire un impôt sur les grands patrimoines* (13 January 2015), www.dekamer.be/ flwb/ pdf/ 54/ 0770/ 54K0770001.pdf. 为了从不平等的角度对财富税进行学术阐述，参见：James Repetti, 'Democracy, Taxes, and Wealth', 76(3) *New York University Law Review* (2001) 825-73；Maureen Maloney, 'Distributive Justice: That is the Wealth Tax Issue', 20(3) *Ottawa Law Review* (1988) 601-235。对财富税作为一种有效的资本利得税措施的分析，参见：Schenk, n. 23, 423-76。从另一个角度来看，参见：Stefan Bach et al., 'A Wealth Tax on the Rich to Bring Down Public Debt? Revenue and Distributional Effects of a Capital Levy in Germany', 35(1) *Fiscal Studies* (2014) 67-89。

有的资产征税。[25] 资本利得税可以采取两种形式,这取决于收入的评估和征税方式。

一种是按市值(mark-to-market)计价方法的资本利得税,这是资本税的第二种形式。这项措施将在资本增加时对其征税,并相应地以所持股份市值的年度增长为目标。因此,一年内市场价值的增加即构成税收。这一税种在评估方法上类似于财富税,侧重于市场价值,但它仍然是一种所得税;在特定时期内,市场价值的下降将不用征税。

最后是基于实现方法(realization-based)的资本利得税,这是资本税的第三种形式。与之前只对价值波动征税的所得税形式不同,这种衡量方法以资产的出售或交换并实现利得为前提。因此,构成税收的事件是(协议)以财产转让换取的利益(通常是金钱)。两者都是所得税,目的只是对收益征税。

25　几位学者就资本利得税的增加与经济不平等进行了讨论。例如,皮凯蒂就批评了许多西方国家降低资本利得税的做法(参见:Piketty, n. 15, 495-6)。班克曼和沙维尔还提到资本收入附加税是缓解财富不平等的主要候选方案,参见:Joseph Bankman and Daniel Shaviro, 'Piketty in America: A Tale of Two Literatures', 68(3) *Tax Law Review* (2015) 505. 维特弗利特也支持提高资本利得税,作为缓解财富不平等的适当措施;参见:Laurens Wijtvliet, 'Too Little, Too Late: The Uneasy Case for a Wealth Tax as a Means to Mitigate Inequality', 42(10) *Intertax* (2014) 642. 经济学家还提出,从公平和效率的角度来看,有必要增加资本利得税——以对收入进行平等征税的形式;参见:James Mirlees et al., 'The Mirrlees Review: Conclusions and Recommendations for Reform', 32(3) *Fiscal Studies* (2011) 331-59; Peter Diamond and Emmanuel Saez, 'The Case for a Progressive Tax: From Basic Research to Policy Recommendations', 25(4) *Journal of Economic Perspectives* (2011) 165-90. 例如,经济合作与发展组织为比利时提出了这样的税收转移,参见:*OECD, Economic Survey of Belgium* (February 2015), http://www.oecd.org/ belgium/ economic- survey- belgium.htm. 奥巴马总统还提出将资本利得税提高至28%,参见:Briefing Room, Press Release, The White House (17 January 2015), https://www.whitehouse.gov/ the- press- office/ 2015/ 01/ 17/ fact- sheet- simpler- fairer- tax- code- responsibly- invests- middle- class- fami.

第十二章　自治权作为所得税实现原则的道德基础

在上述理论上的区别内，本章主要讨论后两种税收形式。因此，人们对税收正义的普遍兴趣将集中到对资本收入征税的问题上。鉴于日益扩大的财富不平等是由资本收入引起的，并因优惠的财政待遇而加剧，一个主要的解决办法似乎是增加资本利得税的使用。[26]

在普遍提高税率之前，人们必须勾勒出一个特定的收入概念。股票、债券、参股、股份、年金、无形资产和房地产什么时候能产生收入？鉴于人们对所得税的持续接受（以及重新产生的兴趣），在所得税中应适用上述哪一项标准，人们可以发现一个规范性的鸿沟。

现行税法的大部分内容和人们的普遍直觉都支持实现方法：收入（income）是一种有形利益的收据（receipt），或者至少是这一收据的法律协议。[27]因此，只有当一个人实际上从出售或交换财产中获得同期利益，或至少同意这样的收据时，才应对其征税。

与此相反，税收理论将收入定义为：（1）在消费中行使的权利的市场价值与（2）有关期间开始和结束之间财产权利储存价值的变化的总和。[28]后一种对收入的看法包括资本的增长，因此它允许当局对任何个人资产市场价值的增加征税，而不论是否发生出售或交

26　参见：Bankman and Shaviro, n. 25, 505; Wijtvliet, n. 25, 642。

27　例如参见：Jeffrey L. Kwall, 'When Should Asset Appreciation Be Taxed? The Case for a Disposition Standard of Realization', 86(1) *Indiana Law Review* (2011) 79。人们通常反对按市值计价的方法，因为收入通常被认为是一种实际的收入，而价值的增加被认为只是一种"纸上的收益"，参见：Deborah Schenk, 'A Positive Account of the Realization Rule', 57(3) *Tax Law Review* (2004) 377。

28　这一极具影响力的定义通常被称为"海格-西蒙斯"的收入概念，以亨利·C. 西蒙斯和罗伯特·海格命名，参见：Henry Simons, *Personal Income Taxation: The Definition of Income as a Problem of Fiscal Policy* (Chicago: University of Chicago Press, 1938), 49–50; Robert Murray Haig, 'The Concept of Income— Economic and Legal Aspects', in Robert Murray Haig (ed.), *The Federal Income Tax* (New York: Columbia University Press, 1921), 27。

换。[29] 根据这一定义，所得税领域的学者们接受了按市值计价法作为一种理想的评估方法。[30] 一个人能否将财富的10%的增长转化为货币，对理想的所得税来说并不重要。由于收入伴随着增长而产生，税收的条件只需要市场价值的增加。

税收理论认为现行税制中实现原则的继续适用是所得税的"基本缺陷"，似乎没有一个严肃的学者认为它有任何规范基础。[31] 由于公平和效率的原因，所得税这个"阿喀琉斯之踵"甚至导致一群税务学者支持税基的转变。[32] 特别是，大量的文献批评了"递延"

29　所谓的海格-西蒙斯收入概念在逻辑上证明了按市值计价的税收是合理的；例如参见：John Robert H. Scarborough, 'Different Rules for Different Players and Products: The Patchwork Taxation of Derivatives', 72(12) *Taxes* (1994) 1031–49; Deborah H. Schenk, 'Taxation of Equity Derivatives: A Partial Integration Proposal', 50(4) *Tax Law Review* (1995) 571–642; John B. Shoven and Paul Taubman, 'Saving, Capital Income, and Taxation', in Henry J. Aaron and Michael J. Boskin (eds), *The Economics of Taxation* (Washington, DC: Brookings Institute, 1980), 211–13; Reed Shuldiner, 'Consistency and the Taxation of Financial Products', 70(12) *Taxes* (1992) 781–93。

30　Fred B. Brown, '"Complete" Accrual Taxation', 33(4) *San Diego Law Review* (1996) 1559–680; David J. Shakow, 'Taxation without Realization: A Proposal for Accrual Taxation', 134(5) *University of Pennsylvania Law Review* (1986) 1111–205。

31　例如参见：William D. Andrews, 'The Achilles Heel of the Comprehensive Income Tax', in Charles E. Walker and Mark A. Bloomfield (eds), *New Directions in Federal Tax Policy for the 1980s* (Cambridge, MA: Ballinger, 1983), 278（将实现原则确定为未能坚持综合所得税理想的主要罪魁祸首之一）；Gerard M. Brannon, 'Tax Loopholes as Original Sin: Lessons from Tax History', 31(6) *Villanova Law Review* (1986) 1763–85。最近的文献参见：Edward J. McCaffery, 'A New Understanding of Tax', 103(5) *Michigan Law Review* (2005) 889。麦卡弗里说："实现要求破坏了理想所得税的中立性来源。"

32　大多数税务学者认为有可能征收消费税，参见：Joseph Bankman and David Weisbach, 'Consumption Taxation Is Still Superior to Income Taxation', 60(3) *Stanford Law Review* (2007) 789–803; Daniel N. Shaviro, 'Replacing the Income Tax with a Progressive Consumption Tax', 103 *Tax Notes* (2004) 91–113。

(deferral)对经济收益征税直至实现,因为这造成了严重的投资扭曲和效率低下。[33]更具体地说,文献指出纳税人在实现原则下操纵其税负的能力。从这个意义上讲,基于实现的方法可以被确定为造成不平等的因素之一,因为它使资本所有者能够规避他们的税收。只有在投资产生收益时才征税,使债务融资消费、战略性交易、资产处置的战略时机以及金融投资的投资组合调整成为可能。[34]

此外,实现原则也与传统的公平目标相冲突,因为它没有平等对待不同的收入来源。[35]一旦人们坚持资产的经济优势随着其市场价值的增加而增加的观点,则以实现为基础的税收可被视为忽视了个人福利的重要增长。因此,将税收递延至收款时,被视为有利于资本的税收优惠。[36]在资本波动时不对资本征税主要有利于那些资产

---

33 Brown, n. 30, 1559; Noel B. Cunningham and Deborah H. Schenk, 'Taxation without Realization: A "Revolutionary" Approach to Ownership', 47(4) *Tax Law Review* (1992) 725–814; Daniel Halperin, 'Saving the Income Tax: An Agénda for Research', 77 *Tax Notes* (1997) 967–77; Stephen B. Land, 'Defeating Deferral: A Proposal for Retrospective Taxation', 52(1) *Tax Law Review* (1996) 45–118; David M. Schizer, 'Realization as Subsidy', 73 *New York University Law Review* (1998) 1549–626; David A. Weisbach, 'A Partial Mark-to-Market Tax System', 53(1) *Tax Law Review* (1999), 95–136.

34 关于债务融资消费,参见:McCaffery, n. 31, 888。关于战略性交易,参见:David Elkins, 'The Myth of Realization: Mark-to-Market Taxation of Publicly-Traded Securities', 10(5) *Florida Tax Review* (2010) 375–407; Mark P. Gergen, 'The Effects of Price Volatility and Strategic Trading under Realization, Expected Return and Retrospective Taxation', 49(2) *Tax Law Review* (1994) 209–68。关于时机,参见:Myron Scholes et al., *Taxes and Business Strategy: A Planning Approach* (Upper Saddle River: Prentice Hall, 2009), 185–9。关于投资组合调整,参见:Bankman and Shaviro, n. 25, 477–85; Schenk, n. 27, 426–35。

35 Ibid., 93; Kwall, n. 27, 93.

36 恩格勒和诺尔进一步讨论了这种优势;参见:Mitchell L. Engler and Michael S. Knoll, 'Simplifying the Transition to a (Progressive) Consumption Tax', 56(53) *Southern Methodist University Law Review* (2003) 53–81。

中含有资本的人,这也助长了经济不平等。[37]

尽管很难为实现原则找到一个原则性的辩护,但许多税务学者确实给予了它一些实际的支持。[38]正如罗伯特·海格的开创性著作所表达的那样,实现原则被描绘成"仅仅是对特定形势的紧急情况作出的让步"。[39]特别是,支持这一"便利规则"(rule of convenience)的原因有两个。[40]首先,实现原则被认为是必要的,因为对未实现的增值征税会引发流动性问题。在按市值计价的方法下,触发税收的事件(一年的时间和价值的增加)不会产生现金来支付税款。[41]因此,对增加的市场价值征税将迫使纳税人出售资产或借钱。[42]其次,对增加的价值征税需要对个人资产进行年度估价。在没有任何实际收入的情况下,税务管理人员需要评估——并证明——个人收益的确切净值。而且,许多税务学者认识到了税务当局每年监控个人资产市场价值的难度和成本。[43]此外,对某些商品进行市场评估可能

---

37 Kwall, n. 27, 93.

38 为了证实实现原则的非规范性,参见:Mitchell L. Engler, 'A Progressive Consumption Tax for Individuals: An Alternative Hybrid Approach', 54 *Alabama Law Review* (2003) 1210; Mary L. Heen, 'An Alternative Approach to the Taxation of Employment Discrimination Recoveries under Federal Civil Rights Statutes: Income from Human Capital, Realization, and Nonrecognition', 72 *North Carolina Law Review* (1994) 549-618; Stephen B. Land, 'Defeating Deferral: A Proposal for Retrospective Taxation', 52(1) *Tax Law Review* (1996) 45-118。

39 Thomas Reed Powell, 'The Constitutional Aspects of Federal Income Taxation', in Haig (ed.), n. 28, 65.

40 Schenk, n. 27, 358.

41 Kwall, 27, 98.

42 例如参见:Brown, n. 30, 1560。布朗在文中指出:"应征税款本身存在严重问题——难以对资产进行估价,以及纳税人可能缺乏流动性。"

43 David M. Schizer, 'Realization as Subsidy', 73(5) *New York University Law Review* (1998) 1594; Schenk, n. 29, 630.

很困难,并可能导致与税务机关的诸多纠纷。[44]因此,实现原则在我们的大部分所得税制度中一直存在。

占主导地位的所得税理论平衡了按市值计价方法的理想和上述"让步"的现实。尽管如此,研究人员还是呼吁谨慎地转向市场评估。在这方面,学者们正试图说服政策制定者,对价值波动征税对于纳税人事务的干扰程度要小于流动性理论假设的那样。[45]关于估值问题,按市值计价方法的支持者认为,对于大多数资产来说,可以发现一个稳定的、既定的市场价格,而且这个问题并不像以前认为的那样难以克服。[46]

第三节 对实现原则的道义辩护

如果说皮凯蒂的变革导致了具体的政治渴望,即对资本收入征收更为雄心勃勃的税,那么上一节已经概述了关于理想评估方法的理论共识。尽管许多税收理论并没有赋予缓解不平等的直接优先

---

44 参见: James Ripetti, 'Commentary: It's All About Valuation', 53(4) *Tax Law Review* (2000) 612。

45 申克认为流动性问题不足以证明实现的合理性,参见: Schenk, n. 27, 360-436。

46 Ibid., 365-70. 另外施穆德提及金融产品的出现具有安全价值,参见: David Schmudde, 'Responding to the Subprime Mess: The New Regulatory Landscape for an Integrated Defense of Market Assessment', 14(6) *Fordham Journal of Corporate & Financial Law* (2009) 711。关于按市值计价方法的综合辩护,参见沙科和舒迪纳,他们得出的结论是所有资产的7.5%很难估价: David Shakow and Reed Shuldiner, 'A Comprehensive Wealth Tax', 53(4) *Tax Law Review* (2000) 529。

权,但它提醒了我们实现原则是对资本所有者有利的事实。[47]

任何税收(或再分配)制度都依赖于两个问题:应该对什么征税,应该如何衡量?在假定所得税的适当性(appropriateness)的前提下,本章试图对所得税的实现原则进行道义上的辩护。通过阐述按市值计价方法的道义问题,我补充了关于税收正义的辩论。此外,我认为基于这种评估方法征收资本利得税在道义上是不允许的。就其依赖市场价值而言,有关收入估价标准的结论也说明了财富税的可容许性。此外,通过阐明自治权为实现原则提供了规范基础,我希望挑战税收理论中关于该原则没有规范基础的共识。

这里举例说明的方法将不同于税收理论的传统规范性框架。税收将不仅主要作为一种优化经济结果的手段,而且也将被视为一种正义的问题——这里被理解为正当的(即道德上允许的)强制(coercion)。这里的目标不是寻找一种最优的税收,而是揭示一种*正义*的税收政策——一种与人们的基本权利和自由相一致的税收政策。后者在这里被认为是"合法行使民主权力的先决条件",并为政府行为创造了道德边界。[48] 相应地,允许的税收政策取决于对人们对于其财产和个人的权利的事先分析。重要的是,正如将在第三节第六小节中阐述的那样,所提出的道义框架不会干扰再分配或与效率相关的改革,因为它开启了一种新方法,即修改目前对实现原则的解释。

---

47 占主导地位的"最优税收理论"的传统首要目标是减少税收造成的效率低下和市场扭曲。例如参见:Joel Slemrod, 'Optimal Taxation and Optimal Tax Systems', 4(1) *Journal of Economic Perspectives* (1990) 157–78。关于税收理论无视相对不平等的声明,参见:Bankman and Shaviro, n. 25, 455。

48 John Tomasi, *Free Market Fairness* (Princeton: Princeton University Press, 2013), 76.

第十二章　自治权作为所得税实现原则的道德基础

本节将概述自治权对适当的收入评估标准的限制。首先，我将举例说明自由的推定（第三节第一小节）的共识，然后我将提供自治的一般概念（第三节第二小节）。接下来，我将把定价（valorizations）作为自治的一个功能（第三节第三小节）。由此，我将推断出作为人际比较基础的一般市场价格的问题，并将阐明实现原则的规范基础（第三节第四小节）。最后，我将概述所提出的理论如何与税收理论中的一些一致成果相关联（第三节第五小节），并以一种综合方法维护其与其他目标的统一（第三节第六小节）。

一、自由的推定

斯坦利·本举了一个例子，一个叫艾伦的人坐在公共海滩上。他每只手上都拿着一颗鹅卵石，正高兴地把它们分开。[49] 本让我们设想另一个人，贝蒂，她给艾伦戴上手铐，或者把他够不着的鹅卵石都拿走，以阻止他继续活动。本指出，艾伦有权利要求贝蒂解释理由，而贝蒂没有权利要求艾伦解释他把石头分开的原因。因此，虽然艾伦可能有理由憎恨贝蒂的干涉，但贝蒂没有理由抱怨艾伦。所以，如果有第三个人来观察这个情况，她不会问为什么艾伦要分开鹅卵石，而是问为什么贝蒂阻止他这么做。

本阐明了我们规范性观点中的基本不对称：我们寻求的不是人们为什么这样做的理由，而是其他人为什么想要阻止他们这样做。辩护的最初责任不在于行为人，而在于干预这些行为的人。即使大多数人可能会发现艾伦在从事一项无用的活动，他们仍然认为他没

49　Stanley Benn, *A Theory of Freedom* (Cambridge: Cambridge University Press, 1988), 87.

有必要为自己的行为辩护。责任在贝蒂身上,她需要解释她限制艾伦行动的理由。这正是乔尔·范伯格所说的有利于自由的推定:"自由应该是一种规范,而强制总是需要一些特殊的理由。"[50]

有趣的是,我们在态度上偏向于为人采取行动。想象一下,贝蒂会阻止沙滩上的卵石流回大海,观察者不会倾向于问她为什么她会干涉鹅卵石的生活,就像问她是否阻止了他人做他们想做的事一样。从自由推定中衍生出来的不干涉原则,是我们在处理成年人问题时所适用的原则。只要没有令人信服的理由进行干预,所有人在道德上都有权利做他们想做的事,直到有人提出一些理由来限制他们的自由。[51] 我们不会问为什么我们可以跨越国界,为什么我们可以在自愿的情况下进行性接触,或者为什么我们可以自由选择自己的职业;相反,如果这些自由受到限制,我们会要求一个正当的理由。

二、自治的权利

但为什么会这样呢?为什么辩护的责任在于干涉者,而不是按他们的方式行事的人?为什么自由是规范,为什么我们不能像对待物体、植物和动物那样对待人?

这些问题的答案与人的一个基本素质有关:目的。我们不会像一块鹅卵石那样躺在某个特定的地方。我们不会像螃蟹那样去海里游泳。我们人之所以是"人",因为我们的存在不仅仅是外部刺激的结果,而是根植于"他们的行为旨在促进之目的"之中。[52] 我们将自

50　Joel Feinberg, *Harm to Others* (New York: Oxford University Press, 1984), 9.

51　参见范伯格讨论干预的一些常见理由:同上书,第10页及以下诸页。

52　Geoffrey Brennan and Loren Lomasky, *Democracy and Decision: The Pure Theory of Electoral Preference* (Cambridge, UK: Cambridge University Press, 1993), 9.

第十二章　自治权作为所得税实现原则的道德基础

己与这个世界上的物体和动物区分开来，是因为我们的行为是与个人目标相关的意图的结果。根据本的观点，这种"个人因果关系"的现象学提供了我们"自然人"（natural persons）概念的道德基础。[53]

因此，自由推定所依据的公理与每个人都有目的地行动这一理解相关。我们行为背后的目的是为了实现我们的目标，而实现目标的意图就是我们的动机。然而，这本身并不要求一种规定性的态度：例如，人们可能持有这样一种政治观点，即每个人的目标——以及他们独特的行动——应当与一个共同的目的相匹配。当我们把积极的道德地位赋予每个作为有目的的实体的人时，我们可以找到自由推定的基础。事实上，自治权产生于对每个人都有自己的目的的规范性认识，从而承认每个人都有权根据这一目的行事。

因此，自治应被理解为有目的行为的规范性体现。故而，从所有人都有自己的目的这一理解出发，我们界定了按照这些目的行事和生活的公理化的权利。我们之所以不要求为艾伦的行为辩护，而是要求贝蒂为干涉他的行为辩护，是因为每个人都有一个独立的目的，所有人都有权生活和采取相应的行动。[54] 就自治而言，重点不在于行为的内容，而在于行为是否属于自己这一事实。

一个人的权利范围受到同胞平等权利的限制。因此，自治在每个人周围划定了一个道德空间，这就构成了一个领域，在其中，干涉主要是非法的。[55] 传统上，划分人们主权领域的"道德空间"是由人

53　Benn, n. 49, 91.

54　另见高斯，他将自由的推定与康德的道德自治概念联系起来：Gerald Gaus, 'The Place of Autonomy within Liberalism', in Joel Anderson and John Christman (eds), *Autonomy and the Challenges to Liberalism: New Essays* (Cambridge, UK: Cambridge University Press, 2005), 272–306。

55　范伯格使用"区域模型"来概念化自治，参见：Feinberg, n. 50, 53 ff。

的身体、心灵和财产构成的。[56]一个人的身体部位、精神和身体能力、知识、经验和正当获得的外部物品都是个人领域的一部分，可以根据个人意愿用于追求个人目的。[57]

我们之所以不能禁止艾伦分开鹅卵石或强迫贝蒂信仰一种宗教，我们反对强制劳动和起诉强奸，我们甚至鄙视操纵，是因为我们承认每个人都是一个具体的、有选择的存在，有权追求他或她自己独特的目的。这一基本公理揭示了更具体原则的基础，如宗教自由、言论自由和迁徙自由。但同样，合同法（人们只受同意的约束）或侵权法的规定（人们需要赔偿对他人主权领域造成的损害），也是对每个人按照自己目的生活的权利的阐述。

三、定价（valorizations）作为自治的一个功能

自治权证明了人们行为的根本多样性是正当的：人们选择不同的学习科目，争取不同的工作，发展不同的爱好。人们想要不同的东西，是因为他们有不同的目标和偏好，自治原则将这种多样性作为人们道德权利的结果加以保护。这也会带来与商品相关的后果。正如边际效用理论的奠基人之一所强调的那样，商品本身没有内在价值——人们把价值归于自己的目的，并因此将其作为满足这些目的的一种手段

56　Feinberg, n. 50, 54.

57　对一个人的身体、精神或外部财产的权利并不一定包括对所得的全部权利，因此所得税并不一定是对主权领域的侵犯。例如参见：Peter Vallentyne, 'Taxation, Redistribution and Property Rights', in Andrei Marmor (ed.), *The Routledge Companion to Philosophy of Law* (New York: Routledge, 2012), 291-301. 为了详细说明控制和收入所有权之间的区别，参见：John Christman, *The Myth of Property: Toward an Egalitarian Theory of Ownership* (New York: Oxford University Press, 1994), 129-35.

而应用到经济商品上。[58] 鉴于人们有不同的目标和偏好,他们会给同一种商品赋予不同的价值。由于人们的目的不同,他们采用不同的价值标准(或"效用"),从而导致不同的排名。对于那些将摇滚视为个人最高利益的人来说,音乐会可能是周末最重要的活动,而另一个人可能会把他的周末时间花在他的足球队上。人们不同的标准来自于他们不同的目的,这最终归结为他们对效用的不同看法——在经济上,这导致了相互冲突的货币化定价。对于摇滚乐迷来说,一张500英镑的滚石乐队的门票可能是个不错的选择,而一个精通古典音乐的人可能会嘲笑这个价格是我们这个时代审美水平下降的标志。有人可能会认为汽油的价格是荒谬的,因为他更喜欢公共交通,而一个热衷于摩托车的人可能会认为,为了从骑摩托车中获得的自由感,这只是一个小小的代价。如果每个人都有相同的目标和偏好,那么每个人都会购买相同的产品,卖给同样富有的人的商品最终也会是相同的价格。然而,人们对商品和服务赋予不同的定价,这反映了他们从各自目的出发对幸福的不同看法。对一个人来说,股票经纪人50万英镑的薪水并不能弥补她错过的成为一名学者的机会,而股票经纪人可能是另一个人的梦想工作并且他愿意接受一半的薪水来做这件事。因此我们看到,我们赋予商品的定价是我们自治权的一个功能。

从这一角度来看,市场价格没有"客观"的地位。虽然在我们的日常生活中,我们把固定价格看作是商品和服务的稳固特征,但是它们更应该被看作是人们给予商品的不同定价的聚合。此外,市场价

---

58 Carl Menger, *Principles of Economics*, James Dingwall and Bert F. Hoselitz (eds and trans) (Glencoe: The Free Press, 1950), 116.

格是一个市场中所有消费者定价的总和。[59] 正如乔治·斯蒂格勒所明确指出的，这些可以被视为选举结果，即每个人对结果都有一些最小的影响，尽管结果并不反映任何人的定价。[60] 许多足球运动员的高工资和学术书籍的低价格（与生产成本相比）是社会中普遍消费者偏好的标志，但它们并没有反映出任何个人定价。我个人的排名可能会把买一本学术书籍放在比买一张球票更重要的位置。同样，农村房地产的低价格表达了社会对居住在城市的普遍偏好，但显然个人的价值排名可以相反。

因此，一般价格并不能告诉我们潜在供应商的效用标准。企业税务律师的高价表明许多企业对财务分析的重视程度很高。这些并没有说明某位特定律师的价值标准，他可能更愿意以平均工资提供学术服务。而在市中心租住现代公寓的高昂价格只会让我们了解到城市居民和企业对在公寓里生活或工作的偏好——它并没有给我们提供关于这些公寓业主效用标准的指示，他们可能有完全不同的计划。

然而，当人们有效地同意以一定数量的货币交换商品或服务的时候，价格就转变成一种超越社会学的（一般市场价格）或心理的（个别环境下的特定出价）东西；它们成为有关人们效用标准的信息。同意价格是一种确认，即根据一个人自己的效用标准，一笔特定金额的钱被视为有效的定价。事实上，我购买了一本学术书籍，这证实了我觉得这本书很有价值，而且就我的目的来看，这个价格是可以接受的。我接受乡村一所房子的"高"价格，这一事实可以看作是在

---

59 哈耶克通过人们对同一事物的不同定价来确定价格，参见：Friedrich Hayek, *The Mirage of Social Justice* (London: Routledge and Kegan Paul, 1976), 76。

60 价格由个人消费者投票决定，参见：George Stigler, *The Theory of Price* (New York: Macmillan, 1987), 12。

我反常的生活方式偏好下对其价值的肯定。因此,在收入方面,当市中心公寓的租户有效地接受了高昂的租金时,她根据自己的效用标准,确认这部分钱是一个有效的价格。如果知名学者因为目的改变而改变了他的职业(例如,如果他现在有了一个家庭,并希望为他们提供尽可能高的生活水平),他会确认在自己的价值标准下,公司税务服务的高价格是一项适当的利益。

综上所述,我们可以说,因为人都有自己的目的,所以也会有自己的价值标准。因此,自治权承认,每个人都有个人定价,作为他或她自己主观目的的一个功能。从这个角度看,我们必须降低市场价格作为其他人标准总和的重要性。在以财产或服务换取货币时,人们用一种可量化的同质商品来表达他们的主观标准:货币。[61]

四、自治与税收

艾伦不仅是一个分开鹅卵石的粉丝:他还是一家中型公司的工程师。考虑到他对家庭的爱和对假期和周末的渴望,他没有选择薪水最高的机会。凭借自己的数学能力,他每年能挣7.2万英镑。除此之外,他还拥有一套用于艺术家展览的公寓,为此他支付了20万英镑。此外,他还投资了2万英镑来支持他最好的朋友的公司。

然而,在炎热的夏季,许多人发现了艾伦的资本(包括他的人力资本),并展示了他们对艾伦某些财产的价值标准。当他回来时,他在邮箱里发现了好几个要约。首先,他那套公寓的整体市场价值提高了,这让他收到了要约:一个当地投资者希望以40万英镑买下这

---

[61] 诚如第三节第六小节所述,特定金钱收益的确认要求不限于财产的出售或转让。

套公寓,然后把它租给小企业。其次,他朋友的公司成功地签下了一个新的大客户,导致他的股票价值翻了一番。好像这个夏天对艾伦来说还不够赚钱似的,一家工程公司找到了他,给了他一份管理职位的工作,薪水是他目前工资的三倍。最后,艾伦的血型相当不寻常,一位血型相同的印度商人出价100万英镑,通过一家人体器官商业化的中介公司购买他的肾脏。

1.按市值计价的方法

大多数税务学者都会同意,艾伦回家后会是一个"更富有"的人:收入等于一个人在一段时间内所持资产价值的增加,税收法规不应对艾伦非常"收益丰厚"的夏天视而不见。[62] 关于他的外部财产(means),他的股票无可否认地上涨了2万英镑,他的公寓目前的市场价值约为40万英镑,这意味着与去年相比增加了100%。如引用文献所支持的,一个理想的所得税应包括这些资产的年终经济增值,并将使艾伦获得22万英镑的资本收入。但以其人力资本价值为目标的税收,由于其价值评估存在不可避免的问题,且可能存在流动性不足的问题,多数税收学者并不赞成;按市值计价的结构性方法似乎是不可逾越的。评估一个人技能的市场价格确实很困难,纳税人如果没有充分利用自己最大的盈利潜力,往往就没有财产支付他们的税款。然而,在我们目前的例子中,这些"行政"问题并不重要:艾伦没有流动性问题(他继承了几百万英镑),我们有一个完美的例子来

---

62 如上所述,对于大多数税务学者来说,对收入征税仅仅要求增加市场价值。例如参见:Reed Shuldiner, 'Consistency and the Taxation of Financial Products', 70(12) *Taxes* (1992) 781。作者在文中说:"海格-西蒙斯对收入的定义,财富的增加加上消费的价值,通常被认为是综合所得税中收入的适当定义。"另见申克(Schenk),其中全球按市值计价制度对增值征税被认为是一种规范性理想:Schenk, n. 30, 572-3。

说明他的生物资本的市场价格（他的肾脏为100万英镑，数学能力为21.6万英镑）。

然而，这项分析表明，没有任何估值或流动性问题并没有克服关于下述问题的更深层次的规范性反对意见，即在收入评估中自动应用这些市场价值。从自治的角度来看，上述四种情况下，以增值为基础的税制（the accretion-based tax）面临的挑战是相同的。正如我们所见，定价是自治的一个功能。艾伦的肾脏、公寓和股票的价格反映了其他人想要获得这些财产的欲望，而他的技能的价格来源于人们对他的技能的依赖。然而，所有这些价格都与艾伦自己的目的相冲突：他不认为自己的肾脏是一种商品，也不会以任何价格出售。他享受目前的工作，认为三倍于他的工资不足以补偿新工作所造成的自由时间损失。同样，他买下这套公寓是为了培养自己的审美兴趣，并资助年轻的艺术家，而投资者愿意转移的资金并不符合他的任何计划。最后，他把自己的股票看作是对朋友的经济支持，因此没有任何出售这些股票的计划；股价的上涨反映了其他投资者对公司的兴趣，而不是艾伦自己的利益。

经济学家关于税收的观点可能会强调这样一个事实：鉴于他的公寓、股票、肾脏和技能的定价，他的经济"地位"已经改变。相比之下，当前的主观主义规范观点认为艾伦并没有什么改变；他拒绝了所有这些要约，也没有改变任何计划——从他自己的效用标准来看，这些定价没有任何意义。

从人作为积极的、有选择的实体的观点出发，我们可以看到，定价被嵌入在一个主观的生活计划中。每个价格都反映了根据深层目的而做出的特定决策，而这些目的往往是其他人所不知道的。分配一个定价，但这一定价反映一个人没有计划的决定或者一个人没有的偏好,这与自治是不协调的。此外,它根据一个可能与自己完全矛盾的价值标准来界定一个人的纳税义务。一般来说,当我们把市场价格作为人际比较的评估依据时,我们忽视了人们自己对幸福的憧憬,而强加了与他们自己不同的定价。在按市值计价的方法下,艾伦的税基不过是其他人希望他做什么的一种表现;即使他没有流动性问题,他也会反对为自己肾脏的100万英镑缴纳税款、为新工作的21.6万英镑缴纳税款、为股票的2万英镑缴纳税款、为公寓的20万英镑缴纳税款。他的反对将基于自治原则,因为他是根据主观效用计算而被评估的,这与他管理自己生活的标准完全不符。一个人的义务的内容(税基)被片面地定义为反映他人对其财产意图的价格。从这一角度来看,我们可以将这种做法视为一种他律性(heteronomous)税基:纳税人在未经其同意的定价评估的基础上被命令遵守财政义务(fiscal duties)。

从这一角度来看,我们可以重铸关于按市值计价方法的常见问题。问题不在于一个人可能没有现金来支付他的税收债务,或者税务管理人员可能很难评估一个真实的市场价值。更确切地说,根本问题在于,没有什么东西具有内在的、客观的价值,也就没有所谓的"真正价值";因此,单纯的市场定价可能与自己的标准相冲突。当我们了解到这种测量方法是如何将未经同意的定价强加于人时,按市值计价法在纳税人的生活中令人困扰的本质,例如在流动性问题上,仅仅是一个不足为奇的结果。

综上所述,我们的自治权揭示了我们对按市值计价法的本能反对。定价是自治的一种功能。通过在非共享定价的基础上计算税收义务,按市值计价法规定了市场的标准,而忽略了人们自己对幸福的看法。

2.按实现价值定价法

想象一下,艾伦在几年内彻底改变了自己的生活:由于与前妻"混乱"的离婚,他失去了一半的财产,而后他再婚并过上了一种富足的生活。他的消费现在超过了他的收入,但是尽管他过着享乐的生活,他还是不想推卸对孩子的责任,所以计划资助他们上大学。鉴于这种情况,艾伦决定牺牲自己的股份和公寓,以便能够资助他的两个孩子的学业。最重要的是,他还想通过在高档住宅区购置一套公寓,以维持他"高高在上"的生活方式。

尽管他需要钱,但他还是以低于市场价25%的价格将自己的股票以3万英镑的价格卖给了朋友。由于他是过去两年里支持艾伦的为数不多的朋友之一,他认为这是一种很好的方式来感谢他。此外,他还利用他出色的谈判技巧,以45万英镑的价格出售了他的公寓,超过了其市场价值。除去多年来可能产生的任何维护费用,他通过这些交易实现了26万英镑的利润。

与之前的情况相反,这个数字不是一般的市场价格,而是艾伦根据自己的价值标准同意的一种货币利益。所涉及的每一个数字都源于对其目的的特定意图(支付孩子的学习费用,获得一套新公寓,以及感谢他的朋友)。这些数字并不反映其他人为了获得他的财产而想要得到什么;相反,它们类似于艾伦根据主观目的所做的选择。

对按照自己目的去生活的权利的理解揭示了实现原则的规范作用。一般价格反映的是可能与目的相符或不相符的交易和偏好。另一方面,现实生活中的交换由人们的真实行为组成,通过这些行为人们将自己的价值标准具体化。同意价格不仅仅是关于他人目标和偏好的心理信息:它们确认了一种特殊的定价,这是自治的一种功能。因此,当一个人同意一个价格时,所达到的经济均衡,就反映了一个人对最同质、最可量化的商品——货币的主观偏好。为了使用或出售财产而获得利益的重要性在于，通过这一事件，人们以一种可观察的方式表明了他们的效用标准。实现原则的价值在于这种方法不以他人定价为基础侵犯一个人的纳税义务；相反，它复制了一个人以同意的货币利益来表达的主观定价。通过向税务机关提交自己的定价，纳税人就不会被迫按照市场偏好生活和纳税。相反，他们只需要根据自己的价值标准缴纳一笔款项。因此，实现原则保护纳税人的义务不受外部标准的影响，并保证其义务将根据其在市场交易中所表示的自身效用而计算。故而，当实现标准出现在他们自己同意的定价上时，它不会强加对幸福的不同看法。

综上所述，我们可以说，按自己目的生活的权利为饱受诟病的实现原则提供了规范性的理由。特别是，每个人有权根据自己的目的和偏好生活，使税务当局有义务不强加其不同意的任何定价。实现原则的道德地位恰恰在于，当人们将某些资产和商品变现时（例如通过销售或转让），他们将自己的偏好具体化为同意的定价。因此，实现事件是指对某种货币利益的合同确认，比一个人"实现其先前的经济收入"（即资产仅仅在价值上增加）的时间点更重要；[63] 当一个人确认一个价格或出价与他的目的一致时，这是道德上决定性的转折点（morally decisive turning point）。在没有任何通用的效用的客观衡量标准的情况下，变现产生了一个人根据自己的标准对定价的确认。在此之前，税务机关无法获得有关个人偏好和定价的可靠信息，也无法在不违反自治原则的情况下对税基进行解释。由于

---

63 这一对收入的理解不考虑任何实现，例如：Kwall, n. 27, 80; Brown, n. 30, 1559-1680; Shakow, n. 30, 1111-205。

实现原则是附加于个人同意的定价之上的,它巩固了纳税人在所得税领域内对幸福感的看法。

五、个人物品和市场商品

在一篇优秀的文章中,伊兰·本沙洛姆和肯德拉·斯特德做出了一个读者现在可能已经想到的区别。一方面,他们描绘了"投资品",如投资组合和公司股票;对于这些"情感上不可替代的资产",他们表示"根据按市值计价的制度为该资产的价值波动分配纳税义务是合理的"。[64] 为了对增加的幸福感(通过福利来衡量)进行平等征税,作者将市场价格作为一个很好的指标(proxy)。另一方面,对于继承的珠宝、自制艺术品、住宅和家族企业等个人物品,他们认为按市值计价的做法是"不好的幸福感指标"。[65] 此外,作者确信,对于个人物品而言,纳税人的"主观价值与资产的市场价值截然不同(也就是说,明显高于市场价值)"。[66] 因此,征税需要递延到变现时,因为有效市场回报是增加福利的更好标准。本沙洛姆和斯特德承认,这一局部的实现原则可以豁免于导致扭曲和不公平。[67] 然而,他们注意到,个人资产在中低收入纳税人财富中所占的比例要高于高收入纳税人。因此,为个人资产提供税收优惠将使整个税收制度更加进步。[68]

本沙洛姆和斯特德的分析既富有启发性又大胆。他们以一种清

---

64 Ilan Benshalom and Kendra Stead, 'Realization and Progressivity', 3(1) *Columbia Journal of Tax Law* (2011) 43–85, 68.

65 Ibid., 66.

66 Ibid., 64.(我的强调)

67 Ibid., 69.

68 Ibid.

晰的方式,确定了累进性的目标和个人物品的特殊性作为将这些资产从普遍采用的"按市值计价法"中豁免的规范基础。尽管如此,出于两个原因,对实现原则的全面辩护更具说服力。

首先,目前还没有一种通用理论可以为政策制定者提供一份全面的清单,将少数个人物品与大部分投资品区分开来。正如本沙洛姆和斯特德所承认的那样,个人物品和投资品之间的抽象区别实际上是一个连续统一体。[69]然而,有序的连续统一体无法被建立:即使是作者自信地认为是投资品或个人物品的商品,也可能被其他纳税人认为是另一种。

例如,许多年轻的城市专业人员认为他们的家(符合"个人物品"的条件)是他们唯一的金融投资形式。[70]因此,他们的购买往往反映了他们对市场价值增长的预期。此外,家庭可能把家庭珠宝视为一种储蓄,在某些需要(例如大学学费)时可以牺牲。至于"投资品",一般来说,人们可能出于财务的原因而持有商业股票和进行金融投资,但其市场价值是否总与人们的个人价值标准相一致是不明确的。许多帮助建立公司的股东都会对公司的经济理念和生产的产品产生情感上的共鸣,超越了纯粹的经济数字。在投资组合方面,越来越多的人将对利润的追求与非金融激励相结合,从而获得反映道德、社会和生态目的的投资组合。这类资产不容易与更具商业价值的同类资产互换,市场价值并不是人们对这些资产定价的唯一标准。此外,本沙洛姆和斯特德将家族企业视为个人物品。尽管如此,许多此类公司往往被出售给规模更大的实体,而且许多大公司都来自家

69　Benshalom and Stead, n. 64, 68.
70　Ibid., 65.

第十二章　自治权作为所得税实现原则的道德基础

族企业，因此这似乎并不排除市场价值本身的相关性。相反，许多没有家族特征的小企业——作者将其视为投资品——确实具有个人价值。此外，正如作者所承认的那样，大多数物品都处于这两个极端之间，因此将它们界定为其中一个或另一个将是武断的。[71]

换句话说，拒绝局部实现原则的理由与拒绝按市值计价的理由相似：政策制定者和法律规范所支持的投资和个人物品清单将与自治权不协调。强加在市场和个人物品之间的区别将包含一个价值标准，这种价值标准往往与纳税人的观点及其目的不一致。许多纳税人将因不同的原因根据持有物品的市场价值被征税，通过对所谓的"个人物品"征收以实现为基础的税收，投资者获得比较利益。[72]从自治的角度看，最优的决策是将区分这两种物品的权力交给纳税人自己，而不是交给立法者。当人们同意接受货币利益（通过市场交换）时，这表明物品是可替代的，因此向管理者提供了一个符合其个人价值标准（即商定价格）的定价。此外，考虑到人们的意图是多方面的（例如，艾伦把他的股份卖给了他的朋友），而且大多数物品部分是私人的，部分是金融的，因此确切的商定价格是人们目的和由此产生的价值标准的最佳反映。

其次，相对于本沙洛姆和斯特德提出的理由，自治权可以更好地解释我们在道德上反对按市值计价的做法。再次展望下艾伦的公寓，它的市场价值从20万英镑变成了40万英镑。他的邻居也有一套类似的公寓，希望以这个价格把它卖给了一家律师事务所。然而，艾伦想继续使用他的公寓，以容纳年轻艺术家和他们的创新展览（在

71　Benshalom and Stead, n. 64, 68.
72　作者预测了这些弊端：Ibid., 82。

他的第一次婚姻破裂之前)。他对物价上涨的原因感到愤慨(公司侵入了附近地区),并认为自己的决定是一种反抗的方式。我们的直觉告诉我们,对艾伦增加的市场价值征税是非常不正义的。然而,我们不支持对艾伦的20万英镑征收资本利得税的真正原因,并不在于正如本沙洛姆和斯特德所认为的那样,它比目前40万英镑有"更高的价值"。例如,这一假设意味着,他愿意为这套公寓支付超过40万英镑的价格。但艾伦完全有可能永远不会考虑以目前的市场价格买下他的公寓。此外,更高市场价值的假设并不能正当化我们反对对艾伦征税的直觉立场。如果有什么区别的话,那就是它授权以更高的价值对他征税,而不是完全不征税。[73]

对于我们为什么应该避免对艾伦增加的市场价值征税,恰当的理论解释是,价格是根据纳税人出售或租赁资产的意图而产生的。一定数量的钱的归属假定了个人主观生活计划中特定市场交易的相关性。然而,在没有任何真正交换的情况下,我们没有证据证明这种定价将与人的目的相一致。我们反对因增加的20万英镑对艾伦征税的原因是,这个价格来自于艾伦不打算实施的计划,并因此将他与这些外部目的"捆绑"在一起。当时,艾伦持有一种反常的偏好,市场价值与他的目标不一致。因此,我们反对在这些个人资产没有实际经济收益的情况下将其归入收入,并不是因为市场价值是一个"不好的"指标——而是因为它根本就不是指标。艾伦的偏好是一种无法用任何市场价格表达的价值衡量标准,因为他没有参与任何市场交易。任何市场的定价都会与他的自治不协调,因为这会强加一个与他自己的相矛盾的价值标准。

---

73 因此,对个人物品的免税仅仅是建立在累进性的目标上,而不是基于更高的价值归属。

六、有利于自治的所得税优化

我试图证明实现原则不仅仅是一个务实的因素：只有在同意接受利益时才对个人征税的逻辑可被视为阐明了自治权。当税务学者和平等主义改革者的目标是对资本进行最优征税时，这种努力应该在人民自治权所规定的范围内实施——也就是说，尊重实现原则。

正如第二节中所提到的，实现原则与诸如战略性交易和资产处置时机、投资组合调整和债务融资消费等实践相联系。这将导致对资本所有者有效税率的降低，导致效率低下，以及——在许多其他因素中——增加财富的积累，而平等主义的税收改革者希望缓解这一局面。

本文阐述的理论框架并不想忽视这些问题。相反，更新的分析有利于处理当前缺陷。实现原则保护纳税人免于就未经同意的定价而征税，而不是不纳税。虽然目前的缴款在一定程度上削弱了当局的征税能力，但它并不反对提高效率或再分配。相反，对实现原则的目的进行评估，有助于根据这些目标改进目前的应用。一旦我们理解货币利益的确认是征收所得税的先决条件，我们就可以着手解决目前存在问题的副产品。

例如，资本不仅可以出售或租用，还可以作为贷款的担保，用于融资购买新产品。现行所得税制度的一个必然结果是，它忽视了由此产生的债务融资消费或投资。艾伦可以将他的公寓作为抵押并利用其市场价值借钱购买一套新公寓——而不需要缴纳任何所得税。如果税收只是由净现金流触发，那么纳税人可以利用他们的资产来获得贷款，这允许他们消费或投资未纳税的资金。因此，大多数财政制度允许纳税人为消费或投资而借款而不必缴纳所得税，以享受资本的好处。这种规避不仅会导致效率低下，麦卡弗里还认为这是所得税"惠及有产阶级"(to reach the propertied classes)的失灵。[74]

对实现原则的重新认识为取消这种往往由较富裕的纳税人享有的不公平税收优势提供了见解。在有担保债务协议中,人们可以在商业交易中利用他们的资产,以此为担保以获得贷款。担保品参考资产的市场价值,在违约时作为一种安全措施。在这样的合同中,资本所有者同意资产的市场价值。如果这个价值超过了最初的购买价格,这可以被视为获得了某种特定的货币利益。因此,如果艾伦抵押他的公寓从银行获得贷款,他就失去了最初的非共享(non-shared)定价的保护——因此,就满足了允许对已发生收益征税的条件。

综上所述,在关于有利于自治的资本所得税研究项目中,税收学者的公平和效率的正义目标可以统一起来,这将要求确认特定的货币利益作为征税的道德条件。然而,这一条件并不局限于实现原则的当前应用。例如,在订立担保贷款时利用在资本上增加的市场价值可被视为实现事件。因此,当一个人的资产被用作贷款担保时,这就允许以一种有利于自治的方式征收资本利得税。这种征税并不是对市场价值的单方面归属,而只是复制了双方在协议中所同意的市场价值。此外,根据皮凯蒂等人的要求,通过扩大资本所有者的税基,这项措施将增加我们税收体系的累进性。

第四节　结论

托马斯·皮凯蒂指出,税收"不是一个技术问题,而是一个突出

74　See McCaffery, n. 31, 888.

第十二章　自治权作为所得税实现原则的道德基础

的政治和哲学问题,也许是所有政治问题中最重要的问题"。[75] 我的分析加深了这一见解,并试图将一个概念从道德和政治哲学落实到所得税领域。从每个人按照他或她自己目的生活的权利出发,我将一个关于收入的特定概念规范化。此外,我已经证明,税收当局不能用外来的效用标准来衡量一个人的收入,而是应该依靠共同定价。事实上,按市值计价法导致的流动性问题只是冰山一角。我已经证明了一般的市场价格通常来自于与个人的目的相冲突的交易。因此,这种定价的归属忽略了一个人自己对幸福的看法,因为它决定了市场的效用标准。实现原则的价值恰恰在于这种方法与个人的自治相结合,它将个人在交换中同意的货币利益复制到税基中。

通过整合外部领域的规范性见解,目前的贡献揭示了税收理论中通常描述为"必要之恶"(necessary evil)的可能基础。通过阐明将接受货币利益作为所得税的道德前提,我的义务论方法试图引导税收改革者在实现原则的范围内完成他们的目标,并驳斥了按市值计价的财富和所得税。鉴于此,我在这里提出的规范框架,并不反对平等主义或与效率相关的观点。相反,它是对自治权作为实现原则基础的一种评价,这有利于改变当前的解释,以解决现行资本税制的缺陷。对实现原则的规范性基础的理解,例如为担保资本的征税提供了保障——这一措施与使我们的税法更加进步的平等主义目标相一致。

75　See Piketty, n. 15, 493.

索 引

（索引中的页码为原书页码，即本书边码）

说明

诸如"178—179"这样的参考页码表明（不一定是连续的）对某一主题的讨论横跨了不同的页面。因为这部著作的全部内容都是关于"税收"（taxation）的，所以使用该术语（以及贯穿始终的某些其他术语）作为切入点已经被限制。请在适当的详细条目下查看。只要有可能，在有许多参考页码的情况下，这些主题要么被分成子主题，要么只列出对该主题最重要的讨论。

absolutist state 专制主义国家 15—22, 25—26, 28—30, 33
    ideals and levies 主义和征税 15—17, 20
    justifications 司法 19—21
    relationships 关系 17—19
absolutists 专制主义者 15, 19, 22, 28, 30, 33
accessions tax 财产增益税 152, 154
accretion 增加 282, 287—288, 296
administrative state 行政国家 18, 28—33
    ideals and levies 主义和征税 28—29
    justifications 司法 30—32
    relationships 关系 29—30

after-tax cost 税后成本 261, 277—278
aggregate welfare 总福利 150, 167, 169, 193, 198, 204, 208
aid 援助 12—13, 199—200, 256, 264, 274, 276
Anglo-Norman England 盎格鲁-诺曼英格兰 11—12
Anne, Queen 安妮女王 21
anti-avoidance rules, general 反避税规则，一般 79, 81, 83, 85, 87, 89, 91, 95—97
appropriable value 可分拨价值 202—203
appropriations 拨款 23, 27, 195, 199,

203, 205—206, 208—209, 212

Aquinas, Thomas 托马斯·阿奎那 13—14, 18—19, 25—27

Aristotle 亚里士多德 14, 19, 30, 48—49
    and exclusion of contradictions principle 排除矛盾原则 83—84

arts 艺术 35—38, 42, 45, 135, 165, 258, 265, 270
    state support 国家支持 36—38, 42, 48

assessment 评估 59, 61, 66, 128—129, 158, 165, 290, 296

assets 资产 60, 151—153, 159, 219—220, 225, 281, 286—289, 298—302
    capital 资本 80, 284—285
    financial 金融的 152
    intangible 无形的 159, 163, 284, 287
    productive 生产性的 148, 194

association 团体
    civil 民间 27, 104, 106—113, 115, 118—119
    enterprise 企业 20, 27, 104, 108—109, 112, 119—120, 123
    political 政治的 106, 111
    professional 专业的 255

Australia 澳大利亚 81, 87, 91, 121, 135, 142, 156, 284

Austria 奥地利 209

autonomous choices 自治选择 53, 56

autonomy 自治 4, 28, 49, 51—54, 113, 138—139, 281—303
    personal 个人的 52, 233
    principle 原则 52—55, 293, 297—298

autonomy-based duties 基于自治的职责 52—53

Avi-Yonah, R. S. 阿维-约纳 159

avoidance, see tax avoidance 避免, 参见避税

bad inheritance luck 坏的继承运气 176, 187—188

bad luck 坏运气 40, 173, 187, 240, 244—245, 273, 276, 278

bad option luck 坏的选择运气 183

bank accounts 银行账户 67, 139

base erosion and profit shifting (BEPS) 税基侵蚀和利润转移（BEPS）144, 156—157, 159, 162, 165

basic resource egalitarianism 基本资源平等主义 271—274

Bate's Case 贝特的案子 16—17

beachcombers 海滩流浪汉 236, 240, 245

Belgium 比利时 142, 210

Ben Nevis 本·尼维斯 89—90, 94

beneficiaries 受益人 81, 87, 188, 259—262
    charitable 慈善的 259, 262
    of trusts 信托的 80—81

benefits 益处 43—45, 61, 69—71, 228—229, 255—258, 261—262, 267—269, 301—302

Benn, S. 斯坦利·本 291—292

Benshalom, I. 伊兰·本沙洛姆 159, 299—300

Bentham, Jeremy 杰里米·边沁 105, 198

BEPS, see base erosion and profit shifting BEPS，参见税基侵蚀和利润转移

bequests 遗赠 127, 138, 152, 174—175, 187—188

bilateral tax treaties 双边税收协定 156—158
Bodin, Jean 让·博丹 19
Bracton 布拉克顿 12, 14, 16
Brazil 巴西 210
brute luck 原生运气 173, 175—178, 183

Canada 加拿大 142
capital 资本 30—31, 193—197, 202—209, 211, 281, 284—285, 289—290, 301—302
    assets 资产 80, 284—285
    created 创建 206—208
    gains 收益 281, 285
        taxation 税收 29, 115, 156, 286—287, 290, 302
    global 全球的 52, 154
    human 人类 143, 295—296
    income 收入 285, 287, 296
    natural 自然的 204—205, 207
    owners 所有权人 284—286, 288, 290, 302
    productivity 生产性的 184
    social 社会的 196, 204—205, 208, 212—213, 216
    taxation 税收 281, 286—290, 303
        of income from 从……而来的收入 215
carucages 犁头税 11, 13—14
cash-flow consumption tax 现金流消费税 183
charging provisions 收费规定 80, 91—92, 94, 97
charitable activity 慈善活动 258—259, 262

charitable contributions 慈善捐赠 263, 276—278
charitable deductions 慈善扣除 88, 255—256, 258, 260—261, 263, 277
charitable donations 慈善捐款 139, 277—278
charitable organizations 慈善组织 255, 257, 261, 265
charitable tax subsidies 慈善税收补贴 4, 71, 77, 88, 220, 255—279
    current theoretical justifications 当前理论依据 258—259
    and distributive justice 与分配正义 259—260
    and libertarianism 与自由意志主义 262—271
    overview 概述 256—258
    and utilitarianism 以及功利主义 260—262
charities, see charitable tax subsidies 慈善机构，参见慈善税收补贴
Charles I 查理一世 15, 17—18, 20
Charles II 查理二世 15
cheating 欺骗 3, 57—58, 65, 68—69, 71—72, 74—76
children 儿童 41, 66, 202—203, 262, 264, 270, 273—274, 276—277
    disadvantaged 弱势群体 273
    poor 贫穷的 273—274, 276
Chile 智利 210
choice 选择 125—126, 145, 172—174, 238—239, 243, 245—253, 271—274, 276—277
    doctrine of 教义 91—92
    individual 个人的 173—174

personal 私人的 4, 234, 237, 244—246, 250
of tax base 税基 125—126, 134, 136, 141, 143
civil association 民间团体 27, 104, 106—113, 115, 118—119
civilization 文明 195—196, 199, 202, 206, 212—213, 216
classical liberalism 古典自由主义 263, 266—267, 269—272
classical liberals 古典自由主义者 263, 267, 269, 272
classical libertarianism 古典自由意志主义 4, 168—169, 174—175, 178, 189
classical utilitarianism 古典功利主义 167, 169, 230
coercion 强制 36, 38—43, 45, 52—56, 137, 263, 290—291
coercive imposition 强制执行 40, 42, 52
coercive taxation 强制征税 43—44, 269
Colbert, Jean-Baptiste 让-巴蒂斯特·科尔伯特 19
Colombia 哥伦比亚 210
commodities 商品 17, 29, 146, 296
common counsel 共同律师 12—13
common good 公共物品 31
common law 普通法 11, 13—14, 16, 22, 106, 111
compensation 补偿 59, 170, 184, 206, 256, 264, 273—274, 296
complexity 复杂性 62, 101, 103, 129, 157
concentrations of wealth 财富集中 140, 153—154, 221, 223—224, 276, 284—285

conflict of norms 规范冲突 86, 88, 92, 96—97
validity of conflicting norms 规范冲突的有效性 97
consent 同意 20—22, 26, 28, 110, 120, 208, 211, 227—229
implicit 隐性 227
conservatism 保守主义 3, 103—105, 116—117, 119—120, 123
limits 限制 118—119
and reform 改革 119—123
and tax law 税法 113—119
conservative disposition 保守主义倾向 101—123
conservative temperament 保守主义的气质 115—118
constitutional constraints 宪法的限制
on choice of tax base 关于税基选择 134—135
on projective judgments of justice 论正义的投射性判决 132—134
constitutional principles 宪法原则 132, 135—137, 140—143
consumers 消费者 163, 180, 214, 267, 294
consumption 消费 143—148, 153, 155, 162—163, 175, 179—185, 196, 240—241
choices 选择 145—146, 153
debt-financed 债务融资 288, 301
personal 私人的 168, 180—181, 183—184
consumption taxation 消费税 144—146, 148—150, 154—155, 162—163, 180, 184, 246
cash-flow 现金流 183

469

continuity 连续性 54, 113—114, 116, 123
contracts 合同 22, 66—67, 81, 127, 140, 241—242, 264, 302
contractual mechanisms 合同机制 267—268
contradictions, see exclusion of contradictions principle 矛盾, 参见排除矛盾原则
contributions, charitable 捐款, 慈善的 263, 276—278
cooperation, social 合作, 社会的 134, 242, 246
corporate income taxes 企业所得税 255—256
corporation tax 公司税 29, 120—121
costs 费用 151, 153, 175—176, 181, 203—204, 228, 258, 261—263
　after-tax 税后 261, 277—278
courts 法院 16, 59, 62, 82, 87—96, 106, 110, 112
created capital 创造资本 206—208
Cridland case 克里德兰案例 80—82, 84, 87—88, 92
criminal law 刑法 37, 43, 46, 55, 57
criminal penalties 刑事处罚 39, 41, 54
criminalization 刑事犯罪 37, 40, 43
Cromwell, Thomas 托马斯·克伦威尔 19, 27
cultural subsidies 文化补贴 50, 55—56
cultural taxes 文化税 36, 39—41
customs duties 关税 16, 22, 29

Davies, J. B. 詹姆斯·戴维斯 284—285
death 死亡 18, 97, 194, 219—220, 222—223, 228, 255

debt 债务 18, 49, 59, 61, 66, 69, 157—158
debt-financed consumption 债务融资消费 288, 301
deductions 扣除 62, 74—75, 77, 122, 125, 153, 157—158, 277—279
　itemized 逐项的 60, 277—278
defence 防卫 18, 20, 27—28, 32, 39, 57, 194, 199
deferral 递延 184, 288—289, 299
democratic equality 民主平等 272—274
Denmark 丹麦 209
devolution 权力下放 28
difference principle 差异原则 167—168, 174, 272
disabilities 残疾 177, 179, 244, 267, 271, 274—275
discount rates 贴现率 152, 194—195, 208, 247
　social 社会的 194, 211, 215
disobedience to the law 不服从法律的 58, 65, 72, 74
disposable income 可支配收入 142, 149, 278
distortions 扭曲 145, 150, 165, 195, 213—215, 234, 237
distribution 分布 125—126, 172, 174, 223, 225, 244, 265, 282—283
　of resources 资源 30, 169, 174, 181, 243, 273
　distributive justice 分配正义 30, 127, 130—131, 167—174, 180—181, 219, 256, 259—260
　and charitable tax subsidies 以及慈善税收补贴 259—260

theory 理论 168—173, 175
Domesday Book 《末日审判书》 14
dominant class 统治阶级 194—196, 200, 208—209, 211—212, 215—216
donations 捐款 26, 71, 139, 141, 256—259, 261, 276—278
donee-based taxes 受赠税 188
donors 捐赠者 152—153, 188, 221, 255, 257, 259—262, 268, 277—278
double distortion premise 双重扭曲前提 193, 198, 214—215
double taxation 双重征税 28, 153, 158, 161, 163, 188
 of savings 储蓄 145, 147, 149
Dutch republic 荷兰共和国 15, 20
duties 职责
 autonomy-based 基于自治性 52—53
 excise 消费税 17, 29, 60, 165
Dworkin, R. 罗纳德·德沃金 3—4, 234, 238, 242—244, 246, 249
 see also Dworkinian equality 参见德沃金平等
Dworkinian equality 德沃金平等 167—189
 and ineritance taxation 遗产税 186—189
 and personal taxation 个人税 179—186
 practice 实践 179—189
 resources, ethical individualism, and distributive justice 资源、伦理个人主义和分配正义 172—174
 theory 理论 169—179

earls 伯爵 14
earning ability 盈利能力 181—182

earnings 收益 145—147, 149, 234, 236, 238, 244, 247, 252
 lifetime 终生 145—147, 251
economic growth 经济增长 28, 142, 149—150, 181, 186
economic inequality 经济不平等 167, 252, 285, 289
economic justice 经济正义 125—126, 128—129, 138
economic substance doctrine 经济实质原则 91—97
economics of taxation 税收经济学 197, 212—216, 288
education 教育 183, 187, 215, 225, 234—235, 247—248, 251, 267—269
 public 公众 38, 188—189, 228
educational attainment 受教育程度 251
effectiveness 效力 24, 28—289
efficiency 效率 5, 149, 157—158, 256, 258—259, 281, 288, 301—302
egalitarianism, resource, 平等主义, 资源,
 see resource egalitarianism 参见资源平等主义
expansive 扩展 271—278
Elizabeth I 伊丽莎白一世 15, 27
employers 雇主 40, 117, 214
endowment tax 禀赋税 4, 180—182, 223, 233—253
 asymmetry of talent slavery objection 关于"人才奴役"异议的不对称性 238—245
 challenges 挑战 250—225
 endowment v choice 禀赋Vs选择 245—250

471

flawed idea of model endowment tax 禀赋税模式的错误想法 234—238
  prediction of differences in individual economic performance 对个体经济表现差异的预测 247—248
  understanding of differences in individual economic performance 对个体经济绩效差异的理解 248—250
endowments 禀赋 4, 181—183, 233—235, 237, 240—243, 245—248, 250, 252
  concept 概念 234—235
  measurement 测量 236—238
  v choice 选择 245—250
enforcement 执行 2—3, 7, 28—29, 58, 71, 159, 264
enterprise association 企业团体 20, 27, 104, 108—109, 112, 119—120, 123
environmental taxes 环境税 29, 31
equality 平等 35—36, 126, 136, 140, 168—171, 174—176, 224—226, 230
  democratic 民主 272—273
  of opportunity 机会 38, 126, 224—226, 251, 271—272
    fair 公平 126, 140, 143, 153, 167, 186, 272
  of opportunity theories 机会理论 226, 256
  of resources 资源 4, 168—169, 172—179, 181, 183—187, 189, 242—244
    original acquisition and subsequent redistribution 原始获取与后续再分配 174—179
equally situated individuals 处于同等地位的个人 178—179, 185, 187
equity 权益 150, 157—158, 281, 288, 302

estate tax 遗产税 152, 154, 188, 219—224, 227—229
Estonia 爱沙尼亚 210
ethical individualism 伦理个人主义 169, 172, 175, 181, 187
ethnicity 种族 235, 237, 247, 251—253
European Union 欧盟 28, 165
evasion, see tax evasion 规避，参见避税
Exchequer Barons 财政大臣 16—17
excise duties 消费税 17, 29, 60, 165
excludability 排他性 266—267
exclusion of contradictions principle 排除矛盾原则 3, 79—98; see also general anti-avoidance rules 参见一般反避税规则
  and Aristotle 以及亚里士多德 83—84
exemptions 豁免 4, 62—63, 75, 77, 88, 125, 165, 299
expansive resource egalitarianism 扩张性资源平等主义 256, 260, 271—279
expedience 权宜之计 17—18, 20, 29
expensive tastes 昂贵的品味 4, 170, 256, 260, 271—272, 275—279
explicit taxation 显性税收 196—198, 203, 208—209, 211—212, 215
externalities 外部性 31, 212

fair distribution 公平分配 171, 225, 243
fair equality of opportunity 公平机会平等 126, 140, 143, 153, 167, 186, 272
families 家庭 45, 47, 233, 261—263, 277, 294—295, 299
family businesses 家族企业 299—300
farming 农业 81—82, 197, 203, 205

FDIs (foreign direct investment) 外国直接投资 159—160
fees 费用 58, 61—62, 66, 201, 268, 274
Feinberg, J. 乔尔·范伯格 37, 42—48, 50, 52, 55—56, 65, 291
feudal dues 封建税 11
feudal ideals 封建主义 10
feudal justifications 封建司法 10, 13—14
feudal law 封建法律 11, 25
feudal levies 封建征税 10, 13, 32
feudal order 封建秩序 10—12, 14, 19
feudal realm 封建王国 9—14, 32
feudal relationships 封建关系 12—13
feudal society 封建社会 10, 18
feudalism 封建制度 11, 13, 15, 18, 20, 25
fiscal 财政 20
Filmer, Sir Robert 罗伯特·费尔玛爵士 19
financial resources 财政资源 256, 272—276
Finland 芬兰 210
fiscal feudalism 财政封建主义 20
forced labour 强制劳动 193, 199, 213, 239, 264, 293
    theory of property and taxation 财产与税收理论 193—216
forfeitures 没收 24, 58, 60—61, 199, 201
for-profits 营利性 257—258, 261
France 法国 11, 15, 21, 142, 210
fraud 欺诈 57, 67—68, 137, 164, 235, 264
freedom 自由 40, 45, 165, 182, 227, 234, 238—239, 291—293
free-floating values 自由浮动的价值 43—44

freeholders 自由财产保有者 17, 20, 23, 199—201
free-rider problems 搭便车问题 258, 268, 270
free-riding 搭便车 266, 268
Friedman, M. 米尔顿·弗里德曼 146, 227

GAARs, see general anti-avoidance rules
gasoline taxes GAARs，参见一般反避税规则 62
gender 性别 172, 235, 237, 247, 251—253, 272
general anti-avoidance rules (GAARs) 一般反避税规则
    and exclusion of contradictions principle 以及排除矛盾原则 87—90
    fundamental problem 基本问题 82
    resolution of conflicts with other tax law rules 与其他税法规则冲突的解决 90—92
general tribute 一般贡品 11
Georgia 格鲁吉亚 277
Germany 德国 160, 207, 210
gift tax 赠与税 219, 221—222
gifts 赠品 60—61, 88, 115, 152—153, 187—188, 255, 263, 277—278
globalized economy 全球经济 144, 155—166
good life 美好生活 39, 46, 51—52, 173, 235, 241, 256, 275—276
goods 物品 145—146, 163, 225, 240, 265—270, 289, 293—294, 298—300
    intangible 无形的 163—164
    personal 个人的 299—300

public 公共的 168, 186, 194, 207, 215, 258—259, 266, 269—270
Gotlieb, P. 保拉·戈特利布 83
governmental power 政府权力 258, 263, 269
Greece 希腊 210
Grotius, Hugo 胡果·格劳秀斯 18
growth 成长 30, 142—143, 149, 157, 283

Hanoverian kings 汉诺威国王 21
happiness 幸福 230
harm 伤害 35—36, 38, 42—49, 52, 56—57, 63, 68, 73
 definition 定义 44—48
harm principle 2—3, 35—56; see also Mill, J. S. and coercion 39—42
 伤害原则 2—3, 35—56; 参见约翰·斯图尔特·密尔和强制 39—42
 definition of harm 伤害的定义 44—48
 harm as setback to interests 伤害是利益的阻碍 42—50
 justification 正当理由 42, 45
 and need 需求 48—50
 and Raz on perfectionism 论拉兹的至善主义 50—56
 and Stephen's incompatibility argument 斯蒂芬的不相容论证 38—50
 harm-based justification 基于伤害的理由 44—45
harmful tax competition 有害的税收竞争 155—156
harmful tax practices 有害的税收实践 156—162
Hayek, F. von 弗里德里希·奥古斯特·冯·哈耶克 31, 270

hearth tax 炉灶税 22
Henry II 亨利二世 11
Henry III 亨利三世 10, 14, 24
Henry Review 亨利评论 135, 145
Henry VII 亨利七世 15, 27
Henry VIII 亨利八世 15, 19—20
historical justifications for taxes 税收的历史合理性
 and tax law 与税法 9—36
Hobbes, T. 托马斯·霍布斯 18—19, 23, 25, 27, 31—32, 104, 106—107, 109
Hobbesian sovereignty 霍布斯主权 106, 115
human capital 人力资本 143, 295—296
hypothetical insurance market 假设的保险市场 178, 183, 185, 187, 244

Iceland 冰岛 209
ideal income tax 理想所得税 214, 288, 296
ideal tax base 理想税基 181, 183—184
ideologies 意识形态 24, 31, 115
ignorance 无知 57, 116, 173, 224, 242
implicit consent 默示同意 227
implicit tax rates 隐性税率 209—211, 213, 215
implicit taxation 隐性税收 145, 196—197, 202, 208—212, 215—216
imputed income 估算收入 203
incentives 激励 159, 207
income 收入 80—82, 142—147, 156—159, 177—185, 213—215, 237—241, 250—252, 284—288
 imputed 估算 203
 taxable 应纳税的 75, 159, 214, 277

income effects 收入效应 195, 213, 239—240
income inequality 收入不平等 209, 284
income tax 所得税 2—4, 144—145, 149—157, 162—166, 183—186, 238—240, 286—288, 301—303
 alleged inefficiency 所谓的无效率 149—150
 alleged unfairness 所谓的不公平 145—148
 ideal 理想的 214, 288, 296
 law 法律 83, 96, 98, 158
 and mark-to-market approach 按市值计价方法 286—290
 as means of taxing wealth 作为对财富征税的手段 144—152
 personal 个人的 22, 180, 185, 233
 progressive 累进的 29, 154, 186—187, 189, 233
 systems 制度 70, 214, 252, 289
individual preferences 个人偏好 171, 249, 267
individual responsibility 个人责任 168, 171, 173—174
individualism, ethical 个人主义, 伦理的 169, 172, 175, 181, 187
inequality 不平等 143, 149, 155, 225, 272, 278, 285—286, 288
 economic 经济 167, 252, 285, 289
 growing 成长 226, 284
inheritance taxation 遗产税 29, 60, 152, 168, 185—189, 219—223
 progressive 累进的 187—188
inheritances 遗产 152, 176, 178—179, 185, 188, 198, 221

injustice 不正义 109, 148, 187, 265—266
inside information 内幕信息 77
institutional construction, stages of 制度建设, 阶段 130—132
institutions 机构 9, 26, 140, 194, 203, 209, 269
 as object of projective judgments of justice 作为正义投射判断的对象 128—130
insurance 保险 176—178, 187—188, 240, 243—245, 270
insurance market, hypothetical 保险市场, 假设的 178, 183, 185, 187, 244
intangible assets 无形资产 159, 163, 284, 287
intangible goods 无形商品 163—164
intellectual property rights 无形知识产权 198, 208
intergenerational mobility 代际流动 247
international cooperation 国际合作 162, 165
intrinsic value 内在价值 42—43, 50, 56, 293
investment goods 投资品 299—300
investments 投资 150, 152, 175, 182—184, 194—196, 215, 299—300, 302
 stock 股票 76—77
 taxing returns on 纳税申报 150—152
investors 投资者 77, 150—151, 296, 300
IQ 智商 235—236, 245, 247, 251—252
Iran 伊朗 15, 210
Ireland 爱尔兰 142, 210
Italy 意大利 40, 210

itemized deductions 逐项扣除 60, 277—278

James II 詹姆斯二世 15
John, King 约翰国王 10, 13—14
John of Salisbury 索尔兹伯里的约翰 13
Jordan 约旦 15
justice 正义 2—3, 125—143, 147—149, 155, 165—168, 174, 230, 264
 basic case 基本案例 127—136
 contributions of taxation to 向……纳税 141—143
 distributive 分配的 30, 127, 130—131, 167—174, 180—181, 219, 256, 259—260
 of distributive outcomes 分配结果 169, 171—172
 economic 经济 125—126, 128—129, 138
 principles of ……原则 130—132, 137, 150, 173
 private rights and equality 私有权利与平等 136—143
 procedural, see procedural justice 程序的，参见程序正义
 reasons of ……原因 129, 132—136
 requirements of ……要求 130—133, 137, 140, 150
 rotational 轮流的 42, 50
 tax 税收 142, 281, 286—287, 290
 of tax base ……税基 143—155

Kelsen, V.; see also exclusion of contradictions principle 凯尔森 3, 79—98；参见排除矛盾原则

kings 国王 10—17, 20, 26—27, 200—201
Kleinbard, E. 爱德华·克莱恩巴德 215—216, 218
Knight, M. 马克斯·奈特 84—85
knight-service 骑士役 11, 13, 17, 200—202
Kuwait 科威特 21

labour 劳动 26, 179—180, 196—197, 199, 202—204, 207—209, 212—213, 215—216
labour-leisure decisions 劳动-休闲决策 196, 212—213
land 土地 11, 20—21, 26, 135, 194, 196, 199—200, 203—205
 tax 22
lawyers 律师 236—240
left-libertarianism 左翼自由意志主义 262—263, 271, 279
legal norms 法律规范 85—86, 89, 92, 97
legal rules 法律规则 86, 90, 92, 94—95, 107, 130, 138—140, 214
legislators 立法者 86, 131—134, 136, 140, 300
legitimacy 合法性 37—38, 228
leisure 休闲 175, 181, 196, 203, 213, 234, 239—242, 245
 labour-leisure decisions 劳动-休闲决策 196, 212—213
levelling down 调平 276—277
levies 征税 9—13, 15—16, 19—23, 27, 32—33, 179, 281, 286
 administrative 行政的 28—29

feudal 封建（制度）的 10, 13, 32
general 一般的 11, 13—14, 19—20, 26
parliamentary 议会的 21
prerogatival 特权 16, 27—28
purposes 目的 2, 9—10, 15, 32
status 状态，地位 21, 28, 32
Levmore, S. 索尔·莱弗莫尔 258—259
liberalism 自由主义 37, 222, 224—226
classical 古典的 263, 266—267, 269—272
Rawlsian 罗尔斯主义 37, 224—225
libertarianism 自由意志主义 37, 168, 222, 227—229, 241, 252, 256
and charitable tax subsidies 以及慈善税收补贴 262—271
classical 古典的 4, 168—169, 174—175, 178, 189
minimal state 最低限度的国家 263—264, 266
liberty 自由 35—36, 38, 49, 51, 137, 167, 205—206, 290—291
political 政治的 55, 126, 140, 168, 187
presumption of 假定 291—292
life and death necessity 生与死的必然性 49
lifetime earnings 终生收入 145—147, 251
liquidity problems 流动性问题 289, 296—297, 303
Livy 李维 19
Locke, John 约翰·洛克 22, 26, 174, 197—199, 204—205, 207—208, 264, 270
losses 损失 17—18, 52, 54, 80, 116—117, 150—151, 177—178, 203

Louis XIV 路易十四 15, 17
luck 运气 178, 234, 238, 244—246, 248, 250—252, 273, 278
bad 坏的 40, 173, 187, 240, 244—245, 273, 276, 278
bad inheritance 坏的继承 176, 187—188
brute 原生 173, 175—178, 183
option 选择 173, 178, 183, 185, 244
lump sum taxation 一次性征税 193, 213—214

Machiavelli, Niccolò 尼可罗·马基雅维里 19, 25, 27, 30—31
Magna Carta 大宪章 12, 14, 23, 197, 200, 202, 208—209
market exchanges 市场交易 182, 298, 300—301
market failures 市场失灵 258, 266
market prices 市场价格 262, 290, 294, 296—297, 299, 301
market value 市场价值 244, 281, 286—290, 296—297, 299—302
markets 市场 77, 149, 159—160, 174, 243—244, 258—259, 262—263, 266—267
mark-to-market approach 按市值计价方法 281, 295—297, 299—300, 303
and income tax 以及所得税 286—290
Marx, Karl 卡尔·马克思 222—223
Mary I 玛丽一世 27
Mary II 玛丽二世 21
maximin rule 最大最小原则 234, 240—242
merit goods 有益品 267—268

477

Mexico 墨西哥 210
Mill, J. S. 约翰·斯图尔特·密尔 35—38, 41—42, 44, 52, 194, 230; see also harm principle 参见伤害原则
minimal state 最低限度的国家 168, 196, 263—264
    libertarianism 自由意志主义 263—264, 266
minimum wages 最少工资 141—142
MNEs (multinational enterprises) 跨国企业 156—160
mobility, intergenerational 流动，代际 247
monetary benefits 货币利益 281, 297—298, 300—301, 303
monetization 货币化 298—299
Montesquieu 孟德斯鸠 21—23, 25
moral content of tax evasion 逃税的道德内涵 58, 64, 68, 72, 74
moral objections 道德异议 211—212
moral obligations 道德责任 72, 78
morality 道德 2, 52, 91, 95—97, 197, 208, 229
    of property and taxation 财产和税收 197, 208—212
Morris, H. 赫伯特·莫里斯 69
Morton's fork 莫顿的叉子 250
multinational enterprises, see MNEs 跨国企业，参见 MNEs
murder 谋杀 40, 69, 73
Murphy, L. 利亚姆·墨菲 1—2, 111, 125—128, 136, 139—140, 142—143, 147—150, 153—154

Nagel, T. 汤姆·纳格尔 1—2, 125—128, 136, 139, 142—143, 147—150, 153—154
nation states 民族国家 155, 157—158, 160
natural capital 自然资本 204—205, 207
natural law 自然法 12, 14, 17—19, 25, 27, 30—32
natural resources 自然资源 135, 137, 271
necessity 必要性 31—32, 48—49, 82, 203, 216
neoliberalism 新自由主义 28, 116
Netherlands 荷兰 142, 210
non-absolutism 非绝对主义 264
non-contradiction, principle of, see exclusion of contradictions principle 非矛盾，原则的，排除矛盾原则
nonexcludability 非排除的 266—268
nonpayment of taxes 不缴纳税款 64, 69, 74
nonprofits 非营利的 261—262, 267, 275, 278
non-tax rules 非税收规则 198, 211, 214
norms, conflict of 规范，冲突 86, 88, 92, 96—97
Nozick, R. 罗伯特·诺齐克 168, 193, 197—200, 203—208, 211, 227, 229, 264—266
Oakeshott, M. 迈克尔·奥克肖特 3, 16, 20, 27, 101, 103—117, 119—121, 123
objections, moral 异议，道德 211—212
obligations 责任 11, 13, 61—62, 67, 69, 72—74, 139, 238—240
    moral 道德 72, 78
OECD (Organization for Economic Co-operation and Development) 经济合作与发展组织 121, 142, 153, 156, 158, 161, 284—285

Office of Tax Simplification, see OTS 税务简化办公室，参见 OTS

opportunities 机会 126, 143, 167—168, 186—187, 224—226, 265, 271—274, 276

    equal 平等 38, 225, 271—272

optimal tax theory 最优税收理论 193, 197, 212—216

optimal taxation 最优税收 146, 290, 301

option luck 选择运气 173, 178, 183, 185, 244

Organization for Economic Co-operation and Development, see OECD 经济合作与发展组织，参见 OECD

OTS (Office of Tax Simplification) 税务简化办公室 101—102, 105, 122—123

owners, capital 所有者，资本 284—286, 288, 290, 302

ownership 所有权 1, 125, 137, 168, 172, 174, 207

parents 父母 138, 158, 202, 251—252, 268, 273—274, 276

parliamentary ideals and levies 议会主义与征税 21—22

parliamentary state 议会国家 21—30, 32

    justifications 司法 25—27

    relationships 关系 22—25

parliaments 议会 16, 20—21, 23—24, 27, 90, 201

Patriarcha 父权制 19—20

patrimony clauses 遗产条款 135, 137

payment of knight's service 骑士役费 201—202

perfect procedural justice 完善的程序正义 130—131, 136

perfectionism, and harm principle 至善主义，和伤害原则 50—56

permanent income hypothesis 永久收入假设 145—146

personal allegiances 个人忠诚 10, 12

personal autonomy 个人自治 52, 233

personal choice 个人选择 4, 234, 237, 244—246, 250

personal consumption 个人消费 168, 180—181, 183—184

    taxation 税收 167, 183—184

personal income tax 个人所得税 22, 180, 185, 233

personal property 个人财产 137

personal taxation 个人税收 121, 179—86; see also income tax

personal wealth taxation 个人财富税 181, 184—185

personality traits 性格特质 235, 246—247, 249

Peter des Rivaux 彼得·德·里沃 14

Philippines 菲律宾 64, 135, 210

philosophers 哲学家 2, 13, 18, 21, 25, 89, 179, 252

Pigou, A. C. 阿瑟·塞西尔·庇古 31

Piketty, T. 托马斯·皮凯蒂 5, 30—31, 152—154, 281—286, 290, 302

pluralism 多元化 256, 259, 263

Pogge, T. 博格 127—129, 131—133

Poland 波兰 210

Policraticus 政治学 13

political association 政治团体 106, 111

political law 政治法律 22, 30

479

political liberties 政治自由 55, 126, 140, 168, 187
political morality 政治道德 173
political philosophical theories 政治哲学理论 219, 222—231
political society 政治社会 10, 12, 24, 32, 249
political systems 政治制度 140, 223—224, 227
political tradition 政治传统 114, 117
politics 政治 10, 12, 14, 104, 113, 121, 126, 136
poll taxes 人头税 22
portfolios 投资组合 150—152, 288, 300—301
positive externalities 正外部性 267—269
power 权力 11—12, 15—16, 108, 128, 134—135, 194—195, 199, 209
   governmental 政府的 258, 263, 269
preferences, individual 偏好，个人 171, 249, 267
premiums 保费 176, 178—179, 187—188, 244
prerogatival levies 特权征税 16, 27—28
present enjoyment 当前享受 118
pre-tax labour-leisure substitution decisions 税前劳动-休闲替代决定 196, 212—213
prices 价格 47, 151, 261—262, 267, 293—294, 296—298, 300—301
   market 市场 262, 290, 294, 296—297, 299, 301
private law 私法 22, 29—30, 32, 137—141

   and constitutional principles 和宪法原则 140—141
private property 私有财产 20, 169, 174
private rights 私有权利 136—137, 139, 141, 149
   place within just institutional schema 放在正义制度架构中 137—140
private wealth 私人财富 126, 140—141
procedural justice 程序正义 126, 130—132
   perfect 完美的 130—131, 136
   pure 纯粹的 131—132, 136
   quasi-pure 准纯粹 131—134, 139—141, 143
production 生产 135, 145, 156, 163, 175, 184, 202—203, 216
   of social capital 社会资本 197, 208—209, 216
profits 利润 80, 89, 95, 119, 160, 261, 297, 300
progressive income tax 累进所得税 29, 154, 186—187, 189, 233
progressive inheritance tax 累进继承税 187—188
progressive rates 累进税率 149, 152, 167, 185—186, 188
progressivity 累进性 154, 299
projective judgments of justice 投射性正义判断 128—129, 133
   constitutional constraints 宪法限制 132—134
property 财产 2, 4, 20—29, 31—33, 60—61, 193—205, 207—209, 213—215
   in created capital 在创造资本中 206—208

definition 定义 202—204
law 法律 4, 32
theories 理论 197—208
in natural capital 在自然资本中 204—206
private 私有 20, 169, 174
rights 权利 21—22, 24, 125—127, 174—175, 196—197, 204—205, 207, 227
as taxation 作为税收 199—202
public education 公共教育 38, 188—189, 228
public goods 公共物品 168, 186, 194, 207, 215, 258—259, 266, 269—270
public law 公法 2, 9—10, 12, 14—15, 19, 21—22, 24, 27—33
public policy 公共政策 106, 204, 259, 273
public purposes 公共目的 2, 9, 13, 15, 21, 27, 31
public reason 公共理性 55, 133—136, 140—141, 143
public safety 公共安全 16
public schools 公立学校 61, 66, 277
pure procedural justice 纯粹程序正义 131—132, 136
Pure Theory of Law 纯粹法理论 84—87, 95—97

quasi-pure procedural justice 准纯粹程序正义 131—134, 139—141, 143

rape 强奸 69, 73, 293
rationalism 理性主义 3, 115, 123
rationality 理性 249
Rawls, J. 约翰·罗尔斯 126—134, 137—138, 142, 167, 169, 224—226, 238—241, 272—273
Rawlsian liberalism 罗尔斯的自由主义 37, 224—225
Raz, J. 约瑟夫·拉兹 39—40, 50—56
real estate 房地产 284, 287, 294
realization principle 实现原理 4, 281—303
deontological defence 道义上的辩护 290—302
partial 部分 299—300
realization-based tax 以实现为基础的税收 281, 289, 300
redistribution 再分配 149—150, 213—215, 217, 224—225, 251—252, 259—263, 265, 272
redistributive taxation 再分配税 3, 30, 167—169, 178—179, 181—182, 184—185, 189, 224
redistributive transfers 再分配转移 167, 186—187, 189
reduced-cost services 降低成本服务 275—276
reforms 改革 110, 115—116, 119, 121—122, 126, 161, 269
and conservatism 保守主义 119—123
relative inequality 相对不平等 281—285
relief 救济 89, 101, 199—201
resource egalitarianism 资源平等主义
basic 基本 271—274
and disabilities 残疾 274—275
expansive 扩展 256, 260, 271—279
structural issues 结构问题 277—278
resources 资源 4, 17, 143, 168—187, 189, 242—244, 271—275, 277

481

financial 金融的 256, 272—276
natural 自然的 135, 137, 271
responsibility, individual 责任，个人 168, 171, 173—174
revenues 收益 20, 141—142, 150, 153, 160, 168, 185—187, 225
Richard I 理查一世 11, 14
right-libertarian theories 右翼自由主义理论 271, 279
risk-free return 无风险回报 150, 183—184
risks 风险 147, 150, 159, 176—179, 183—184, 203, 243—245, 247
rotational justice 轮换正义 42, 50
rule of law 法治 23—24, 27, 85—88, 91, 104—113
rule of tax law 税收法治 90, 110—113, 119
Russian Federation 俄罗斯联邦 210

safety 安全 15, 18—19, 32
    nets 网 264, 270
sales tax 销售税 61—62, 66—67, 165, 186, 256
salus populi 人民的福祉 15—16, 18, 20
Saudi Arabia 沙特阿拉伯 15
savings 储蓄 18, 144—146, 150, 175—176, 180—181, 184, 195—197, 215
    double taxation of 双重征税 145, 147, 149
science of mankind 人类科学 17
scutage 免役税 11—12, 199, 201—202
self-interest 自私自利 224, 230
self-respect 自我尊重 137
services 服务 60—62, 65—66, 116—117, 163—164, 199—200, 227—229, 263—267, 294—295
shares 股份 77, 139, 284, 287, 295—297, 300
Shaviro, D. 丹·沙维尔 63, 146, 148—150, 240
Ship-Money case 造舰税案 17
skills 技能 76, 175—177, 182—183, 185, 187, 236—237, 272—275, 296
slavery 奴隶制 204, 243, 265
    talent 人才 183, 234, 237—238, 241, 252
Smith, Adam 亚当·斯密 25, 27, 31—32
social capital 社会资本 196, 204—205, 208, 212—213, 216
    production of 生产 197, 208—209, 216
social cooperation 社会合作 134, 242, 246
social discount rate 社会折现率 194, 211, 215
social welfare 社会福利 31, 38, 195
    aggregate 加总的 193, 198, 204, 208
socialism 社会主义 206, 222—224
socialization 社会化 194, 248
societal orders 社会秩序 9—10, 12—13, 29, 32
societas 社会 27, 106
source of law 法律渊源 106—107
South Africa 南非 210
sovereigns, virtuous 君主，贤明的 3, 167—189
Spain 西班牙 210
stamp duties 印花税 22
state support of the arts 国家艺术支持 36—38, 42, 48

索引

Stead, K. 肯德拉·斯特德 299—300
stealing 偷窃 40, 58, 65—69, 72, 85
Stephen, J. F. 詹姆斯·菲茨詹姆斯·斯蒂芬 35—39, 41, 44—47, 50, 55—56
stock investing 股票投资 76—77
subinfeudation 分封地 200—201
subsidiaries 子公司 148, 158—159, 161
subsidies 补助 50, 54—56, 256, 258—259, 262—263, 266, 269—270, 274—279
 cultural 文化的 0, 55—56
subsidization 补贴 43, 256, 258, 260, 263, 265, 267, 273
substitution effects 替代效应 213, 239—240
supply 供给 20, 27, 44, 47, 163—165, 202, 205
Sweden 瑞典 209
Switzerland 瑞士 64, 155, 209

talent pooling 人才池 256, 260, 271—272, 275, 279
talent slavery 人才奴役 183, 234, 237—238, 241, 252
talents 才能、天赋 4, 172, 175—177, 181, 183, 233—253, 272—276
tallages 佃户税 11—12
tastes 品味 170, 173, 245—246, 252, 268, 278
Tawney, R. H. 理查德·亨利·托尼 30
tax avoidance 避税 3, 63, 75—78, 80, 82, 90, 92, 95
 general anti-avoidance rules 一般反避税规则 3, 63, 79, 79—83, 85, 87—98

moral content 道德内容 74—82
moral wrongfulness of unreasonable avoidance 不合理回避的道德错误 75—78
reasonable and unreasonable distinguished 合理与不合理区分 74—75
tax shelters 税收庇护 80—82, 89
tax base 税基 3, 125—126, 134—136, 179—182, 184, 288, 297—298, 302—303
 choice of 选择 125—126, 134—136, 141, 143
 justice 正义 143—155
tax codes 税法典 62, 71, 82, 93, 217, 285, 295, 303
tax evaders 逃税者 41, 58, 69, 71, 74
tax evasion 逃税 3, 57—78
 as cheating 作为欺诈 68—69
 as deceptive covering up 作为欺骗掩盖 73—74
 as disobedience to the law 作为违反法律 72—73
 incidence 发生率、发生范围 57
 key concepts 关键概念 59—64
 moral content 道德内容 58, 64, 68, 72, 74
 other than as cheating 除了欺诈 69—72
tax justice 税收正义 142, 281, 286—287, 290
tax liability 纳税义务 62, 93, 148, 156, 296, 298—299
tax practices, harmful 税收实践，有害的 156—162
tax rates, implicit 税率，隐性的 209—211, 213, 215

483

tax shelters 税收庇护 80—82, 89
tax subsidies, charitable, see charitable tax subsidies 税收补贴, 慈善的, 参见慈善税收补贴
taxable income 应纳税所得额 75, 159, 214, 277
taxation, see Introductory Note and detailed entries 税收, 参见介绍性说明和详细条目
taxes, see also Introductory Note and detailed entries 税, 参见介绍性说明和详细条目
    definition 定义 59—68
taxpayers 纳税人 79—82, 87—89, 91—94, 117—120, 215—216, 227 9, 277—279, 296—302
    individual 个人的 258—259, 299—300
tenants 租户 13, 200, 202, 294
tenants-in-chief 总租户 11, 13, 200
Tenures Abolition Act 保有废除法案 17, 23
theft 盗窃 4, 65—68, 193, 196, 264
Tocqueville, Alexis de 阿历克西·德·托克维尔 255
trade 贸易 116—117, 163, 243
tradition 传统 3, 57, 102, 104—105, 113—116, 121, 123, 199
transferors 转让人 219—220, 222—223, 260—261
transfers 转让 65, 67, 141—142, 152, 219—221, 223, 263—265, 296
    redistributive 再分配 167, 186—187, 189
trusts 信托 67, 80—81, 87, 154

tunnage and poundage 关税和手续费 17
Turkey 土耳其 210
turnover taxes 流转税 165

ulterior interests 私有利益 45—48, 50
uncertainty 不确定性 1, 89, 112, 147, 176
unconsented valorizations 未经同意的价值 297, 301
unfairness 不公平 71, 80—81
universitas 法人团体 20, 27
unpaid work 无偿工作 242, 253
use of law 法律的运用 107—110
utilitarianism 功利主义 129, 198, 222, 229—230, 256, 260—261, 279
    and charitable tax subsidies 以及慈善税收补贴 260—262
    classical 古典的 167, 169, 230
    traditional 传统的 260, 262
utility 效用 169, 174, 229, 260, 262, 293, 296, 298

valorizations 价值 281, 293—294, 296—298, 300—301, 303
    unconsented 未经同意的 297, 301
valuation 估价 153, 262, 290, 296
value 价值 148, 165, 171—172, 201—203, 205, 261—262, 283, 293—303
    appropriable 可占用的 202—203
    free-floating 自由浮动 43—44
    intrinsic 内在的 42—43, 50, 56, 293
value added tax, see VAT 增值税, 参见VAT
vassals 封臣 11—13, 32

VAT (value added tax)　增值税　29, 66, 155, 162—165
Victoria, Queen　维多利亚女王　21

wages　薪水　142, 236, 247, 296
wardship　监护　199—201
wealth　财富　4—5, 142—144, 152—155, 181—182, 184—189, 219—221, 223—226, 284—286
 concentrations of　……的集中　140, 153—154, 221, 223—224, 276, 284—285
 income tax as means of taxing　所得税作为征税方式　144—152
 taxation　税收　4—5, 152—155, 179, 181, 219, 281, 286—287, 290
 transfer taxation　转移税　4, 152—153, 168, 217—231
  forms　形式　219—222
welfare　福利　149—150, 169—172, 193, 212—213, 215, 271, 275—276, 282—283
 aggregate　加总的　150, 167, 169, 193, 198, 204, 208
 economics　经济的　146, 203, 229
 gains　收益　282—283
 individual　个人的　180—181
 interests　利益　45—46, 48, 50
 maximization　最大化　196, 212—213, 215
 problems　问题　169—171
 social, see social welfare state　社会的，参见社会福利国家　29, 241
welfare-based theories　福利理论　4, 168, 189
welfare-maximizing pre-tax labour-leisure decisions, hypothetical　福利最大化税前劳动与休闲决策，假设的　212—213
welfarism　福利主义　180—182, 186, 198, 204—205, 207—208, 243
well-being　幸福感　47, 49, 54, 234—235, 289, 294, 298, 303
William I　威廉一世　14, 206
window tax　窗口税　22
women　女人　247, 251, 253, 273

图书在版编目（CIP）数据

税法的哲学基础 /（英）莫妮卡·班得瑞主编；许多奇，程雪军译. —北京：商务印书馆，2024
（财税法译丛）
ISBN 978-7-100-23201-2

Ⅰ.①税⋯　Ⅱ.①莫⋯②许⋯③程⋯　Ⅲ.①税法—法哲学—研究　Ⅳ.①D912.204

中国国家版本馆 CIP 数据核字（2023）第 213119 号

权利保留，侵权必究。

财税法译丛
税法的哲学基础
〔英〕莫妮卡·班得瑞　主编
许多奇　程雪军　译

商 务 印 书 馆 出 版
（北京王府井大街36号　邮政编码100710）
商 务 印 书 馆 发 行
北京通州皇家印刷厂印刷
ISBN 978-7-100-23201-2

2024年2月第1版　　开本 880×1230　1/32
2024年2月北京第1次印刷　印张 15¾
定价：118.00元